铁路货物运输

主审　宋海涛

主编　冯芬玲　崔捷睛　刘承光　许　冰

·长　沙·

前 言

本书以现行铁路货运规章为编写依据，系统介绍了铁路货物运输的基本条件与基本作业、铁路货物集装运输、铁路超限超重货物运输、铁路货物的装载与加固、铁路危险货物运输、铁路鲜活货物运输、铁路运输企业的货运管理等内容。本书可作为高等院校交通运输专业、物流管理专业教材，也可供从事铁路运输管理的人员及其相关业务干部学习参考。

本书由中南大学冯芬玲、中国铁路北京局集团有限公司天津铁路专业技术服务中心崔捷晴、中南大学刘承光、中国铁路北京局集团有限公司天津铁路专业技术服务中心许冰主编。参加编写的人员分工如下：中南大学冯芬玲、刘承光编写第一、三、五章；中国铁路北京局集团有限公司天津铁路专业技术服务中心崔捷晴、许冰，中南大学冯芬玲、张佳琪编写第二、四章；中国铁路北京局集团有限公司天津专业技术服务中心赵靖、陈强，中国铁路北京局集团有限公司天津建筑段程海宁编写第六章；中国铁路北京局集团有限公司天津货运中心金卫东、中国铁路北京局集团有限公司天津专业技术服务中心王文杰、刘春燕编写第七章。本教材由中国铁路广州局集团有限公司广州货运中心宋海涛主审，中国铁路北京局集团有限公司天津货运中心张通晓、付国栋、张连胜、吕俊超、王红跃参审。

由于编者水平及经验有限，书中难免存在不妥及疏漏之处，特别是书中内容如与现行铁路规章有出入之处，请以规章为准，欢迎广大读者提出宝贵意见，以便在修订过程中不断完善。

编 者

2021 年 11 月

目 录

第一章　铁路货物运输的基本条件与基本作业

运输条件是承运人、托运人和收货人之间权利、义务和责任的规范，是铁路货物运输合同的主要内容。铁路货物运输一般具有运量大、品种多、运距长的特点，针对其共同特征和普遍需要而制订的运输条件，称为基本条件；针对其个性特征和特殊需要而指定的运输条件，称为特殊条件，特殊条件是基本条件的补充和延伸。我国铁路目前主要以《铁路货物运输规程》(以下简称《货规》)规定货物运输基本条件，以若干引申规则规定货物运输特殊条件。铁路货物运输的基本条件，既指普通货物的运送条件也指特殊货物运输必须遵守的基本条件。铁路货物运输的基本作业包括货物发送作业、货物途中作业和货物到达作业。

第一节　铁路货物运输合同

货物运输合同是以运送货物的劳务行为作为合同标的的一种合同。根据运输工具的不同，货物运输合同分为铁路、公路、水路和航空四大类。

铁路货物运输合同的签订、变更、履行、违约责任、纠纷处理，不仅要遵守《中华人民共和国合同法》(以下简称《合同法》)的规定，也要遵守《中华人民共和国铁路法》(以下简称《铁路法》)、《铁路货物运输合同实施细则》《货规》等铁路运输法律法规的特殊规定。

铁路货物运输合同由合同的主体、客体和内容三个要素构成。铁路货物运输合同的主体包括铁路运输企业(承运人)、托运人和收货人；铁路货物运输合同的客体，即标的，是铁路运输企业提供货物运输的劳务，货物只是运输的对象，而不是标的；铁路货物运输合同的内容就是承运人、托运人、收货人三方的权利和义务。

一、铁路货物运输合同概述

铁路货物运输合同是承运人按托运人的要求，将货物从起运地点运输到约定地点，托运人、收货人按规定支付运输费用的合同。

(一)铁路货物运输合同的概念

铁路货物运输合同是按《铁路法》《铁路货物运输合同实施细则》的规定，托运人(并代表收货人)与承运人为运输货物而签订的协议，它明确了铁路运输企业与托运人、收货人之间的权利与义务关系。它是铁路运输企业按照托运人的要求将货物从起运地点运至约定地点，并交付给收货人后，托运人、收货人按规定支付运输费用的合同。

（二）铁路货物运输合同的组成

（1）整车大宗货物运输合同包括经审定的季度、半年度、年度以及更长期的运输计划，经审定批准的月度货物运输计划和双方约定的货物运单；

（2）其他整车货物的运输合同包括经批准的月度货物运输计划和双方约定的运单；

（3）集装箱货物、零担货物的运输合同就是双方约定的运单。

（三）铁路货物运输合同的特点

1. 铁路货物运输合同采用的是标准合同

标准合同是指由订立同类合同的当事人印制的、具有固定式样和特定条款内容的标准文本，双方当事人只需填写其中的空白项。

铁路货物运输合同是由铁路运输企业根据有关法律、法规和规章印制的具有固定式样和既定条款内容的标准合同文本，双方当事人在订立合同的时候不需要协商，只要按照固定式样中预先留下的空间填写，双方再确认后，合同即告成立。

因铁路货物运输合同涉及的范围比较广，为简化手续，各国都采用标准格式合同。铁路货物运单或服务订单是铁路货物运输合同的标准合同，其主要内容、基本条款及具体形式均由铁路主管部门统一制订，当事人不得自行更改或另议不同条款。《货规》其实就是铁路货物运输合同的具体条款。

2. 铁路货物运输合同内容具有法律上的强制性

铁路货物运输合同的内容当事人不能约定，不能变更和修改，它是国家法律法规的具体规定。如：运输费用由国家定价，合同双方无权约定或变更。

3. 铁路货物运输合同的主体具有特殊性

铁路货物运输合同具有特殊的合同主体，该特征体现在两个方面：一是合同的一方当事人是固定的，即必须是铁路运输企业；二是合同的主体不限于铁路运输企业和托运人双方，还附带着第三方，即收货人。因此，合同规定的是承运人、托运人、收货人三方的权利与义务关系。

铁路运输企业在合同关系中称为承运人，虽然《铁路法》没有明确铁路基层站段的民事主体资格，但是在实际经济活动中，铁路货物运输合同均由铁路基层站段与旅客、托运人签订，铁路基层站段既是铁路货物运输合同的签订者，又是具体履行者。

4. 铁路货物运输合同具有很强的计划性

铁路货物运输受国家计划的制约，大宗货物受年度、季度和月度计划的制约，其他货物运输也受运力和其他条件的限制，要有计划地进行安排。

5. 铁路货物运输合同的履行具有阶段性

铁路货物运输合同的履行要经历承运、运送、交付三个阶段。在承运阶段，托运人和承运人各自都要履行相应的义务；运送阶段是铁路承运人的内部行为，是为交付作准备的阶段；交付阶段是到达站的承运人与收货人各自履行合同义务。铁路货物运输合同的履行以与收货人交付货物完毕为履行完毕。

二、铁路货物运输合同的订立

订立合同的过程，就是当事人双方就权利、义务进行协商，达成协议的过程。铁路货物运输合同的订立与其他合同一样，要经历要约和承诺两个阶段。

(一) 铁路货物运输合同的要约与承诺

1. 要约

要约是一方当事人以缔结合同为目的，向对方当事人所作的希望订立合同的意思表示。发出要约的称为要约人，接受要约的称为受要约人。符合要约条件的意思表示必须符合法律规定的要求，必须是要约人的真实意志。

托运人向承运人提出的货物运单是托运人向承运人提出的签订铁路货物运输合同的书面要约，是签订运输合同的意思表示，也表明托运人愿意遵守铁路货物运输的有关规定，货物已准备就绪，可以随时移交给承运人。所以，货运运单的各栏不应随意更改。

2. 承诺

承诺是合同订立的第二个阶段。承诺是受要约人同意要约的意思表示，其法律效力在于一经承诺并送达于要约人，合同即告成立。

货物承运是承运人对托运人要约的承诺行为。比如集装箱运输的货物，由发站接收完毕；整车货物装车完毕，发站在货物运单上加盖车站日期戳，并将领货凭证返还托运人时起，即为承运。

(二) 铁路货物运输合同的成立

《合同法》规定，承诺通知到达要约人时生效，且合同成立。合同成立后，托、承双方就应履行自己的权利和义务。

铁路货物运输中，车站承运货物完毕，在货物运单上加盖车站承运日期戳，并将领货凭证返还托运人时起，合同即宣告成立。

(三) 铁路货物运输合同的签订

大宗物资的运输，有条件的可按年度、半年度或季度签订运输合同，也可以签订更长期限的运输合同；其他整车货物，可按月度签订运输合同。按月度签订的运输合同，托运货物时还应按批提报货物运输需求。

(四) 货物运单

货物运单，是铁路货物运输合同或运输合同的组成部分，也是铁路收取货物运输费用的结算单据之一，系一整套票据(见表 1-1-1)，由带编号的 6 联和不带编号的需求联组成，可以按照需求分别打印各联。各联的打印规格均为 A4(297 mm×210 mm)。

表 1-1-1　货物运单的票据

<table>
<tr><th>序号</th><th>各联名称</th><th>领收人</th><th>用途</th><th>备注</th></tr>
<tr><td>第 1 联</td><td>货物运单正本
(发站存查联)</td><td>发站</td><td>发站留存的已生效的运输合同</td><td rowspan="6">相同的
运单号</td></tr>
<tr><td>第 2 联</td><td>货物运单副本
(收款人报告联)</td><td>发站</td><td>发站收款的已生效的运输合同
(财务凭证)</td></tr>
<tr><td>第 3 联</td><td>货物运单正本
(托运人存查联)</td><td>托运人</td><td>托运人留存的已生效的运输合同</td></tr>
<tr><td>第 4 联</td><td>货物运单副本
(到站存查联)</td><td>到站</td><td>到站留存的已生效的运输合同</td></tr>
<tr><td>第 5 联</td><td>货物运单副本
(收货人存查联)</td><td>收货人</td><td>收货人留存的已生效的运输合同</td></tr>
<tr><td>第 6 联</td><td>货物运单副本
(领货凭证联)</td><td>收货人</td><td>收货人在到站办理领货的凭证</td></tr>
<tr><td>第 7 联</td><td>货物运单
(需求联)</td><td>发站</td><td>记录客户提报需求，发站留存</td><td>无运单号</td></tr>
</table>

注：货物运单正本样式及填制说明详见附件 1。

三、铁路货物运输合同的内容

(一)铁路货物运输合同的主要条款

合同的内容是规定合同各方当事人的权利、义务或责任。合同各方当事人的权利、义务或责任体现在或规定在合同的主要条款中，即为合同的条款。当事人订立铁路货物运输合同时，应当在合同中载明下列内容：

(1)托运人和收货人的全称、详细地址和联系电话；
(2)发站和到站；
(3)托运货物的名称、件数和重量；
(4)托运货物的包装要求；
(5)运输方式；
(6)托运人的义务；
(7)承运人的义务；
(8)违约责任；
(9)双方约定的其他事项。

(二)按年度、半年度、季度或月度签订的货物运输合同的主要条款

应载明下列内容：
(1)托运人和收货人的全称、详细地址和联系电话；
(2)发站和到站；
(3)托运货物的名称、件数和重量；
(4)车种和车数

(5)违约责任；
(6)双方约定的其他事项。

(三)铁路货物运单的主要条款

应载明下列内容：
(1)托运人、收货人的全称及详细地址；
(2)发站、到站及到站的主管铁路局集团公司；
(3)货物名称；
(4)货物包装、标志；
(5)件数和重量(包括货物包装重量)；
(6)承运日期；
(7)运到期限；
(8)运输费用；
(9)货车类型和车号；
(10)施封货车和集装箱的施封号码；
(11)双方商定的其他事项。

四、铁路货物运输合同双方的权利与义务

铁路货物运输合同的履行是指合同依法成立后，当事人按照合同规定的各项条款，全面地完成各自承担的义务，以使当事人的目的得以达到的行为。铁路货物运输合同双方在履行合同过程中应遵循全面履行的原则、诚实守信的原则和不得擅自变更合同的原则；要按照合同约定或铁路主管部门的规定，认真履行各自的权利、义务，在违约时承担相应的责任。合同中一方的权利即是另一方的义务。

(一)托运人的权利和义务

1. 权利
托运人有权要求铁路运输企业按照合同约定的期限和到站将货物完整无损地运达约定地点，交给收货人；由于铁路运输企业的责任造成货损、货差或逾期运到时，托运人有权要求承运人支付违约金、赔偿金。
2. 义务
(1)按照铁路货物运输合同约定的时间和要求向承运人提供需运输的货物。
(2)按照国家标准、行业标准等要求对需运输的货物进行包装，以保证运输安全。
(3)按照规定向铁路运输企业支付运输费用。
(4)如实申报货物的品名、重量和性质。
(5)合同约定自行装车时，要按照作业规程按时完成装车作业。

(二)承运人的权利和义务

1. 权利
承运人有权依照合同规定，向托运人收取运输费用；有权对所承运货物的品名、重量、

数量进行检查；由于托运人、收货人的责任，给铁路运输企业造成财产损失的，有权要求托运人或收货人赔偿；有权对逾期无法交付的货物按规定进行处理。

2. 义务

承运人有义务将所承运的货物按照合同规定的期限完整、无损地运至到站；因承运人的责任造成货损、货差时，有义务承担赔偿责任。

(三) 收货人的权利和义务

1. 权利

收货人有权要求铁路运输企业按照合同约定的期限和到站将货物完整无损地运达约定地点，交给收货人；由于铁路运输企业的责任造成货损、货差或逾期运到时，收货人有权要求承运人支付违约金、赔偿金。

2. 义务

收货人有义务按照铁路货物运输合同约定的时间和要求向铁路运输企业交付需托运的货物；按规定向铁路运输企业支付运输费用、杂费，按国家规定包装标准或行业包装标准的要求包装货物；合同约定自行装货时，按照作业规程按时完成装车作业；如实填报货物运单和物品清单。

五、铁路货物运输合同的变更和解除

铁路货物运输合同一经签订，承运人、托运人和收货人应共同履行。托运人由于生产、销售、调拨或收货人卸货设备、场地临时发生变化以及生产急需等一些特殊情况，对已承运的货物，可按批向发站提出取消托运，将货物返回原发站；向货物所在的中途站或到站提出变更到站、变更收货人，也就是变更铁路货物运输合同。

"货物所在的中途站"是指确知货物在途中停留在某站时，为避免货物不必要的迂回往返运输所造成的浪费，中途站可受理货物的变更。但中途站不能在不知货物所在站的情况下受理货物的变更。因为作为途中的编组站或中转站通过或中转的货物甚多，很难拦截，而且当提出变更时，货物可能早已通过了该中途站，一旦受理后不能兑现，是要承担违约责任的。

(一) 合同变更的概念

合同的变更是指在合同成立后，由于履行条件发生变化，双方当事人对合同的内容进行修改或者补充。合同的变更，是以原来签订的合同为基础的，变更发生在合同成立以后到没有完全履行以前期间，是对原合同的部分内容的变动或者修改，不包括对主体的变更。

(二) 铁路货物运输合同变更的有关规定

1. 变更的内容应合法

托运人或者收货人由于特殊情况，对承运后的铁路货物运输合同，可以按批向货物所在的中途站或到站提出变更到站、变更收货人。

铁路是按计划运输货物的，货物运输变更必然会给铁路运输工作的正常秩序带来一定的影响。首先，打乱了运输计划，如变更到站会影响车流组织，不能按原定的运输计划组织运输；其次，影响了货物的运到期限，影响了物资流转速度，增加了车辆停留时间；最后，会因

此增加车辆的调车编解作业，在有的情况下，还可能造成不合理运输。正因为铁路货物运输合同的变更会对铁路运输会带来不利影响，所以铁路对已承运货物的变更，须给以必要的限制。

对于下列情况，可不办理铁路货物运输合同的变更：

(1)违反国家法律、行政法规、物资流向、运输限制和密封的变更；

(2)变更后的货物运到期限大于容许运输期限；

(3)变更一批货物中的一部分；

(4)第二次变更到站。

2. 变更的主体应合法

申请变更合同的应是运输合同的当事人，他人不得变更。变更运输合同的主体包括托运人和承运人。

3. 变更受理单位应合法

托运人由于特殊情况，对承运后的运输合同，可按批向货物所在的中途站或到站提出变更到站、变更收货人。

4. 变更的程序、手续要合法

变更铁路货物运输合同时也要经过要约和承诺两个阶段。一方提出变更要求，经另一方同意，变更即为成立。托运人要求变更和解除铁路货物运输合同时，应向规定的受理站提出领货凭证和“货物运输变更要求书”(见表 1-1-2)；提不出领货凭证的，应出示其他有效证明文件，并在“货物运输变更要求书”内注明。货物运输变更由车站受理，但整车货物变更到站时，受理站应报主管铁路局集团公司同意。

车站在处理变更时，应在制票系统中记明变更的根据，改正标记(货签)等有关记载事项，并加盖车站日期戳或带有站名的名章。变更到站时，还应电知新到站及其主管铁路局集团公司收入检查室和发站。

办理货物运输变更或取消托运，托运人或收货人应按规定支付费用。

表 1-1-2　货物运输变更要求书

变更号码：×××××××××××

变更要求人＿＿＿＿＿　印章＿＿＿　经办人身份信息＿＿＿＿　年　月　日　调度命令号：

<table>
<tr><td rowspan="6">客户填记</td><td>变更事项</td><td>新到站</td><td></td><td>新收货人</td><td colspan="3"></td></tr>
<tr><td rowspan="5">原货物运单记载事项</td><td>运单号码</td><td>发站</td><td>到　站</td><td>托运人</td><td>收货人</td><td>办理种别</td></tr>
<tr><td></td><td></td><td></td><td></td><td></td><td></td></tr>
<tr><td>车种车号</td><td colspan="2">货物名称</td><td>件　数</td><td>重量</td><td>承运日期</td></tr>
<tr><td></td><td colspan="2"></td><td></td><td></td><td></td></tr>
<tr><td>变更原因</td><td colspan="5"></td></tr>
<tr><td rowspan="3">承运人填记</td><td rowspan="3">记载事项</td><td>原到站</td><td></td><td>原收货人</td><td colspan="3"></td></tr>
<tr><td>新到站</td><td></td><td>新收货人</td><td colspan="3"></td></tr>
<tr><td>未受理原因</td><td></td><td>变更处理站</td><td></td><td>经办人</td><td></td></tr>
</table>

注：1. 变更处理站应顺号登记，对填报内容进行审核。

2. 变更时，可以变更的填记“新到站”“新收货人”，不得办理变更的填记“未受理原因”。

（三）铁路货物运输合同变更、解除后领货凭证的效力

领货凭证是铁路货物运输合同的组成部分，是收货人向到站领取货物及承运人确认合法收货人的重要凭据。但领货凭证并不是物权凭证，不构成承运人必须向收货人交付货物的凭证。领货凭证因铁路货物运输合同的变更或解除而无效。

六、铁路货物运输合同的履行

铁路货物运输合同生效后，承托双方应当按照合同的约定履行自己的义务。

（一）完全履行

承托双方按照合同的约定全面履行自己的义务称为完全履行。具体来说，承运人应在运到期限内将货物安全、完整地运到约定地点，并及时通知收货人领取货物，方为完全履行义务；托运人则应当向承运人准确表明收货人的名称（全称）、详细的地址和联系电话，货物的名称、性质、件数和重量，交接方式等必要情况，并且当货物运到后，收货人应及时提货，方为完全履行义务。

（二）不完全履行

如果承托双方未能按前述要求全面履行自己的义务，则为不完全履行义务。

例如，承运人虽将货物运至到站，却发生了丢失、损坏等事故，或收货人在接到催领通知后不及时领取货物，均属不完全履行义务。

（三）合同的解除

整车货物和大型集装箱在承运后、挂运前，其他集装箱在承运后、装车前，托运人可向发站提出取消托运，经承运人同意，合同即告解除。

解除合同时，发站应退还全部运输费用与押运人的乘车费，托运人也应按规定支付保管费等费用。

（四）合同的终止

合同的终止，是指当事人之间由合同确定的权利、义务，因某种问题而消灭，不再对双方发生作用。铁路货物运输合同的终止主要包括以下几种情况：因履行完毕而终止、因合同解除而终止、因货物被人民法院扣押而终止。

铁路货物运输合同因履行完毕而终止是指当事人在全面履行合同后，将货物安全、完整地运抵到站，并交给运单指定的收货人后，铁路货物运输合同即告终止。

铁路货物运输合同的解除有两种形式：一是协议解除；二是法定解除。

铁路货物运输合同的协议解除，是指当事人通过协商一致决定解除合同关系。如托运人在货物承运后发送前向发站提出取消托运，经承运人同意后，铁路货物运输合同即告解除。

七、违约责任

（一）违约责任的承担方式

违约责任是当事人违反合同的规定，不履行或不完全履行合同的义务，侵害了债权人的债权而依法承担的法律责任。也就是说，违约责任是违反合同义务的法律后果，它属于民事责任。

《合同法》规定，违约责任的承担方式主要包括支付违约金、给予违约损害赔偿和其他违约责任三种。违约金是违约方对对方的补偿，具有补偿性，同时也具有明显的惩罚性；违约损害赔偿是违约方因不履行合同或不完全履行合同义务而给对方造成损失，依法或合同约定对另一方承担损害赔偿责任，它实际上是法律强制违约方给守约方所受损失的一种补偿；其他违约责任承担方式包括实际履行、支付定金方式和采取补救措施。

（二）铁路货物运输合同当事人的违约责任

当事人一方不履行合同义务或者履行合同义务时不符合约定的，应当承担继续履行、采取补救措施或者赔偿损失等违约责任。

当事人双方都违反合同的，应当各自承担相应的责任。

承运人对运输过程中货物的毁损、灭失承担损害赔偿责任，但承运人证明货物的毁损、灭失是因不可抗力、货物本身的自然性质或者合理损耗以及托运人、收货人的过错造成的，不承担损害赔偿责任。

1. 承运人的主要违约责任

（1）货物逾期到达时，承运人应支付逾期到达的违约金。逾期 30 日仍未将货物交付收货人，托运人、收货人有权按货物灭失向承运人要求赔偿。

例如：由于途中货物换装延误时间，造成逾期；货物误交付，承运人有义务向冒领人追回货物，交给正当收货人，由此而逾期的要承担逾期交付的违约责任。

（2）从承运时起，至交付收货人时至造成货物灭失、短少、污染的，要承担赔偿损失的责任。

例如：因承运人配车不当造成货物污染损坏的，由于选车不当造成货物湿损的，承运人均应承担赔偿责任。

2. 托运人、收货人的主要违约责任

（1）托运人、收货人不按时支付运输费用的，要承担迟延支付的滞纳金。

（2）托运人申报不实的责任，主要表现在申报品名不实、申报重量不实。对此，承运人除补收运输费用外，还可加收一定的违约金。同时，货物的检查费也应由收货人承担。

（3）收货人不按时领取货物的，要承担逾期领取货物的保管费。

（4）给铁路企业造成损失的托运人、收货人要承担赔偿责任。主要有以下几种情况：

①货物中夹带危险品，导致营运事故，给运输工具、设备和第三人的货物造成损失的；

②货物包装有缺陷，给运输工具、设备和第三人的货物造成损失的；

③收货人组织卸车，给运输工具、设备造成损失的；

④托运人自装的整车货物因装载不合格导致承运人损失的。

(三)免责条件

免责条件，是指法律规定或者合同中约定的当事人对其不履行或者不适当履行合同义务时免于承担违约责任的条件。根据《合同法》和《铁路法》的规定：承运人对于运输过程中货物的毁损、灭失承担损害赔偿责任，但承运人证明货物的毁损、灭失是由不可抗力、货物本身的自然性质或者合理损耗以及托运人、收货人自身的过错造成的，不承担损害赔偿责任。

1. 不可抗力

所谓不可抗力，通常是指不能预见、不能避免且不能克服的客观情况。其中，人力不可抗拒的力量，分为自然因素和社会的因素。例如，因发生洪涝、泥石流等灾害冲毁铁路线路，货物不能按期运达的情况下，铁路企业不承担赔偿责任或逾期违约责任。但是若有下列情况，不能免除违约方的违约责任：

(1)发生不可抗力事件后，当事人有义务及时采取一切可以采取的措施，尽最大努力避免和减少损失。否则，对于本来可以避免的这部分损失不得免除责任。

(2)当事人因迟延履行合同而发生了不可抗力事件，则不能视为无过错而免除其违约责任。

(3)发生不可抗力事件后，当事人应向对方及时通报不能履行或延迟履行的原因，使对方能够及时采取补救措施，否则，由此而加重对方损失的，加重部分不在免责之列。

2. 货物本身的自然属性或者合理损耗

货物本身的自然属性引起的损耗，是指货物内在属性所导致的货物损失的情况。如裸装钢板的生锈、木材制品的开裂、在托运人指定的容许运到期限内运到的易腐货物腐坏、粮食因含水量较高而发生霉变的情况，承运人可以免责。货物本身的合理损耗是指因货物自然特性和运输特性而不可避免地使货物数量、重量的减少，从而导致货物损失的，承运人可以免责。

在整个运输过程中所发生的损耗为运输损耗，在定额以内由收货方承担。具体见商业部发布的《商品定额损耗管理办法》。

3. 托运人、收货人自身的过错

托运人、收货人自身的过错造成的损失，承运人不承担赔偿责任。托运人的过错包括托运人派遣的押运人的过错。如，托运人自装的货物，其加固材料不符合承运人规定的条件，或违反装车规定交接时无法发现的；押运人未采取保证货物安全的措施；托运人没有按国家包装标准或者行业标准包装；托运人自装的货车，向收货人交接时货车施封良好，车体、车窗无异状，车内货物发生短少的情况，承运人不负责。

铁路货物运输合同实行严格责任制度，是否属于免责范围，应由承运人举证。承运人若不能证明免责条款的情形存在，则要承担赔偿责任。

八、合同的争议处理

当事人可以通过和解或者调解的方式解决合同争议。

当事人不愿通过和解、调解或者调解不成的，可以根据仲裁协议向仲裁机构申请仲裁。涉外合同的当事人可以根据仲裁协议向中国仲裁机构或者其他仲裁机构申请仲裁。

当事人没有订立仲裁协议或者仲裁协议无效的，可以向人民法院起诉。

当事人应当履行发生法律效力的判决、仲裁裁决、调解书；拒不履行的，对方可以请求人民法院执行。

第二节　铁路货物运输的基本条件

一、铁路货物运输的种类

铁路货物运输的种类分为整车、零担和集装箱。

一批货物的重量、体积或形状需要以一辆以上货车运输的，应按整车托运；不够整车运输条件的，按零担托运；符合集装箱运输条件的，可以按集装箱托运。

按零担托运的货物，一件体积最小不得小于0.02 m^3(一件重量在10 kg以上的除外)，每批不得超过300件。

下列货物不得按零担托运：

(1)需要冷藏、保温或加温运输的货物；

(2)规定限按整车办理的危险货物；

(3)易于污染其他货物的污秽品(例如未经过消毒处理或未使用密封不漏包装的牲骨、湿毛皮、粪便、炭黑等)；

(4)蜜蜂；

(5)不易计算件数的货物；

(6)未装容器的活动物(铁路局规定在管内可按零担运输的除外)；

(7)一件货物重量超过2 t，体积超过3 m^3或长度超过9 m的货物(经发站确认不影响中转站和到站装卸车作业的除外)。

在专用线或专用铁路内组织直达整装零担运输，经铁路局同意由车站和托运人协商并签订协议后办理。如组织中转整装零担，应经铁路局同意。

集装箱运输按《铁路集装箱运输办法》的规定办理。

货物快速运输，按《快运货物运输办法》的规定办理。

特定条件货物运输按附件2《特定运输条件》的规定办理。

准、米轨间只办理整车货物直通运输。但下列货物不能办理直通运输：

(1)鲜活货物及需要冷藏、保温或加温运输的货物；

(2)罐车运输的货物；

(3)每件重量超过5 t(特别商定者除外)，长度超过16 m或体积超过米轨装载限界的货物。

二、一批的相关规定

按一批托运的货物，必须托运人、收货人、发站、到站和装卸地点都相同(整车分卸货物除外)。

整车货物每车为一批。跨装、爬装及使用游车的货物，每一车组为一批。

零担货物或使用集装箱运输的货物，以每张货物运单为一批。使用集装箱运输的货物，每批必须是同一箱型，至少一箱，最多不得超过铁路一辆货车所能装运的箱数。

准、米轨间直通运输的整车货物，一批的重量或体积应符合下列要求：

(1)重质货物重量为30 t、50 t、60 t(不适用货车增载的规定)；

(2)轻浮货物体积为60 m^3、95 m^3、115 m^3。

下列货物不得按一批托运：

(1)易腐货物与非易腐货物；

(2)危险货物与非危险货物(另有规定者除外)；

(3)根据货物的性质不能混装运输的货物；

(4)按保价运输的货物与不按保价运输的货物；

(5)投保运输险货物与未投保运输险货物；

(6)运输条件不同的货物。

三、货物保价运输与货物运输保险

《铁路法》规定，对承运的货物自承运时起到交付时止，由于承运人责任发生的灭失、短少、变质、污染或者损坏，铁路运输企业承担赔偿责任。托运人根据自愿，可申请办理保价运输，还可以向保险公司办理保险运输，也可以既不办理保价运输，也不办理保险运输。铁路运输企业不得以任何方式强迫托运人。

(一)铁路货物运输限额赔偿

根据《铁路法》和《货规》有关规定，对于不保价运输的货物由于铁路运输企业责任发生损失时，铁路运输企业按实际损失赔偿，但最高不超过国铁集团规定的赔偿限额。倘若货物的损失是由于承运人的故意行为或重大过失造成的，则不适用赔款限额的规定，按照实际损失赔偿。

目前规定的限额赔偿标准如下：

(1)不按件数只按重量承运的货物，每吨最高赔偿100元；

(2)按件数和重量承运的货物，每吨最高赔偿2000元；

(3)个人托运的搬家货物、行李每10 kg最高赔偿30元。

(二)货物保价运输

保价运输是相对于限额赔偿制度，为保证托运人、收货人合法权益而设立的一种供托运人选择的赔偿制度。办理保价运输的货物主要是指赔偿限额以上的价值较高的货物，限额以内的散堆装货物不需要办理保价运输，例如煤、铁矿石、磷矿石、砖瓦、砂石、稻草、芦苇、植物的麸、糠、糟、粕、废钢铁等。

但按照《国际铁路货物联运协定》运输的国际联运货物以及自轮运转的(包括企业自备或租用铁路)铁道机车、车辆和轨道机械暂不办理保价运输。

1. 保价办法

托运人要求按保价运输时，应以全批货物的实际价格向发站办理保价运输，货物的实际价格以托运人提出的价格为准。货物的实际价格应包括税款、包装费用和已发生的运输费用。

2. 保价费用

保价运输时应按货物保价金额的一定比例交纳保价费。货物保价费按保价金额乘以适用的货物保价费率来计算。保价费率按《铁路货物保价运输办法》中附件二执行。根据《铁路货物运输品名分类与代码表》所作的分类，所有铁路运输的货物保价费率分为五个基本级和两个特定级，如表 1-2-1 所示。

表 1-2-1　保价运输货物的保价费率等级

等级	一级	二级	三级	四级	五级	特六级	特七级
保价费率	1‰	2‰	3‰	4‰	6‰	10‰	15‰

按保价运输的货物，应全批保价，不得只保其中一部分。保价费率不同的货物按一批托运时，应分项填记品名及保价金额，分别计算保价费用。保价费率不同的货物合并填写时，适用其中的最高保价费率。

3. 保价赔偿

保价运输的货物发生损失时，按照实际损失赔偿。全批货物损失时，赔偿金额最高不超过保价金额；部分货物损失时，按损失货物占全批货物的比例乘以保价金额赔偿。逾期未能赔付时，处理站应向赔偿要求人支付违约金。

（1）保价运输货物损失的赔偿。承运人从承运货物时起，至将货物交付收货人时止，对保价货物发生的灭失、短少、变质、污染、损坏均承担赔偿责任。但由于不可抗力造成的，货物本身的自然属性或合理损耗和托运人、收货人或押运人的过错等造成的损失，则不承担赔偿责任。

保价运输的货物发生损失时，按照实际损失赔偿。全批货物损失时，赔偿金额最高不超过保价金额；部分损失时，则按损失货物占全批货物的比例乘以该批货物的保险金额。如果保额不足，则得到的赔偿会小于实际损失。

（2）赔偿的程序。托运人或收货人向承运人提出赔偿要求时，应按批向到站（货物发送前发生的事故向发站）提出“赔偿要求书”，并附上货物运单、货运记录和有关证明文件。托运人、收货人要求赔偿的有效期限为 180 d。有效期由下列时间起算：货物灭失、损坏为承运人编制货运记录的次日；货物全部灭失，未编有货运记录的，为运到期限期满后的第 31 d。承运人在运到期限期满后，经过 30 d 仍不能交付货物的，托运人、收货人可按货物灭失向到站要求赔偿。

办理赔偿的最长期限，自车站接受赔偿书的次日起至填发“货运赔偿通知书”时止。款额在 1000 元以下的为 15 d；款额超过 1000 元未满 5 万元的为 30 d；5 万元以上为 60 d。逾期未能赔付时，每超过 1 d，处理站应向赔偿要求人支付款额 1%的违约金。但违约金最多不超过赔偿总额的 20%。

4. 保价货物的安全防范

（1）车站受理一批保价金额在 50 万元及以上的整车货物、大型集装箱货物，一批保价金额在 30 万元及以上的 1 t、10 t 集装箱货物和一批保价金额在 20 万元及以上的零担货物时，应建立“保价货物（△B）运输台账”并逐级报告，由集团公司保价机构下达命令号批准；另有指示时，按其指示办理。对于办理保价运输的货物，车站应在货物运单、货运封套或货车装载清单上加盖"△B"戳记(或用红色书写),并在"货车编组顺序表"的记事栏内注明"△B"字样。

(2)对△B货物,车站应及时组织装车和挂运,运送途中严格交接检查。

(3)装有△B的贵重、易盗的整车货物,各集团公司根据需要组织武装押运。押运区段由各集团公司决定。

(4)各编组站、区段站对装有△B货物的货车应及时挂运,在站中转停留时间一般不超过24 h(集装箱货物的中转时间一般不超过36 h);对保留货车中装有△B货物的货车,车站负责派人重点看护。

(5)标有△B的货物运抵到站后,车站应采取有效的防范措施,并及时通知收货人领取。

(6)对未标有△B的保价货物,各站均应结合本站情况采取必要的防范措施。

(三)货物运输保险

货物运输保险是托运人以铁路装运的货物作为保险标的的保险。遇有保险责任范围内的损失时,由保险公司负责按规定给予赔偿,以补偿被保险货物在运输过程中因自然灾害和意外事故所造成的经济损失。

1. 保险的范围

凡在国内经铁路运输的货物均可作为铁路货物运输保险之标的,但蔬菜、水果、活牲畜、禽鱼类和其他动物等货物不在保险标的范围以内。

2. 保险责任

保险责任是指保险人承担赔偿的范围。按照《铁路货物运输保险条款》的规定,铁路货物运输保险责任分为基本险和综合险两种。综合险的责任范围大于基本险,因而其保险费率也相应较高。

(1)基本险的保险责任。

①自然灾害或意外事故造成的损失,即由于火灾、爆炸、雷电、泥石流等自然灾害或意外事故所引起的损失。

②由于运输工具发生碰撞、搁浅、触礁、倾覆、沉没、出轨以及隧道、桥梁、码头坍塌所造成的损失。

③在装、卸货或转载时,因不可抗力或发生意外事故而造成的损失。

(2)综合险的保险责任。

综合险的保险责任在基本险的保险责任之外,再承担下列责任:

①碰损破碎、包装破裂险,指固体货物因受震动、碰撞、挤压而造成碰碎、弯曲、凹瘪、折断、开裂或包装破裂致使货物散失的保险责任。

②渗漏险,指液体货物因受震动、碰撞或挤压致使所用容器(包括封口)损坏而渗漏的损失。

③盗窃、提货不着险,指遭受盗窃或因承运人责任而造成的整体提货不着的损失。

④雨淋险,指符合安全运输规定但遭受雨淋所致的损失,包括人工降雨、雪融等导致的损失。

⑤因铁路承运人责任而导致保险货物灭失、短少、污染、变质、损坏的损失责任。

3. 货物运输保险的除外责任

除外责任是指保险公司不承担赔偿的责任。保险人对下列原因造成保险货物的损失，不负赔偿责任：

(1)战争或者军事行动；

(2)核事件或者爆炸；

(3)保险货物自然损耗，本质缺陷以及货物包装不善；

(4)被保险人的故意行为或者过失；

(5)其他。

4. 货物运输保险责任期限

铁路货物运输保险合同一般是以一个运程为保险责任期限。保险责任期限自签发保险凭证和保险货物运离起运地发货人的最后一个仓库或储存处所时起，至该保险凭证上注明的目的地的收货人在当地的第一个仓库或储存处所时终止。货物运抵目的地收货人的第一仓库或者储存处所时起，收货人应在 10 日内向保险人申请并会同检验受损货物，逾期后保险人不受理。

5. 货物运输保险的赔偿处理

投保铁路货物运输险的货物在运输途中发生损失的，应按下列原则划分被保险人、保险人和承运人的责任：

(1)保险而未保价的货物在铁路运输中按非保价货物对待。如果损失仅属于保险责任范围的(即属于承运人的免责范围)，由保险公司单独赔偿；损失仅属于承运人责任范围的，则由承运人按规定进行限额赔偿；属于被保险人责任造成的损失，则由被保险人承担；如果属于保险责任范围，同时又属于承运人责任范围的，则由保险公司按照保险合同的约定向托运人或收货人先行赔付后，再向承运人追赔。

投保货物运输险的货物在运输中发生损失，对属于铁路运输企业责任范围且未按保价运输承运的，按照实际损失赔偿，但最高不超过国务院铁路主管部门规定的赔偿限额；如果损失是因铁路运输企业的故意行为或者重大过失造成的，不适用赔偿限额的规定，按照实际损失赔偿，由铁路运输企业承担赔偿责任。

(2)对于既保险又保价的货物在运输过程中发生损失，属于承运人的责任的，按照保价运输的规定赔偿；对于保险公司先行赔付的，而后向承运人追赔。属保险责任范围的损失，由保险公司按照实际损失，在保险金额内给予补偿。

保险公司按照保险合同的约定向托运人或收货人先行赔付后，对于铁路运输企业应按货物实际损失承担赔偿责任的，保险公司按照支付的保险金额向铁路运输企业追偿，因不足额保险产生的实际损失与保险金的差额部分，由铁路运输企业赔偿。对于铁路运输企业应按限额承担赔偿责任的，在足额保险的情况下，保险公司向铁路运输企业的追偿额为铁路运输企业的赔偿限额；在不足额保险的情况下，保险公司向铁路运输企业的追偿额在铁路运输企业的赔偿限额内按照投保金额与货物实际价值的比例计算，因不足额保险产生的铁路运输企业的赔偿限额与保险公司在限额内追偿额的差额部分，由铁路运输企业赔偿。

四、货物运到期限

(一) 货物运到期限的概念

货物运到期限是铁路将货物由发站运至到站的最长时间限制，是根据铁路现有技术设备条件和运输工作组织水平确定的，也是铁路承运部分货物的根据。

货物运到期限是铁路货物运输合同的重要内容，是对铁路运输企业的要求和约束，也是对托运人或收货人合法权益的保护。铁路运输企业应当尽量缩短货物的运到期限，对因铁路运输企业责任超过货物运到期限的负违约责任。

(二) 货物运到期限的组成与计算

货物运到期限由以下三部分组成。

(1) 货物发送期间为 1 日。

(2) 货物运输期间：每 250 运价千米或其未满为 1 日；按快运办理的整车货物每 500 运价千米或其未满为 1 日。

(3) 特殊作业时间：

①需要中途加冰的货物，每加冰一次，另加 1 日。

②运价里程超过 250 km 的零担货物和 1 t 型、5 t 型集装箱货物，另加 2 日；超过 1000 km 的，另加 3 日。

③一件货物质量超过 2 t、体积超过 3 m^3 或长度超过 9 m 的零担货物及零担危险货物，另加 2 日。

④整车分卸货物，每增加一个分卸站，另加 1 日。

⑤准、米轨间直通运输的整车货物，另加 1 日。

货物实际运到日数的计算：起算时间，从承运人承运货物的次日(指定装车日期的，为指定装车日的次日)起算。终止时间，到站由承运人组织卸车的货物，到卸车完了时止；由收货人组织卸车的货物，到货车调到卸车地点或货车交接地点时止。

上述五项特殊作业时间应分别计算，当一批货物同时具备几项时，应累计相加计算。

“五定”班列运输货物的运到期限按运行天数(始发日和终到日不足 24h 的均按 1 日计算)加 2 日计算。运到期限自该班列的始发日开始计算。

托运易腐货物或“短寿命”放射性货物时，应记明容许运输期限。货物的容许运输期限至少须大于货物运到期限 3 日方可承运。

货物运到期限起码为 3 日，按自然日计算。

(三) 货物运到逾期

货物实际运到日数超过规定的运到期限，称为货物运到逾期。

货物运到逾期时，承运人应按所收运输费用的百分比，向收货人支付一定数额的逾期运到违约金。

1. 普通货物的逾期未到违约金

普通货物的逾期未到违约金按表 1-2-2 和表 1-2-3 计算。

表 1-2-2　运到期限在 10 日以内的违约金计算表

<table>
<tr><th>违约金 逾期总日数 / 运到期限</th><th>1 日/%</th><th>2 日/%</th><th>3 日/%</th><th>4 日/%</th><th>5 日/%</th><th>6 日及以上/%</th></tr>
<tr><td>3 日</td><td>15</td><td colspan="5">20</td></tr>
<tr><td>4 日</td><td>10</td><td>15</td><td colspan="4">20</td></tr>
<tr><td>5 日</td><td>10</td><td>15</td><td colspan="4">20</td></tr>
<tr><td>6 日</td><td>10</td><td>15</td><td>15</td><td colspan="3">20</td></tr>
<tr><td>7 日</td><td>10</td><td>10</td><td>15</td><td colspan="3">20</td></tr>
<tr><td>8 日</td><td>10</td><td>10</td><td>15</td><td>15</td><td colspan="2">20</td></tr>
<tr><td>9 日</td><td>10</td><td>10</td><td>15</td><td>15</td><td colspan="2">20</td></tr>
<tr><td>10 日</td><td>5</td><td>10</td><td>10</td><td>15</td><td>15</td><td>20</td></tr>
</table>

表 1-2-3　运到期限在 11 日以上的违约金计算表

逾期总日数占运到期限天数	违约金
不超过 1/10 h	为运输费用的 5%
超过 1/10 h 但不超过 3/10 h	为运输费用的 10%
超过 3/10 h 但不超过 5/10 h	为运输费用的 15%
超过 5/10 h	为运输费用的 20%

2. 快运货物的逾期未到违约金

快运货物运到逾期，除依照《快运货物运输办法》规定退还快运输费用外，货物运输期间，按每 250 运价千米或其未满为 1 日，计算运到期限仍超过时，应依照相关规定向收货人支付违约金。

“五定”班列运输货物逾期，除因不可抗力外，到站在运到期限满日前因承运人责任不能交付货物的，由到站在交付的同时使用车站退款证明书向收货人支付违约金，每逾期 1 日为快运输费用的 50%；自第 3 日起(未收快运输费用的自第 1 日起)，按以上运到期限的规定计算。

3. 不支付违约金的货物

(1)超限货物、限速运行的货物、免费运输的货物以及货物全部灭失，承运人不支付违约金。

(2)从承运人发出领货通知的次日起(不能实行领货通知或会同收货人卸车的货物为卸车的次日起)，如收货人于 2 日内未将货物领出，即失去要求承运人支付违约金的权利。

4. 货物滞留时间

货物在运输过程中，由于下列情况之一造成的滞留时间，应从实际运到日数中扣除：

(1)因不可抗力引起的；

(2)由于托运人责任致使货物在途中发生换装、整理所产生的；

(3)因托运人或收货人要求运输变更所产生的；

(4)运输活动物时，由于途中上水所产生的；

(5)其他非承运人责任发生的。

由于上述情况致使货物发生滞留时，发生货物滞留的车站应在货物运单的“承运人记载事项”栏内记明滞留时间和原因。到站应将由于各种情况所发生的滞留时间加总，加总后不足1日的尾数进整为1日。

第三节　铁路货物运输的基本作业

铁路货物运输是现代物流中的重要环节，它的基本作业包括货物的发送作业、途中作业和到达作业。

一、货物的发送作业

货物在发站所进行的各项货运作业，统称为发送作业。它是铁路货物运输技术作业过程的开始阶段，包括托运、受理、进货、验收、制票、承运、装车作业等环节。

(一)托运

托运人以货物运单向承运人提出货物运输要求，并按铁路要求向承运人交运货物，称为货物的托运。托运人向承运人交运货物时，应向车站按批提出货物运单一份。使用机械冷藏车运输的货物，同一到站、同一收货人可以数批合提一份运单。整车分卸货物，除提出基本货物运单一份外，每一分卸站应另增加分卸货物运单两份(分卸站、收货人各一份)，作为分卸站卸车作业和交付货物的凭证。

为了正确地核收运输费用以及发生灭失、损坏等事故时便于划清承运人与托运人之间的责任，遇到下列情况，托运人除提出货物运单外，还应同时提出物品清单：

(1)按一批托运的货物，品名过多不能在运单内逐一填记时。

(2)托运搬家货物时。

(3)同一包装内有两种以上货物时。

物品清单(见附件3)一式三份。一份由发站存查，一份随同运输票据递交到站，一份退还托运人。

托运人对其在货物运单和物品清单内所填记的事项真实性负责，匿报、错报货物的品名、重量时按规定支付违约金。

(二)受理

车站对托运人提出的货物运单，经审查符合运输要求后，在货物运单上进行签证，指定进货日期或装车日期，即为受理。

车站受理货物运单时，应确认被托运的货物是否符合运输条件，各栏填写是否齐全、正确、清楚，领货凭证与运单相关栏是否一致；对营业办理限制(包括临时停限装)、起重能力、专用线专用铁路办理范围、证明文件等有关内容进行审查；对到站、到局和到站所属省、市、自治区各栏内容进行相互核对。

1. 货物运单的审查内容

(1)各栏填写是否齐全、正确、清楚，领货凭证与货物运单是否一致。

(2)整车运输有无批准的计划号码，计划外运输有无批准命令；实行承运日期表的集装箱货物是否符合承运日期表规定的去向。

(3)根据“货物运价里程表”站名索引表有关“营业办理限制”栏和“最大起重能力”栏中的规定，确认到站的营业办理限制(包括临时停限装)和起重能力。

(4)根据“铁路货物运输品名分类与代码表”“铁路货物运输品名检查表”中规定的货物名称，确认运单中填写的货物品名是否正确，铁路能否运输。另外，因其关系到铁路运输货物的安全和运输费用计算，危险货物应按《铁路危险货物运输管理规则》中列载的品名填写，用括号注明危险货物编号，同时要审查其是否符合有关运输要求的规定。

(5)需要的证明文件是否齐全有效。根据中央或省(市)、自治区法令需要证明文件运输的货物，托运人应将证明文件与货物运单同时提出，并在货物运单“托运人记载事项”栏中注明文件名称和号码。车站在证明文件的背面注明托运数量，并加盖车站日期戳，退还托运人或按规定留发站存查。

(6)有无违反按一批托运的限制。

(7)按规定托运易腐货物和“短寿命”放射性货物时，应记明货物的容许运输期限。容许运输期限至少须大于货物运到期限3d。

(8)需要声明事项是否在“托运人记载事项”栏内注明，例如派有押运人的货物，托运人应在“托运人记载事项”栏内注明押运人姓名、证明文件名称和号码。

2. 货物运单的签证

(1)整车货物：在站内装车者，签证计划号码、货物搬入日期及地点，将货物运单交还托运人，凭此搬入货物；在专用线装车者，签证计划号码和货物装车日期，将货物运单交指定的包线货运员，按时到装车地点检查货物。

(2)集装箱货物：签证运输号码、货物搬入日期及地点，将货物运单交还托运人，凭此搬入货物。

(3)加盖受理章和经办人名章。

(三)进货

在铁路货场内装车的货物，托运人凭签证后的货物运单，按指定日期将货物搬入货场指定的位置作业，称为进货。

车站在接收托运人搬入车站的货物时，按运单记载对货物品名、件数、重量、运输包装、装载加固材料和装置等进行检查，确认符合运输要求并同意货物进入场、库指定货位的作业，称为验收。

货物验收完毕，货物应稳固、整齐地堆码在指定货位上。整车货物要定型堆码，保持一定高度。集装箱货物，要按批堆码，货签向外，留有通道。需要隔离的，应按规定隔离。货物与线路或站台边缘的距离必须符合规定。

(四)验收

货场门卫人员和线路货运员对搬入货场的货物进行有关事项的检查核对，确认符合运输要求并同意货物进入场、库指定货位的作业叫验收。需要检查的内容，主要有以下各项。

(1)货物名称、件数是否与运单记载相符。

(2)货物的状态是否良好。货物状态有缺陷，但不致影响货物安全的，可由托运人在货物运单内具体注明后承运。

(3)货物包装是否符合规定。货物的包装完好是保证货物运输安全的主要条件，也是托运人应尽的义务之一。因此，托运人在托运货物时，应根据货物的性质、重量、运输种类、气候以及货车装载等条件，使用符合运输要求、便于装卸和保证货物安全的运输包装，有国家包装标准或部包装标准(行业包装标准)的，按国家标准或部标准(行业标准)进行包装。货物的运输包装不符合前款要求时，应由托运人改善后承运。对没有统一规定包装标准的，车站应会同托运人研究制订货物运输包装暂行标准，并共同执行。对于需要试运的货物运输包装，除另定者外，车站可与托运人商定条件组织试运。货物包装不符合要求时，应由托运人改善后承运。

(4)货物标记(货签)和标志是否齐全、正确。

①货物标记(货签)(见图1-3-1)是将货物与运输票据联系在一起的纽带，是保证货物正确运输的重要依据。货物标记是一种指示标记，其记载内容必须与运单记载对应栏目相符。

0 0　　0
运输号码 ________ 到　　站 ________ 收 货 人 ________ 货物名称 ________ 总 件 数 ________ 发　　站 ________

规格 110 mm×60 mm

图1-3-1　货签式样

②托运行李、搬家货物除使用布质、木质、金属等坚韧的货签或书写标记外，还应在货物包装内部放置标记，以便外部标签丢失时，能迅速判明货物的到站。

③托运人托运集装箱货物时，应在集装箱的门把手上拴挂一张货签，其中货物名称栏免填。

④托运人应根据货物性质，按照国家标准，在货物包装上做好包装储运图示标志(见附件4)。

⑤货件上与本批货物无关的运输标记和包装储运图示标志，托运人必须撤除或抹消。

⑥检查装载整车货物所需的货车装备物品或加固材料是否齐全。装载整车货物所需的货车装备物品或加固材料均由托运人准备，并应在货物运单“托运人记载事项”栏内记明其名称和数量，在到站后连同货物一并交付收货人。

（五）承运

铁路运输货物按件数和重量承运。整车货物原则上按件数和重量承运，但有些非成件货物或一批货物件数过多且规格不同，在货运作业中的点件费时、费力，只能按重量承运，不计件数。这些货物有以下两种。

(1)散堆装货物。

(2)成件货物规格相同（规格在三种以内视作规格相同），一批数量超过2000件；规格不同，一批数量超过1600件。

下列整车货物中，无论规格是否相同，按一批托运时，每件平均重量在10 kg以上，托运人能按件点交给车站的，承运人都按重量和件数承运：

①针、纺织品，衣，袜，鞋，帽；

②钟表、中西成药、卷烟、文具、乐器、工艺美术品；

③面粉、肥皂、糖果、橡胶、油漆、染料、轮胎、罐头食品、瓶装酒类、医疗器械、洗衣粉、缝纫机头、空钢瓶、化学试剂、玻璃仪器、241 L空铁桶。

④电视机、收音机、录音机、电唱机、计算机、照相机。

前款明定品名的货物与未明定品名的货物作为一批托运时，按未明定品名货物的规定办理。

整车货物和集装箱货物，由托运人确定重量；零担货物除标准重量、标记重量或有过秤清单以及一件重量超过车站衡器最大称量的货物外，由承运人确定重量。货物重量（包括货物包装重量）必须准确。托运人确定重量的整车货物、集装箱货物和零担货物，承运人应对其进行抽查，抽查后承运人确定重量超过托运人确定重量（扣除国家规定的衡器公差）时，应向托运人或收货人核收过秤费。

（六）装车作业

装车是货物发送作业中十分重要的一个环节，货物运输质量的高低在很大程度上取决于装车作业组织的好坏。铁路货物运输工作必须贯彻“发站从严、装车从严”的原则，为途中作业和到达作业打下良好的基础。在铁路货物运输工作过程中，装车质量直接影响到货物安全、货物运送速度、车辆周转时间以及货车运行安全。因此，合理使用货车、装卸机械，配备合适的工作人员，根据有关法规、行业规章、作业标准组织装车作业，对铁路货物运输安全具有重要意义。

1.装卸车责任的划分

装卸车组织工作根据装卸地点和货物性质来划分承运人与托运人、收货人的责任范围。

货物装车作业和卸车作业的组织工作，在车站公共装卸场所以内由承运人负责。但罐车运输的货物、冻结易腐货物、未装容器的活动物、蜜蜂、鱼苗、一件质量超过1 t的放射性同位素，以及用人力装卸带有动力的机械和车辆，均由托运人或收货人负责组织装车或卸车作业。其他货物由于性质特殊，经托运人或收货人要求，并经承运人同意，也可由托运人或收货人组织装车或卸车作业。

车站应同各专用铁路、专用线所有人签订运输协议，报主管铁路局备案。其中，协议内容由铁路局规定。托运人、收货人使用他人专用线装、卸货车时，应与车站、专用线所有人签订运输协议。专用线共用单位发到的货物，执行车站公共装卸场所的收费政策。

由托运人或收货人组织装车或卸车的货车，车站应在货车调到前，将调到时间通知托运人或收货人。托运人或收货人在装卸车作业完成后，应将装车完成或卸车完成的时间通知车站。托运人、收货人组织装车或卸车的货车，超过规定的装卸车时间标准或规定的停留时间标准时，承运人应向托运人或收货人核收规定的货车延期使用费。

凡存放在装卸场所内的货物，应距离货物线钢轨外侧 1.5 m 以上，并应堆放整齐、稳固。

2. 货车使用原则

货车是铁路货物运输的主要工具，其使用是否正确，直接影响行车安全、货物质量、车辆完整以及车辆运用效率。合理使用车辆的原则：车种适合货种、车吨配合货吨。

承运人应按照运输合同约定的车种拨配适当的车辆。承运人如无适当货车拨配，在征得托运人同意、保证货物安全、货车完整和装卸作业方便的条件下可以代用。以长大货物车、冷藏车代替其他车辆及改变罐车使用范围时，应经国铁集团承认；以其他车辆代替棚车时，应经铁路局承认。

车辆代用必须符合《铁路货物装载加固规则》中货车使用限制表(见附件 5)的规定。

3. 装车前的检查

为了保证装车工作质量，使装车工作顺利进行，装车单位应对车辆、货物和票据进行认真的检查，具体检查内容包括以下方面。

(1)检查货物运单。检查货物运单的记载内容是否符合运输要求，有无漏填和误填。

(2)检查待装货物。要根据货物运单认真核对待装货物的品名、件数，检查标志、标签和货物状态。对集装箱货物还应检查箱体、箱号和封印。对需要进行加固的货物或需苫盖篷布的货物，还须认真检查装载加固材料、装置及货车篷布、篷布绳网等的数量和质量是否符合要求。

(3)检查货车。主要检查车辆是否符合使用条件，货运状态是否良好。认真检查货车的车体(包括透光检查)、车门、车窗、盖阀是否完整良好，有无扣修通知、色票、货车洗刷回送标签或通行限制，车内是否干净，是否被毒物污染。装载粮食、医药品、食盐、鲜活货物、饮食品、烟草制品以及由押运人押运的货物等时，还应检查车内有无恶臭异味。发现有不符合使用的情况时，应采取适当措施，必要时可更换车辆。

4. 装车作业的基本要求

货物的装车，应做到安全、迅速、满载，这是对装车作业的基本要求。在装车过程中，无论是谁负责装车都应遵守装载加固的技术条件。

(1)对货物装载重量的要求。

货车的容许载重量包括以下三部分：

①货车的标记载重量。

②货车的附加增载量，即货物包装、防护物重量影响货物净重或机械装载不易计算件数的货物，装车后减吨有困难时可以多装，但不得超过货车标记载重量的 2%。

③货车的规定增载量，根据现行规定，货车的增载量如下：标重 60 t 的 C62A、C62A(N)、C62AB 型敞车允许增载 3 t；标重 60 t 的平车装载军运特殊货物允许增载 10%；国际联运的中、朝、越铁路货车，可增载 5%；货车上涂打有禁增标记的，不准增载。

铁路货车增载规定详见附件 6。

(2)对货物装载高度和宽度的要求。

货物的装载高度和宽度，除超限货物和有特殊规定者外，均不得超过机车车辆限界和特定区段装载限界。

(3)其他要求。

①使货物均衡、稳定、合理地分布在车底板上，不超载、不偏载、不集重，在运输中不发生移动、滚动、倒塌或坠落等情况。

②装载时应堆码紧密、整齐。捆绑牢固，做到轻拿轻放，大不压小、重不压轻、笨重货物不上高、长大货物不堵门。

③装载成件包装货物的，应排列紧密、整齐。当货物装载高度或宽度超出侧板时，应层层压缝，梯形码放，四周货物倾向中间，两侧超出侧板的宽度应一致。袋装货物的扎口应朝向内侧。对超出端侧板高度的货物，应用绳网或绳索串联在一起并捆绑牢固，也可用挡板(壁)、支柱进行加固。

使用敞车装载易燃、怕湿货物时，应堆码成屋脊形，苫盖好篷布，并将绳索捆绑牢固。

使用敞车装载焦炭高度超出货车端侧板的货物时，必须使用围挡并苫盖专用焦炭网，焦炭起脊高度不超过 200 mm，起脊点距围挡顶部不超过 100 mm。

④使用棚车箱、普混装零担货物时，要合理轻重配装。不能充分利用车辆容积时，集装箱货物、笨重货物要铺在车底码放；使用棚车装载货物时，门口处货物的装载高度不得超过 1.5 m 并逐层收缩梯形码放，与两侧车门的距离不得大于 100 mm，以防挤住车门或湿损货物。装车后，必须对车门(窗)关闭加固状态进行严格的检查确认，无误后，方可施封挂运。

⑤使用罐车装运货物时，应装到空气包底部或规定的高度，并由装车单位负责将排油阀关严。

⑥用敞、平车装载需要加固的货物、轻浮货物、成件货物时，已有定型方案的，必须按定型方案装载；无定型方案的，车站应会同托运人制订试运加固方案，报上级批准后组织试运。

装车时，必须遵守《铁路货物装载加固规则》(以下简称《加规》)的规定，核对货物运单、货票、实际货物，做到不错装、不漏装，巧装满载，防止出现偏载、偏重、超载、集重、亏吨、倒塌、坠落和超限的问题。对易磨损货件应采取防磨措施，怕湿和易燃货物应采取防湿或防火措施。装车过程中，要严格遵守《铁路装卸作业安全技术管理规则》有关规定，保证装车作业安全。

对以敞、平车装载的需要加固的货物，有定型方案的，严格按方案装车；无定型方案的，车站应制订装载加固方案，并按审批权限报批，按批准方案装车。装载散堆装货物时，货车顶面应予平整。对自轮运转的货物、无包装的机械货物，车站应要求托运人将货物的活动部位予以固定，以防止货物脱落或侵入限界。

5. 货车和集装箱的施封

货车和集装箱的施封是为了保证货物的安全与完整，并便于进行货物(车)交接和划分运输责任，而使用施封锁(环)等对货车(集装箱)的车门及罐车的注、排物阀采取的加封措施。在货物运输过程中，通过检查货车和集装箱的施封状态即可判明货物是否完整，据此划分承托双方或铁路内部各部门间应承担的责任。

(1)施封货车。

使用棚车、冷藏车、罐车和集装箱运输的货物，由组织装车和装箱的单位负责在货车或集装箱上施封。但派有押运人的货物、需要通风运输的货物、组织装车的单位认为不需施封的货物(集装箱运输的货物除外)以及托运的空集装箱，可以不施封。

(2)施封与拆封。

①原则上由组织装车(或装箱)的单位负责施封。

②施封后，应在相应的货物运单、票据封套和货车装载清单上记明施封及其号码。

③施封及拆封的技术要求，应按《货车和集装箱施封拆封的规定》办理。

6. 货车篷布的苫盖

货车篷布的质量和状态，关系货物安全及行车安全。所以，使用铁路货车篷布苫盖货物时，必须明确划分篷布质量检查的责任。

(1)篷布的使用与回送。

①使用铁路货车篷布苫盖货物时，按使用张数向托运人核收货车篷布使用费。

②专用线内装车使用的铁路货车篷布或到达专用线的铁路货车篷布，分别由托运人和收货人负责到车站取送；到达专用线或专用铁路的铁路货车篷布，收货人应于货车到达卸车地点或交接地点的次日起，2 日内送回车站。超过规定期间的，根据其超过的时间，核收货车篷布延期使用费。

③托运人组织装车的货物，使用铁路货车篷布时，对篷布的完整状态应进行检查，发现篷布破损或后腰、边绳短少，应向车站更换；托运人使用自备篷布时，应在货物运单“托运人记载事项”栏内记明“自备篷布××张”。

(2)货车篷布的苫盖方法。

使用敞、平车装运易燃、怕湿货物时，装载堆码要成屋脊形，使用篷布时要苫盖严密、捆绑牢固。其捆绑加固方法具体如下：

①苫盖两张篷布时，搭接处应按运行最远方向顺向压缝，压缝搭接长度不少于 500 mm，上层篷布的端绳应纵向拉紧并拴牢于下层篷布的绳上。

②苫盖的篷布不得遮盖车号、手闸杆和提钩杆，靠手闸一端的篷布下垂不得超过端板 400 mm，装载成件货物在覆盖篷布前必须先行捆绑加固，覆盖篷布后再按规定牢固捆绑。捆绑拴结后腰、边绳的余尾部分长度不得超过 300 mm，并使用绳卡。

③苫盖的篷布两端要包角，角绳各朝对角下方向拉紧。货车两端篷布的边、角绳应穿过提钩杆或手闸杆的内侧后拉进拴牢。篷布两侧(包括两张篷布中间的接缝的端、角绳)的边绳都要朝对向斜拉或交叉(腰绳直拉)拉进绕过丁字铁或支柱槽两圈以上，至少结死扣两次和活扣一次，不得拴结在其他部位。

④篷布苫盖后，应整体平坦，无货物外露，顶部起脊，两端包角密贴，各部位尺寸超过限界，拴结牢固安全。

7. 填写运输票据

货车施封后，货运员应将车种、车号、货车标重、使用篷布张数、施封个数记入货物运单内。

(1)使用货运票据封套的货物。

为了便于交接和保持运输票据的完整，下列货物的运输票据均使用货运票据封套(见表 1-3-1)封固后随车递送：

①国际联运货物和以车辆寄送单回送的外国铁路货车。

②整车分卸货物。

③一辆货车内装有两批以上的货物。

④以货运记录补送的货物。

⑤附有证明文件或代递单据较多的货物。

表 1-3-1 货运票据封套

货运票据封套

车种车号＿＿＿＿＿＿ 标记载重量＿＿＿＿＿＿

货物到站＿＿＿＿＿＿ 到局＿＿＿＿＿＿ 篷布号码＿＿＿＿＿＿

运单号码＿＿＿＿＿＿

货物品名＿＿＿＿＿＿ 货物实际重量(吨)＿＿＿＿＿＿

收货人及卸车地点＿＿＿＿＿＿

施封号码＿＿＿＿＿＿

记 事＿＿＿＿＿＿

发站戳记

经办人章

封套中的各栏应按实际情况填写并加盖车站站名日期戳和带站名的经办人章。封套内运输票据的正确、完整由封固单位负责，除卸车站或出口国境站外，不得拆开封套。当途中必须拆开封套时，由拆封套的单位编制普通记录证明(附入封套内)，并再进行封固，在封口处加盖有该单位名称的经办人章。

(2)需填写货车装载清单的货物。

货车装载清单(见表 1-3-2)是装车货运员对同一车内装载货物的完整、真实的记录。它记载了每批货物的运输号码、品名、件数、重量和发到站等内容，作为卸车时核对货物的一种依据。

表 1-3-2 货车装载清单

装车站

第一到站			第二到站			第三到站		
车种车号			标记载重		施封号码		篷布号码	
货票号码	运输号码	发站	到站	品名	件数	重量/kg	包装	记事

装车货运员 卸车货运员

装车工组 卸车工组

年 月 日

需填写货车装载清单的货物有以下三种：

①整车国际联运出口货物和过境货物。发站（进口国境站）应填制货车装载清单一份，随同货车送至到站（或出口国境站）。

②水陆联运货物。

③整零车和集装箱运输的货物。

8. 插挂表示牌

表示牌是给车站调车人员起提示作用的，对车内所装货物按规定调车时，需要“禁止溜放”或“限速连挂”的车辆，插挂表示牌加以提示，以防违反规定而发生事故。

装车完毕后，按规定需插挂表示牌的车辆应在货车的两侧插挂表示牌。是否插挂以及插挂哪一种表示牌是根据车内所装货物的性质来确定的，具体使用范围在《铁路鲜活货物运输规则》、《铁路危险货物运输管理规则》中有明确规定。到站卸车完毕后，应撤除表示牌。

9. 装车后的检查

为了保证正确运送货物和行车安全，监装卸货运员还需进行装车后的检查工作，此项工作是装车作业的最后工作。

(1) 检查车辆装载。主要检查有无超重、偏重、超限现象，装载是否稳妥，捆绑是否牢固，施封是否符合要求，表示牌的插挂是否正确。对装载货物的敞车，要检查车门插销、底开门搭扣和篷布苫盖、捆绑的情况。对超限、超长、集重货物，要检查是否按规定的装载加固方案进行装载加固，其中对超限货物还应按装载方案测量装车后的尺寸。

(2) 检查运单。检查运单有无误填和漏填，车种、车号和货物运单、货运票据封套与记载的是否相符。

(3) 检查货位。检查货位有无误装或漏装的情况。

经检查符合要求后，即可将货运票据移交货运室，同时将装车完成时间通知运转室或货运调度员，以便取车、挂运。

至此，装车作业全部完成。

（七）制票

整车货物在装车完毕、零担货物和集装箱货物在发站接收完毕以后，托运人应向车站支付运输费用，并办理制票。

货票是铁路运输货物的凭证，是一种具有财务性质的票据；是清算运输费用、确定货物运到期限、统计铁路所完成的工作量和计算货运工作指标的依据，因此必须正确填制；是有价证券且带有号码，必须妥善保管，货票的金额不准涂改，其他事项如有更改，必须盖章证明。

货票一式四联。甲联为发站存查联；乙联为报告联，由发站每日按顺序订好，定期上报发局；丙联为承运证，交托运人凭以报销；丁联为运输凭证，随货物递交到站存查。货票各联的正面内容完全相同。

货票由货运室填制，可手工也可用微机制票。集装箱货物先制票后装车，整车货物先装车后制票或平行作业。

货票应根据货物运单记载的内容填写，手工制票时字迹必须清晰、金额不准涂改，填写错误时按作废处理，其他事项如有更改，必须盖章证明。

车站在货物运单和货票上加盖车站日期戳并收清费用后，即将领货凭证和货票丙联一并交给托运人。

二、货物的途中作业

货物在运输途中发生的各项作业，统称为途中作业，主要包括途中货物的交接和检查、特殊作业及异常情况的处理三个方面的作业。其中，交接和检查是货物在途中必须进行的正常作业；特殊作业主要包括整车分卸作业、货物运输变更以及加冰冷藏车的加冰和加盐、活动物的上水等作业；异常情况的处理主要是货物的整理与换装、运输阻碍的处理等，如货车偏载、超载或货物装载位移时须进行的换装整理。

（一）货物交接和检查

为了保证行车安全和货物完整，划清铁路内各部门的责任，对运输中的货物（车）和运输票据要进行交接和检查，并按规定进行处理。车站和货车（车务）段应根据货物、运输票据交接和检查的要求，制订实施办法，明确责任。车站各工种之间也应建立相应的交接和检查制度。货运交接和检查的具体内容、针对所发现问题应采取的处理方法等依据《铁路货物运输管理规则》（以下简称《管规》）的有关规定办理。

区段负责制是指在对货车的交接和检查中，按货车运行区段划分货运检查站责任的制度。无运转车长值乘的货车实行站与站间交接和检查的区段负责制，由车站负责交接和检查工作。

货车运行途经有技术作业或无技术作业但停车时间在35 min以上的技术作业车站，视为责任货运检查站（以下简称货检站），由车站组织人员进行货运检查作业。

中间站保留及甩挂作业的货物货车，由车站负责看护，保证货物安全。发生问题时，车站要及时处理。

货物货车无改编作业时，货检站对货车的施封状态，仅凭货车编组顺序表的有关记载检查其施封是否有效，不核对站名、号码。货物货车有改编作业时，货检站对货车的施封状态，交接时只核对站名，不核对号码。

货运交接和检查的主要内容如下：

（1）货物货车中货物的装载、加固状态。

（2）货车篷布及篷布绳网的苫盖、捆绑状态。

（3）施封及门、窗、盖、阀的关闭情况。如：施封、封印不符合要求，记载与实际不符，施封车的门窗关闭不严，货物损坏、被盗。

（4）货车票据完整情况（运输票据或封套：票货分离、记载与实际不符、不符合要求）。

（5）装有货物的货车：篷布的苫盖不符合规定，货物的装载有异状或超限，超限货物无调度命令。

（6）货车使用和通行限制，是否违反有关规定等。

（7）危险货物押运人的押运情况。

（8）国铁集团规定的其他事项。

(二)异常情况的处理

1. 交接和检查时发现问题的处理

交接和检查时发现的问题应按有关规定进行处理，并应于货车到达后 120 min 内以电报形式通知上一货检站，同时抄知发到站。电报的内容应包括货车的车次、到达时分、车种、车号、发站、到站、品名、发现的问题及简要处理情况，需编制记录时按规定要求编制，并将记录粘贴在货票丁联背面或封套背面，无法粘贴的随封票交接。其具体处理方法如下：

(1)罐车和集装箱的封印、苫盖货物的篷布顶部、集装箱顶部、敞车装载的不超出端侧板货物的装载状态，在途中不交接和检查，如接方发现有异状，无运转车长的要由发现站拍发电报。

(2)发现重罐车的上盖开启，车站负责关好，并由交方编制普通记录证明。在发站和中途站发现空罐车、加冰冷藏车的冰箱上盖张开，要及时关闭。

(3)整车货物变更到站时，处理站应对该车的装载加固情况进行检查，检查施封货车施封是否完好，站名、号码是否与票据相符。

2. 货物的换装整理

在运输中发现货车偏载、超载、货物撒漏，以及因车辆技术状态不良，经车辆部门扣留，不能继续运行，或根据有关规定需要换装整理时，由发现站(或路局指定站)及时换装整理，并在货票(丁联)的记事栏内记明有关事项。

换装整理的时间一般不应超过两天。如两天内未换装整理完毕，应由换装站以电报的形式通知到站，以便收货人查询。

编组、区段站对扣留的换装整理货车应进行登记，并按月汇总报主管铁路局，同时通知有关铁路局。

货物换装整理所需的加固材料，由车站购置，以成本列支并保证满足使用需要。

3. 运输阻碍的处理

不可抗力的原因致使行车中断、货物运输发生阻碍时，铁路局对已承运的货物，可指示绕路运输。或者，在必要时先将货物卸下，妥善保管，待恢复运输时再装车并继续运输，所需装卸费用，由负责装卸作业的铁路局负担。因货物的性质特殊，绕路运输或卸下再装，可能造成货物损失时，车站应联系托运人或收货人并请其在要求的时间内提出处理办法。超过要求时间未接到答复或因等候答复将使货物造成损失时，比照无法交付货物处理，所得剩余价款，通知托运人领取。

4. 无运转车长值乘的货车货物交接和检查时发现问题的处理

无运转车长值乘的货车货物交接和检查时发现问题的处理方法详见附件 8。

(三)运输票据

运输票据由编组货车的车站封固并与机车乘务组实行封票签字交接。货车运行中在车站更换机车时，由更换地所在车站检查封固状态，并负责传递。机车乘务人员负责将票据完整地传递至货车终到站、甩挂作业站，并与车站办理票据签字交接，没有车站签字时不得退勤，发生票据丢失时，追查当事人责任；途中临时甩挂车作业时，由车站编制普通记录后启封处理，并将运输票据连同普通记录重新封固。

车站与机车乘务员应在商定的地点进行地面交接。

在装车站(含分卸站)、换装站、变更处丢失运输票据时，丢失单位或处理站应编制普通记录继运到站，并及时拍发电报向有关站查询；全货车运输票据丢失时，还应于当日上报主管铁路局。被查询站接电后，均应于48 h内电复或继续查询。发站接到查询电报后，48 h内应按货票的内容拍发电报并将货票抄件寄送到站处理。

三、货物的到达作业

货物在到站所进行的各项货运作业，统称为货物的到达作业，主要包括卸车和货物交付两大环节。

(一)重车和货运票据的交接

货车到达到站后，车站应及时核对现车并进行货运检查，检查无误后，与车长或货车乘务员办理重车和货运票据的交接签证。车号室登记好到达本站卸车的重车票据后，将其移交货运室。

货运室接到货物到达票据后立即进行登记，并核算在途中和到站发生的各项费用，以便交付时向收货人结算。

(二)货物的卸车作业

卸车是整个运输过程中的重要环节之一，是到站工作组织的关键。正确、及时地组织卸车作业，能够缩短货车周转时间，提高货车使用效率，保证排空任务和装车的空车来源。

1. 卸车前的检查

为使卸车作业顺利进行，防止误卸并确认货物在运输过程中的完整状态，便于划分责任，卸车货运员应根据货调下达的卸车计划，在卸车前认真做好以下三方面的检查：

(1)检查货位。主要检查货位能否容纳得下待卸的货物，货位的清洁状态，相邻货位的货物与卸下货物的性质有无抵触。

(2)检查运输票据。主要检查票据记载的到站与货物实际到站是否相符，了解待卸货物的情况。

(3)检查现车。主要检查车辆状态是否良好，货物装载状态有无异状，施封是否良好，现车与运输票据是否相符。检查现车时有可能发现影响货物安全和车辆异状的因素，因此应认真检查。如果发现异状，应先行处理后再进行卸车，有关事项应予记录。

2. 卸车作业

(1)卸车前的作业。作业开始前，应向卸车人员详细传达卸车要求和注意事项。

(2)卸车时的作业。卸车时，必须核对货物运单、货票、实际货物，保证货物运单、货票、实际货物“三统一”。卸车作业过程中，货运员对施封货车应亲自拆封，拆封、开启车门或取下所苫盖篷布的方法要正确，并逐批核对货物，清点件数，检查货物状态，合理使用货位，按标准进行码放。对于事故货物，应编制记录。此外，还应注意作业安全，加快卸车速度，以加速货车周转。

(3)卸车后的作业。卸车后，应将车辆清扫干净，关好车门、车窗、阀、盖，检查卸后货物的安全距离，清理线路，将篷布按规定折叠整齐，送到指定地点存放。对托运人自备的货车装备物品和加固材料，应妥善保管。

卸下的货物应登记到"卸货簿""集装箱到发登记簿"或具有相同内容的卸货卡片、集装箱号卡片上。在货票丁联的左下角记明卸车日期。

3. 卸车后的检查

(1)检查运输票据。检查票据上记载的货位与实际堆放货位是否相符；货票丁联上的卸车日期是否已填写；随票据递交到站的垫款通知书等单据是否完整。

(2)检查货物。主要检查货物的件数与运单是否相符；货物的堆码及防火、防湿措施是否符合要求；货车篷布是否按规定妥善折叠并送往固定地点；托运人自备的货车装备物品和加固材料及装置是否已妥善保管；卸后货物的安全距离是否符合规定。

(3)检查卸后空车。主要检查车内有无残留货物；车体是否被损坏；车内是否清扫干净、无异物、无异味；车门、车窗、端侧板是否关闭严密；失效的货车表示牌是否已撤除；等等。

4. 货车的清扫、洗刷和除污

负责卸车的单位在卸车时，应将货物彻底卸净，卸空后的货车应清扫干净，车门、车窗、端侧板、冷藏车冰箱盖、罐车盖、阀等要关闭妥当。下列货车除清扫干净外，还要有专人负责洗刷、除污，并按规定或依照卫生人员的要求进行消毒，向收货人核收费用。

(1)装过活动物、鲜鱼介类、污秽品等货物的车辆，以及受易腐货物污染的冷藏车。

(2)《铁路危险货物运输管理规则》规定必须洗刷除污的货车。如装过剧毒品的货车、受到危险货物污染的货车、有刺激性异臭味的货车都必须进行洗刷除污。

(3)装过污秽品的货车。

若收货人有洗刷、消毒设备时，也可由收货人自行洗刷、消毒。

(三)货物到达通知

1. 货物的催领

车站对到达的货物应及时发出催领通知，并在货票丁联内记明通知的方法和时间，必要时应再次催领。收货人拒领或找不到收货人时，到站要按规定调查处理。

(1)通知的时间。由铁路组织卸车的货物，发出催领通知的时间应不迟于卸车完了的次日。

(2)通知的方式。通知的方式可采用电话、短信或邮件等形式向收货人发出领货通知或送货通知，并在货票内记明通知的方式和时间，也可与收货人商定其他通知方式。

对到达的货物，收货人有义务及时将货物搬出，铁路也有义务提供一定的免费保管时间。

2. 货物的保管

承运人在车站公共装卸场所内组织卸车的货物，收货人应于承运人发出领货通知或送货通知的次日(不能实行领货通知及送货通知或会同收货人卸车的货物为卸车的次日)起算，2日内将货物搬出或接收货物。超过上述期间未将货物搬出或接收货物的，对其超出的期间核收仓储费。根据各地的具体情况，铁路局可以缩短货物免费仓储期限1日，也可以提高仓储费费率，但提高部分最高不得超过规定费率的1倍；也可以适当延长货物免费仓储期间。

货物承运前和交付后在车站仓储，或货物仅在车站仓储时，按实际仓储期间核收仓储费，铁路局可根据各地的具体情况，确定免费仓储期限，也可以提高仓储费费率，但提高部分最高不得超过规定费率的 1 倍。

3. 不能按时到达的货物

(1)车站接到不能按约定时间到达的货物预报后，应立即通知，必要时应发出通知。

(2)货物的运到期限期满后经过 15 日，或鲜活货物超过运到期限仍不能在到站交付的，到站除按规定编制货运记录外，还必须负责货物的查询工作，依次从发站按顺序查询。被查询的车站，应自接到查询的次日起 3 日内将查询结果电告到站，并继续查询下一作业站(编组、区段或保留站)。到站应将查询的最终结果及时通知收货人。

(四)交付作业

货物交付是指承运人在规定的地点与收货人进行货物(车)交接后，在货物运单上加盖货物交付日期戳，表示货物运输过程终止的作业程序。由承运人组织卸车和发站由承运人组织装车、到站由收货人组织卸车的货物，在向收货人点交货物或办理交接手续后，即为交付完毕；发站由托运人组织装车、到站由收货人组织卸车的货物，在货车交接地点交接完毕，即为交付完毕。交付完毕后，铁路货物运输合同即告结束。

1. 货物交付的依据

货物在到站应交付货物运单内所记载的收货人。

收货人在到站领取货物时，须提出领货凭证，并在货票丁联上盖章或签字。如领货凭证未到或丢失时，机关、企业、团体应提供本单位的证明文件；个人应提供本人的居民身份证、工作证(或户口簿)或服务所在单位(或居住所在单位)出具的证明文件。用本人的居民身份证、工作证或户口簿作证件时，车站应将收货人的姓名、工作单位名称、住址及证件号码详细记载在货票丁联上；用证明文件时，应将领取货物的证明文件粘贴在货票丁联上。

2. 收货人拒领或找不到收货人的处理

(1)收货人拒领或找不到收货人时，到站要按规定调查处理。发站接到到站函电后，应立即联系托运人，要求其在规定时间内提出处理意见，并将该处理意见答复到站。

(2)货物运抵到站，收货人应及时领取。拒绝领取时，收货人应出具书面说明，自拒领之日起，3 日内到站应及时通知托运人和发站，征求其处理意见。托运人自接到通知次日起 30 日内提出处理意见答复到站。

3. 货物发生货损、货差的处理

铁路应将承运的货物按照铁路货物运输合同规定的期限和到站，完整无损地交给收货人。如果在运输过程中货物发生货损、货差，在到站交付货物时，应同时向收货人出具证明货损、货差的货运记录，并按以下规定处理。

(1)到站在卸车时应对货物的重量和现状进行复查，与原记录进行核对，情况相符时，不再编制补充记录，交付时必须会同收货人确定损失数量或程度，并将记录交给收货人。如果随货到达的记录只有一页，到站应另作一份抄件给收货人，原记录留站存查。

(2)到站卸车复查时发现货物的损失情况与原记录不符，应编制补充记录交给收货人。

(3)到达到站的货物如没有附货运记录，卸车或交付时发现货物有损失，由到站编制货运记录，交给收货人。

(4)货物发生损坏或部分灭失需要鉴定时，按相关规定进行鉴定。

(5)将货运记录交给收货人时，应要求收货人在存查页上签收，注明收到日期。

4. 货物的交付作业

货物的交付作业分为票据交付和现货交付两部分。

(1)票据交付。到站根据收货人提供的领货凭证或有效证明文件，经与货运票据核对后，由收货人在货票上签章，收清一切费用后，即在货物运单和货票上加盖交付日期戳，并将领货凭证或证明文件粘贴或记载在货票丁联上，然后将货物运单交经收货人，凭此到货物存放地点领取货物。

(2)现货交付。交付货运员凭收货人提出的货物运单向收货人点交货物，然后在货物运单上加盖“货物交讫”戳记，并记明交付完毕的时间，将运单交还收货人，凭此将货物搬出货场。

由承运人组织卸车或发站由承运人组织装车、到站由收货人组织卸车的货物，在向收货人点交货物或办理交接手续后，即为交付完毕；发站由托运人组织装车，到站由收货人组织卸车的货物，在货车交接地点交接完毕，即为交付完毕。

铁路货物运输合同的履行从货物承运开始至交付完毕时止。货物交付工作是铁路运输服务的最后环节，交付完毕意味着铁路货物运输合同就此终止，铁路负责运输就此结束。

(五)货物搬出

收货人持有加盖“货物交讫”的运单将货物搬出货场，门卫应认真检查搬出货物的品名、件数、交付日期与货物运单的记载是否相符，经确认无误后放行。

第四节　铁路货物运价

铁路货物运价是铁路运输产品的销售价格，是国家运价政策的体现，也是铁路劳务价值的具体体现，是国家规定的铁路运输产品的计划价格。铁路货物运价是铁路按照这个价格来“销售”自己的运输产品，凭此计算货物运输费用并向货主核收，以取得运输收入来补偿生产时所消耗的社会劳动量。

一、铁路货物运价概述

铁路货物运输费用是对铁路运输企业所提供的各项生产服务消耗的补偿，包括车站费用、运行费用、服务费用和额外占用铁路设备的费用等。

铁路托运货物时所需支付的总的运输费用包括货物运输费用、货物运输杂费、电气化附加费、建设基金。

其中，货物运输费用包括国家铁路运输费用、合资或地方铁路的运输费用、运营临管线运输费用、特价营业铁路运输费用、京九分流运输费用。

目前，国家铁路有多种杂费项目，可以将所有杂费分为三大部分，第一部分为货运营运杂费，第二部分为延期使用运输设备、违约及委托服务费用，第三部分为租、占用铁路运输设备费用。

每一种运输费用、杂费、基金、电气化附加费均有各自的计算核收办法。

铁路货物运输费用由铁路运输企业使用货票和运输费用、杂费收据核收。

(一)铁路货物运价的制订原则

铁路货物运价对国民经济的发展具有重要影响。它不仅影响铁路本身的经济效益，而且对国民经济各部门的经济发展起到促进或制约的作用。因此在制订铁路货物运价时，必须贯彻国家的经济政策和价格政策，促进国民经济的发展。在制订铁路货物运价时，一般应遵守下列原则：

(1)有利于促进工农业生产的发展。

(2)有利于促进生产力的合理布局。

(3)有利于促进各种运输方式之间的分工与协作。

(4)有利于促进高效率使用铁路运输工具。

(5)有利于人民生活水平的提高。

(二)铁路货物运价的种类

铁路货物运价可按适用范围和货物运输种类进行划分。

1. 按适用范围分

铁路货物运价按适用范围可分为普通运价、特殊运价、国际联运运价、军运运价等。

(1)普通运价。

普通运价是铁路货物运价的基本形式，是铁路计算运输费用的统一运价，凡在路网上办理正式营业的铁路线上都适用统一运价，现行铁路的整车货物、零担货物、集装箱货物都适用于普通运价。普通运价是计算运输费用的基本依据。

对一些特殊条件运送的货物规定了在普通运价上加成、减成的运价。例如：超限货物的运价是按照货物的运输超限等级的不同分别在普通运价的运价率上加成50%、100%、150%计算运输费用；途中不需要加温(或托运人自行加温)或制冷的机械冷藏车按机械冷藏车运价率减20%来计算运输费用。

(2)特殊运价。

特殊运价是地方铁路、临时营业线和特殊线路的运价，如大秦、丰沙大、京原、京秦四线执行的煤炭运价；南昆线、威红线执行的临管运价。

(3)国际联运运价。

国际联运运价是指为国际铁路联运的货物所规定的运价，包括国内段运输运价和过境运输运价。国内段运输运价同普通运价，过境运输运价根据国际联运有关规定计算。

(4)军运运价。

军运运价是对军事运输中军运物资所规定的运价。按军运办理，必须提供铁路军运运输费用后付凭证或现付计费凭证。

2. 按货物运输种类分

铁路货物运价按货物运输种类可分为整车运价、零担运价、集装箱运价三种。

(三)铁路货物运价的拟订规定

国家铁路的货物运价率由国务院铁路主管部门拟订，报国务院批准。国家铁路的货物运输杂费的收费项目和收费标准由国务院铁路主管部门规定。国家铁路的特定运营线的运价率、特定货物的运价率和临时运营线的运价率，由国务院铁路主管部门商议、得国务院物价主管部门同意后规定。

地方铁路的货物运价率和货物运输杂费的收费项目和收费标准，由省、自治区、直辖市人民政府物价主管部门会同国务院铁路主管部门授权的机构规定。

兼办货物运输营业的专用铁路的货物运价率和货物运输杂费的收费项目和收费标准，以及铁路专用线共用的收费标准，由省、自治区、直辖市人民政府物价主管部门规定。

二、运输费用的计算程序及计费条件

计算铁路货物运输费用的主要规章有《铁路货物运价规则》(以下简称《价规》)、《铁路货物装卸作业计费办法》《铁路货物保价运输办法》《铁路货车延期占用费核收暂行办法》《铁路军事运输计费付费办法》等。

(一)铁路货物运输费用的计算程序

计算铁路货物运输费用的基本规章是《铁路货物运价规则》及其附件。铁路货物运输费用的计算程序如下：

(1)按“货物运价里程表”计算出发站至到站的运价里程。

(2)根据货物运单上填写的货物名称查找“铁路货物运输品名分类与代码表”(以下简称分类与代码表)、“铁路货物运输品名检查表”(以下简称检查表)，确定适用的运价号。

(3)整车货物、零担货物按货物适用的运价号，集装箱货物按箱型货物、冷藏车货物根据车种分别在“铁路货物运价率表”中查出适用的运价率(即基价 1 和基价 2，以下同)。

(4)货物适用的基价 1 加基价 2 与货物的运价里程相乘后，再与按本规则确定的计费重量(集装箱为箱数)相乘，计算出运输费用。

(5)杂费按《价规》的规定计算。

(二)计算铁路货物运输费用所涉及的因素

1. 货物运价里程的确定

货物运价里程应根据“货物运价里程表”按照发站至到站间国家铁路正式营业线的最短径路(与国家铁路办理直通的合资，地方铁路和铁路局临管线到发的货物也按发、到站间的最短径路)计算。“货物运价里程表”内或国铁集团规定有计费经路的，按规定的计费经路计算。

发站在货物运单内注明下列情况的，其运价里程按实际经由计算：

(1)因货物性质(如鲜活货物、超限货物等)必须绕路运输时。

(2)因自然灾害或其他非铁路责任，托运人要求绕路运输时。

(3)属于“五定”班列运输的货物，按班列经路运输时。

(4)承运后的货物发生绕路运输时，仍按货物运单内记载的经路计算运输费用。

(5)实行统一运价的营业铁路与特价营业铁路直通运输时，运价里程分别计算。

2. 货物品类代码和运价号的判定

分类与代码表是全国营业铁路货物运输、运输计划、运营管理信息系统、运输统计、运输收入、成本核算，以及其他与货物运输有关的业务中统一使用的分类与代码。分类与代码表和检查表作为《价规》的附件，是判定货物品类代码、计算货物运输费用的依据之一。

(1)先查检查表。使用该表时，首先从品名首字汉语拼音索引表或品名首字笔画索引表中，查出该品名在检查表中的页数，再根据检查表查出该品名的拼音码、代码和运价号。

(2)检查表中有具体名称时，按具体名称判定代码和运价号；不属该具体名称的不能比照。但由于货物的别名、俗名、地方名等不同，而实际属于该具体名称的，仍应按该具体名称适用类别和运价号。

(3)检查表中无该具体名称时，则按分类与代码表中概括名称判定类别和运价号，且必须遵守以下规定：

①适用制材或加工工艺概括名称的，除明定者外，均不分用途。如货物具有两种以上制材时，则按其主要制材判定类别和运价号。

②适用用途概括名称的，除明定者外，均不分制材。如货物具有多种用途时，按托运人在运单上声明的用途和铁路有关规定，判定类别和运价号。

③适用自然属性概括名称的，除明定者外，均不分用途、制材、形态、品种。

④半成品除明定者外，均按制成品适用类别和运价号。

⑤在分类与代码表和检查表中既无该货物的具体名称，又无概括名称时，按小类—中类—大类的顺序逐层次判定其归属的收容类目。各类均不能归属的货物，则列入总收容类目—9990 未列名的其他货物。对于检查表未列的品名，当确定了该品名归属的品类后，在品名代码栏填记该小类的收容品名(末 3 位数字为 999)，在货物名称栏填记货物实际品名，对于品名字典中未列的品名，铁路局须将其货物名称、制作材料、用途、形态、价格、批量、运量及其他有关参考资料报国铁集团，由国铁集团定期整理，统一核定和补充品名字典。

3. 运价率的确定

铁路货物运价率是根据运价号相应制订出对应于每一运价号的基价 1 和基价 2。基价 1 是货物在发站及到站进行发到作业时单位重量(箱数)的运价，它只与计费重量(箱数)有关，与运价里程无关；基价 2 是货物在运输期间单位重量(箱数)每一运价千米的运价，它既与计费重量(箱数)有关又与运价里程有关(详见附件 7 铁路货物运价率表)。

(三)铁路货物运输费用的计费条件

1. 货物运输费用的计费重量的确定

用来计算货物运输费用的重量即为计费重量，计算运输费用时，首先应根据所运送的货物确定计费重量。

货物运输费用的计费重量具体标准如下：整车货物以吨为单位，吨以下四舍五入；零担货物以 10 kg 为单位，不足 10 kg 进为 10 kg；集装箱货物以箱为单位。

2. 货物运输费用的计算

货物运输费用按照承运货物当日实行的运价率计算。杂费按照发生当日实行的费率核收。各项杂费凡不满一个计算单位，均按一个计算单位计算(另定者除外)。

3. 运输费用、杂费的尾数处理

每项运输费用、杂费的尾数不足 1 角时按四舍五入处理。

零担货物的起码运输费用每批 2.00 元。

三、整车货物运输费用的计算

计费公式：整车运输费用=整车货物每吨运价×计费重量。

计费条件如下。

(一)计费重量的确定

整车货物除下列情况外，均按货车标记载重量(以下简称标重。标重尾数不足1 t时四舍五入)计费。货物重量超过标重时，按货物重量计费。整车货物规定计费重量如表1-4-1所示。

(1)使用矿石车、平车、砂石车，经铁路局批准装运分类与代码表中"01""0310""04""06""081"和"14"类的货物按40 t计费，超过时按货物重量计费。

(2)表中所列货车装运货物时，计费重量按表中规定计算，货物重量超过规定计费重量的，按货物重量计费。

(3)使用自备冷板冷藏车装运货物时按50 t计费；使用自备机械冷藏车装运货物时按60 t计费；使用标重不足30 t的家畜车，计费重量按30 t计算；使用标重低于50 t、车辆换长小于1.5的自备罐车装运货物时按50 t计费(表中明定的车种车型按第2项办理)。

(4)代替其他货车装运非易腐货物的铁路冷藏车，均按冷藏车标重计费。

(5)车辆换长超过1.5 m的货车(D型长大货物车除外)未明定计费重量的，按其超过部分以每米(不足1 m的部分不计)折合5 t与60 t相加之和计费。

(6)米轨、准轨间换装运输的货物，均按发站的原计费重量计费。

表1-4-1 整车货物规定计费重量表

车种车型	计费重量/t
BSY(冷板冷藏车)	40
B18(机械冷藏车)	32
B19(机械冷藏车)	38
B20、B21(机械冷藏车)	42
B10(机械冷藏车)	44
B22、B23(机械冷藏车)	48
B15E(冷藏车改造车)	56
SQ1(小汽车专用平车)	80
QD3(凹底平车)	70
GY95S、GY95、GH40GY40GH95/22、GY95/22 (石油液化气罐车)	65
GY100S、GY100、GY100-Ⅰ、GY100-Ⅱ (石油液化气罐车)	70
JSQ5、J6SQ、J5SQ、SQ4、	60
GY80S罐车	56
JSQ5	100

承运人提供的D型长大货物车的车辆标重大于托运人要求的货车吨位时，经中铁特货物流股份有限公司批准，可根据实际使用车辆的标重减少计费重量，但减吨量最多不得超过60 t。

(二)运价率的确定

(1)按一批办理的整车货物，运价率不同时，根据其中高的运价率计费。

(2)运价率的加、减成率。

一批或一项货物的运价率适用两种以上减成率计算运输费用时，只适用其中较大的一种减成率；适用两种以上加成率时，应将不同的加成率相加之和作为适用的加成率；同时适用加成率和减成率时，应以加成率和减成率相抵后的差额作为适用的加(减)成率。

(三)特殊整车货物运输费用的计算

1.站界内搬运、途中装卸及整车分卸的货物运输费用的计算

(1)站界内搬运的货物，按实际运输里程(不足1 km的尾数进整为1 km)和该货物适用的运价率计算运输费用，不另收取送车费。

(2)途中装卸的货物，不论托运人、收货人要求在途中装卸地点的前方或后方货运站办理托运或领取手续，途中装车按后方货运站计算运价里程；途中卸车按前方货运站计算运价里程，不另收取送车费。

(3)整车分卸的货物，按照发站至最终到站的运价里程计算全车运输费用和押运人乘车费；途中每分卸一次，另行核收分卸作业费80元(不包括卸车费)。

2.货物快运输费用、冷藏车运输费用的计算

(1)货物快运输费用。

货物快运输费用，按“铁路货物运价率表”规定的货物适用运价率的30%计算核收。

快运货物，中途变更到站时，不退还已核收的货物快运输费用。

(2)冷藏车运输费用。

冷藏车的构造复杂，制造成本高，运输时需要加温、制冷以及必要的技术设备，导致了货物运输费用的提高，所以特别规定了冷藏车货物运价率。

冷藏车运输费用=冷藏车货物运价率×计费重量。

①运价率的确定。

使用铁路机械冷藏车运输的货物按“铁路货物运价率表”中规定的冷藏车运价率计费。

使用铁路冷板冷藏车运输的货物按加冰冷藏车运价率加20%计费。

使用铁路机械冷藏车运输，要求途中保持温度-12℃(不含)以下的货物，按机械冷藏车运价率加20%计费。

途中不需要加温(或托运人自行加温)或制冷的机械冷藏车按机械冷藏车运价率减20%计费。

自备冷藏车、隔热车(即无冷源车)和代替其他货车装运非易腐货物的铁路冷藏车，均按所装货物适用的运价率计费。

②计费重量。

根据适用的车型按照《价规》中“整车货物规定计费重量表”(见表1-4-1)的规定计费，

货物重量超过计费重量时，按货物实重计费。

3. 超长、超限货物运输费用的计算

超限货物运输条件特殊，办理手续复杂，直接影响铁路的工作效率，因此，可根据超限货物级别分别加收超限运输费用。

（1）运输超限货物，发站应将超限货物的等级在货物运单内注明，按下列规定计费：

①一级超限货物：按运价率加50%计费。

②二级超限货物：按运价率加100%计费。

③超级超限货物：按运价率加150%计费。

对安装超限货物检查架的车辆，不另收运输费用。

④需要限速运行（不包括仅通过桥梁、隧道、出入站线的限速运行）的货物，按运价率加150%计费。

需要限速运行的超限货物，只核收本条规定的加成运输费用，不另核收超限货物加成运输费用。

（2）使用游车时货物运输费用的计算。

运输超长、超限货物时，有的除了使用负重的主车，还需要使用游车，因为同样使用了铁路车辆，所以也要核收游车运输费用，规定如下：

①游车上不装货时，游车运输费用按主车货物的运价率和游车标重计费。

②利用游车装运货物，所装货物运价率高于主车货物运价率时，按所装货物的运价率核收游车运输费用，否则按同①计费。

③运输超限货物或需要限速运行的货物使用游车时，游车运输费用不加成。

④两批货物共同使用游车时，游车运输费用各按主车货物的运价率及游车标重的1/2计费。

⑤自轮运转的轨道机械，自备货车或租用铁路货车作游车时，游车运输费用=整车1号运价率×游车标重；以铁路货车作游车时，游车运输费用=整车6号运价率。

⑥D型长大货物车运输货物需用隔离车时，隔离车不另核收运输费用。隔离车加装货物时，按所加装货物适用的运价率核收运输费用。

4. 危险货物运输费用的计算

危险货物具有爆炸、易燃、腐蚀、放射性等特性，在运输中需要进行特殊防护，因此办理危险货物运输时，要加成运价率。运输危险货物时，根据危险货物的性质、等级按下列规定计费：

（1）一级毒性物质（剧毒品）按运价率加100%。

（2）爆炸品、易燃气体、非易燃无毒气体、毒性气体、一级易燃液体（分类与代码表中的02石油类除外）、一级易燃固体、一级自燃物品、一级遇水易燃物品、一级氧化性物质、有机过氧化物、二级毒性物质（有毒品）、感染性物质、放射性物质按运价率加50%。

5. 托运人自备货车或租用铁路机车车辆运输货物运输的费用计算

（1）托运人自备货车或租用铁路货车（不论空重）用自备机车或租用铁路机车牵引时，按照全部货车（包括机车、守车）的轴数与整车1号运价率计费。

（2）托运人自备货车或租用铁路货车装运货物用铁路机车牵引，或铁路货车装运货物用该托运人机车牵引运输时，按所装货物运价率减20%计费。

(3)托运人自备货车或租用铁路货车空车挂运时，按1号运价率计费。承运人利用自备车回空捎运货物，按所装货物适用的运价率计费，在货物运单“铁路记载事项”栏内注明，免收回空运输费用。

(4)托运人自备或租用铁路的客车、餐车、行李车、邮政车、专用工作车挂运于货物货车时，空车按1号运价率加100%计费；装运货物时按其适用的运价率加100%和标重计费。但换长1.5以下的专用工作车不装货物时不加成。

(5)随车人员按押运人乘车费收费。

6. 自备货车装备物品及集装用具回送费的计算

(1)托运人自备的货车装备物品(禽畜架、篷布支架、饲养用具、防寒棉被、粮谷挡板)、支柱等加固材料和运输长大货物用的货物转向架、活动式滑枕或滑台、货物支架、座架及车钩缓冲停止器，凭收货人提供的特价运输证明书回送时，不核收运输费用。

(2)托运人自备的可折叠(拆解)的专用集装箱、集装笼、托盘、网络、货车篷布，装运卷钢、带钢、钢丝绳的座架、玻璃集装架和爆炸品保险箱及货车围挡用具，凭收货人提供的特价运输证明书回送时，整车货物按2号运价率计费。

四、集装箱货物运输费用的计算

集装箱货物的运输费用按箱计费，不再考虑箱内所装货物重量，但所装货物重量与自重之和不得超过集装箱总重。集装箱内单件货物重量超过100 kg时，必须在货物运单“托运人记载事项”栏内注明。

1. 计算公式

集装箱货物的运输费用按照使用的箱数和“铁路货物运价率表”中规定的集装箱运价率计算。

集装箱货物的运输费用=集装箱运价率×箱数。

2. 运价率的确定

(1)20 ft罐式、35 t通用集装箱、冷藏箱(使用BX型车为冷藏箱提供在途供电时)按“铁路货物运价率表”中规定的20 ft集装箱运价率加5%、20%、30%计算。40 ft罐式集装箱按“铁路货物运价率表”中规定的40 ft集装箱运价率加30%计算，其他集装箱加成仍按有关规定执行。

(2)装运一级毒性物质(剧毒品)的集装箱按“铁路货物运价率表”中规定的运价率加100%计算；装运爆炸品、易燃气体、非易燃无毒气体、毒性气体、一级易燃液体(分类与代码表中的02石油类除外)、一级易燃固体、一级自燃物品、一级遇水易燃物品、一级氧化性物质、有机过氧化物、二级毒性物质(有毒品)、感染性物质、放射性物质的集装箱按“铁路货物运价率表”中规定的运价率加50%计算。

(3)装运危险货物的集装箱按上述两款规定适用两种加成率时，只适用其中较大的一种加成率。

(4)自备集装箱空箱运价率按“铁路货物运价率表”规定重箱运价率的40%计算。

承运人利用自备集装箱回空捎运货物，按集装箱重箱适用的运价率计费，在货物运单“铁路记载事项”栏内注明，免收回空运输费用。

(5)运价率不同的货物在一个包装内或按总重量托运时，按该批或该项货物中高的运价率计费。

(6)在货物运单内分项填记重量的货物，应分项计费；但运价率相同时，应合并计算。

五、零担货物运输费用的计算

零担货物按货物重量或货物体积折合重量择大计费，即每 m^3 重量不足 500 kg 的轻浮货物，按每 m^3 体积折合重量 500 kg 计算，但下列货物除外：

(1)《价规》有规定计费重量的货物(指裸装货物)按规定计费重量计费(见表 1-4-2)。

(2)分类与代码表所列"童车""室内健身车""209 其他鲜活货物""9914 搬家货物、行李""9960 特定集装化运输用具"等裸装运输时按货物重量计费。

表 1-4-2　零担货物规定计费重量表

顺号	货物名称	计费单位	规定计费重量/kg
1	组成的摩托车： 双轮； 三轮(包括正、侧带斗的，不包括三轮汽车)	每辆 每辆	750 1500
2	组成的机动车辆、拖斗车(单轴的拖斗车除外)： 车身长度不满 3 m； 车身长度 3 m 以上，不满 5 m； 车身长度 5 m 以上，不满 7 m； 车身长度 7 m 以上	每辆 每辆 每辆 每辆	4500 15000 20000 25000
3	组成的自行车	每辆	100
4	轮椅，折叠式疗养车	每(辆)件	60
5	牛、马、骡、驴、骆驼	每头	500
6	未装容器的猪、羊、狗	每头	100
7	灵柩、尸体	每具(个)	1000

六、货运杂费的计算

(一)货物营运杂费

铁路货物运输营运中的杂费按实际发生的项目和相关规定核收。

1. 使用铁路 D 型长大货物车装运货物时，除核收运输费用外的费用

按确定的计费重量、运价里程，核收 D 型长大货物车使用费。

D 型长大货物车使用费按发站至到站的运价里程(含与国家铁路办理直通运输的合资、地方铁路的运价里程)计算核收。

2. 取送车费、取送车隔离车使用费、机车作业费

(1)取送车费。

用铁路机车往专用线、货物支线(包括站外出岔)或专用铁路的站外交接地点调送车辆

时，核收取送车费。计算取送车费的里程时，应自车站中心线起算，到交接地点或专用线最长线路终端止，里程往返合计(不足 1 km 的尾数进整为 1 km)，取车不另收费。

(2)取送车隔离车使用费。

向专用线取送车，由于货物性质特殊或设备条件等，托运人、收货人要求加挂隔离车时，隔离车按需要使用的车数核收取送车费。

(3)机车作业费。

托运人或收货人使用铁路机车进行取送车辆以外的其他作业时，另核收机车作业费。

3. 派有押运人押运的货物，核收押运人乘车费

押运人乘车费由发站按国家铁路的运价里程(含办理直通的铁路局临管线和工程临管线)计算，通过合资、地方铁路的将其通过的合资、地方铁路运价里程合并计入，在合资、地方铁路到发的将其计算到合资、地方铁路的分界站。

4. 集装箱使用费

使用铁路集装箱装运货物时，向托运人核收集装箱使用费。使用铁路集装箱装运危险货物时，集装箱使用费按加 20%核收。

铁路集装箱使用费按发站至到站的运价里程(含与国家铁路办理直通运输的合资、地方铁路的运价里程)计算核收。

5. 装卸费

整车货物、零担货物、集装箱货物的装卸费以及准轨、米轨间整车货物的直通运输换装费，按《铁路货物装卸作业计费办法》的规定计费。整车货物、零担货物和不按一口价办理的集装箱货物，装费由发站向托运人核收，卸费由到站向收货人核收；按一口价办理的集装箱货物，发站和到站的装卸费均由发站向托运人一次核收；准轨、米轨间整车货物直通运输的换装费，从准轨发运的由到站向收货人核收，从米轨发运的由发站向托运人核收。

6. 保价费

托运人要求按保价运输货物时，应注明“保价运输”字样，并在货物价格栏内以元为单位填写实际价格。全批货物的实际价格即保价金额。

货物保价费按货物保价金额和规定的费率计算。

货物保价费尾数不足 1 角时，按四舍五入处理，每批起码额集装箱为 0. 50 元，整车为 2. 00 元。

保价费率不同的货物作为一批托运时，应分项记品名及保价金额，保价费用分别计算；货物合并填的，适用于其中高的保价费率。

国际联运、自轮运转的铁道机车、车辆和轨道暂不办理保价运输。

(二)延期使用铁路运输设备、违约及委托服务费

延期使用铁路运输设备、违约以及委托铁路提供服务发生的杂费，按实际发生的项目和相关规定核收。

1. 货物仓储费

(1)免费仓储时间规定。

托运人托运整车货物时，未在承运人指定日期内将货物全部搬入车站，自指定搬入之日起至再次指定搬入之日，或将货物全部搬出车站之日止，按车核收货物仓储费。

整车货物因车辆容积或载重量的限制，装车后有剩余货物时，托运人应于装车的次日起算，3 日内将剩余的货物全部搬出车站或另行托运。逾期未搬出或未另行托运时，对于超过的日数按车核收货物仓储费。

承运人组织卸车的货物，收货人应于承运人发出催领通知的次日(不能实行催领通知或会同收货人卸车的货物为卸车的次日)起算，2 日内将货物搬出。超过上述期间未将货物搬出的，对其超过的期间核收货物仓储费。

(2)费用核收规定。

货物仓储费在应收该费时间段的前 3 日按规定的费率计费，自第 4 日起，允许铁路局集团公司根据各地的不同情况适当上浮，上浮幅度最大不得超过规定费率的 300%，下浮幅度最大不得超过规定费率的 50%，并报国铁集团备案。

危险货物和易燃货物的仓储费率按普通货物费率加 100%计算。

2. 铁路货车延期占用费

铁路货车延期占用费是对超过规定占用时间标准额外占用铁路货车所增加成本的补偿，适用于专用线内(包括铁路的段管线、厂管线)的铁路货车、专用铁路内的铁路货车以及其他根据规定由托运人、收货人自行组织装卸的铁路货车。

在专用线(含铁路的段管线、厂管线)、专用铁路内装卸及其他按规定由托运人、收货人自行装卸的铁路货车(D 型长大货物车除外)，按《铁路货车延期占用费核收暂行办法》的规定核收货车使用费。

3. D 型长大货物车延期使用费

由托运人、收货人自行装卸的 D 型长大货物车，自调到装卸地点(或交接地点)之日起的第 4 日起，到装卸完成(或交接地点交接完毕)之日止，按日(不足 1 日按 1 日)核收 D 型长大货物车延期使用费。

4. 货车篷布、集装箱延期使用费

使用铁路货车篷布超过规定使用期限的，核收货车篷布延期使用费；

使用铁路集装箱超过规定期限的，核收集装箱延期使用费。

5. 制冷费

冷藏车送到装车站后，托运人取消托运，应核收空车回送费。已经预冷的机械冷藏车，还应核收 1 日的制冷费。

由于托运人(收货人)的责任，机械冷藏车超过规定的装(卸)车时间，在此期间需要制冷时，除核收货车使用费外，还应按日(不足 12 h 按半日)核收制冷费。

6. 变更

(1)发送前取消托运，发站退还全部运输费用(含电气化附加费、京九分流运输费用和铁路建设基金等)和按里程计算的杂费。如货物运输费用低于变更手续费，免收变更手续费，但不退还运输费用。

(2)货物发送后，托运人或收货人要求变更到站时，运输费用与押运人乘车费应按发站至处理站、处理站至新到站分别计算，由新到站向收货人清算，处理站还应将变更事项记入制票系统内。

由于处理变更所发生的杂费，应按实际发生分别核收。

(3)对已承运的货物，因自然灾害发生运输阻碍变更到站时，运输费用按发站至处理站与处理站至新到站的实际经由里程合并通算。如至新到站经由发站至处理站的原经路，计算时应扣除原经路的回程里程。杂费按实际发生核收。

7. 违约金

(1)匿报、错报货物品名。

承运后发现托运人匿报、错报货物品名填写运单，致使货物运输费用减收或危险货物匿报、错报货物品名按一般货物运输时，按批核收全程正当运输费用 2 倍的违约金，不另补收运输费用差额。

(2)超载。

到站发现货物的实际重量超过发站确定的计费重量时，对超过部分应按该批货物适用的运价率补收全程正当运输费用。

8. 运杂费迟交金

从应收该项运杂费之次日起至付款日止，每迟延 1 日，按运杂费(包括垫付款)迟交总额的 1‰核收。

(三)租、占运输设备费用

租用或占用铁路运输设备发生的杂费，按实际发生的项目和相关规定核收。

1. 在建线货车占用费

国家铁路货车进入铁路工程在建线、临管线或合资、地方铁路时，分别向其管理单位核收合资、地方铁路及在建线货车占用费。

2. 货车篷布占用费

国家铁路的货车篷布进入未与国家铁路办理直通运输的合资、地方铁路时，向合资、地方铁路核收合资、地方铁路货车篷布占用费。

3. 自备或租用货车停放费

自备车或租用铁路货车被托运人或收货人存放在铁路站线或未出租的路产专用线时，从货车到达的次日起，到调离存放地点之日止，按日(存放时间不足 12 h 的免收)核收自备或租用货车停放费。

4. 车辆租用费

租用铁路货车或守车，向租用人核收车辆租用费。车辆租用费按车辆标重(标重不足 30 t 的家畜车按 30 t 计，机械冷藏车按车组计，守车按车计)计算。

5. 路产专用线租用费

出租路产专用线时，应自接轨道岔尖端起，按线路总长度向租用人核收路产专用线租用费。

七、其他费用

(一)电气化附加费、铁路建设基金

1. 核收条件

电气化附加费、铁路建设基金均由发站一次性核收。国际联运国内段，出口货物由发站核收，进口货物由国境站核收。军事运输也按规定的费率核收。费用尾数不足 1 角的，按四

舍五入处理。免收运输费用的货物、站界内搬运的货物免收。

2. 特殊情况下的处理

货物承运后发生运输变更时，按《铁路货物运价规则》处理运输费用的方法处理。

承运后发现托运人匿报、错报货物品名或货物重量不符，致使少收时，到站除按正当铁路建设基金补收差额外，另核收该差额等额的违约金。

(二)印花税

(1)国家规定，凡提报运单，填制货票托运货物时，托运人均须缴纳印花税，每张货票按运输费用的万分之五核收，不足1角(或运输费用不足200元)的免税，超过1角时按实际计算，精确到分，分以下四舍五入。

(2)关于特殊货运凭证免税的具体内容如下。

①军事物资运输。凡附有军事运输命令或使用专用的军事物资运输费用结算凭证，免纳印花税。

②抢险救灾物资运输。凡附有县级以上(含县级)人民政府抢险救灾物资运输证明文件的运输费用结算凭证，免纳印花税。

③新建铁路的工程临管线运输。为新建铁路运输施工所需物料，使用工程临管线专用运输费用结算凭证，免纳印花税。

八、国际铁路联运进出口货物国内段运输费用的计算与核收

(一)一般原则

进口货物国内段运输费用、国际铁路联运进出口货物在国境站上发生的杂费和国际铁路联运过境货物在国境站的换装费，均在国境站向收货人(托运人)或其在国境站的代理人核收。

(二)国际铁路联运进出口货物国内段运输费用的计算与核收

1. 运价率

出口货物按发站承运当日实行的运价率计算；进口货物按进口国境站在货物运单上加盖日期戳当日实行的运价率计算。杂费按发生当日实行的费率计算。

按快运办理的进、出口货物，按该批货物适用的运价率加收30%计算与核收。

2. 运价里程

进、出口货物的运价里程，应将国境站至国境线的里程计算在内。

进口货物在国境站应收货人的代理人要求，受理货物运输变更时，运输费用按进口国境线至新到站的里程通算。

3. 计费重量

进口整车货物，按下列规定重量计费：

(1)以一辆车或数辆车接运一批货物以及数辆车套装接运数批货物(包括换装剩余的整车补送货物)时，按接运车辆标重计费。货物重量超过标重时，按货物重量计费。

(2)以一辆车接运数批货物，每批按30 t计费，超过30 t时按货物重量计费。

(3)原车过轨不换装货物时，按车辆标重计费；货物重量超过标重时，按货物重量计费。

(4)汽车按接运车辆标重计费。发送路用双层平车装运的小轿车，换轮直达到站时，每车计费重量为 90 t。

出口整车货物在国境站过秤发现超载(即超过国际联运容许的增载 5%)时，对卸下超载部分货物，从发站至国境站止的里程，按整车运价率核收运输费用、卸费和暂存费，并按《国际铁路货物联运协定》的规定加收上述运输费用 5 倍的罚款。

4. 杂费

(1)国际联运运单(每份六张)以及供托运人报销运输费用的补充运行报单均按相关规定的费率核收。

(2)针对进口货物在国境站的换装费，整车普通货物每 t 16 元，其中炭黑、沥青、焦油及按危险货物运送条件运送的货物每 t 32 元。普零货物每 10 kg 0. 16 元，危零货物每 10 kg 0. 32 元。集装箱按国内标准规定计算。针对笨重货物的换装费，整车货物每件重量 501～1000 kg 的每 t 18 元，1001～3000 kg 的每 t 22 元，3001～5000 kg 的每 t 28 元，5001～8000 kg 的每 t 35 元，8001～15000 kg 的每 t 42 元，15001～20000 kg 的每 t 52 元，20001～80000 kg 的每 t 68 元，超过 80 t 的每 t 80 元；笨重零担货物按上述标准计算；笨重危险货物按上述标准加 50%计算。发送路用专用货车装运的小轿车，换装费按每 t 24 元计算。

(3)换装需要加固时，核收加固材料费，按所用材料成本价加 15%计算。

(4)进、出口货物声明价格费，按运单记载的声明价格的 3‰计算。

(5)进、出口货物由于托运人或收货人造成的在国境站上发生的整车换装整理费、搬运输费用、杂作业人工费等按《铁路货物装卸作业计费办法》和国铁集团规定的费率核收。

(6)进口货物在国境站或中途站办理运输变更时，按相关规定的费率，以发送路原使用的车辆数核收变更手续费。由于收货人代号改变而变更收货人时，也应核收变更手续费。从朝鲜进口整车煤炭，在国境站办理变更到站时，按上述费率减半核收。

(7)进、出口货物由于托运人、收货人导致货车在国境站上滞留时，应按货车滞留日数(不包括铁路正常办理手续的时间)，从货车到达次日起，不足 1 日按 1 日，核收货车滞留费，每车每日 120 元。超过 5 日，从第 6 日起，每车每日核收滞留费 240 元。超过 10 日，从第 11 日起，每车每日核收滞留费 480 元。危险货物货车滞留费在上述标准的基础上每车每日另加 10%。

进、出口货物落地时，货物装卸费和仓储费按杂费的规定计费。

(8)向朝鲜出口整车散装的煤、石膏、焦炭、矿石、矿粉、熟矾土、黄土、碗土和向越南出口整车散装货物时，均在国境站用轨道衡复查重量，核收过秤费。进口货物在国境站如收货人或其代理要求过秤复查重量时，应记载并核收过秤费。

第二章　铁路货物集装运输

集装运输包括集装箱运输和集装化运输，它是以集装箱、集装器具和捆扎索夹具为载体，将散裸装和成件包装货物集合组装成集装单元，以适用于在现代流通领域内运用大型起重机械和运载工具进行装卸、搬运作业和完成运输任务，从而更好地实现货物门到门运输的一种新型、高效率和高效益的运输方式。由于集装运输能进一步保证货物运输安全和提高运输效率，目前它是世界各国货物运输发展的方向。本章将系统介绍集装箱运输和集装化运输。

第一节　铁路集装箱运输组织

集装箱运输是一种现代化的运输方式，是铁路货物运输实现现代化的重要途径。它具有保证货运安全、简化货物包装、提高装卸效率、加速车船周转、便于组织门到门运输和国际多式联运等杂件货传统运输方式所不可比拟的优点。因此，它被誉为杂件货传统运输方式的一次革命。集装箱运量占世界货运量的27%，集装箱运输已成为未来世界货运发展的主要方向之一。

一、集装箱运输组织基本条件

(1)集装箱应符合国家标准或行业标准。非标铁路箱由总公司货运部公布运输条件后，方可上路运输。非标自备箱办理海铁联运、国际铁路联运(发站或到站为港口站、国境站)以及管内运输的，由发送铁路局集团公司确定运输条件，确保满足运输安全要求后方可上路运输；其他由发送铁路局集团公司提出运输条件的，报总公司货运部公布后方可上路运输。

不符合国际标准的集装箱国际铁路联运出口的，应确保满足相关国家铁路运输安全要求后，方可上路运输。

(2)集装箱办理站(包括办理集装箱运输的铁路专用线、专用铁路，下同)是办理集装箱运输业务的车站。车站(包括铁路专用线、专用铁路)开办集装箱运输业务，由铁路局集团公司确认满足规定条件后，将以下内容报总公司货运部公布：车站名称、铁路专用线或专用铁路名称、起重能力、办理箱型、危险货物运输办理情况。

(3)集装箱所装货物应符合所用箱型适箱货物要求，不得腐蚀、损坏箱体。铁路通用箱不得装载煤、焦炭等易污染箱体的货物。

下列货物不得混装于同一集装箱内：

①易腐货物与非易腐货物；

②危险货物与非危险货物；

③性质互抵的货物；

④运输条件不同的货物。

(4)铁路通用箱通过中国铁路95306网站实行网上预订，出站后重去、重回的不需订箱。空箱按“先到先得”的原则自动分配，并在中国铁路95306网站实时自动公示；配箱后自动生成运单需求联。

托运人对其在运单、物品清单内填记内容的真实性负完全责任，应准确填记货物名称、集装箱号码、施封号码、重量等各项内容。

集装箱运输时，每批必须是标记总重相同的同一类型集装箱。铁路箱和自备箱不得按一批办理。

集装箱装运两种及以上品名的货物时，托运人应按箱提出物品清单。

集装箱内单件货物重量超过100 kg时，托运人应在货物运单“托运人记载事项”栏内分别注明实际重量。

二、集装箱运输日常工作组织

集装箱办理站办理集装箱运输时，须使用集装箱运输信息系统对其进行管理。集装箱运输信息系统可对集装箱实行精确的号码制管理，动态跟踪每个集装箱的位置和状态，实现各作业环节信息共享和作业流程贯通，逐步实现与港航企业、海关、客户等的电子数据交换。

集装箱办理站应及时将装卸车、出入线、进出站、交付、站内掏装箱、出入境、下水、修理、报废、新箱投入等信息录入集装箱运输信息系统。

(一)集装箱运输的主要指标

集装箱运输的主要指标分为数量指标和质量指标。

1. 数量指标

(1)集装箱发送箱(TEU)、到达箱(TEU)。

(2)集装箱发送吨、到达吨。

(3)集装箱运输收入。

(4)集装箱保有量(TEU)。

2. 质量指标

(1)集装箱在站平均停留时间(日)。

(2)集装箱周转时间(日)。

(3)集装箱使用率=发送箱/在站运用箱。

(二)集装箱调度

集装箱运输由集团公司集中统一调度指挥。集装箱调度应掌握箱流、车流动态，根据铁路箱运用情况、需求变化和运用效率，及时调整集团公司、集装箱办理站的铁路箱保有量。跨局调整由总公司集装箱调度负责，管内调整由集团公司集装箱调度负责。

跨局运输时，集装箱应组织一站直达车装运。

铁路箱空箱根据集装箱调度命令调整。经铁路运输时，集装箱办理站在“特殊货车及运送用具回送清单”上记明箱号、命令号，办理免费回送。

在集团公司管内，凭调度命令可经其他运输方式调整空箱，集装箱出站后可凭调度命令返回其他车站。调度命令应发给交出站和接收站。交出站填制“铁路箱出站单”，接收站在“铁路箱出站单”乙联上加盖站名日期戳后留存。

待修的铁路箱只准回送到箱修点；一般应在集团公司管内回送，特殊情况下确需跨局回送时，须经国铁集团集装箱调度准许。

各级集装箱调度要加强集装箱停时的统计分析，压缩停时，加速集装箱周转。发站对承运超过5日未能发运的集装箱要报告调度，调度时应建立台账，重点掌握、及时处理；在站超过20日的集装箱，两级调度组织专题分析、采取措施，避免积压。

集团公司集装箱调度统一指挥集团公司管内铁路空集装箱调配工作。集装箱办理站根据核实的有效货源情况，通过货运中心向调度所提报空箱需求书面申请。集团公司集装箱调度根据国铁集团空箱调整计划，制订管内空箱调整方案并下达调度命令。

根据运输需要，可备用适当数量状态良好的铁路空集装箱。铁路箱备用必须备满24 h，不足24 h解除备用时，自备用时起，仍按运用箱计算在站停留时间。

铁路箱的备用和解除由集团公司集装箱调度提出申请，国铁集团集装箱调度准许后下达调度命令并执行。

三、集装箱作业组织

铁路通用箱通过95306网站实行网上预订，出站后重去、重回的不需订箱。空箱按“先到先得”的原则自动分配，并在95306网站实时自动公示；配箱后自动生成运单需求联。

(一)承运

集装箱办理站承运集装箱前，受理人员应认真核对到站站名、箱型(含35 t箱)、起重能力及临时停限装等内容，防止误办理。

托运人对其在运单、物品清单内填记内容的真实性负完全责任，应准确填记货物名称、集装箱号码、施封号码、重量等各项内容。

集装箱运输，每批必须是标记总重相同的同一类型集装箱。铁路箱和自备箱不得按一批办理。

集装箱装运两种及以上品名的货物时，托运人应按箱提出物品清单。

集装箱内单件货物重量超过100 kg时，托运人应在运单“托运人记载事项”栏内分别注明实际重量。

托运人应使用状态良好的集装箱。

使用铁路箱时，集装箱办理站应提供状态良好的集装箱。托运人在使用前必须检查箱体状况，发现箱体状况不良时应及时提出，办理站予以更换。

(二)装载

1. 集装箱的装载要求

集装箱所装货物应符合所用箱型适箱货物要求，不得腐蚀、损坏箱体。铁路通用箱不得装载煤、焦炭等易污染箱体的货物。

下列货物不得混装于同一集装箱内：

(1)易腐货物与非易腐货物。

(2)危险货物与非危险货物。

(3)性质互抵的货物。

(4)运输条件不同的货物。

托运的集装箱的单箱总重不得超过其标记总重，且不得超过发站和到站的集装箱起重能力，在车上直接装卸货物的特种货物箱、专用箱等除外。

集装箱的装箱由托运人负责。装箱时应码放稳固，装载均衡，不超载、不集重、不偏重、不偏载、不撞砸箱体，采取防止货物移动、滚动或开门时倒塌的措施，保证箱内货物和集装箱运输安全。敞顶箱装运时易扬尘，应采取苫盖篷布或抑尘等环保措施。

托运人要建立集装箱装箱形象档案，空集装箱装箱前须确认底板符合装载要求并拍摄照片一张；货物装到二分之一时，须拍摄显示装载状态的照片一张(散堆装货物除外)。装箱后，拍摄打开左侧、关闭右侧箱门(显示箱号和部分装载状态)的照片一张，左、右侧箱门全部打开(显示装载状态)的照片一张，装箱完毕施封状态的照片一张。

35 t 敞顶箱苫盖篷布的，须对篷布苫盖捆绑状态留有影像资料；不苫盖篷布的，须对货物装载状态留有影像资料。相关影像资料交集装箱办理站保存 3 个月。

集装箱施封由托运人负责。托运的重集装箱应当施封(结构上无法施封的除外)；通用集装箱施封时，确认左、右箱门锁舌和把手入座后，在右侧箱门把手锁件施封孔处施封一枚，用 10 号镀锌铁线将箱门把手锁件拧固并剪断余尾；其他类型的集装箱根据实际情况采取适合的施封方法。托运的空集装箱可不施封，托运人须关闭箱门，确认左、右箱门锁舌和把手入座并用 10 号镀锌铁线拧固。

托运人(收货人)可自行安排集装箱汽车取送集装箱，也可委托集装箱办理站办理，集装箱办理站均应提供便利条件。根据托运人(收货人)的要求，可在站内指定区域装、掏箱。

托运人(收货人)领取铁路箱出站的，集装箱办理站应与托运人(收货人)签订铁路箱出站使用协议，明确免费使用期限、延期使用费、进出站检查、损坏和丢失赔偿等事项，并可收取一定的保证金。

集装箱办理站根据其短途运输综合服务能力、服务质量、服务价格等因素，结合货源到发、分布情况，提出铁路集装箱出站使用意见；货运中心审核同意后，应与托、收货人或被委托运输单位签订铁路箱出站使用协议。协议应包括双方的权利和义务、集装箱运输安全责任划分、集装箱损坏责任划分、保证金收取及使用、协议起止时间等内容。集装箱办理站建立铁路集装箱出站使用单位档案，内容包括营业执照、法定代表人身份证、运输车辆《道路运输经营许可证》副本等复印件以及办公地址、联系方式、汽车牌号等。

(三)承运人与托运人、收货人的交接

发送的集装箱应于约定进站日期当日进站完毕。到达的集装箱，应于承运人发出领货通知的次日起算，2 日内领取集装箱货物，并于领取的当日内将箱内货物掏完或将集装箱搬出。集装箱货物(含空自备箱)若在车站存放超过上述免费仓储期限，应按规定核收仓储费。

从集装箱办理站搬出铁路箱时，办理站填制“铁路箱出站单”作为出站和箱体状况交接的凭证。铁路箱送回办理站时，办理站应检查箱体状况，收妥集装箱并结清费用后，在“铁路箱出站单”乙联上加盖办理站日期戳和经办人章，将收据交还箱人。

托运人或收货人使用铁路箱超过下列期限时，自超过之日起核收集装箱延期使用费：

(1)站内装箱的，应于约定进货日期当日装完。站内掏箱的，应于领取的当日内掏完。

(2)到达的集装箱，应于承运人发出领货通知的次日起算，2 日内领取集装箱。

(3)集装箱出站的，重去空回或空去重回时，应于领取的次日送回；重去重回时，应于领取的 3 日内送回。

(4)集装箱出站的，因托运人空去空回时，应于出站之日起核收集装箱延期使用费。

集装箱办理站与托运人或收货人交接集装箱时，施封的凭箱号、封印内容和箱体外状交接，不施封的凭箱号和箱体外状交接。

发站在接收集装箱时，检查发现箱号或封印内容与货物运单记载不符或未按规定关闭箱门、拧固、施封的，应由托运人改善后接收。箱体损坏危及货物和运输安全的不得接收。

承运人有权对集装箱货物的品名、重量、数量、包装、装载状况等进行检查。需要开箱检查货物时，承运人应在发站通知托运人到场，在到站通知收货人到场。

托运人有违约责任时，承运人应按合同约定或有关规定向托运人或收货人核收违约金和因检查产生的作业费用。可继续运输的，车站应会同托运人补封，编制普通记录。

到站应向货物运单所记载的收货人交付集装箱。

在铁路专用线、专用铁路装卸车的集装箱，交接办法由集装箱办理站与铁路专用线、专用铁路的产权单位商定，并在铁路专用线、专用铁路运输协议中明确。

收货人在接收集装箱时，应按货物运单核对箱号，检查施封状态、封印内容和箱体外状。发现不符或有异状时，收货人应在接收时向集装箱办理站提出，办理站按规定及时处理。

集装箱的掏箱由收货人负责。掏空铁路箱后，应清扫干净，将箱门关闭好，清除与本次运输有关的附加标记，有污染的须洗刷除污；集装箱办理站应对交回的空箱进行检查，发现未清扫或未洗刷的，应在清扫或洗刷干净后接收。

(四)运输责任的划分

集装箱在承运人的运输责任期内，箱体没有发生危及货物安全的损坏，箱号、施封号码与货物运单的记载一致，施封有效时，箱内货物由托运人负责。

自备箱损坏、丢失时，集装箱办理站应编制货运记录，按《铁路货物损失处理规则(试行)》的规定处理。

第二节　集装箱的技术设备

集装箱的技术设备包括集装箱、集装箱专用车、集装箱站和集装箱场、集装箱专用装卸机械等，是开展集装箱运输的设备基础。我国集装箱的技术设备正朝国际标准化、专业化、大型化方向发展。

一、集装箱

(一)集装箱的定义

集装箱是指专供周转使用、便于机械作业和运输，且具有一定强度和刚度的大型货物容器，也称为货柜。根据国际标准化组织(ISO)的定义，集装箱是一种运输设备，应满足下列要求：

(1)具有足够的强度，在有效使用期内可以反复使用。

(2)适于一种或多种运输方式运送货物，途中无需倒装。

(3)设有供快速装卸的装置，便于从一种运输方式转到另一种运输方式。

(4)便于箱内货物装满和卸空。

(5)内容积不小于 1 m^3。

集装箱不包括车辆和一般包装。

(二)集装箱的分类

集装箱可以根据规格、箱主、用途、材质、结构等进行分类。

(1)按长度分为 20 ft 箱、40 ft 箱、45 ft 箱以及经总公司货运部批准运输的其他长度的集装箱。

(2)按箱主分为铁路箱和自备箱，其中铁路箱是承运人提供的集装箱，自备箱是托运人自有或租用的集装箱。

(3)按所装货物种类和箱体结构分为普通货物集装箱和特种货物集装箱。普通货物集装箱包括通用集装箱和专用集装箱，其中专用集装箱包括封闭式通风箱、敞顶箱、台架箱和平台箱等；特种货物集装箱包括保温箱、罐式箱、干散货箱和按货物种类命名的集装箱等。

(4)按是否符合国家标准或行业标准分为标准箱和非标箱。

(5)按货物种类和箱体结构分为普通货物集装箱和特种货物集装箱。

①普通货物集装箱。普通货物集装箱包括通用集装箱和专用集装箱。通用集装箱在国际上也称为干货集装箱，适合于多种普通货物的运输。该类集装箱占全部集装箱总数的 70%~80%。专用集装箱指专门适用于某种状态或性质特殊的货物运输的集装箱，包括通风箱、敞顶箱、台架箱和平台箱等。

a. 通用集装箱。通用集装箱国际上也称干货集装箱，适合于多种普通货物的运输，如文化用品、日用百货、医药、纺织品、工艺品、五金交电、电子仪器仪表、机器零件及化工制品等。该类集装箱占全部集装箱总数的 70%~80%。

b. 专用集装箱。专用集装箱指专门适用于某种状态或性质特殊的货物运输的集装箱。例如，汽车专用集装箱，用于装运汽车；冷藏集装箱，用于装运需冷冻或需保持一定温度的货物；散装货物集装箱，用于粉状、颗粒状散装货物的运输；牲畜集装箱，专门用于牲畜和家禽的运输；危险货物集装箱。

②特种货物集装箱。特种货物集装箱包括保温集装箱、冷藏集装箱、罐式集装箱、干散货集装箱等和按货物命名的集装箱，如汽车集装箱。

a. 干散货集装箱。干散货集装箱是一种密封式的集装箱，端部设有箱门，箱顶设有 2~3 个装货口，箱门的下方还设有 2 个长方型的卸货口。顶部的装货口应设水密性良好的盖，以防雨水进入箱内。其主要用来装载通用集装箱适箱货物和适箱散堆装货物。

b. 罐式集装箱。罐式集装箱主要由箱体框架和罐体两部分组成。箱体框架一般用高强度钢制成，其强度和尺寸符合国际标准的要求，角柱上装有国际标准的角件，装卸方法与国际标准集装箱相同。罐体顶部设有装货口，由于货物装卸的需要，装卸口的盖子必须水密，罐底设排出阀。我国铁路现有20 ft 水煤浆罐式集装箱、20 ft 弧型罐式集装箱、20 ft 散装水泥罐式集装箱。

c. 汽车集装箱。汽车集装箱是在简易箱底上装1个钢制框架，通常没有箱壁(包括端壁和侧壁)。汽车集装箱有单层和双层两种，其中双层的汽车集装箱比较常见。汽车集装箱一般不是国际标准集装箱。我国铁路现有20 ft 双层汽车集装箱和50 ft 双层汽车集装箱。

d. 板架式集装箱。板架式集装箱没有箱顶和侧壁，只有完整固定端壁的台架式集装箱。其可以用吊车从顶上装货，也可以用叉车从箱侧装货，适合于装载长大件和重货。有的板架式集装箱的端壁可以折叠起来，便于回送。台架式集装箱的箱底强度较大，为了把装载的货物系紧，在下侧梁和角柱上设有系环；为了防止货物在运输过程中倒塌，在集装箱两侧还设有立柱或栅栏。我国铁路现有可装运汽车的25 ft 板架式集装箱和木材专用折叠式台架集装箱。

e. 冷藏集装箱。冷藏集装箱是专为运输要求保持一定温度的冷冻货或低温货而设计的集装箱。

(6)按制造材料分为钢质集装箱、铝质集装箱、玻璃钢集装箱、其他材料制成的集装箱等。

(7)按结构分为封闭式集装箱、框架式集装箱、罐体式集装箱、折叠式集装箱、软式集装箱。

(8)按是否符合国际标准分为国际标准集装箱和非国际标准集装箱。

(9)按是否装运进出口货物分为国际集装箱和国内集装箱。

(三)集装箱的标记

集装箱应按规定涂打标记和标志，包括集装箱检验单位徽记、国际集装箱安全公约(CSC)安全合格牌照、国际铁路联盟标记，标有定期检验日期或连续检验计划标记。

1. 箱主代号

箱主代号指集装箱所属部门代号。国内使用的集装箱的箱主代号由四个大写汉语拼音字母组成；而国际集装箱的箱主代号由四个大写拉丁字母组成。为了区别其他设备，规定第四位字母用“U”表示国际集装箱。例如：我国铁路集装箱箱主代号是“TBJU”，TB——国铁集团，J——铁路集装箱。

为了避免发生箱主代号重号现象，所有箱主在使用箱主代号前应向主管部门登记注册。国内铁路使用的集装箱，由箱主向所在铁路局申报；国际集装箱，由箱主向国际集装箱局登记注册。

在我国铁路运输的集装箱有不少是货主自备集装箱，为便于加强对自备集装箱的管理，国铁集团制定了《自备集装箱编号和标记涂刷规定》。自备箱的箱主代号为四个大写拉丁字母，前两位为箱主代号，由箱主确定，后两位规定为集装箱的类型，如通用箱为TU、冷藏箱为LU、保温箱为BU、危险品箱为WU。

铁路集装箱的主要标记如图2-2-1所示。

2. 箱号

箱号又称集装箱顺序号。箱号应由六位阿拉伯数字组成。如果有效数字不足六位，则在有效数字前用“0”补足。例如有效数字为50000号的10 t 集装箱，其箱号应为050000。自备

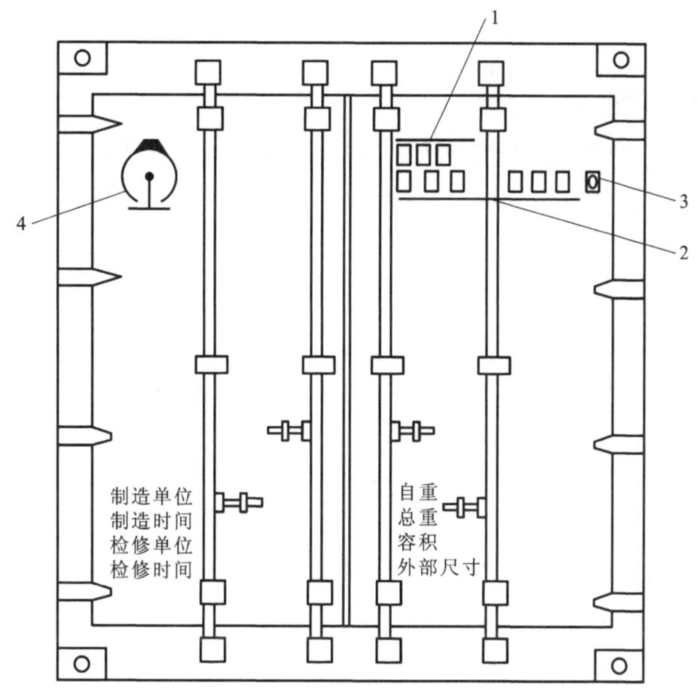

1—箱主代号；2—箱号；3—核对数字；4—路徽。

图 2-2-1 铁路集装箱标记

集装箱的六位阿拉伯数字的前两位是箱主所在地的省、自治区、直辖市的行政区划代码；第三至第六位数字为集团公司所给的顺序号。

3. 核对数字

核对数字是根据箱主代号和集装箱顺序号，按规定方法计算出来的一位阿拉伯数字，置于箱号之后并加方框以示区别，专门用于计算机核对箱主代号和箱号记录的准确性，避免抄错箱号。国内使用的集装箱核对数字由国铁集团提供。

为了与箱号区分开，国铁集团规定集装箱的核对数字必须用方框圈出。国内铁路使用的集装箱的核对数字按《集装箱 代码、识别和标记》(GB/T 1836—2017)规定计算，由国铁集团提供。例如：TBJU050000 的集装箱核对数字为 1，整体表示为 TBJU0500001。

4. 国家代号、尺寸类型代号

集装箱箱体上涂打的国家代号表示国家或地区，按规定用两个大写拉丁字母表示。例如：CN 表示中国，US 表示美国，HK 表示中国香港地区。

尺寸类型代号表示集装箱的尺寸和类型。国际标准化组织规定由四位阿拉伯数字来表示，前两位数字表示尺寸，其中第一位数字表示集装箱的长度，第二位数字表示集装箱高度的索引号；后两位表示类型。例如长度为 20 ft、高度为 2591 mm 的汽车集装箱的尺寸类型代号为 2826。

5. 作业标记

作业标记仅提供某些信息或视觉警视。必备的作业标记包括箱高超过 2.6 m 集装箱的高度标记、空陆水联运箱标记、最大总质量、空箱质量等，也可涂打载重。

集装箱的自重指的是空集装箱的重量，包括各种集装箱在正常工作状态时应备用的附件和各种设备的重量，如冷藏集装箱的机械制冷装置和燃油。

集装箱的总重是集装箱的空箱重量和箱内装载货物的最大容许重量之和。

我国铁路集装箱的自重、总重用中文标示于箱门上。国际上则要求用英文“MAX GROSS”或“MGW”标示总重，“TARE”表示自重，分别以 kg 和 lb 为单位。

集装箱上还标有集装箱制造单位、制造时间及检修单位、检修时间。

6. 其他标记

(1)国际铁路联盟(UIC)标记。

(2)《国际集装箱安全公约》中的安全合格牌照，简称 CSC 安全合格牌照。为了维护在装卸、堆码、运输集装箱时的人身安全，集装箱的制造必须通过行政主管部门的审核，检验其符合制造要求后，才能将此牌照铆在集装箱上。

(3)海关批准牌照(又称 TIR 牌照)，是为使货物在进出国境时不开箱检查，以加速集装箱流通。

以上所有标记均采用不同于箱体的颜色进行涂刷。我国铁路集装箱采用的是白漆涂刷。

(四)集装箱的技术参数

集装箱运输打破了各种运输方式的严格界限，以具有统一规格标准和便于装卸的集装箱为媒介，使铁、公、水、航形成了一个统一的整体，实现了产、供、运、销从门到门的快速联运线。因此，集装箱必须有统一的规格标准。近年来，集装箱运输在世界范围内的快速发展也充分显示了“集装箱标准”的重大作用。

我国铁路运用集装箱的标准按使用范围分为国际标准、国家标准、铁路标准三种。

1. 国际标准集装箱

国际标准化组织集装箱技术委员会于 1961 年 6 月成立后，曾经制订了第Ⅰ系列、第Ⅱ系列、第Ⅲ系列规格尺寸标准。随着集装箱大型化的趋势，现行国际标准《系列Ⅰ集装箱——分类、尺寸和额定质量》(ISO 668—1995)只保留了第Ⅰ系列的 13 种规格和 4 种重量标准。其主要技术参数详见附件 8。

为了便于国际物资的运输和经济往来，国际标准化组织集装箱技术委员会制订了国际集装箱的标准。集装箱的国际标准随着时间的推移和集装箱运输的实践与发展，进行了多次的修改，目前国际标准集装箱共有 1AAA、1AA、1A、1AX、1BBB、1BB、1B、1BX、1CC、1C、1CX、1D、1DX13 种。

2. 国家标准集装箱

国家标准集装箱就是按国家有关集装箱标准制造的集装箱。国家标准由各国政府参照国际标准并考虑本国的具体情况而制订。我国在 1980 年 3 月成立了全国集装箱标准化技术委员会，负责集装箱国家标准的制订和修改工作。我国现行的国家标准《系列 1 集装箱 分类、尺寸和额定重量》(GB/T 1413—2008)是对《集装箱外部尺寸和额定重量》(GB 1413—85)的重新修订，基本等同采用了国际标准《系列Ⅰ集装箱——分类、尺寸和额定重量》(ISO 668—1995)。

我国于 1978 年 10 月由原国家标准总局发布了适合国内运输的集装箱标准《货物集装箱外部尺寸和重量的系列》(GB 1413—78)，规定了集装箱重量系列为 5 t、10 t、20 ft、40 ft 四种集装箱。1985 年该标准被修改为《集装箱外部尺寸和额定重量》(GB 1413—85)，并增加了 1A、1AX、1C 和 1CX 四种箱型。国家标准集装箱的外部尺寸和额定重量见附件 9。

3. 铁路标准集装箱

铁路标准集装箱是按照铁道行业集装箱标准制造的集装箱。我国铁路集装箱的箱型及主要技术参数和我国铁路常见专用箱和特种箱的技术参数详见附件 10。

此外，世界上还有不少非标准长度或宽度的国际集装箱，我国铁路曾接运的有 45 ft、48 ft 等非国际标准集装箱。

二、集装箱专用车

由于特殊的结构、特定的外部尺寸和额定质量，再加上集装箱运输的发展，集装箱逐步采用了专用运载工具。海洋运输采用了集装箱船，公路运输采用了集装箱半挂车，铁路运输采用了集装箱专用车。目前，世界铁路集装箱专用车数量在不断增加的同时，正朝着大型化和高速化的方向发展。

(一)集装箱专用车的种类

1. 敞车

敞车在装卸作业中容易磕碰车体和箱体，有着运输中不易加固、容易窜动等缺点，而专用的集装箱运载工具都装有骨架式结构的车底架，固定集装箱的专用装置，且具有承载面较低等特点，所以应大力发展集装箱专用车。

2. 铁路单层集装箱专用车

铁路单层集装箱专用车包括 X_6(X_{6A}、X_{6B}、X_{6C}、X_{6K})、X_{1K}、X_{3K}、X_{4K} 等专用车型，其中 X_{4K} 是 70 t 级的集装箱专用车。

3. 铁路双层集装箱专用车

铁路双层集装箱专用车包括 X_{2K}、X_{2H} 两种专用车型。

4. 箱货两用车

在普通平车的基础上加装翻板式蘑菇头后，形成了适应我国国情的箱货两用车，包括 NX_{17}、NX_{17T}、NX_{17A}、NX_{17B}、NX_{17BT}、NX_{70}。其中，NX_{70} 是 70 t 级的箱货两用车。

(二)集装箱专用车的特点

以 X_{4K} 为例介绍集装箱专用车的特点。

(1) X_{4K} 车的车体为骨架式结构，结构简单、成本低、承载面低。

骨架式结构没有车底板，只有车底架。因为集装箱特殊的结构，货物重量不是由整个底面，而是由四个底角件传递的，所以，只在底角件相应位置设置承载面即可，这样也降低了车辆自重和车辆承载面的高度。

X_{4K} 车采用了 Q450NQR1 高强度钢组焊中梁，并优化了断面结构和连接方式，取消了传统侧梁结构，有效减轻了自重，提高了载重，增加了装箱数量，主要由中梁、端梁、枕梁、横梁、大横梁及端侧梁等组成。由于 X_{4K} 没有车底板，也使集装箱承载面大大降低，距轨面高为 1140 mm。

(2)具有固定集装箱的装置(箱锁)，防止集装箱在运输过程中发生倾覆和移动。

X_{4K} 车的集装箱锁闭装置采用凸台式锁头，具有防集装箱倾覆和防跳的功能，装卸方便。

(3) 一车多用，通用性好。

为了满足各型集装箱装载的需要，底架上设有集装箱锁闭装置，而且所有集装箱车的锁闭装置都设计成固定式和翻转式两种结构(两端为固定式锁头，中部为原位翻转式锁头)。X_{4K} 车可以同时装运 3 个 20 ft 国际标准集装箱或 1 个 40 ft 和 1 个 20 ft 国际标准集装箱，也可单独装运 1 个 40 ft、45 ft、48 ft、50 ft、53 ft 集装箱。

(4) 载箱能力大，运行速度快。

三、集装箱办理站与集装箱场

(一) 集装箱办理站

凡办理集装箱运输的铁路车站均称为铁路集装箱办理站(以下简称集装箱办理站)。有些车站内不办理集装箱运输业务，但衔接有办理自备大型集装箱的专用线。所有办理集装箱运输的车站或专用线均在"货物运价里程表"中公布。

现代化的集装箱办理站应具有专业化集装箱货场、硬面化场地、快速高效的装卸和搬运设备、线路和通信设备、网络化的计算机信息管理系统等，所需投资巨大。集装箱办理站的布局对铁路集装箱运输组织方式及开展多种运输方式间的联运，尤其是铁公联运，形成合理的集装箱运输综合体系，产生了重要影响。

集装箱办理站(包括办理集装箱的专用线、专用铁路)应具备下列条件：

(1) 有与其运量相适应的，适合集装箱堆存、装卸的场地。

(2) 装卸线数量和长度满足生产需要。

(3) 具备集装箱称重计量及安全检测条件。

(4) 安装集装箱开箱检查三级联网监控系统。

(5) 配备集装箱专用装卸机械，起重能力满足所装卸集装箱总重量的要求。20 ft、40 ft 集装箱的起重量不小于 35 t，具备 20 ft、35 t 集装箱办理条件。装卸机械宜具备称重、超偏载检测功能。

仅办理罐式箱运输业务的，可不配备集装箱装卸机械，但应有充装、抽卸设施设备。仅办理干散货箱、敞顶箱发送业务的，可不配备集装箱装卸机械，但应有货物装载设施设备。

(6) 具备良好的硬件、软件和计算机网络环境，能够应用集装箱运输相关信息系统。

(7) 办理特种货物箱和专用箱运输业务时，应配备相应的生产和安全设施设备(如站台、装卸、接充电设施设备等)。

(二) 箱位的布置

(1) 采用龙门起重机装卸时，箱位宜纵向布置，但当横向布置能增加箱位数量时，也可以采取横向布置的方式。

(2) 采用叉车或集装箱吊运机械辅助作业时，箱位布置应使箱的叉孔面对作业区，作业区的宽度不得小于 9 m。

(3) 集装箱货区应该按横、纵划分箱位，由纵横连续的箱位组成箱组，每个箱组宜按 4 个 10 t 箱组成 1 个货位。若干箱组分别组成到发"门到门"箱区、掏装箱区、中转箱区、备用箱区、空箱区、待修箱区等。

(三)箱位布置的有关间距

(1)同一箱组内两相邻箱位的边缘间距如下：5 t、10 t 箱为 0.1 m，20 ft 箱、40 ft 箱为 0.3 m。

(2)箱组间供工作人员行走的道路宽度应为 0.6~0.8 m；两箱门的距离一层堆码时为 0.8 m，两层堆码时为 0.9~1 m。

(3)掏装箱区两箱门间的距离应不小于 1.4 m，兼作“门到门”箱装汽车的通道时，其宽度应不小于 3.5 m。

(4)集装箱边缘至装卸线中心的距离应不小于 2.5 m；集装箱边缘至道路边缘的距离应不小于 0.8 m。

四、集装箱办理站的装卸机械配置

铁路集装箱场的装卸机械主要进行集装箱的装卸车作业、中转换装作业、堆码搬运作业和公铁换装作业。铁路用于装卸集装箱的机械有通用机械和专用机械两大类。铁路集装箱货场的辅助装卸搬运机械主要是叉车和吊运机。

当集装箱的年运量在 10 万~30 万 t 时，可将集装箱作业区设置在笨重货物作业区附近，一般采用普通龙门起重机作业。若集装箱的年运量在 30 万 t 以上，则需考虑设置专业性集装箱货场，采用集装箱龙门起重机和集装箱叉车。

(1)集装箱(轨道式)龙门起重机与普通双梁臂龙门起重机相似，其主要区别在于：

①集装箱龙门起重机采用集装箱专用吊具，在吊具上装有 4 个旋锁件，分别插入集装箱上部角配件的孔内；再由液压缸推动旋锁件转动 90°，此时旋锁头部的凸形部分转至角配件长形孔的狭窄边，吊具被锁闭在箱上，即可起吊。

②集装箱龙门起重机的小车上，装有能使吊具在水平面内旋转的机构，可作 270°的转动。起升机构安装在转盘上，以便调整集装箱方位。

③为了便于集装箱穿过支腿，在同一端的两支腿均垂直于下横梁，其最小距离应满足集装箱通过宽度的要求。

④起重能力是根据所起吊的集装箱最大总重量和吊具重量来确定的。

(2)集装箱叉车是适应集装箱装卸搬运作业及堆码作业需要的专用叉车，其性能应符合下列要求：

①起重量应能保证满足所办理的各种箱型装卸作业需要，载荷中心取集装箱宽度的 1/2。

②起升高度应满足堆垛层数的需要。

③为适应装卸集装箱的需要，除采用标准货叉外，还应备有顶部起吊的专用吊具。

④为便于对准箱位，货架应能侧移和左右摆动。

集装箱叉车通用性好，购置费用较低，但占用场地较大，降低堆场面积利用率，液压部件多，完好率较低，维修费用较高，司机前方视线差，易造成集装箱损坏，从而影响作业效率。因此，集装箱内货物的装卸多采用小型叉车。国际集装箱标准组织规定，集装箱底板要能承受 2 t 叉车进入箱内作业。

第三节　集装箱的运输方式

一、集装箱联运

集装箱联运作为交通运输的一个组成部分，一般需要在两种或两种以上运输中，通过组织产、供、运、销等部门的运输协作来实现货物的位移。集装箱联运，按照区域概念，可分为国内集装箱联运和国际集装箱多式联运。

(一)国内集装箱联运

国内集装箱联运，是通过各联运企业(公司)合理组织各种运输方式的衔接和配合，将由托运人自主办理运输手续，改革为由联运企业集中、全面代办或实行代理业务。它有利于发挥综合运输的优势，既为托运人服务，又为运输企业服务。

发展国内集装箱联运，要不断扩大联运网点，发挥集装箱联运网络功能；要统筹规划，配套建设大型集装箱联运货场；也要建设全方位、多功能的集散(中转)站。

1. 扩大联运网点，发挥网络功能

集装箱联运要发展，并能较好地实现集、装、运、卸、散、转的功能，一般要先在交通枢纽建立集装箱联运企业(公司)，将其网点逐步向四周辐射，并把这些网点按经济区划或线路相互衔接，形成千支相连、环环相扣的集装箱服务网络，实现“一次托运、一次收费、一票到底、全程负责”的较高级服务形式。

2. 配套建设联运场站，组成经营服务体系的有机整体

根据《“十三五”铁路集装箱多式联运发展规划》，确定集装箱联运企业(公司)的建设规模和联运场、站的布局。在全国各省、市、区，逐步建成大型集装箱联运货场，建成总公司形式的国营联运集装箱集散(中转)站，形成相应的有机结合的经营服务体系，共同发展集装箱联运。

3. 合理设置多功能的集散(中转)站

随着集装箱联运的深入发展，单一的联运形式已不能满足集装箱联运事业发展的需要，必须设置全方位、多功能的集散(中转)站，以实现铁路、远洋、外运、国内外经贸部门以及海关、商检等部门联合经营的运输模式。

(二)国际集装箱多式联运

国际集装箱多式联运，是科学技术发展、经济贸易结构变化以及服务社会化的产物，具有快速、方便、安全、优质、价廉的优点，它给运输业带来的影响是不可估量的。我国铁路开展的国际集装箱运输，包括铁路和远洋之间的联合运输(集装箱海铁联运)、国际铁路货物联运办理的国际铁路集装箱运输和大陆桥过境集装箱运输。

1. 国际集装箱多式联运概念

国际集装箱多式联运指按照多式联运合同，以至少两种不同的运输方式，由多式联运经营人将国际集装箱从一国境内接管的地点运至另一国境内指定交付的地点。它的主要特点是多式联运经营人(运输企业或运输代理企业)负责承运，实行运输全过程的一次托运、一单到

底、一次收费、统一理赔、全程负责。它是以集装箱为媒介，把第一次运输革命产生的运输方式(铁路和水运)和第二次运输革命产生的运输方式(公路和航空)结合起来，形成的连续、综合性的一体化货物运输，所以也被称为第三次运输革命。

多式联运主要是以海运为中心，铁路、公路主要为港口到发的集装箱提供集、疏、运服务。

为适应现代物流发展的需要，充分发挥铁路运输优势，铁路采取五项措施推动集装箱多式联运加快发展：一是拓展集装箱多式联运业务；二是加强集装箱班列运输组织，加大集装箱班列开行的密度，重点抓好班列的正点率；三是完善集装箱运输管理信息系统；四是加快场站建设和设施改造；五是大力发展双层集装箱运输。

2. 大陆桥运输

大陆桥运输是指利用横贯大陆的铁路，将大陆两端的海上运输线连接起来，形成跨越大陆、连接海洋的国际联运线。在运输过程中，大陆起到了桥的作用，所以称为大陆桥；海—陆—海联运中的陆运部分，称为大陆桥运输，具有手续简便、运距短、时间省、费用少的优越性。

大陆桥运输一般采用集装箱作为流通媒介，凭借不同国家的铁路进行货物运输，所以，它实际上是“国际铁路集装箱运输”，亦属国际集装箱多式联运的范畴。

第一亚欧大陆桥也称西伯利亚大陆桥，于 1967 年正式开通，是目前世界上最早、最长，也是最著名的大陆桥。它东起俄罗斯的纳霍德卡港和东方港，西止荷兰的鹿特丹港，全长 13000 km。

第二亚欧大陆桥于 1992 年 12 月 1 日正式开通。该大陆桥东起我国连云港(从天津港、上海港、广州港、深圳北站均可上“桥”)，横穿陇海线、兰新线，出阿拉山口后经哈萨克斯坦、俄罗斯、白俄罗斯、乌兹别克、土库曼、波兰、德国等直达荷兰的鹿特丹港，全长 10900 km，我国境内有 4134 km；东连亚洲东部经济发展较快的日、韩、新及东南亚其他国家和地区等，西达中亚的独联体五国和阿富汗及欧洲大陆，是亚洲和欧洲经济交流的新通道。

另外，我国还有二连—蒙古的微型陆桥。

3. 国际集装箱铁路运输组织相关管理规定

(1)国际集装箱运输分为单程和往返两种形式，由托运人在托运时确定。单程运输的，铁路负责将集装箱运抵到站；往返运输的，铁路负责将集装箱运抵到站，并在到达次日起 15 日内起运(铁路停限装除外)，向托运人指定的车站回送空箱。

(2)往程重箱(单程空重箱)的运输费用和服务费在往程(单程)发站向托运人核收，返程空箱的运输费用和服务费在往程到站向收货人收取。

(3)国际集装箱运输由集装箱调度统一指挥。车站逐级上报“国际集装箱运输请令报告”。跨局运输由部集装箱调度命令批准，铁路局管内运输由局集装箱调度命令批准。往返运输使用一个命令号。

(4)单程运输的发站，往返运输的往程发站和往程到站应根据国际集装箱的运单填写“国际集装箱跟踪单”，一批一式二份，一份留站存查，另一份随货票送到站。回空利用的中间站不另填写，将往程到站填写的原单随运输票据继送空箱到站。

(5)往程到站在交付时，应要求收货人在指定的时间内将空箱送回，由车站组织返程运输。因收货人责任造成国际集装箱不能按时返回的，托运人追究责任时，应由收货人承担。返程空箱的运单由车站填写，“托运人”栏填记往程的托运人，“承运人记载事项”栏内填记国际箱铁路回空，跟踪单××号。

(6)对托运或返程运输的国际集装箱空箱，铁路可以组织利用，顺路一次装货。利用空箱的发站应是或靠近往程到站，装运货物的到站应是或靠近空箱到站。

利用回空箱的发站应在利用回空箱的运单“承运人记载事项”栏内填记国际箱利用回空，跟踪单××号，不另填写空箱运单。

二、集装箱门到门运输

所谓集装箱门到门运输，就是从发货人的工厂、仓库或基地开始装箱、装车，通过铁路、公路、水运、航空或其他运输方式，直接运送到收货人的工厂、仓库或基地卸车、卸箱的一种运输。

门到门运输，是集装箱运输的重要组成部分，也是集装箱运输的最佳方式。只有实现门到门运输，才能充分发挥集装箱运输的优越性，集装箱运输才有生命力。

门到门运输的优越性主要表现在以下方面：能减少货物搬运次数，保证货物安全；有利于节约包装材料和费用；有利于加速集装箱、货物中转，保持货场畅通；有利于简化运输手续，方便企业单位。

(一)开展集装箱门到门运输必须具备的技术条件

1. 开展门到门运输，铁路必须具备下列技术条件

(1)有装卸集装箱的起重机械，起重能力要和集装箱总重相适应。

(2)有足够的集装箱存放、搬运场地，以适应运量的要求。

(3)有场地内的搬运机械。

(4)其他配套设备，如自动框架式索具。

2. 汽车运输公司必须具备下列技术条件

(1)配置合适的集装箱专用汽车。

(2)配置配套的装卸吊机，如流动的汽车吊或安装随车吊。

3. 物资单位必须具备下列技术条件

(1)汽车。

(2)装卸机械设备。

(3)集装箱存放场地。

(二)组织原则

铁路车站实行“四优先”，即计划优先、配箱优先、进货优先、装车优先。

(三)组织形式

集装箱门到门运输，是运输全过程的一个组成部分。目前，各站所组织的门到门运输主要有以下三种形式。

(1)铁路、公路联合办理门到门运输。这种形式就是铁路车站与地方运输部门签订协议，

联合办理发站或到站的门到门运输。货物运送方式：托运人—公路—铁路—公路—收货人。

在铁路、公路联合办理的门到门运输中，又可分为市内短途门到门运输和铁路、公路长途联运的门到门运输。

(2)铁路、公路、水路多式联运集装箱门到门运输。货物运送方式：托运人—公路—铁路—水运—铁路—公路—收货人。

(3)铁路、专用线之间的门到门运输。这种形式目前主要用于外贸国际大型集装箱的运输，就是在外贸专用线装箱，经过铁路干线运输，到达外贸专用线卸箱全过程的门到门运输。

这种形式具有集装箱和货物周转速度快、投资少的优点，可充分利用现有设备条件，应大力发展。货物运送方式：专用线—铁路—专用线。

三、集装箱“五定”班列

我国铁路集装箱的运输组织通常采用随普通货物货车零星挂运和组织集装箱“五定”班列的运输组织形式。为了提高服务质量，满足市场需求，集装箱运输以开行快运班列为基本形式，不断优化运输方案、增加班列数量、提高运输质量。跨集团公司的班列开行方案，由集装箱公司向集团公司提出意见(包括发站、到站、班期、编组内容、运行径路等)，报国铁集团审核公布；局管内的，由公司向集团公司确定。

货运“五定”班列是按照管理规范化、运行客车化、服务承诺化、价格公开化原则，实行定点、定线、定车次、定时、定价的快速货物货车。定点，指班列的装车和卸车站相对固定，多数为一定的货运站和相邻编组站共同组织的跨局远程直达货车。定线，指班列全程运行线固定，不但规定了班列始发、终到时刻及其途中的运行径路，而且规定了班列在途中各技术站的停站和到发接续时间，是“按图行车”要求的严格体现。定车次，指班列的车次在其全程运输中固定不变，相当于有固定的冠名和品牌标志。定时，指班列的开行日期、出发和到达的时刻，以及运到期限固定。货主可据此办理货物承运手续，并获得所运送货物的准确发到时刻，以及运送时间和运到期限的明确承诺。定价，指全程运输费用固定、透明、一次清算。

四、双层集装箱运输

双层集装箱运输在国外铁路发展相当迅速。为了缓解铁路运能紧张状况，增强铁路运输的竞争力，我国铁路把开行双层集装箱货车和建设集装箱中心站，作为加快集装箱发展的两大重要举措。

(一)双层集装箱车技术在国内外的发展

双层集装箱车产生于 20 世纪 80 年代的美国，现在在世界各地都得到了发展。在美国，双层集装箱运量已占铁路集装箱运量的 70%以上，双层集装箱运输已成为集装箱由港口向内地疏运的主要方式。美国双层集装箱运输具有以下特点：美国干线采用内燃牵引，限界条件好，改造容易。现在，美国铁路多数线路都以双层超高箱 2896 mm 为不受任何限制的运输通道；机车车辆轴重高。美国双层集装箱主要采用五联车，轴重可达 37.5 t。一般落下孔车辆装载的底层箱底面距离轨顶大约 305 mm；1987 年，美国加利福尼亚大学运输研究所分析，双层集装箱比单层集装箱节省 30%运输成本，双层集装箱运输年成本为 0.56 美元/箱公里，单层集装箱为 0.75 美元/箱公里，而公路为 1.03 美元/箱公里。

双层集装箱运输作为既有繁忙干线，为提高运输能力提供了很好的选择。2001 年，中国铁路开始进行双层集装箱运输有关问题的研究；2004 年 4 月 19 日，第一列双层集装箱试运营货车由北京东站开出，按现行货物货车交路，经丰台、黄村、衡水、德州到达杨浦。

双层集装箱车（X_{2K}、X_{2H}）的车体为全钢焊接结构，主要由端部底架、中部底架及侧墙等组成凹底型式，集装箱承载面高度降低到了 290 mm。为适应在标准轨距且满足双层集装箱运输装载限界的铁路上运行，可装运《全列Ⅰ集装箱——分类、尺寸和额定重量》（ISO 668—1995）所规定的 20 ft、40 ft 国际标准集装箱和 45 ft、48 ft、50 ft、53 ft 等长大集装箱；下层装载 2 个 20 ft 或 1 个 40 ft 集装箱，上层装载 2 个 20 ft 或 1 个 40 ft~53ft 集装箱。

该车主要技术参数：轨距为 1435 mm；轴重为 25 t；载重为 78 t；配装转 K5 为 21.8 t，配装转 K6 为 22 t；自重系数为 0.28；每延米重为 5.15 t；商业运行速度为 120 km/h；换长为 1.8；空车重心高为 650 mm；车钩中心线距轨面高（空车）为 880 mm；车辆长度为 19466 mm；车体长度为 18500 mm；车体宽度为 2912 mm；车辆定距为 15666 mm；集装箱承载面距轨面高（空车）为 290 mm；车体最低点距轨面高（空车）为 190 mm；装箱后箱顶距轨面总高（不计枕簧压缩量）为 5807 mm。

（二）双层集装箱运输组织相关规定

（1）双层集装箱运输在国铁集团公布的发到站间按指定径路组织班列运输。中铁集装箱公司负责双层箱运输的经营和发到站的安全管理工作；集团公司负责运输组织和途中的安全管理工作。

（2）双层集装箱运输仅限使用 X_{2K} 型和 X_{2H} 型专用平车，装后集装箱和货物的总重不得超过 78 t，重车重心高不得超过 2200 mm，货车运行速度不得超过 80 km/h。双层箱专用平车不得经驼峰解编，不得溜放。

（3）双层集装箱运输使用国际标准 20 ft、40 ft 及宽度、高度、结构、载重和强度等符合国际标准的 48 ft 集装箱，高度暂限有 2438 mm 和 2591 mm 两种。

（4）装车站应具备上述箱型集装箱的称重条件和装卸机械，并对每箱进行称重。箱内货物要码放稳固、装载均匀。装箱后，箱门应关闭良好，锁杆入位并旋紧，箱门关闭不良的集装箱不得进行双层运输。

（5）装车方案制定原则：

①重箱在下，轻箱在上。上层箱的总重不得超过下层箱。

②下层限装 2 个 20 ft 或 1 个 40 ft 箱，上层限装 1 个 40 ft 或 48 ft 箱。

③每层 20 ft 箱的高度须相同，重量差不超过 10 t。

④一层箱高为 2591 mm 时，另一层箱限高 2438 mm，或两层高度均为 2438 mm。

⑤20 ft 箱和 40 ft 箱组合时，20 ft 箱限装下层。

（6）20 ft 箱的箱门应朝向相邻集装箱。使用专用锁具连接上下两层集装箱，并将锁具置于锁闭状态。

（7）有关集团公司要认真检查、严格掌握双层箱班列沿线建筑接近限界，确定并固定双层集装箱货车的运行经路，并及时修改《行规》和《车站行车工作细则》（以下简称《站细》）。限界发生变化时，按有关规定办理。

第四节 集装箱的运输管理

一、铁路集装箱的运输管理模式

国铁集团行使铁路集装箱运输行业管理职能，负责铁路集装箱运输规章、办法和标准的制订、修改及其实施情况的监督检查。铁路集装箱专业运输公司和集团公司的关系，是市场主体之间的平等关系，旨在共同完成铁路集装箱运输工作。

铁路集装箱专业运输公司和集团公司分别负责其下属单位的运输安全管理，承担相应的安全责任，均应建立、健全集装箱运输管理和运输安全基本制度，保证必要的安全设施投入，加强对从业人员的培训，配备安全生产专职管理人员，确保集装箱运输的安全。合资铁路、地方铁路的集装箱运输安全管理和业务指导，由对其行使安全管理职责的集团公司负责。集装箱办理站应设置集装箱货运人员，负责集装箱运输管理和装卸车组织工作。公司可对非公司所属集装箱办理站的集装箱管理工作进行监督。

二、铁路集装箱的箱号管理

集装箱办理站对到发、进出站及待修、待报废的集装箱必须按箱号进行跟踪管理，保证信息正确、及时，防止集装箱的丢失。对专用线、专用铁路到发的铁路集装箱按集装箱办理站条件进行管理。

进出站的铁路集装箱必须使用交接单证。1 t 箱也可使用集装箱箱号卡片(格式一)或集装箱到发登记簿进行管理，同时，集装箱箱号卡片销号后按顺号装订保存。集装箱办理站应按单位建立铁路集装箱站外存留日况表，每日与站外存箱单位核对铁路集装箱站外存留日况表，整理铁路集装箱交接单证，及时催还没有按时送回车站的铁路集装箱。集装箱办理站应按月清查站内外的铁路集装箱，发现账实不符时，应查明原因，及时报告公司和集团公司。

集装箱办理站应使用全铁路统一标准的集装箱管理信息系统，设专人负责计算机网络及信息系统日常维护工作，确保系统安全、平稳运行，数据准确，实现对集装箱的实时动态管理。

三、铁路集装箱的运输统计

集装箱运输统计工作是集装箱运输管理的主要内容。

(一)集装箱的换算统计单位

CTU：我国铁路集装箱统计单位，表示一个铁路 10 t 箱。1 个 20 ft 箱折合为 2 CTU，1 个 40 ft 箱折合为 4 CTU。

TEU：国际标准集装箱的换算单位，表示 1 个 20 ft 的国际标准集装箱。1 个 40 ft 的集装箱折合 2 TEU，2 个 10 ft 的集装箱折合 1 TEU。

T—TWENTY—FOOTCONTAINER：20 ft 集装箱。

E—EQUIVALENT：标准。

U—UNIT：单位。

（二）集装箱的统计报表和指标

建立集装箱运输的统计报告，及时、准确地对集装箱运输进行统计分析，可以直接反映集装箱运输的管理水平和运营效果。

"集装箱运用报告"（货集报—1）和"集装箱运输情况月报"（货集报—2），是进行集装箱运输分析的基本依据。集装箱办理站每日 18 点作"集装箱运用报告"（货集报—1），逐级上报；每月 3 日前作"集装箱运输情况月报"（货集报—2），分别逐级上报集装箱调度和集团公司。

集装箱运输的统计指标分为数量指标和质量指标。数量指标：集装箱发送箱数（TEU）、集装箱发送吨数、集装箱运输收入、国际集装箱运量。质量指标：集装箱在站平均停留时间、集装箱现在数、集装箱周转时间、集装箱信息上报的准确率与及时率、货运事故件数及赔款数额。

集装箱的发送箱数包括发送的铁路重箱和企业自备空重集装箱；集装箱的发送吨数表示实际发送的集装箱货物吨数，包括铁路箱和自备箱，但发送的空自备箱不计入发送吨数。

集装箱在站平均停留时间可用下式计算：

$$\text{集装箱在站平均停留时间}=\frac{\text{集装箱在站总停留时间（小时）}}{\text{发出铁路重空箱数}\times 24\text{（小时）}}\text{（天）} \qquad (2-4-1)$$

集装箱在站总停留时间，是指铁路集装箱自卸车完毕直至下次装车完毕止的总停留时间的总和，包括掏箱、装箱、待发、待交和空车停留时间的总和，以及门到门运输在企业的停留时间和在集散站的停留时间，但是不包括转入非运用（如修理、备用）的停留时间。

第五节　集装化运输

一、集装化运输概述

我国铁路把集装箱以外的其他集装方式的货物运输统归为集装化运输。集装化运输快速发展，是我国铁路货物运输的一项重要的技术改革，它把传统的以人力作业为基础的小型货件，改革成以适应现代化装卸机械作业为基础的大型集装货件。这项改革所达到的主要目的是保证货物运输安全与货物质量，提高货物运输作业的效率和降低货物运输作业的劳动强度，增加企业和社会的效益。

（一）集装化运输的定义

凡使用集装用具或自货包装、捆扎等方法，将散装、小件包装、不易使用装卸机械作业的货物，按规定集装成特定的单元后运往到站的，皆为集装化运输。凡具备采用集装化运输条件的货物，都必须采用集装化运输。集装化运输具有减少货损货差、简化包装、简化点件交接作业、提高装卸作业效率的优越性。

（二）集装化运输的优越性

（1）减少了货损货差，保证了货物运输安全。

(2)能实现装卸机械化，提高作业效率。
(3)简化包装，节约包装材料。
(4)增加库存数量和提高货位利用率。
(5)简化点件交接作业。
(6)提高车辆载重力利用率。
(7)有利于开展联运，实现门到门运输。
(8)有利于保持货场整洁、畅通。

二、集装用具

在集装化运输中，组织货物集装货件的方法可分为两种基本形式：一种是借助集装用具形成货物运输集装件；另一种则是借助捆扎夹具或捆扎材料形成货物集装货件。在集装化运输中，用以集装货物的箱、盘、笼、袋、架、夹、预垫绳等称为集装用具。

选用集装用具时，凡能够采用一次性集装用具的货物，必须采用一次性集装用具。循环使用的集装用具采用折叠、套装、拆解等形式。

(一)对集装用具的要求

(1)有足够的刚度和强度。
(2)有利于货物的码放，能够保证货物、人身、行车的安全，不损坏车辆。
(3)具有机械作业需要的起吊装置或叉孔。
(4)能够充分利用货车容积或载重能力。
(5)循环使用的集装用具能够拆解、折叠、套装，便于回送。

(二)集装用具涂打的标记

集装器具应根据集装方式及货物性质涂打下列标记：
(1)配属单位、编号。
(2)站名。
(3)自重及最大载重能力。
(4)外形尺寸或容积。
(5)制造单位、制造日期。
(6)货物储运图示标志。

(三)集装用具简介

我国铁路使用的集装用具有集装盘(托盘)、集装桶、集装捆、集装袋、集装网、集装笼、集装架等。

1. 集装盘(托盘)

集装盘(托盘)(见图 2-5-1)是具有载货平面、设有插孔、便于叉车作业的一种用于装卸、搬运和堆放货物的集装用具。托盘与叉车配合利用，可以大幅度提高装卸搬运效率；用托盘堆码货物，可以大幅度提高仓库利用率；也可直接装进集装箱或以其他运输设备载运，在公路、铁路、水运、航运、多式联运等多种运输方式中应用托盘货物单元作业，将货物连同托盘一起送到最终用户手中(称为托盘作业一贯化)，而不用在中途反复倒盘，减少无效作业，提高物流效率，降低物流成本。

使用时，将货物定型码放在托盘上，用塑料套、纸带或其他与托盘加固成一个整体进行运输。集装盘适用于外形比较规格的货物。

图 2-5-1　集装盘示意图

2. 集装桶

集装桶是用钢材制造成的桶状容器，适宜装运粉末或颗粒状货物。这种容器经久耐用，特别是能与工厂的生产流水线相衔接，可以使用机械作业。

3. 集装捆

集装捆是指用某一材料将货物通过捆扎的方法，集装成一定规格的集装货件，如对钢管、钢板的打捆，对金属块、有色金属锭、氧气瓶的捆扎。这是最简易的集装方法，用料少，效果好，主要用料是打包铁皮、编织打包带、绳索等。

4. 集装袋

集装袋(见图 2-5-2)是用坚韧材料(如用布涂橡胶、丙纶编织布、维纶帆布等)制作的大口袋，可用于敞车运输，适宜装运粉末或颗粒货物。

使用丙纶编织布制成的集装袋，每袋可载重 1 t，底部设有卸料口，在卸料时抽动卸料的活结绳头，袋内货物会自动从卸料口下落。其造价低，使用 2~4 次即可收回成本。

5. 集装网

集装网是用维纶绳、丙纶绳或钢丝编成的网络，适用于集装带有包装的粮食、化肥、食盐、滑石粉等袋装货物和不带包装的片石、石灰石、铁矿石等块状货物。

6. 集装笼

集装笼(见图 2-5-3)是钢制的笼式容器，适用于装载砖瓦、小型水泥预制件、瓷器、水果及其他杂货。其规格形状可根据货物和车辆的要求进行制造，如砖瓦重，笼形可低些；水果、杂货轻，笼形就可大一些，有盖或无盖也视货物要求而定。

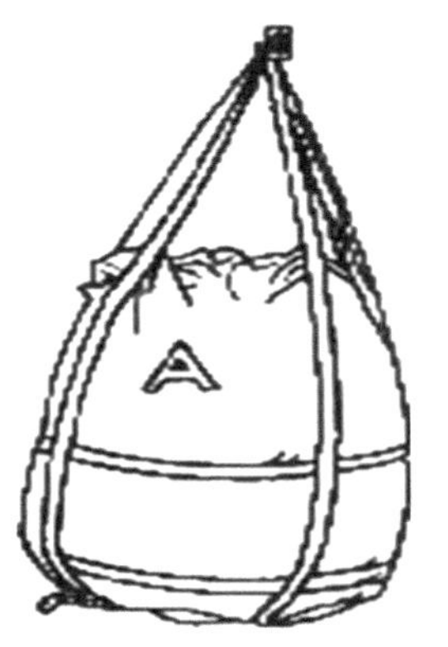

图 2-5-2　集装袋示意图

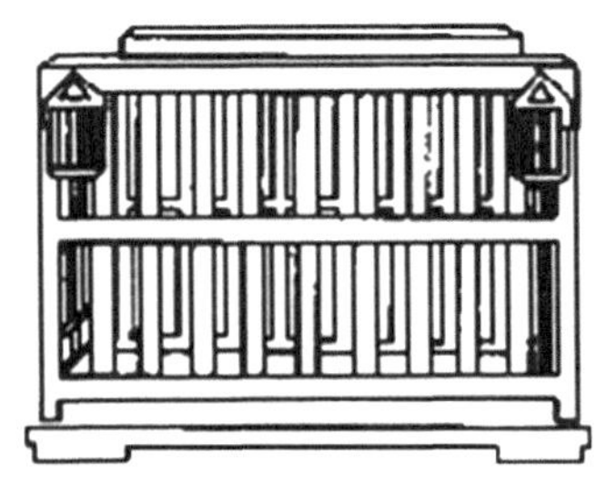

图 2-5-3　集装笼示意图

7. 集装架

集装架是一种比集装笼更为简易的集装用具，其具有与集装盘功能相类似的底座，并有向空间延伸的框架结构。其结构有L字形、A字形和方形等多种形式。集装架主要用于集装平板玻璃、耐火砖等，构造简单，实用价值高。

8. 预垫

预垫是对长形货物如竹、木、钢管、塑料管、钢筋、角铁等，在装车时预先用钢丝绳或尼龙绳绞绕，绳的两端有套扣，以便在卸车时可以整捆一次用机械起吊。托运人也可自备预垫，装运竹、木时在货车底板或每层货物间放置预垫，在敞车侧板与货物间放置立柱。预垫的高度和立柱的大小，以能方便地穿引起吊钢丝绳为准，为货物在到站卸车时创造方便条件。

预垫工作可以扩展至运输全过程，包括装卸车和短途搬运的汽车都进行预垫，其效果更为显著。

9. 铸件改形

这种方法是在浇铸时将一些具有可铸性的货件(如铝锭、粗铜等)由小件改为大件，不需要任何容器或捆扎。

10. 拆解集装

拆解集装就是把大件货物拆解为若干小件，或把外形不规则的货物拆解为集装单元，使货件密集成整。

三、集装化运输组织

(一)货源组织

对容易发生损失、运输过程中包装材料使用较多、污染车辆、交接手续烦琐、装卸作业困难的货物，要优先实行集装化运输。这必须从大局出发，提高社会经济效益并兼顾各部门的利益。所以，铁路部门和收、发货人要密切配合，加强管理工作。

(1)为促进集装化运输发展，各集团公司、车站、车务段均应加强领导，组成由货运、运输、装卸、科研等部门参加的集装化运输领导组织，由各级货运、装卸部门共同担负日常办理机构的工作，以加强集装化运输的领导和管理。

(2)各货运站应建立定期检查、分析制度，及时了解本经济吸引区各企业产品、运量、运输包装、装卸起重能力等情况及新建企业产品动态，协助企业在设备改造和制订产品生产计划的同时制订集装化运输方案和措施。

发展集装化运输要整车、零担并重，首先采用铁路通用集装箱，其次是进行各种方式的集装化运输。对于容易发生损失、运输过程中包装材料使用较多、污染车辆、交接手续烦琐、装卸作业困难的货物，要优先实行集装化运输。实行集装化运输必须从大局出发，要提高社会经济效益并兼顾各部门的利益。铁路部门和收发货人要密切配合，加强管理工作。

(3)车站在受理托运人提报的运输计划时，应认真审核，凡能采用集装箱运输的货物，都应采用集装箱运输。托运人要求铁路运输整车集装化货物时，应在月度要车计划表及旬度要车计划表记事栏内注明“集装化”字样。车站对托运人申请的集装化运输计划按集装化有关规定审核后，加盖“××站集装化运输”戳记上报。在同一品类、同等条件下，对集装化货物，要优先批准计划、优先进货、优先装车。

集团公司要把集装化运输纳入月度运输计划，并要逐月分析集装化运输计划兑现情况。车站不得将批准的集装化运输计划以非集装化方式运输。

(二)集装化运输组织的基本条件

(1)集装化运输的货物，以集装后组成的特定单元(盘、架、夹、笼、箱、袋、网、捆等)为一件。每件集装货件的体积应不小于 0.5 m^3，或重量不小于 500 kg。

(2)棚车装运的集装化货物，每件重量不得超过 1 t，长度不得超过 1.5 m，体积不得超过 2 m^3。到站限制为叉车配属站。

(3)敞车装运的集装化货物，每件重量不得超过到站最大起重能力(征得到站同意时除外)。

(4)集装化货物应捆绑牢固，表面平整，适合多层码放；码放要整齐、严密，并按规定做好包装储运的标志。以绳索等预垫方式运输竹、木等货物时，必须满足卸车时机械作业的要求。

(5)集装化货物与非集装化货物不能同一批运输。一批运输的多件集装化货物，以零担方式运输时，应采用同一集装方式。

(三)运输组织

1. 托运

发货人托运集装化货物时，应在运单发货人记事栏内注明“集装化”字样。货物运单中件数一栏应填写集装后的件数，包装一栏填写集装方式的名称。

2. 受理和承运

发站受理集装化货物时，应在货物运单右上角处加盖“××站集装化运输”章。承运新品名、新方式集装化货物时，应先组织试运，以检验集装用具、装载加固方法能否保证货物及运输的安全。试运成功的集装化方式的用具，集团公司应及时组织鉴定和定型，并作为运输条件公布，在管内执行。经国铁集团鉴定合格的集装化方式及用具，由国铁集团公布运输条件并在全路执行。不允许将非超限货物集装成超限货物运输。

发站受理集装化货物时，应在货物运单右上角处加盖“××站集装化运输”章。

车站在受理已实现集装化用具准运证的集装化货物时，应查验集装化用具准运证，承运该货物时，应查验集装化用具准运标牌或标记；没有集装化用具准运证或没有在集装化用具上安装准运标牌或印刷准运标记的集装化货物，铁路不予承运。

承运新品名、新方式集装化货物时，因先组织试运，以检验集装用具、装载加固方法能否保证货物及运输安全。试运成功的集装化方式和用具，集团公司应及时组织鉴定和定型，并作为运输条件公布，在管内执行。经国铁集团鉴定合格的集装器具，由国铁集团公布运输条件在全路施行。

实行集装化运输的货物(以货物运单上发站的集装化运输章为凭)，其装卸费率仍按集装化前的该类货物装卸费率执行。

组织集装化运输时要充分利用货车载重能力和容积，并符合《铁路货物装载加固规则》的有关规定，不容许将非超限货物集装成超限货物运输。

3. 交付

集装化运输到达的集装货物，到站应以单元整体(包括集装用具)一并交给收货人。收货人应以单元整体搬出货场。

集装化运输货物的交接：集装化运输的货物在清点件数时，一律按集装货物办理，不得拆散；到达的集装货物，到站应以单元整体(包括集装用具)一并交给收货人。收货人应以单元整体搬出货场。

4. 集装用具回送

需要回送的集装用具，到站根据货物运单记载的集装化运输戳记和《铁路货物运输规程》规定签发特价运输证明书。收货人凭特价运输证明书按《铁路货物运输规程》规定期限及《铁路货物运价规则》规定范围和费率办理回送。车站要优先运输回送的集装用具。

(四)事故处理

(1)集装货物在运输途中发生外部状态损坏、货件散落时，发现站应进行检查清理、编制货运记录、整理加固后继续运至到站。

(2)铁路从承运集装化货物时起(办理承运前保管的车站从接受货物时起)，至将货物交付收货人或依照规定移交给其他机关企业时止，对集装货件发生整体灭失、表层货件损坏负赔偿责任。

第三章　铁路超限超重货物运输

铁路超限超重货物运输对保障国家重点工程建设和国防建设需要、促进国民经济发展具有重要意义。本章着重介绍了铁路限界及铁路超限超重货物的运输组织。

第一节　铁路限界

一、铁路限界

为了保证行车安全，接近铁路线路的各种建筑物和设备，必须与铁路线路保持一定的距离，铁路对其规定了不得侵入的尺寸限制，包括基本建筑限界，隧道、桥梁建筑限界，曲线建筑限界；对在线路上运行的机车车辆规定了不得超过的尺寸限制，即机车车辆限界。

铁路沿线建筑物、设备不得侵入以及机车车辆不得超过的尺寸轮廓图，统称为铁路限界。其中，最基本的是机车车辆限界和基本建筑限界两类，它们都是与线路中心线垂直的极限横断面轮廓，旨在保证线路上运行的机车车辆与建筑物、设备之间有一定的安全空间。

(一)机车车辆限界

机车车辆限界是一个与平直线路中心线垂直，在线路中心线所在垂直平面两侧尺寸对称的横断面极限轮廓。当机车车辆(无论是具有最大公差的新车或具有最大公差和磨耗程度的旧车)停留在水平直线上，其纵中心线和线路中心线处于同一垂直平面上时，机车(除电力机车的受电弓外)、车辆任何部分均不得超出该极限轮廓。机车车辆限界基本轮廓如图 3-1-1 所示。

(二)铁路建筑限界

铁路建筑限界是铁路线路周围的各种建筑物或设备接近线路的限制轮廓。除了机车车辆和与机车车辆有相互作用的建筑物或设备(车辆减速器、路签授受器、接触电线及其他)，其他任何建筑物或设备在任何情况下均不得侵入铁路建筑限界。与机车车辆有直接相互作用的建筑物或设备，在使用中也不得超过规定的侵入范围。

铁路建筑限界的制订，应该考虑机车车辆限界的尺寸和机车车辆安全运行的要求，同时还应考虑国家大型设备(超限货物)运输的需要；而且也要为机车动力的发展和长大货车的大型化留有发展余地。建筑限界过大，必然会造成巨大浪费，过小则会阻碍大型设备的运输。

(三)货物装载限界和特定区段装载限制

(1)货物装载限界：机车车辆限界既是机车车辆的制造限界，也是货物的装载限界，

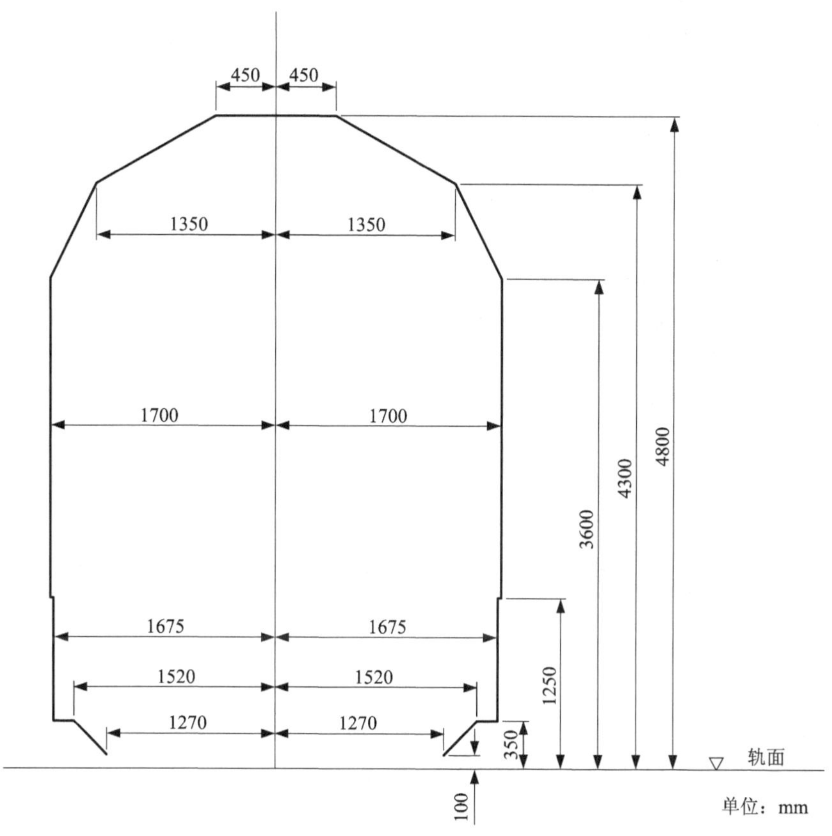

图 3-1-1　机车车辆限界基本轮廓图

即一般货物(非超限货物)在装载时均不应超出机车车辆限界。《加规》中所称的货物装载限界即机车车辆限界基本轮廓，只是删除了机车车辆悬挂装置、机车排障等限界内容，货物装载下限为 350 mm，距轨面 4800 mm 高度处(最大高度处)的半宽值为 450 mm；高度 4300 mm 处的半宽值为 1350 mm；在高度 1250～3600 mm 处的最大半宽值为 1700 mm；高度 3600～4300 mm、4300～4800 mm 的界线均为斜直线；高度 350～1250 mm 处的半宽值为 1600 mm。

(2)特定区段装载限制：我国铁路个别地段的建筑限界小于铁路建筑限界，如果到达或通过这些地段的货物按照机车车辆限界装载，则难以保证运行安全。因而《加规》根据这些地段的实际建筑限界条件，规定了特定区段装载限制。

二、超限货物

(一)超限货物的定义

货物装车后，车辆停留在水平直线上，货物的任何部位超出机车车辆限界基本轮廓或车辆行经半径为 300 m 曲线时，货物的计算宽度超出机车车辆限界基本轮廓者，均为超限货物。

在特殊情况下，经国铁集团批准后，有些货物可不按超限货物办理。例如，《铁路鲜活货物运输规则》规定：对需要通风运输的货物，可以开启前进方向的左侧车门并加以固定，最外突出部位从车辆中心线起不得超过 1750 mm。此时不按超限货物办理；双层集装箱等国铁集团明确规定的货物，也不按超限货物办理。

(二)超限货物的种类和等级

(1)根据货物超限部位从钢轨面起算的高度，超限货物可分为三种类型：上部超限、中部超限和下部超限。

①上部超限：自轨面起高度超过 3600 mm，任何部位超限者；

②中部超限：自轨面起高度在 1250 mm 至 3600 mm，任何部位超限者；

③下部超限：自轨面起高度在 150 mm 至 1250 mm(不含)，任何部位超限者。

(2)根据货物的超限程度，超限货物可分为三个等级：一级超限、二级超限和超级超限。

①一级超限：自轨面起高度在 1250 mm 以上超限但未超出一级超限限界者；

②二级超限：超出一级超限限界而未超出二级超限限界者，以及自轨面起高度在 150 mm 至 230 mm(不含)超限但未超出二级超限限界者；

③超级超限：超出二级超限限界者，以及自轨面起高度在 230 mm 至 1250 mm 超限限界者。

各级超限限界如图 3-1-2 所示。

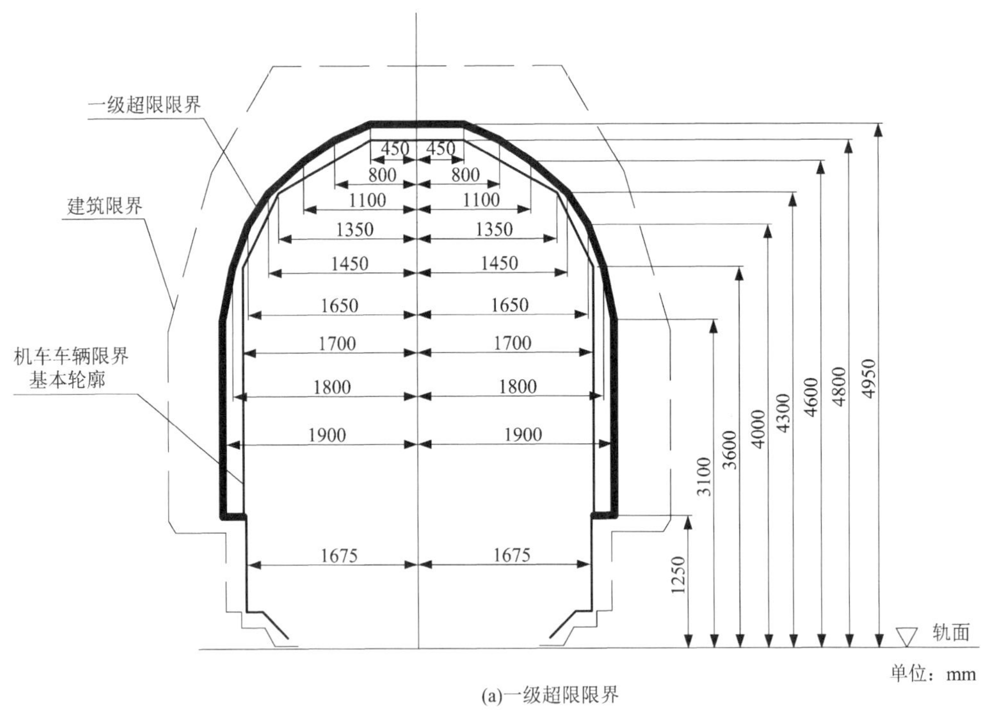

(a)一级超限限界

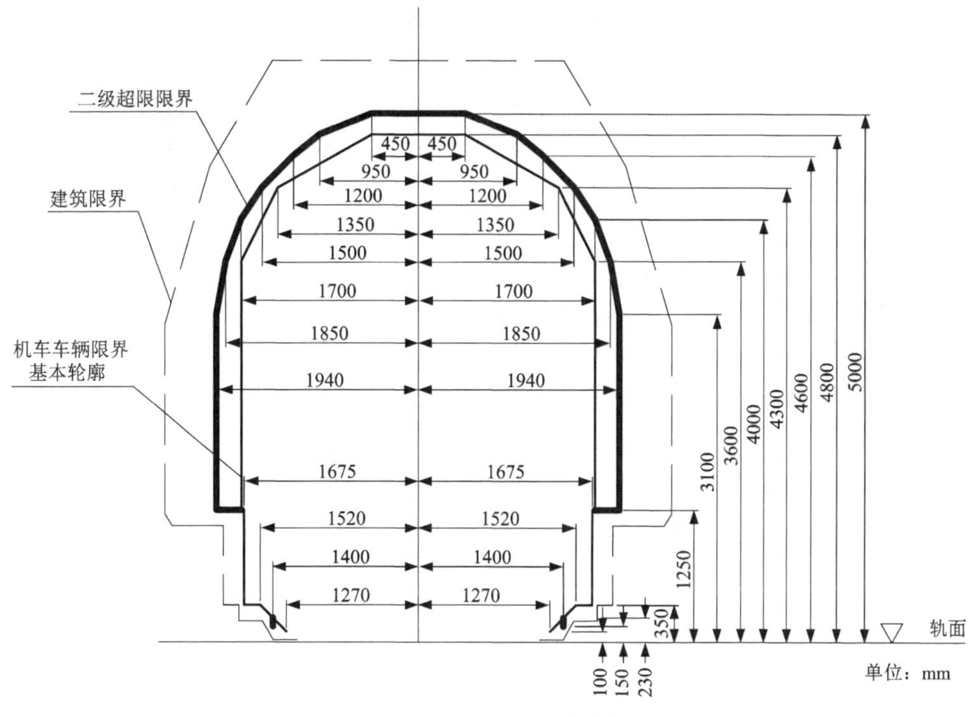

(b)二级超限限界

图 3-1-2　各级超限限界

超限意味着货物与建筑限界间的净空小于机车车辆限界与建筑限界之间的净空，因而运行条件变差。超限等级越高，运行条件越差。故装车时应严格把握，尽可能地降低超限等级。

三、超重货物

(一)超重货物的定义

装车后，重车总重活载效应超过桥涵设计标准活载(中—活载)的货物，称为超重货物。

(二)超重货物的等级

根据货物的超重程度，超重货物可分为三个等级：一级超重、二级超重和超级超重。

(1)一级超重：$1.00<Q\leqslant 1.05$。

(2)二级超重：$1.05<Q\leqslant 1.09$。

(3)超级超重：$Q>1.09$。

上述各式中，Q 为活载系数。

超重货物分级表见附件 11。

第二节　超限等级的确定

确定超限等级是请示装运办法、确定运输条件及核算运输费用的依据。

超限等级是以计算点所在检定断面的计算宽度(或实宽)和相对应的高度查《铁路超限超重货物运输规则》(以下简称《超规》)而确定的，即根据计算点的高度和宽度确定超限等级。

计算点指超限货物任意一个部位，需要计算超限等级的点。此点是以计算点至线路中心线垂直面的宽度和至钢轨平面的高度而确定的。

检定断面指计算点所在的与线路中心线垂直的横断面。它是以钢轨平面为横坐标、以线路中心线的垂直线为纵坐标的坐标轴来确定超限等级的。

计算宽度：当超限货车行经在平直线路上时，确定超限等级的宽度是实宽；当超限货车行经在曲线线路上时，确定超限等级的宽度是计算宽度。

影响超限货物计算宽度的主要因素如下：

(1)货物检定断面的实测宽度；

(2)货物偏差量；

(3)附加偏差量；

(4)建筑接近限界曲线内外侧水平距离的加宽值。

一、货物计算宽度的影响因素

超限货物的计算宽度(X)并非货物的计算点至曲线线路中心线所在垂直曲面的距离。它等于货物检定断面的实测宽度(B)、货物的偏差量(C)(车辆转向架中心销垂直投影在线路中心线上时车辆纵中心线偏离线路中心线的距离)、车辆转向架中心销偏离线路中心线引起的货物的偏差量增大值(g)之和减去建筑限界在内外侧水平距离的加宽值36 mm。

(一)实测宽度(B)

货物检定断面的实测宽度是指计算点至负重车纵中心线垂直面的水平距离，通常用B来表示。

(二)偏差量(C)

当一辆六轴以下的货车装载货物在平直线路上行驶，车辆两心盘中心垂直投影在线路中心线上时，车辆中心线与路中心线重合。当车辆行经曲线线路时，车辆两心盘中心垂直投影在线路中心线上，而车辆的纵中心线相对于曲线线路中心线却产生了偏移(见图3-2-1)，在车辆两心盘中心间偏向曲线内侧，称为内偏差量$C_{内}$；在车辆两心盘中心外方偏向线路外侧，称为外偏差量$C_{外}$。

1. 内偏差量$C_{内}$的计算

如图3-2-1所示，半径为R的曲线线路中心线是直径为$2R$圆的圆周的一部分。如果在图上把这个圆补画全了，车辆销距l为一个弦，而将KG延长到与圆周相交，则又是一个弦，这个弦必然通过圆心，弦长为$2R$。根据相交弦定理得：

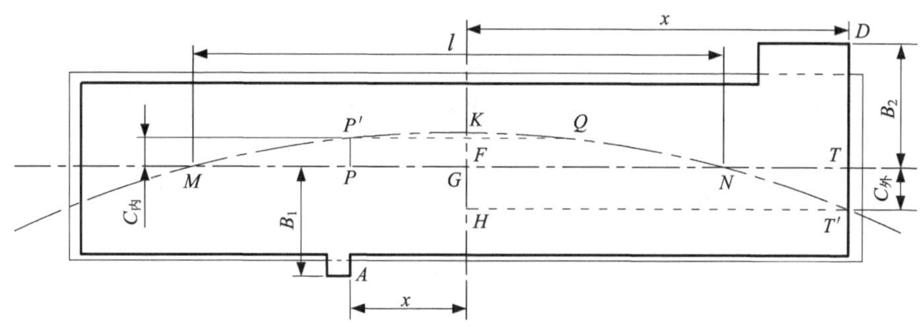

图 3-2-1 货物内、外偏差量示意图

$$C_{内}=PP'=KG-KF \tag{3-2-1}$$

$$KG(2R-KG)=\left(\frac{l}{2}\right)^2 \tag{3-2-2}$$

则：

$$KG=\frac{\left(\frac{l}{2}\right)^2}{2R-KG} \tag{3-2-3}$$

分母中 $KG \ll 2R$，可略而不计，所以：

$$KG=\frac{\left(\frac{l}{2}\right)^2}{2R}=\frac{l^2}{8R} \tag{3-2-4}$$

$P'Q$ 是圆的另一个弦(弦长为 $2x$)，与直径相交于 F，同理可得：

$$KF(2R-KF)=(x)^2 \tag{3-2-5}$$

则：

$$KF=\frac{(2x)^2}{8R} \tag{3-2-6}$$

由此可得内偏差量的计算公式，并将计算结果的单位转换为 mm：

$$C_{内}=\frac{l^2-(2x)^2}{8R}\times 1000(\text{mm}) \tag{3-2-7}$$

式中：l 为车辆转向架中心距，m；x 为货物检定断面至车辆横中心线的距离，m；R 为线路曲线半径，取 300 m。

2. 外偏差量 $C_{外}$ 的计算

D 点所在横断面在车辆转向架中心销外方，在这个断面上，车辆纵中心线的偏差量 $C_{外}=TT'=KH-KG$，根据相交弦定理得：

$$KH(2R-KH)=(x)^2 \tag{3-2-8}$$

则：

$$KH=\frac{(2x)^2}{8R} \tag{3-2-9}$$

由此可得外偏差量的计算公式，并将计算结果的单位转换为 mm：

$$C_{外}=\frac{(2x)^2-l^2}{8R}\times 1000(\mathrm{mm}) \tag{3-2-10}$$

式中：l 为车辆转向架中心距，m；x 为货物检定断面至车辆横中心线的距离，m；R 为线路曲线半径，取 300 m。

对于实际货物，在确定其超限等级时，应计算 $C_{内}$ 还是计算 $C_{外}$，要视货物的具体外形尺寸以及车辆的有关尺寸而定。

对于等断面体货物，当其长度上每处的实测宽度均相等，如果装车后货物两端均不超出车辆销距，应该计算 $C_{内}$，而且应计算车辆横中心线所在断面处($x=0$)的内偏差量。如果装车后货物长度超出了车辆中心销，就既存在 $C_{内}$ 又存在 $C_{外}$，$C_{内}$ 以车辆横中心线所在断面处($x=0$)为最大，$C_{外}$ 以货端为最大，此时就应计算 $C_{内}$ 与 $C_{外}$ 两者中的较大者。设 $x=0$ 处内偏差量大于货端的外偏差量，则可得：

$$\frac{l^2}{8R}>\frac{(2x)^2-l^2}{8R} \tag{3-2-11}$$

即$\frac{2x}{l}<\sqrt{2}=1.41$。

可见，对于等断面体货物，装车后当其端部至车辆横中心线距离的二倍与装载车车辆销距之比小于 1.41 时，应计算车辆横中心线所在断面处的 $C_{内}$；反之，则计算 $C_{外}$。

对于非等断面体货物，应根据货物的具体外形尺寸，突出部分的位置以及所用车辆综合考虑。多数情况下，需要通过计算不同断面处的偏差量进行综合比较才可确定货物的超限等级。

当用普通平车跨装运输货物时，可用(L_2+l_2)替代 l_2 来计算跨装时的内偏差量 $C_{内}$ 或外偏差量 $C_{外}$。其中，L 为货物的跨装支距。

使用六轴以上长大货物车装载货物时，可用($L_{12}+\cdots+L_{n2}$)替代 l_2 来计算此时的内偏差量 $C_{内}$ 或外偏差量 $C_{外}$。其中，L_1，⋯，L_n 为长大货物车由上向下各层底架心盘的中心距(n 为长大货物车的底架层数)。

3. 附加偏差量

附加偏差量是指车辆转向架中心销偏离线路中心线引起的货物偏差量增大值。

(1)车底架上心盘中心偏离线路中心线的最大值。

车辆转向架各组成部分之间存在游间(旷量)，钢轨内侧与轮缘外侧存在游间(见图 3-2-2)，以及由于车轮踏面的锥度导致转向架在钢轨上的蛇行，使得车底架上心盘中心在一般情况下会偏离线路中心线。

钢轨最大内侧距离：1435+6+15=1456 mm；

轮缘外侧最小距离：1350+22×2=1394 mm；

游间：(1456-1394)÷2=31 mm。

转向架上心盘中心向线路中心线一侧可能产

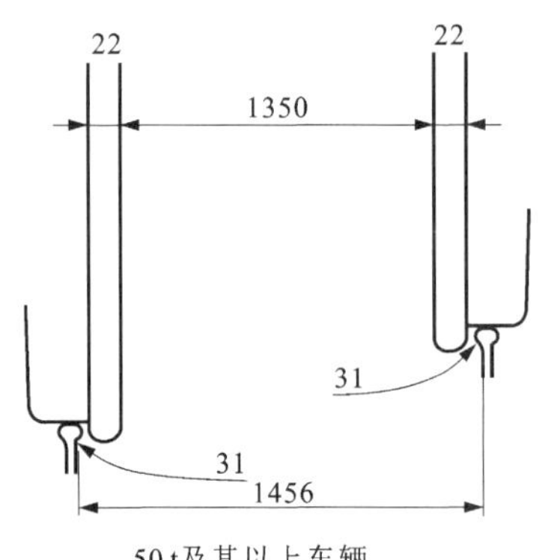

图 3-2-2　钢轨内侧与轮缘外侧游间示意图(单位：mm)

生的最大偏移量为 44 mm。

以上原因使车底架上心盘中心向线路中心线一侧的最大可能偏移量 $e=31+44=75$ mm。

(2)货物计算点位于车辆转向架中心销之间，当车辆两转向架中心销 M、N 同时向曲线线路中心线内侧偏移且达到最大值 e 时，由转向架中心销偏离线路中心线引起的货物偏差量增大值达到最大，如图 3-2-3 所示。此时，$g=e=75$ mm。

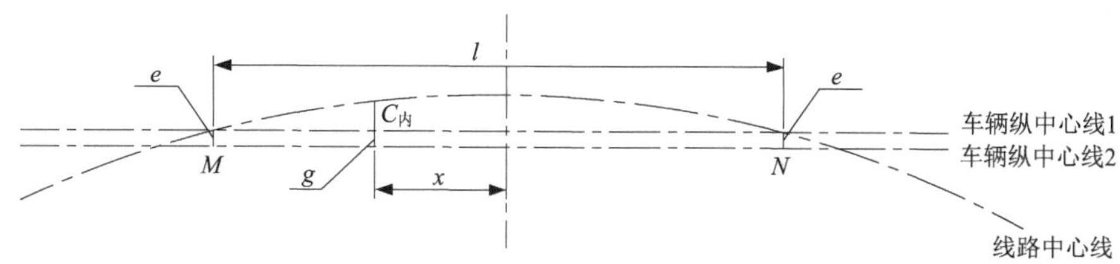

图 3-2-3 货物计算点位于车辆转向架中心销之间

(3)货物计算点位于车辆转向架中心销外方时，由于车辆的蛇行，车辆运行到曲线上时，两个心盘中心可能分别偏向线路中心线的两侧，当车辆两转向架中心销 M、N 分别向曲线线路中心线两侧偏移且均达到最大值 e 时，由转向架中心销偏离线路中心线引起的货物偏差量增大值达到最大，如图 3-2-4 所示。

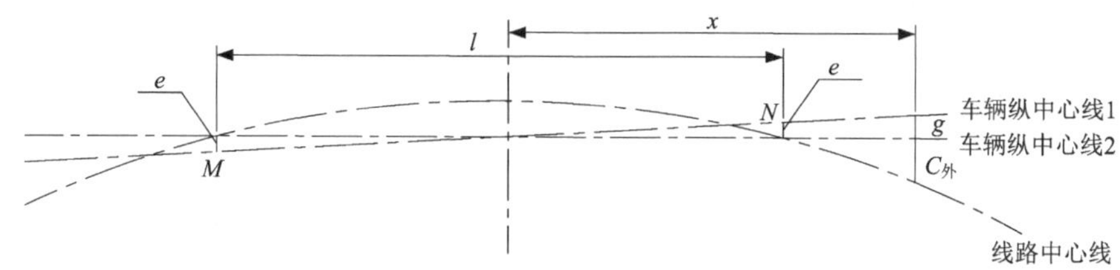

图 3-2-4 货物计算点位于车辆转向架中心销外方

在 $x=\dfrac{1.41\times l}{2}$处，外偏差增大量：$f=1.41\times 75$。

在 $x>\dfrac{1.41\times l}{2}$的任何断面处，外偏差增大量：$g=\dfrac{2x}{l}\times 75$。

在确定建筑限界与各级超限限界之间的安全间隙时，f 值已经考虑在内，所以在计算外偏差量的增大值时，应扣除 f 值。我们将$(g-f)$称为附加偏差量，用 K 表示，则可得：

$$K=75\left(\frac{2x}{l}-1.41\right)\ (\text{mm}) \tag{3-2-12}$$

在用普通平车跨装运输货物时：

$$K=75\left(\frac{2x}{L}-1.41\right)\ (\text{mm}) \tag{3-2-13}$$

在用六轴以上长大货物车装载时：

$$K=75\left(\frac{2x}{L_1}-1.41\right)\ (\text{mm}) \qquad (3-2-14)$$

当 K 为负值时，不予计算。仅当 $\frac{2x}{l}>1.41$，或 $\frac{2x}{L}>1.41$（用普通平车跨装），或 $\frac{2x}{L_1}>1.41$（用六轴以上长大货物车装载）时，才需计算附加偏差量 K。

二、货物计算宽度的计算方法

货物计算宽度的计算公式汇总如下。

（一）用六轴及以下的货车装载货物时

（1）当货物的检定断面位于车辆两心盘中心之间时，其计算公式如下：

$$X_{内}=B+C_{内}-36(\text{mm}) \qquad (3-2-15)$$

式中：B 为实测宽度，即货物检定断面的计算点至车辆纵中心线所在垂直平面的距离，mm；$C_{内}$ 为货物检定断面处的内偏差量，即车辆纵中心线在货物检定断面处偏离线路中心线的距离，mm。

则：

$$C_{内}=\frac{l^2-(2x)^2}{8R}\times1000(\text{mm}) \qquad (3-2-16)$$

式中：l 为车辆转向架中心距，m；x 为货物检定断面至车辆横中心线的距离，m；R 为曲线半径，m。

（2）当货物的检定断面位于车辆两心盘中心外方时，其计算公式如下：

$$X_{外}=B+C_{外}+K-36(\text{mm}) \qquad (3-2-17)$$

式中：$C_{外}$ 为货物检定断面处的外偏差量，即，车辆纵中心线在货物检定断面处偏离线路中心线的距离，mm；K 为货物检定断面处的附加偏差量，mm。

则：

$$C_{外}=\frac{(2x)^2-l^2}{8R}\times1000(\text{mm}) \qquad (3-2-18)$$

$$K=75\left(\frac{2x}{l}-1.4\right)(\text{mm}) \qquad (3-2-19)$$

注：当 $\frac{2x}{l}\leqslant1.4$ 时，不计算 K。

（二）用普通平车跨装时

（1）当货物的检定断面位于两货物转向架中心销之间时，其计算公式如下：

$$X_{内}=B+C_{内}-36(\text{mm}) \qquad (3-2-20)$$

其中，$C_{内}$ 的计算公式如下：

$$C_{内}=\frac{L^2+l^2-(2a)^2-(2x)^2}{8R}\times100(\text{mm}) \qquad (3-2-21)$$

式中：L 为跨装支距，m；l 为负重车的转向架中心距，m；a 为货物转向架中心销偏离所在车辆横中心线的距离，m；x 为货物检定断面至跨装支距中心的距离，m。

（2）当货物的检定断面位于两货物转向架中心销外方时，其计算公式如下：

$$X_{外}=B+C_{外}+K-36(\text{mm}) \tag{3-2-22}$$

其中，$C_{外}$的计算公式如下：

$$C_{外}=\frac{(2x)^2-L^2-l^2+(2a)^2}{8R}\times1000(\text{mm}) \tag{3-2-23}$$

K 的计算公式如下：

$$K=75\left(\frac{2x}{L}-1.4\right)(\text{mm}) \tag{3-2-24}$$

注：当$\frac{2x}{L}\leqslant1.4$时，不计算 K。

（三）用六轴以上长大货物车装载时

（1）当货物的检定断面位于大底架两心盘中心之间时，其计算公式如下：

$$X_{内}=B+C_{内}-36(\text{mm}) \tag{3-2-25}$$

其中，$C_{内}$ 的计算公式如下：

$$C_{内}=\frac{L_1^2+\cdots+L_n^2-(2x)^2}{8R}\times1000(\text{mm}) \tag{3-2-26}$$

式中：L_1，…，L_n 分别为长大货物车由上向下各层底架心盘的中心距，m；n 为长大货物车的底架层数；x 为货物检定断面至车辆横中心线的距离，m。

注：用具有导向装置的长大货物车装载时，$C_{内}$根据车辆使用说明书计算。

（2）当货物的检定断面位于大底架两心盘中心外方时，其计算公式如下：

$$X_{外}=B+C_{外}+K-36(\text{mm}) \tag{3-2-27}$$

其中，$C_{外}$的计算公式如下：

$$C_{外}=\frac{(2x)^2-L_1^2-\cdots-L_n^2}{8R}\times1000(\text{mm}) \tag{3-2-28}$$

K 的计算公式：

$$K=75\left(\frac{2x}{L_1}-1.4\right)(\text{mm}) \tag{3-2-29}$$

注：当$\frac{2x}{L_1}\leqslant1.4$时，不计算 K。

三、货物超限等级的确定

确定货物超限等级的程序一般包括以下几个步骤。

（一）选择检定断面

1. 规则货物

（1）对于一车负重的规则货物。

当$\frac{2x}{l}>1.4$时，若货物两端至车辆横中心线的距离相同，选择任一货端均可；若距离不同，则选择距离较远的一端。

当$\frac{2x}{l}$≤1.4时，检定断面在销距中心线处（即$x=0$）。

（2）对于跨装货物。

当$\frac{2x}{L}$>1.4时，需计算出货端的偏差量与附加偏差量以及跨装支距中心线处的偏差量，选取数值较大的一处作为检定断面。除此之外，检定断面在跨装支距中心线处。

（3）对于使用六轴以上长大货物车装载的货物。

当$\frac{2x}{L_1}$>1.4时，需计算出货端的偏差量与附加偏差量以及长大货物车横中心线处的偏差量，选取数值较大的一处作为检定断面。除此之外，检定断面在车辆横中心线处。

2. 非规则货物

对于非规则货物的检定断面，除按规则货物确定在货端或车辆横中心线（或跨装支距中心）处的超限等级外，不同高度、不同宽度处都要作为检定断面进行检查。对距离车辆横中心线（或跨装支距中心线）的距离来讲，当等宽的突出部分位于内偏差范围内时，选近不选远；当等宽的突出部分位于外偏差量范围内时，选远不选近；当等宽的突出部分同时位于内、外偏差量范围内时，远、近都要检查。

（二）标点（在检定断面内标出计算点的位置）

（1）对于等宽的检定断面，处在1250 mm以上时标在最高处；处在1250 mm以下时标在最低处；处在上、中、下各超限部位内时标在最高和最低两处。

（2）对于不等宽的检定断面，处在1250~3100 mm时标在最宽处；此外，不同宽度的高度处都应作为计算点。

（三）计算

（1）计算偏差量。

（2）当$\frac{2x}{l}$>1.4（跨装货物为$\frac{2x}{L}$>1.4；六轴以上长大货物车为$\frac{2x}{L_1}$>1.4）时，还要计算附加偏差量。

（3）计算各计算点的高度及计算宽度。

（四）查表

根据计算点的高度和计算宽度查《超规》确定超限等级。当一件货物多处超限时，取超限等级最大者作为该件货物的超限等级。

四、实例

【例1】 重40 t，长15 m，直径为3300 mm的均重圆柱形货物一件，自带鞍座高200 mm，拟用N16型平车一端突出车辆端梁2000 mm装载（见图3-2-5）。试确定超限等级。

解：

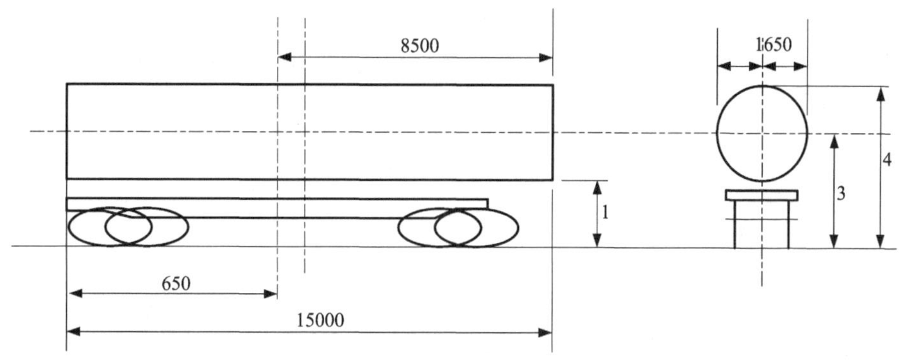

图 3-2-5　实例图 1(单位：mm)

(1)选面：装车后货物突出端与车辆横中心线的距离 $x=15-\frac{13}{2}=8.5$ m，$\frac{2x}{l}=\frac{8.5\times2}{9.3}>1.41$，所以应选择货物突出端的端部作为检定断面。

(2)标点：对于圆柱体货物，应以最大高度处和最大宽度处作为计算点。

(3)计算：

$C_{外}=\frac{17^2-9.3^2}{2.4}=84$ mm；

$K=75\left(\frac{17}{9.3}-1.41\right)=31$ mm；

中心高 4710 mm 处，$X=0+84+31-36=79$ mm；

侧高 3060 mm 处，$X=1650+84+31-36=1729$ mm。

(4)查表：由《超规》附件四可知，在高 4710 mm 处不超限；在高 3060 mm 处为一级超限。因此，该货物为中部一级超限。

【例 2】　货物一件，重 35 t，外形尺寸如图 3-2-6 所示。拟用一辆 N16 型平车装运，货物重心落在车辆中央。试确定超限等级。

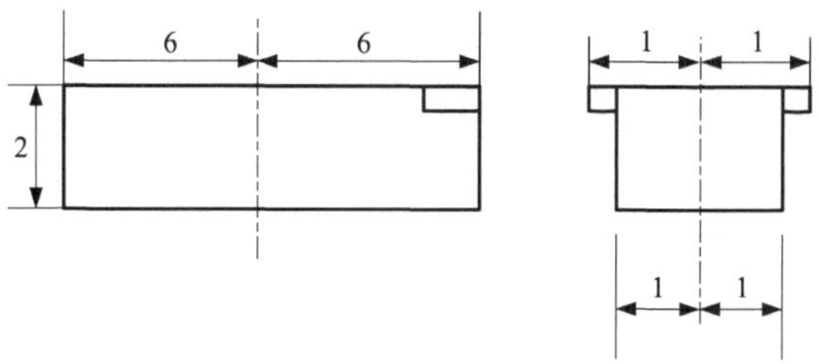

图 3-2-6　实例图 2(单位：mm)

解：

(1)该货物基本为等断面体，端部有横向、突出部分，且装车后突出部分位于车辆转向架中心销外方，故检定断面应选择突出部分的端部，$x=6500$ mm。

$\frac{2x}{l}=\frac{13}{9.3}=1.40$，故不需计算附加偏差量 K。

(2)选点：根据 N16 型平车的车底板高度和货物底面宽度，选择货物突出部分的上部为计算点，计算点距轨面高度为 1210+2000＝3210 mm。

(3)计算：

$C_{外}=\frac{(2x)^2-l^2}{8R}=\frac{13^2-9.3^2}{8\times2.4}=34\ \text{mm}$；

$X=B+C_{外}-36=1750+34-36=1748\ \text{mm}$。

计算宽度($X=1748$ mm)小于实测宽度($B=1750$ mm)，所以应按实测宽度确定超限等级。

(4)查《超规》限界表，距轨面高度 3210 mm 处，车限值为 1700 mm，一级超限限界值为 1878 mm，故此货为中部一级超限。

【例 3】 重 52 t 的货物一件，用 D21 型长大平车(标记载重 60 t，车长 20 m，销距 15.5 m，底板面高 1356 mm，三轴转向架)装运(见图 3-2-7)。试确定超限等级。

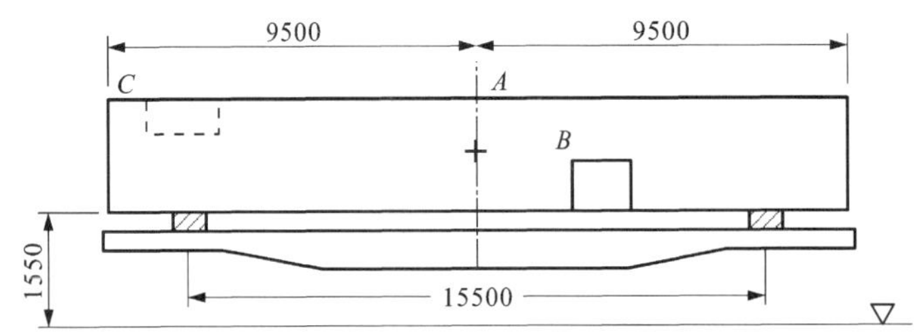

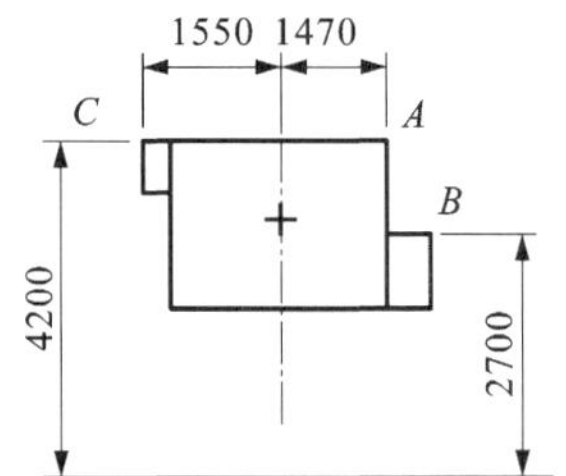

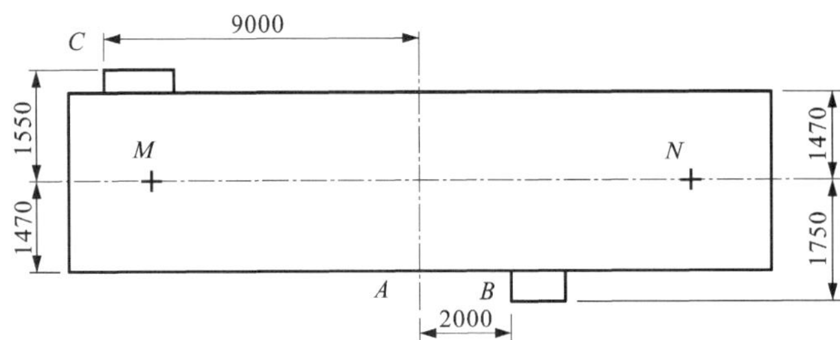

图 3-2-7　实例图 3(单位：mm)

解：

先不考虑货物上的突出部分，可将其视为等断面体。

在货端处，$x=9.5$ m，$\frac{2x}{L_1}=\frac{19}{15.5}<1.41$。

货物中央断面处 A 点的偏差量最大。

货物装车后在车辆转向架中心销内、外方均有突出部分，且突出部分的高度与实测宽度都不相同，分别确定 A、B、C 三处的超限等级，以三者中等级最高者为这件货物的超限等级。

(1)A 点：

距轨面高 4200 mm；

实测宽度 $B=1470$ mm；

$x=0$ m；

$$C_{内}=\frac{l^2}{8R}=\frac{15.5^2}{2.4}=100\ \text{mm}；$$

$X=B+C_{内}-36=1470+100-36=1534$ mm；

该货物为二级超限。

(2) B 点：

距轨面高 2700 mm；

实测宽度 $B=1750$ mm；

$x=2$ m；

$$C_{内}=\frac{[l^2-(2x)^2]}{2.4}=\frac{(15.5^2-4^2)}{2.4}=93\ \text{mm}；$$

$X=B+C_{内}-36=1750+93-36=1807$ mm；

该货物为一级超限。

(3) C 点：

距轨面高 4200 mm；

实测宽度 $B=1550$ mm；

$x=9$ m；

$$C_{外}=\frac{[(2x)^2-l^2]}{8R}=\frac{(18^2-15.5^2)}{2.4}=35\ \text{mm}。$$

$\frac{2x}{l}=\frac{18}{15.5}<1.41$，不计算 K。又 $C_{外}<36$ mm，故应按实测宽度 1550 mm 确定 C 点的超限等级，属于二级超限。

该货物为二级超限。

第三节　超限超重货物运输组织

一、办理线路和车站应具备的条件

线路办理超限超重货物运输时，应具备下列基本条件：

(1)线路已开通使用并办理普通货物运输。

(2)线路建筑限界和桥涵承载能力满足超限、超重货物运输安全要求。

(3)相关运输站段有合格的超限超重货物运输专业技术人员。

(4)有健全的超限超重货物运输安全管理制度和事故施救信息网络。

车站办理超限超重货物发送、到达时，应具备下列基本条件：

(1)所在铁路线路已开办超限超重货物运输。

(2)车站已开办货运业务。

(3)车站接发超限超重货车固定线路和准许通行超限超重车线路的实际建筑限界及桥涵承载能力满足超限超重货物运输安全要求。

(4)有合格的超限超重货物运输专业技术人员。

(5)有健全的超限超重货物运输安全管理制度。

二、托运、受理与承运

(一)托运申请

托运人向车站申请托运超限超重货物时，除按一般货运手续办理外，还应提供下列货物相关技术资料：

(1)超限超重货物托运说明书(见附件 13)，货物外形的三视图。图中应标明货物的有关尺寸、支重面长度、重量，并以“+”号标明重心位置。

(2)对于自轮运转货物，应有自重、长度、轴数、轴距、固定轴距、转向架中心销间距离、运行限制条件，以及过轨技术检查合格证。

(3)申请使用的车种、车型、车数及装载加固建议方案。

(4)超过承运人计量能力的货物由托运人确定货物重量，并应有货物生产厂家出具的货物重量证明文件(数据应为货物运输状态时的重量，重量数据如不含装载加固材料或装置重量，须单独注明)，对变压器、电抗器等货物，须单独注明残余油料重量；货物生产厂家具备货物称重计量条件的，应要求托运人提供经厂家计量衡器称重的货物重量数据。

(5)其他规定的资料。

托运人应在超限超重货物托运说明书、装载加固建议方案和所提供的资料上签字盖章，并对内容的真实性负责。

(二)受理

1. 资料受理

托运人提供的货物技术资料及相关证明文件齐全有效、符合规定，且货物发到站(含专用线、专用铁路)具备超限超重承运人资质的，发站应给予资料受理。否则，应向托运人说明不予受理的原因并退还资料。

资料受理后，发站须认真审查托运人提出的有关技术资料，测量货物的外形尺寸和重心位置，必要时应组织有关部门共同研究。

2. 超限货物的装车前测量

装车前测量是对货物的受理，即根据货物的外形三视图测量、核对货物的外形尺寸、重心位置。测量尺寸以 mm 为单位。

测量时，应把货物放置在平整的地面上，测出各测点的长度、高度和宽度。

(1)长度：货物的最大长度、支重面长度、重心距货物两端部的距离，以及检定断面(即货物横断面发生变化处或横向突出部位)至货物重心所在横向断面的距离。

(2)高度：由货物底部支重面起，测量其中心高度、侧高度和重心高度。

①中心高度：自支重面起至货物的最大高度处的高度。

②侧高度：中心高度以下，各测点(货物宽度变化点)至支重面的高度。如有数个不同侧高度时，应自上而下地分别测量出每一个不同的侧高度，依次为第一侧高、第二侧高……

(3)宽度：测量中心高度处的宽度和不同侧高度处的宽度，即各测点至货物重心所在纵向垂直平面的距离。

①中心高度处的宽度：中心高度处，在货物重心所在纵向垂直平面左侧和右侧的最大宽度。

②侧高度处的宽度：每一侧高度处，在货物重心所在纵向垂直平面左侧和右侧的最大宽度。

左(侧)和右(侧)根据面对超限车在发站挂运货车的运行方向来确定。

(4)其他：圆形货物的中心高度为半径，中心高度处的左、右宽为零；只有一个侧高时，侧高处的左、右宽均为货物的半径。货物上部为圆弧形时，应测量并记录成"自侧高××× mm 以上为半径××× mm 的圆弧"。货物上部为椭圆形时，可选定几个高度，并测量这几个高度处的宽度。

货物有突出部分时，应测量突出部分的尺寸；对于带轮货物，应测量轮子的外径、轮子中心至货物重心横断面的距离；同时还应测加固部件的有关尺寸，如加固拴结点的位置、加固材料或装置的有关尺寸等，超限货物的测量示意如图 3-3-1 所示。

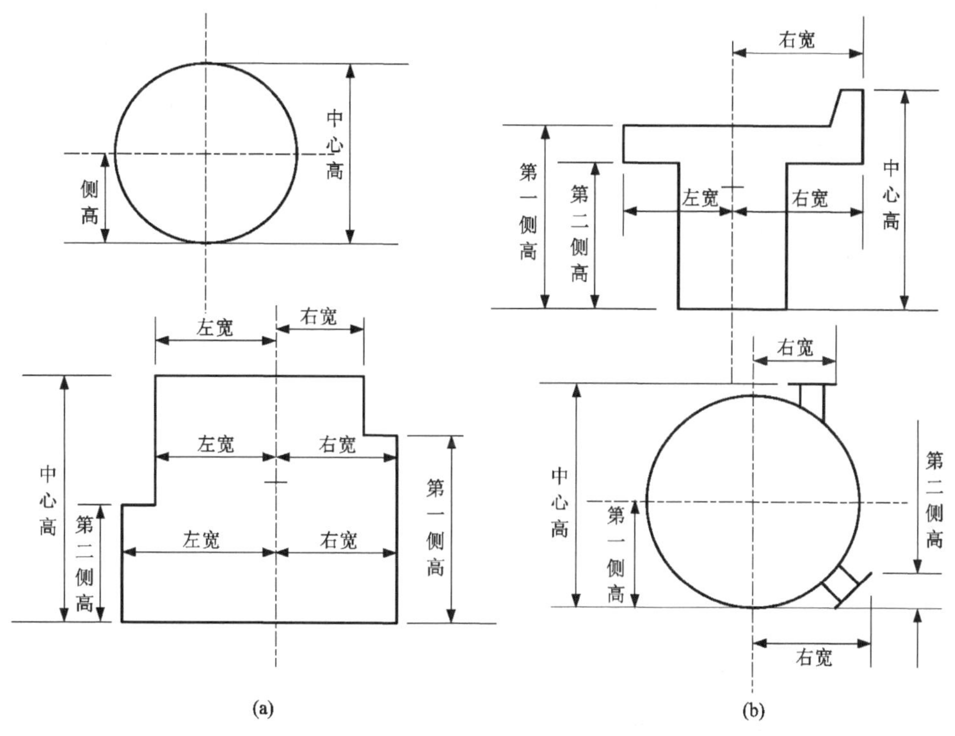

图 3-3-1　超限货物的测量示意图

测量时，要合理选择计划装车方案。根据货物的外形、重量和结构特点，结合装运车辆的技术条件，综合考虑装车方案。

对超限超重的大型设备，托运人应在设计的同时考虑经铁路运输的可行性，必要时应分部制造。

对通行上有困难的货物，应采取改变包装和拆解货体等措施，尽可能降低其超限、超重程度。

3. 超限超重货物装运电报

受理资料后，发站测量、核对货物的外形尺寸和重心位置，以超限超重货物运输申请电报向集团公司货运主管部门申请装运办法。跨三个及以上铁路局的各级超重货物和超级超限货物，由集团公司审查后向国铁集团提出申请。

(三) 装车作业

超限超重货物禁止无确认电报装车。车站接到铁路局确认电报后，通知托运人办理其他货运手续，并及时组织装车。超限超重货物实行装车质量签认制度。

1. 装车前的准备

(1) 通知车辆部门检查车辆技术状态。

(2) 确认待使用的车种、车型、车数符合批示电报和装车要求，加固材料和加固装置的规格、数量及质量符合装载加固方案的规定。

(3) 测量车底板的长度和宽度，在负重车上标划车辆纵横中心线和计划装载货物的位置线，标划货物重心投影点和加固位置等。

测量车底板的高度时应将车辆停于平直线路上。车底板高度的确认按下列规定办理：

①普通平车或敞车：分别测量出车底板四角至轨面的高度，然后取其平均值为车底板高度。

②凹型平车：取车底板中部为车底板的高度；若货物装在大底架悬臂上，以悬臂高度为准。

③球形心盘的长大货物车：分别测量出车底板中部到两侧钢轨面的高度，取其平均值为车底板的高度。

(4) 在货物上标明重心位置(投影)、索点。

(5) 向装车人员讲解装车事项。

2. 装车

装车时，站段应派超限超重运输和装载加固专业技术人员到装车现场进行指导。装载和加固作业须严格按装载加固方案进行。

3. 装车后的确认

(1) 检查、确认货物装载加固是否符合规定要求。

重点检查、确认以下内容：

①货物实际装载位置符合装载加固方案。

②装车后，车辆转向架任何一侧旁承游间不得为零(结构规定为常接触式旁承的货车除外)，遇球形心盘货车的一侧旁承游间为零时，可用千斤顶将压死一侧顶起，落顶后出现游间，表明货物装载符合要求。

③使用落下孔、钳夹式车辆装载的货物，装后货物底部与轨面的距离不得少于 150 mm。

④使用的加固材料(装置)规格、数量、质量和加固方法、措施、质量符合装载加固方案。

⑤垫木、支(座)架等加固装置的状态良好，完好无损坏。

⑥加固线(钢丝绳、镀锌铁线)已采取防磨措施，捆绑拴结牢固，拴结点无损坏。

⑦焊接处的焊缝长度、高度符合规定，焊接质量良好，无虚焊现象。

⑧跨装车组连接处的提钩杆捆绑牢固，车钩缓冲停止器已按《加规》要求安装。

⑨带有制动装置、变速器和旋转装置的货物，制动装置全部制动，变速器置于初速位置，旋转部位锁定牢固。

⑩自轮运转货物的动力传动装置已断开(机车车辆除外)，制动手柄在重联位置并固定良好。

(2)进行装车后的测量。

确认货物装载加固符合规定要求后，须按实际的装载加固状态(含加固材料)对其进行测量：

①长度：跨装时，测量支距和两支点外方的长度；突出装载时，测量突出车辆端梁的长度；如两端突出不相等时，应分别测量。

②高度：自轨面起测量其中心高度和侧高度。

③宽度：自车辆纵中心线所在垂直平面起，分别测量中心高度和不同侧高度处在其左侧和右侧的宽度。

测量后，车站应对照确认电报进行复核，发现货物装后尺寸、重车重心高度等数据超出确认电报范围的，发站须重新向铁路局拍发超限超重货物运输申请电报。

(3)挂运前的准备。

经确认符合批示电报条件后，发站应做如下工作：

①用颜色醒目的油漆标画易于判定货物是否移动的检查线，并在货物两侧的明显处以油漆书写、刷印或粘贴“X 级超限、X 级超重”，或挂牌标识，并按规定在车辆上插挂货车表示牌。

②会同有关单位(部门)填发超限超重货物运输记录表及检查结果记录表(见附件 14)。

③在货物运单、货票、票据封套、编组顺序表上注明“超限货物”或“超重货物”或“超限超重货物”；以连挂车组装运时，应注明“连挂车组不得分摘”；限速运行时，应注明“限速×× km/h”，并按规定在车辆上插放货车表示牌。

三、超限、超重车的运行

(一)挂运

1. 挂运请求

发站挂运超限超重车前，应向集团公司调度所拍发超限超重车辆挂运申请电报(条件不具备时也可电话请示)。

挂运电报主要内容如下：确认电报号，发站、到站，货物品名、件数，使用车种、车型、车号(含游车、隔离车)及辆数，装载完毕时间，装后尺寸复测情况，装后货物装载加固状态及车辆状态检查确认情况，等等。

2. 挂运批示

集团公司调度所接到车站挂运申请或邻局预报后，应根据超限超重货物运输确认电报认真核对，制订管内具体运行条件，填写“超限超重车辆挂运通知单”，纳入日(班)计划，并将管内具体运行条件以调度命令下达至有关站段。

调度所在挂运和接运超限超重车前，应将管内的具体运行条件以调度命令下达至有关站段。

3. 挂运

发站(中转站)接到挂运命令后，应及时做好车辆挂运准备工作，并将调度命令交值乘司机。挂运前，若发现货物装后尺寸、重车重心高度等超出批示电报条件的，则须立即报告调度所并重新向铁路局拍发超限超重货物运输请示电报。

4. 货物检查架

为确保特大型超限货物的运输安全，可采用检查架等方法检查确认运输线路或区段的限界能否通过。

(1)检查架的尺寸应与货物检定断面的实际尺寸相同。

(2)安装检查架的车辆应与拟用车辆的车型相同。

(3)检查架应安装在货物检定断面所在的位置。

当使用其他车辆安装检查架时，应安装在车辆转向架中心销所在的横断面位置，检查架的尺寸应考虑拟用车辆的偏差量和倾斜量等。

(二)运行要求

1. 运输径路和调车作业限制

超限超重车应经由最短径路运输，但受到建筑限界或其他不利因素的影响时，可指定径路绕道运输。

运行上有限制条件的超限超重车，除有特别指示外，禁止编入直达、直通货车。

装有二级及以上超限货物的车辆禁止溜放。

2. 线路使用要求

各车站应将接发超限超重车组织办法、超限车固定通行线路及其限界纳入《站细》管理。挂有超限车的货车，按《站细》规定的线路办理到发或通过。遇到特殊情况需要临时变更线路时，须得到集团公司批准。接发超限货车固定线路、准许通行超限车的线路实际建筑限界应满足国家标准要求。

3. 会车条件

挂有超限车的货车运行在双线、多线或并行单线的直线地段与邻线货车会车时，应遵守下列规定：

(1)邻线货车运行速度小于等于120 km/h的，两运行货车之间的最小距离大于350 mm者不限速，300 mm至350 mm者的运行速度不得超过30 km/h，小于300 mm者禁止会车。

(2)邻线货车运行速度大于120 km/h小于等于160 km/h的，两运行货车之间的最小距离大于450 mm者不限速，400 mm至450 mm者的运行速度不得超过30 km/h，小于400 mm者禁止会车。

(3)邻线货车运行速度大于160 km/h的，禁止会车。

曲线地段与邻线货车会车时，必须根据相关规定加宽。

4. 限界距离要求

超限车在运行过程中，如超限货物的任何部位接近建筑物或设备时，应遵守下列规定：

(1)超限货物的任何超限部位与建筑物或设备之间的距离(以下简称限界距离)，在100 mm至150 mm时，速度不得超过15 km/h。

(2)限界距离在150 mm至200 mm时，速度不得超过25 km/h。

（3）限界距离不足 100 mm 时，由铁路局根据实际情况制订办法。

5. 电气化区段的运输

电气化区段超限货物停电、不停电运输的条件：

在电气化区段，超限货物顶部与接触网导线的垂直距离 $L \geqslant 350$ mm 时，可不停电运输。超限货物顶部与接触网导线的垂直距离，在线路平面海拔高度超过 1000 m 时，应按每超过 100 m 增加 3.5 mm 的附加安全距离计算（不足 100 m 时四舍五入计算）。

（三）运行监控

集团公司调度所须指定专人负责超限超重车辆的挂运条件审查、具体运行条件制订和运行掌握工作，填写超限超重车辆运行登记簿和挂运通知单等，对超限超重车辆的装、卸和运行实行全程监控。

四、超限超重车的途中作业

（一）途中检查

超限超重车的途中检查是确保超限超重货物运输安全的重要措施，集团公司必须加强对超限超重车运行途中的检查，落实区段负责制。

途中检查站应按下列内容检查超限超重车，并在超限超重货物运输记录上记录、签认检查结果：

（1）有无超限超重货物运输记录及其填写是否完整。

（2）货物两侧的明显位置上，是否有超限、超重等级标识。

（3）是否标画有检查线，货物装载加固是否良好，加固材料是否有松动或损坏。

如发现问题，应按照《铁路货运检查管理规则》和《货规》等文件中的有关规定处理。

（二）运输变更

超限超重货物变更到站时，受理变更的车站应复测货物装车后的尺寸，以电报的形式向铁路局重新请示，并注明原批准单位、电报号码、新到站及车号。受理变更的车站，应对货物的装载加固状况进行检查，并在“超限超重货物运输记录”中签认。

五、卸车和交付

超限超重货物到站时，应根据批示电报正确选择、确定卸车地点和货位，科学制订卸车方案，严格落实卸车组织工作，确保安全。

收货人组织自卸的，车站应与收货人签订自卸车协议，明确安全责任，并在卸车前与收货人办理完货物交付手续。

第四章　铁路货物的装载与加固

货物的装载质量直接关系货车运行安全和货物安全。国民经济的发展、货车速度的不断提高，对货物装载工作提出了越来越高的要求。加之经由铁路运输的大型机械、重型设备越来越多，货物装载问题愈显突出。按照货物装载加固的基本技术条件，正确地选择车辆、合理地确定货物装载方案是保证行车和货物安全的前提，尤其是货物重心位置对保证货物装载质量有着重要的意义。因此，必须强化装载加固基础工作，从源头做起，严格控制装车质量，强化对装载加固材料(装置)的质量监督和检查，不断提高货物装载加固水平。

货物装载加固和货车满载工作技术性强，是铁路运输工作的重要组成部分。其主要任务是保证货物、货车的完整和行车安全，充分利用货车载重力和容积安全、迅速、合理、经济地运输货物。

第一节　装运阔大货物的车辆及其技术参数

铁路运输中，超长、超限及其他笨重货物统称为阔大货物。

车辆是货物装载的基本设备。目前，我国铁路装运阔大货物时主要使用普通平车和长大货物车；部分货物也可使用敞车装载。

装运阔大货物的车辆除必须满足普通货物装载的一般要求外，还应满足货物体积大、长度长的要求。车辆应具有足够的强度，尤其是承受集中载荷的能力强，要便于对货物进行装载加固。阔大货物装车前应正确选择车辆，遵守货车使用限制表(见表4-1-1)及有关规定。未按管理权限经铁路总公司或铁路局批准，各类货车装载的货物不得超出货车的设计用途范围。

表4-1-1　货车使用限制表

序号	限制条件 / 车种 / 货物名称	棚车	敞车	底开门车	有端侧板平车	无端侧板平车	有端板无侧板平车	铁底板平车	共用车	备注
1	散装的煤、灰、焦炭、砂、石、土、矿、砖	×				×	×	×	×	无端侧板平车或有端板(渡板)无侧板平车(共用车除外)，在使用围挡并安有支柱时，可装运散装的煤、灰、焦炭、砂、石、土、矿、砖

续表4-1-1

序号	限制条件 / 车种 / 货物名称	棚车	敞车	底开门车	有端侧板平车	无端侧板平车	有端板无侧板平车	铁底板平车	共用车	备注
2	金属块			×		×	×	×	×	无端侧板平车或有端板(渡板)无侧板平车(共用车除外)，在使用围挡并安有支柱时，可装运散装的金属块
3	空铁桶				×	×	×	×	×	应加固并外罩绳网
4	木材				×	×	×	×	×	
5	超长货物	×	×	×				×		
6	超限货物	×		×				×		
7	钢轨	×		×				×		
8	组成的机动车辆	×	×	×				×		组成的摩托车、手扶拖拉机及小型车辆可使用棚车，在到站有起重能力时，可使用敞车

注：×——不准使用的车种。

货车的技术参数由国铁集团有关部门公布。凡货车车体上的标记技术参数与附录不一致时，以车体上的标记技术参数为准。货车制造、检修单位应确保货车车体上涂打的标记技术参数的准确性。

凡未经国铁集团有关部门公布的、技术参数不全的敞车、平车、棚车及长大货物车，一律不得使用。

一、普通平车及其技术参数

普通平车主要用于运送钢材、汽车、机械设备等体积或重量较大的货物，也可借助集装箱运送其他货物。普通平车还能适应国防需要，装载各种军用装备。装有活动墙板的普通平车也可用来装运矿石、砂土、石渣等散粒货物。普通平车因没有固定的侧壁和端壁，故作用在车上的垂直载荷和纵向载荷完全由底架的各梁承担，是典型的底架承载结构。

(一)普通平车的种类

我国普通平车的主要车型包括N_6、N_9、N_{12}、N_{13}、N_{16}、N_{17}、N_{60}。普通平车属于底架承载结构，其底架的主要部件有中梁、侧梁、枕梁、端梁、横梁及纵向辅助梁。部分普通平车根据装运货物的需要，还设有可以全部翻下的活动墙板。为了提高普通平车承受集中载荷的能力，车底架采用了鱼腹形梁；为便于货物的加固，侧梁外侧装设了绳栓和柱插。

（二）普通平车的技术参数

普通平车的主要技术参数见附件15。

二、长大货物车及其技术参数

长大货物车是铁路运输中的一类特种货车，主要用于装运普通平车无法装运的阔大货物。

（一）长大货物车的种类

按照车体结构的不同，我国现有的长大货物车可分为长大平车、凹底平车、落下孔车、双支承平车、钳夹车五种。

（1）长大平车：共有D_{21}、D_{22}、D_{23}三种车型。其特点是车体长、载重量大，主要用于装运长钢轨、桥梁及各种型钢、型材等超长货物。

（2）凹底平车：共有D_{2}、D_{6}、D_{5A}、D_{11}、D_{7}、D_{8}、D_{9}、D_{10}、D_{12}、D_{18A}十种车型，凹底平车的承载面较低，可以降低货物装载后的高度，降低超限等级，同时降低了重车重心高度，增强了重车稳定性，适于装运外形较高、重量较大、支重面长度小的货物。

（3）落下孔车：共有D_{16}、D_{17}、D_{18}、D_{19}四种车型。落下孔车系在车辆底架中部做一个矩形空洞，装车后货物可以落入承载孔内，因而降低了货物装车后的高度和重车重心高度，主要用以装运在凹底平车上都无法装运的重量大、高度大的超限货物。

（4）双支承平车：由两辆中部装有转动鞍座的凹底平车组成，只有一个车型，载重320 t，主要为解决进口的30万t合成氨装置中的氨合成塔和尿素合成塔等大型石油化工设备的整体运输而设计，适于装运长、大、重的货物。

（5）钳夹车：也叫钳夹式两节平车，有D_{20}、D_{35}两种车型，装载货物时，可将两节平车分开，使货物钳夹在中间，通过销结与主梁连成一体，结构上装有侧移装置，可以避开曲线内侧障碍物，适于装运体积特别庞大的超限货物。

（二）长大货物车的主要技术参数

长大货物车的主要技术参数见附件16。

三、货车常用技术参数的解释

货车的技术参数主要包括尺寸参数和性能参数。

（一）货车的主要尺寸参数

1. 货车的长度

（1）全长：车辆两端钩舌内侧面间的距离即货车全长。另外，全长除以11即为该车的换长，又称计长。

（2）车底架长度：对于敞平车，是指车底架两端梁外侧面间的距离。平车的车底架长度就是其可装货物的长度，也称车长。

（3）车内长：对于敞车、棚车，是指车内两端墙间的距离，决定了可装货物的长度。敞车、棚车的车内长小于车底架长度。

(4)车体长：对于特种平车，是指车底板的长度。

2. 货车的宽度

(1)车底架宽度：对于敞车、平车，是指车底架两侧梁外侧面间的距离。平车的车底架宽度就是可装货物的长度，也称车宽。

(2)车内宽：对于敞车、棚车，是指车内两端墙间的距离，决定了可装货物的宽度。敞车、棚车的车内宽小于车底架宽度。

(3)车体宽：对于特种平车，是指车底板的宽度。车底板的宽度决定了可装货物的宽度。

3. 货车的高度

(1)车底板至轨面高度：指车底板距钢轨面的垂直距离，等于车底架高度与木底板厚度之和，简称车底板高，决定了货物的承载面高度。

(2)最大高度：敞车、平车的最大高是指车体端、侧板最高点与轨面的垂直距离。敞车的最大高度和车底板至轨面高度之差决定了敞车内可装货物的装载高度。

4. 车辆的销距与轴距

(1)车辆销距：或者叫车辆定距，指车体支承在前、后两走行部分之间的距离。对于普通平车、敞车，称为车辆“转向架中心(销)距”；对于有多层转向架的D型车，称为车辆“底架心盘中心(销)距”。

(2)固定轴距：同一转向架最前位轮轴中心线与最后位轮轴中心线之间的距离，也叫转向架的固定轴距。

(3)全轴距：车辆最前位轮轴中心线与最后位轮轴中心线间的距离。

它们之间的关系如图4-1-1所示。

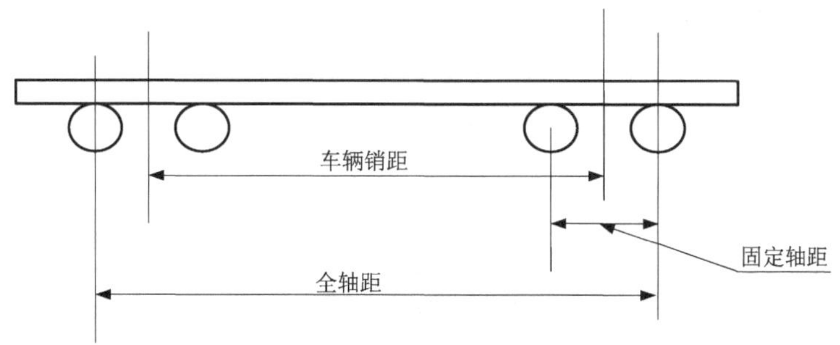

图4-1-1　车辆的轴距关系

(二)货车的主要性能参数

(1)自重：车辆本身具备的质量称为车辆的自重，即车体和转向架本身结构以及附于其上的所有固定设备和附件重量之和。

(2)载重：根据车辆结构所能承担的负载能力，在充分保证行车安全条件下所规定的货物载重量。将其涂打于车体上，即车辆的标记载重量。

(3)容积：车辆可以载货的最大容量，以m^3为单位。一般车辆容积=内长×内宽×内高。

罐车容积不包括空气包容积。

(4)轴重：车辆总重(自重+载重)与全车轴数之比。目前，我国铁路运输正在朝高速重载方向发展，货车轴重的发展方向是 23 t 和 25 t(普通货车为 23 t，重载货车为 25 t)。

货车的轴重和轴数限制了货车的总重。载重量较大的车辆只能靠增加车辆轴数来满足要求，因此有些车采用了多层转向架的结构。

(5)每延米轨道载重(延米轨压)：车辆总重与车辆全长之比。它与桥梁设计有关，标志着线路的允许承载能力。目前的允许延米轨压为 8 t/m。

(6)空车重心高：空车重心所在位置与轨面的垂直距离。

(7)集中载重能力：表明货车中部一定尺寸范围内允许承受装载重量的能力，用负重车"底板面长(m)/集中载重(t)"表示。如，N_{17} 有"1/25、2/30、3/40、4/45、5/50、6/53、7/55、8/57、9/60"，其中"3/40"表示当负重面长度为 3 m 时，最大的集中载重能力为 40 t。一般载重大于等于 60 t 的平车、长大货物车，均在车底架侧梁中部涂打了"集中载重"标记。

第二节　货物装载的基本技术条件

货物装载加固的基本技术条件：使货物均衡、稳定、合理地分布在货车上，不超载，不偏载，不偏重，不集重；能够经受正常调车作业以及货车运行中所产生各种力的作用，在运输全过程中，不发生移动、滚动、倾覆、倒塌或坠落等情况。

一、货物装载重量

货物装载时应充分利用货车的载重量和容积，但不得超过货车容许载重量；货物重量要均衡、稳定、合理地分布在车底板上——不集重。不集重是指货物在车辆上的支重面长度和宽度，符合所装车辆集载能力的规定，即车辆主要部件的工作应力不大于其许用应力：

$$Q_{货} \leqslant P_{容} \tag{4-2-1}$$

式中：$Q_{货}$ 为货物载重量；$P_{容}$ 为货车容许载重量。

二、货物重心水平位置的要求

装车后货物总重心的投影应位于货车纵、横中心线的交叉点上。必须偏离时，横向偏离量不得超过 100 mm；纵向偏离时，每个车辆转向架所承受的货物重量不得超过货车容许载重量的二分之一，且两转向架承受重量之差不得大于 10 t。

(一)货物重心在车辆纵向的合理位置

当货物重心或总重心偏离车辆横中心线时，货物重心偏离车辆横中心线的最大容许距离为 $a_{容}$。

设货车两转向架承受的货物重量为 R_A、R_B，且 $R_A>R_B$，如图 4-2-1 所示；平车的容许载重量一般为货车的标准载重量，用 $P_{标}$ 表示。则上述条件可用数学公式表述出来：

$$R_A \leqslant \frac{P_{标}}{2} \tag{4-2-2}$$

$$R_A - R_B \leqslant 10 \tag{4-2-3}$$

1. 装载一件货物

根据货物的计划装载方案，可以测量有关数据。如图 4-2-1 所示，设货物重量为 Q，车辆的转向架中心距(销距)为 l，重心纵向偏移量为 a，两转向架受力分别为 R_A、R_B。

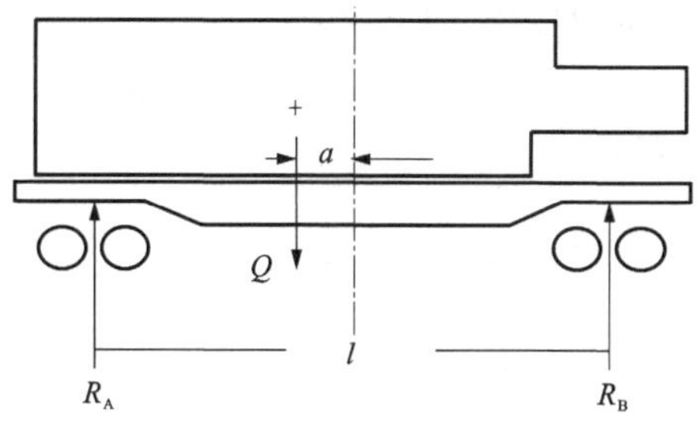

图 4-2-1　货物重心纵向水平位示意图

以 R_B 侧转向架的中心销为支点，由力矩平衡原理得：

$$R_A l - Q(0.5l + a) = 0 \tag{4-2-4}$$

则：

$$R_A = Q\left(0.5 + \frac{a}{l}\right) \tag{4-2-5}$$

以 R_A 侧转向架的中心销为支点，由力矩平衡原理得：

$$R_B l - Q(0.5l - a) = 0 \tag{4-2-6}$$

则：

$$R_B = Q\left(0.5 - \frac{a}{l}\right) \tag{4-2-7}$$

则：

$$R_A = Q\left(0.5 + \frac{a}{l}\right) \leqslant \frac{P_{标}}{2} \tag{4-2-8}$$

得：

$$a = Q\left(0.5 + \frac{a}{l}\right) \leqslant \left(\frac{P_{标}}{2Q} - 0.5\right) l \tag{4-2-9}$$

$$R_A - R_B = Q\left(0.5 + \frac{a}{l}\right) - Q\left(0.5 - \frac{a}{l}\right) \leqslant 10 \tag{4-2-10}$$

得：

$$a \leqslant \frac{5}{Q} l \tag{4-2-11}$$

当 $P_{标} - Q < 10$ 时，则：

$$a_{容} = \left(\frac{P_{标}}{2Q} - 0.5\right) l \tag{4-2-12}$$

当 $P_{标} - Q \geqslant 10$ 时，则：

$$a_{容}=\frac{5}{Q}l \tag{4-2-13}$$

【例 1】 一件货物重 52 t，长 12000 mm，货物重心距货物的一端 7100 mm，选用一辆 N_{17} 形 60 t 平车(车底板长 13000 mm，销距为 9000 mm)装载，距重心较远的货端与车底板平齐，试问该装载方法是否符合重心纵向位移的技术条件。

解：

当 $P_{标}-Q=(60-58)\,t<10\,t$ 时，

$a_{容}=\left(\frac{P_{标}}{2Q}-0.5\right)l=\left(\frac{60}{2\times52}-0.5\right)\times9000=692\ mm$。

又据题意得：货物装车后，货物重心在车辆纵向上的偏移为 $a_{实}=71000-\frac{1300}{2}=600\ mm$。

$a_{实}<a_{容}$ 符合规定。

【例 2】 如图 4-2-2 所示，用 N_6(标重为 60 t、货车长度为 12500 mm)型平车装非均重超长货物一件，用 N_{12} 平车做游车，货重 42 t，货长 16000 mm，货物本身重心高 $h_{货}=1500$ mm，重心纵向位移 1200 mm。试计算重心纵向偏移是否符合规定。

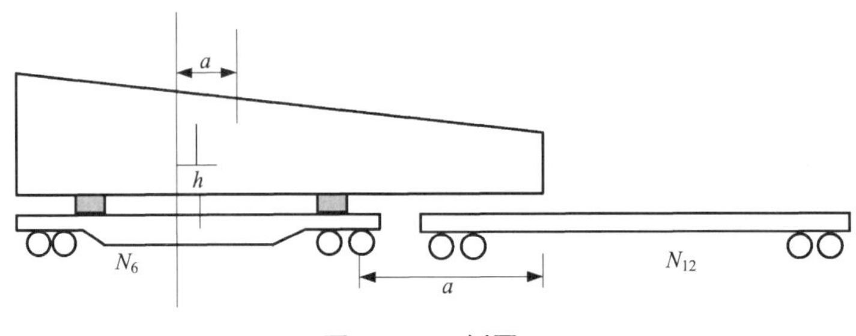

图 4-2-2 例图 2

解：

当 $P_{标}-Q=(60-42)\,t>10\,t$ 时，

$a_{容}=\frac{5}{Q}l=\frac{5}{42}\times9350=1113\ mm$；

$a_{实}=\frac{16000-12500}{2}=1750\ mm$。

$a_{实}>a_{容}$ 不符规定。

【例 3】 重 55 t，长 15 m，宽 2 m，高 1.8 m 均重货物一件，拟用 N17 型平车装运，横垫木的高度为 200 mm。试确定经济合理的装载方案。

解：

方案Ⅰ：货物重心落到车辆中央，货物突出车辆两端各 1000 mm，使用游车 2 辆。

方案Ⅱ：货物一端与车端比齐，另一端突出车端装载。

货物重心需要偏离车辆横中心线的距离为 $a_{实}=\frac{(15000-13000)}{2}=1000\ mm$；

$P_{标}-Q=(60-55)\,t<10\,t$；

$a_{容}=\left[\dfrac{60}{(2\times55)-0.5}\right]\times9000=409$ mm。

$a_{实}>a_{容}$，该方案不可行。

所以，应采用方案Ⅰ。

2. 装载多件货物

装载多件货物时，可根据拟定的装载方法先求出多件货物的总重心与车辆横中心线的距离，然后按装载一件货物的方法判断装载多件货物是否符合技术条件。不符合时，调整货物装载方案，重复上述过程，直到符合为止。因此，装载多件货物时需要解决两个问题：一是确定多件货物总重心与车辆横中心线的距离；二是确定货物总重心纵向最大容许偏移量。

3. 货物重心与车辆中心线的距离

$$a_{总}(Q_1+Q_2+\cdots+Q_n)=\pm a_1Q_1\pm a_2Q_2\pm\cdots\pm a_nQ_n \quad (4\text{-}2\text{-}14)$$

$$a_{总}=\frac{\pm a_1Q_1\pm a_2Q_2\pm\cdots\pm a_nQ_n}{Q_1+Q_2+\cdots+Q_n} \quad (4\text{-}2\text{-}15)$$

式中：Q_1，Q_2，…，Q_n 分别为每件货物的重量，t；a_1，a_2，…，a_n 分别为每件货物重心与车辆横中心线的距离，以货车横中心线为准，一侧取正号，则另一侧取负号，mm；$a_{总}$ 为多件货物总重心与车辆横中心线的距离，mm。

多件货物总重心纵向最大容许偏移量仍按一车一件的方法使用式(4-2-12)和式(4-2-13)计算，此时，$Q=Q_1+Q_2+\cdots+Q_n$。

【例4】 用一辆60 t的N16型平车装载四件货物，计划装载方法如下：$Q_1=8$ t，$a_1=4000$ mm；$Q_2=16$ t，$a_2=200$ mm；$Q_3=12$ t，$a_3=2000$ mm；$Q_4=10$ t，$a_4=3500$ mm。

试确定此装载方法是否符合货物重心位置的技术条件。

解：

$Q=Q_1+Q_2+\cdots+Q_n=8+16+12+10=46$ t；

$P_{标}-Q=60-46=14$ t>10 t；

则 $a_{容}=\dfrac{5}{Q}l=\dfrac{5}{46}\times9300=1011$ mm。

所以，该装载方法符合货物重心纵向偏离的技术条件。

确定货物重心在车辆纵向的位置是否合理的总结步骤方法如下：

①计算货物重心在车辆纵向上的最大容许偏移量 $a_{容}$。

当 $P_{标}-Q<10$ t时，$a_{容}=\left(\dfrac{P_{标}}{2Q}-0.5\right)l$；

当 $P_{标}-Q\geqslant10$ t时，$a_{容}=\dfrac{5l}{Q}$。

②货物总重心在车辆纵向位移的确定。在实际工作中，根据计划装载方案，确定货物重心实际的偏移量 $a_{实}$。

③判断货物重心的纵向位移是否符合装载要求。

分别计算 $a_{容}$ 和 $a_{实}$，若 $a_{容}\geqslant a_{实}$，则符合要求；若 $a_{容}<a_{实}$，则不符合要求。

【例5】 均重货物一件，重40 t，长14 m，宽2.6 m，高1.5 m，试确定经济合理的装载方案。

解：

拟用 N_{17K} 型平车装载，有两种方案可比选。

（N_{17K} 型车技术参数：载重 60 t，车长 13 m，车宽 2.98 m，转向架中心距 9 m。）

方案Ⅰ：两端均衡突出装载。

货物重心没有偏移，两端突出长度为 $\frac{14-13}{2}=0.5\ \text{m}=500\ \text{mm}>300\ \text{mm}$，虽然技术上合理但不经济，需要使用 2 辆游车。

方案Ⅱ：一端对齐端梁，另一端突出装载。

货物的纵向偏移量为 $a_{需}=\frac{货长}{2}-\frac{车长}{2}=\frac{14}{2}-\frac{13}{2}=0.5\ \text{m}$。

$\because P_{容}-Q=60-40=20>10\ \text{t}$；

$\therefore a_{容}=\frac{5}{Q}l=\frac{5}{40}\times 9000=1125\ \text{mm}$；

$\therefore a_{需}<a_{容}$，符合装载技术条件。

此方案是经济又合理的方案，选择方案Ⅱ。

【例 6】 均重货物一件，重 55 t，长 15 m，宽 2 m，高 1.8 m，拟用 N_{17} 型平车装运，横垫木的高度为 200 mm。试确定经济合理的装载方案。

解：

方案Ⅰ：货物重心落到车辆中央，货物突出车辆两端各 1000 mm，使用 2 辆游车。

方案Ⅱ：货物一端与车端比齐，另一端突出车端装载。

货物重心需要偏离车辆横中心线的距离为 $a_{实}=\frac{(15000-13000)}{2}=1000\ \text{mm}$。

$\because P_{标}-Q=(60-58)<10\ \text{t}$；

$a_{容}=\left(\frac{P_{标}}{2Q}-0.5\right)l=\left(\frac{60}{2\times 52}-0.5\right)\times 9000=692\ \text{mm}$；

$P_{标}-Q=60-55<10\ t$

$a_{容}=\left[\frac{60}{(2\times 55)-0.5}\right]\times 9000=409\ \text{mm}$。

$a_{实}>a_{容}$，该方案不可行，应采用方案Ⅰ。

（二）货物重心在车辆横向的合理位置

货物重心偏离车辆纵中心线的左右偏移量最大不得超过 100 mm，否则视为偏载。因为货物转向架心盘直径大多为 300 mm，所以只要横偏量小于 100 mm，就可以保证重力落在心盘范围内，不致影响重车的运行安全。

换言之，货物重心偏离车辆纵中心线距离不超过 100 mm（$b\leqslant 100$ mm）。

配重，就是在车辆另一侧配装其他货物，使配装后货物总重心落在车辆纵中心线上或总重心横向偏离量不超过 100 mm，同时要防止对角线装载。

配重货物的重量：

$$Q_{配}=\frac{Q\cdot b}{b_{配}} \tag{4-2-16}$$

配重货物的重心位置：

$$b_{配}=\frac{Q\cdot b}{Q_{配}} \tag{4-2-17}$$

式中：$Q_{配}$ 为配重货物的重量，t；$b_{配}$ 为配重货物重心偏离车辆纵中心线的距离，mm；Q 为配重前的货物重量，t；b 为配重前货物重心偏离车辆纵中心线的距离，mm。

如果配重后货物总重心虽然不超过 100 mm，但无法落在车辆总中心线上时，货物总重心的位置 $b_{横}$ 可按下式计算：

$$b_{横}=\frac{Qb-Q_{配}\ b_{配}}{Q+Q_{配}} \tag{4-2-18}$$

【例 7】 等断面体货物一件，重 36 t，长 10 m，横断面形状如图 4-2-3 所示，拟用一辆 N_{16} 型平车装运。拟定装载方案。

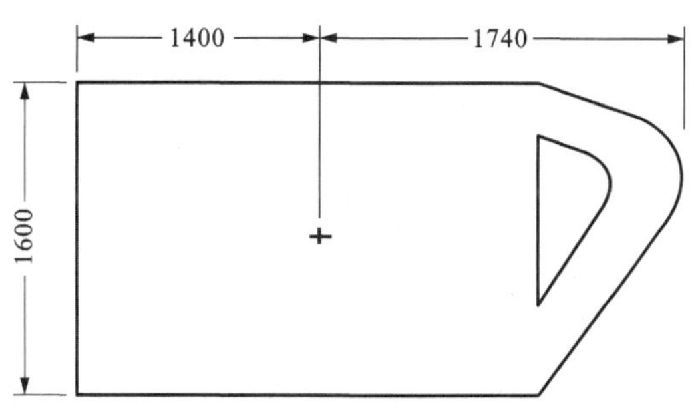

图 4-2-3　例图 7(单位：mm)

解：

在纵向，将货物重心落到车辆横中心线上。在横向，如果货物重心落到车辆纵中心线上，属于一级超限。为避免超限，可以将货物重心偏离车辆纵中心线 40 mm。

三、在长度方面的要求

在长度方面，货物不突出端梁为最安全，而且能避免使用游车造成的运能浪费和作业组织的复杂。但在货物长度大于车底板长度时，需要将货物突出车辆的一端或两端装载；货物长度虽不大于车底板长度，其重心至一端的长度大于车底板长度的二分之一时，货物需突出平车端梁装载。货物突出平车端梁的长度还不得超过《加规》相关规定值，即“货物突出平车车端装载时，突出端的半宽不大于车辆半宽时，允许突出端梁 300 mm；大于车辆半宽时，允许突出端梁 200 mm”。超过此限时，应加挂游车，即为超长货物。

(一) 货物突出平车车端梁的规定

货物的宽度用 $B_{货}$ 表示，所用车辆的宽度用 $B_{车}$ 表示，则：

当 $B_{货}\leqslant B_{车}$ 时，允许货端突出车端 300 mm；

当 $B_{货}\geqslant B_{车}$ 时，允许货端突出车端 200 mm。

超过时，需加挂游车或跨装为超长货物。

(二)安全要求

货物突出车端装载时，应保证突出车端装载的 2 辆重车相连挂，行经曲线线路、车钩处于压缩状态时，两货物突出端互不接触，如图 4-2-4 所示。

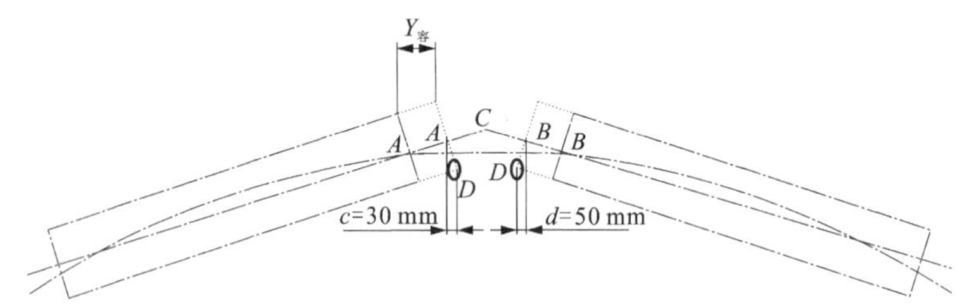

图 4-2-4　货物突出车端装载的 2 辆重车行经曲线示意图

若行经曲线的半径为 300 m，车钩在既不被拉伸也不被压缩的情况下，一般两连挂车辆两端梁间的最小距离 AB 为 908 mm，一对车钩缓冲装置的最大压缩量约为 120 mm。假设货物突出端的宽度与平车底板宽度相等，则两货物相邻货端与车辆在直线上的状况相比，偏转量为 $2d=70$ mm，因而货物之间的净空距离比车辆在直线上时减少 70 mm。车辆在曲线上两相邻货端之间的安全距离为 120 mm。

假设容许货物突出端梁的长度为 $Y_容$，则 $Y_容=(908-120-70-120)\div2=299$ mm。因而规定，当货物突出的宽度小于等于车辆的宽度时，允许突出端梁的长度为 300 mm。

如果突出端的宽度大于车辆的半宽时，两货物相邻端部在曲线上的偏转量之和将大于 70 mm。无法保证车钩在曲线上处于压缩状态时，货物之间仍能保证有 120 mm 的安全距离，因而规定，货物突出端梁不得超过 200 mm。

另外，使用有端、侧板的平车装载长度或宽度超出车底板的货物，可将端、侧板放下，同时用镀锌铁线将其与车体捆绑牢固或用锁铁卡紧。但如今新型平车越来越多，其端板较长带来的安全隐患也日益增多，对涂打“㊀关”的平车在运行时，端板应处于立起关闭状态。特殊情况下，在安装车钩缓冲停止器后允许将端板放倒运行；或将两平车相邻端的一辆平车的端板采取可靠吊起措施后，使另一辆平车的端板放倒运行。

注：(关)——货车活动墙板必须关闭才准运行(放下活动墙板后，其会超过机车车辆限界)。

四、货物装载高、宽方面的规定

一般情况下，货物装车后不得超过机车车辆限界或特定区段装载限界，超过时为超限货物。超限货物在第三章已详细讲述，此处不再叙述。

五、重车重心高

货物装车后，将车辆和所装货物视为一个整体，该整体的组合重心自钢轨面起算的高度称为重车重心高。重车重心高是决定重车稳定性的主要条件之一，重车重心越高，重车的运行稳定性越差。世界各国铁路对重车重心高均有明确限定，美国的重车重心高度为

2489.2 mm(98 ft)，苏联为 2300 mm。我国《铁路货物装载加固规则》(以下简称《加规》)第 12 条规定：重车重心高一般不超过 2000 mm，超过时需配重或限速运行。

(一)重车重心高的计算

(1)一车负重装载一件货物时，重车重心高可按下式计算：

$$H=\frac{Q_{车}h_{车}+Qh_{车}}{Q_{车}+Q} \tag{4-2-19}$$

(2)一车负重装载多件货物时，重车重心高可按下式计算：

$$H=\frac{Q_{车}h_{车}+Q_1h_1+\cdots+Q_nh_n}{Q_{车}+Q_1+\cdots+Q_n} \tag{4-2-20}$$

式中：$Q_{车}$ 为货车自重，t；$h_{车}$ 为空车重心距轨面的高度，mm；Q_1，…，Q_n 为货物重量，t；h_1，…，h_n 为货物装车后货物重心自轨面起算的高度，mm。

一车负重装载多件货物示意图如图 4-2-5 所示。

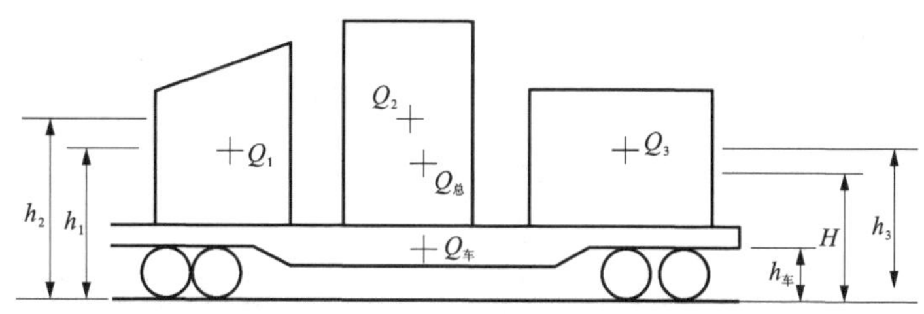

图 4-2-5　一车负重装载多件货物示意图

(3)跨装时货物的重心高可按下式计算：

$$H=\frac{Q_{车1}h_{车1}+Q_{车2}h_{车2}+Qh}{Q_{车1}+Q_{车2}+Q} \tag{4-2-21}$$

式中：$Q_{车1}$、$Q_{车2}$ 分别为两负重车的自重，t；$h_{车1}$、$h_{车2}$ 分别为两负重车空车重心自轨面起的高度，mm；Q 为货物重心，t；h 为装车后货物重心自轨面起的高度，mm。

(二)降低重车重心高的措施

当重车重心高超过 2000 mm 时，配装低重心的货物是降低货物重心高的主要措施。采取配重降低重车重心高度的措施时，配重货物的起码重量可按下式计算：

$$Q_{配}=\frac{Q_{总}(H-2000)}{2000-h_{配}} \tag{4-2-22}$$

式中：$Q_{总}$ 为货车自重与配重前货物(主货)重量之和，t；H 为配重前的重车重心高，mm；$h_{配}$ 为配重货物装车后，其重心自轨面起的高度，mm。

配重条件：车辆尚有富裕的载重能力；车底板上有装载配重货物的位置，且符合装载技术条件的要求；有到达同一到站且重心较低的货物可以配重。

不具备配重条件时，可选用车底板较低(如凹底平车)或者自重较大、空车重心较低的货车装载。

无法降低重车的重心高时，重车重心高从钢轨面起，超过 2000 mm 时应按表 4-2-1 的规定限速运行。限速运行时，由装车站以文电的形式向铁路局请示，铁路局货运管理部门以电报的形式批示，跨局运输则应同时抄送给有关铁路局的货运、运输、调度、机务、工务等相关部门。

表 4-2-1　限速运行的规定

重车重心高(H)/mm	运行限速/($km \cdot h^{-1}$)	通过侧向道岔限速/($km \cdot h^{-1}$)
$2000<H\leqslant 2400$	50	15
$2400<H\leqslant 2800$	40	15
$2800<H\leqslant 3000$	30	15

【例 8】 用 N_{16} 型平车装运大货一件，货重 40 t，长 15000 mm，如图 4-2-6 所示。若货物本身的重心高 1650 mm，试计算其重车重心高。

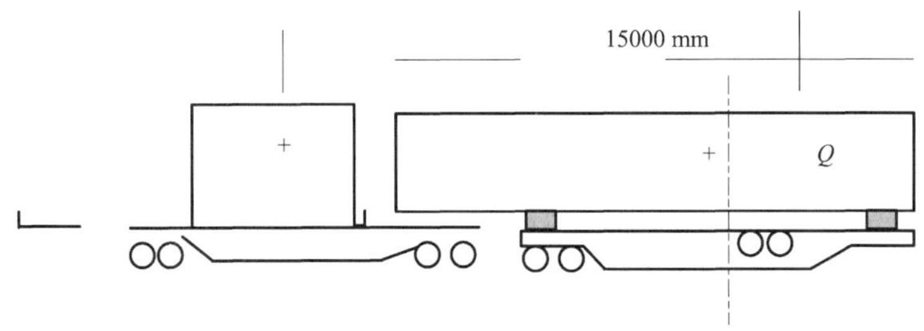

图 4-2-6　货物装载示意图

解：

$$H=\frac{Q_{车}\ h_{车}+Qh_{货}}{Q_{车}+Q}=\frac{18.4\times 730+40(1210+1650+163)}{18.4+40}=2301\ \text{mm}>2000\ \text{mm}$$

该站无条件配装，则需限速运行。因为 $2000<H\leqslant 2400$，区间限速 50 km/h；通过侧向道岔限速 15 km/h。

【例 9】 货物一件，重 40 t，长 6 m，宽 2.2 m，重心高 1.3 m，试确定合理的装载方案。

解：

假定用 N_9 型平车装载(车底板高 1260 mm，自重 22 t，空车重心高 900 mm)，因货物较窄，为使中侧梁均匀受力，需垫 2 根横垫木，高 140 mm，则货物自轨面起的重心高如下：

$$h=1260+140+1300=2700\ \text{mm}$$

重车重心高：

$$H=\frac{Q_{车}\ h_{车}+Qh}{Q_{车}+Q}=\frac{22\times 900+40\times 2700}{22+40}=2061\ \text{mm}>2000\ \text{mm}$$

可采取以下方法降低重车重心高。

方法一：配重法。

由上述条件可知，该车载重力尚余 20 t，货物本身的尺寸不大，车底板面积也有富余，且目前有同一到站的钢锭数件，每件重 2 t，重心高 240 mm。因此，其具有通过配重降低重车重心高的条件。

配重货物重心高：

$$h_{配}=1260+240=1500\ \text{mm}$$

配重货物的起码重量：

$$Q_{配}=\frac{Q_{总}(H-2000)}{2000-h_{配}}=\frac{(40+22)(2061-2000)}{2000-1500}=7.6\ \text{t}$$

所以，应配装单件重 2 t，重心高 240 mm 的货物四件。在主货两端的车底板上均衡配装货物，且只装一层。

方法二：选择自重大、重心低、承载面小的货车。

此货若选用 N_{12} 型平车(车底板高 1180 mm，自重 20.5 t，空车重心高 720 mm)，则货物自轨面起的重心高为 $h=1180+140+1300=2620$ mm。

重车重心高：

$$H=\frac{Q_{车}\ h_{车}+Qh}{Q_{车}+Q}=\frac{20.5\times720+40\times2620}{20.5+40}=1976\ \text{mm}$$

若选用 N_{17} 型平车装载(车底板面高 1209 mm，自重 20.4 t，空车重心高 690 mm)，其重车重心高同样不会超过 2000 mm(计算过程同上)。

综上所述，最好采取 N_{12} 型平车装载，当具备配重条件时也可以选用 N_9 型平车装载，否则只能限速运行。

【例 10】 均重货物一件，重 55 t，长 6 m，宽 2.2 m，高 2.7 m，重心高 1.4 m。拟使用一辆 N_{17} 型平车装载，为装卸方便，下加 2 根高 100 mm 的横垫木。试确定其重车重心高。

装车后，货物重心自轨面高：

$$h=1209+100+1400=2709\ \text{mm}$$

重车重心高：

$$H=\frac{Q_{车}\ h_{车}+Qh}{Q_{车}+Q}=\frac{19.1\times723+55\times2709}{19.1+55}=2197\ \text{mm}$$

区间限速 50 km/h，通过侧向道岔限速 15 km/h。

第三节　超长货物装载的技术条件

一件货物的长度超过所装载平车的长度，需要使用游车或跨装运输时，称为超长货物。

超长货物的装载方法有两种：一车负重突出端梁装载，加挂游车；两车负重跨装。

一、一车负重

(一) 两端突出装载

超长均重货物使用 60 t、61 t 平车应两端均衡突出装载(见图 4-3-1)，其装载重量不得超过表 4-3-1 的规定。

表 4-3-1　装载重量表

突出车端长度 L/mm	L<1500	1500≤ L<2000	2000≤ L<2500	2500≤ L<3000	3000≤ L<3500	3500≤ L<4000	4000≤ L<4500	4500≤ L≤5000
容许装载重量/t	58	57	56	56	55	54	53	52

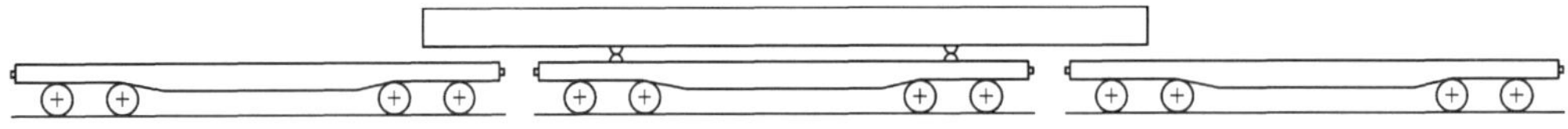

图 4-3-1　两端突出示意图

(二)一端突出装载

1. 一端突出装载，使用一辆游车

一车负重，一端突出装载，使用一辆游车(见图 4-3-2)。均重货物一端突出装载或非均重货物重心偏离车辆横中心线装载时，须按规定确定重心容许纵向偏离量 $a_{容}$。

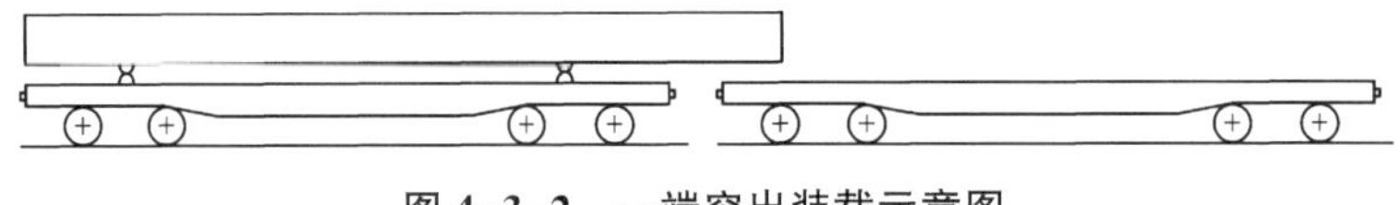

图 4-3-2　一端突出装载示意图

2. 一端突出装载，使用一辆游车，游车上加装货物

一车负重，一端突出装载，使用一辆游车，在游车上装载货物时，与货物突出端的间距不得小于 350 mm，如图 4-3-3 所示。在游车上，货物突出端的两侧不得装载货物，以免影响车辆运行在曲线上时货物相对于游车的横向摆动。

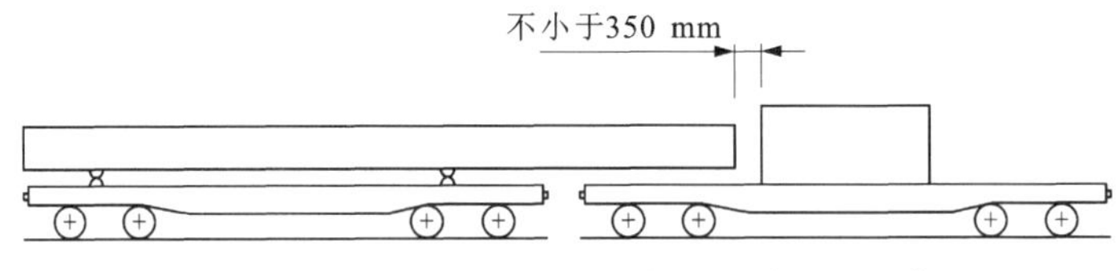

图 4-3-3　一端突出装载，游车上加装货物示意图

3. 一端突出装载，共用游车

到达同一卸车地点的两件超长货物在同一地点装车时，可以共用一辆游车，两货物突出端的间距不得小于 500 mm，如图 4-3-4 所示。

(三)横垫木(或支架)高度的计算

为使装有超长货物的连挂车组通过线路纵向变坡点时，货物突出部分的底部与游车底板

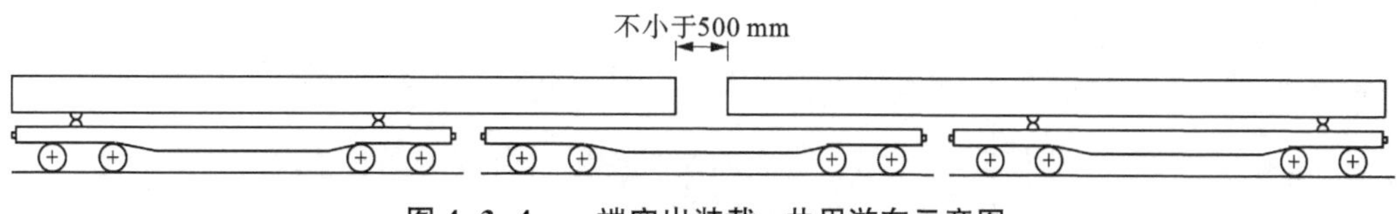

图 4-3-4 一端突出装载，共用游车示意图

不接触，以保证行车和货物的安全，应通过计算得出最低横垫木高度 $H_{垫}$，如图 4-3-5 所示。

$$H_{垫}=0.031a+h_{车差}+f+80 \quad (4-3-1)$$

式中：0.031 为货物底部与游车底板的接触点所形成的夹角的正切值，即两个相邻坡度的代数差(40‰-9‰=31‰)的正切值，取 0.031；$h_{车差}$ 为游车底板高度($h_{游}$)与负重车底板高度($h_{负}$)之差(当 $h_{游}>h_{负}$ 时，取正值；反之取负值)，mm；f 为货物突出端的挠度；80 为安全余量(包括车底板空重状态高度差 30 mm 与安全距离 50 mm)；a 为货物突出端至负重车最近轮轴轴心所在垂直平面的距离，mm。

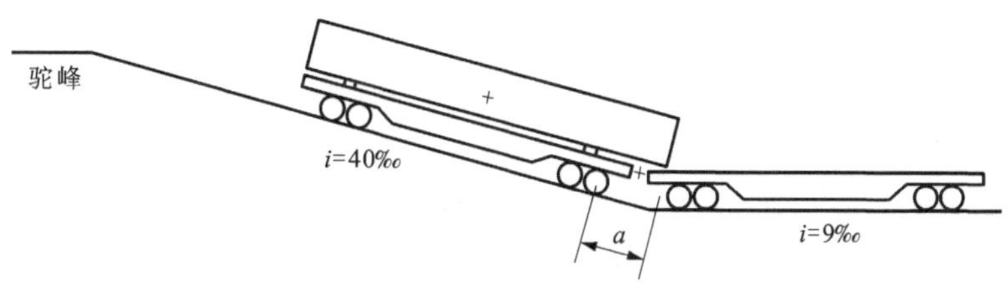

图 4-3-5 横垫木高度计算图

$$a=y_{突}+\frac{L_{车}-l-l_{轴}}{2}(\text{mm}) \quad (4-3-2)$$

式中：$y_{突}$ 为货物突出车端外方长度，mm；$L_{车}$ 为车底板长度，mm；l 为车辆销距，mm；$l_{轴}$ 为货车转向架固定轴距，mm。

若货物突出车端部分的底部低于其支重面，横垫木高度还应加该突出部分低于货物支重面的尺寸；如果货物突出车端部分的底部高于货物支重面，横垫木高度应减去货物突出车端部分高于货物支重面的尺寸。

【例 1】 均重货物一件，重 40 t，长 14 m，宽 2.6 m，高 1.5 m。拟用一辆 N_{16} 型(标重 60 t、自重 19.7 t、长 13000 mm、销距 9300 mm、固定轴距 1750 mm、车宽 3000 mm、车底板至轨面的高度为 1210 mm、空车重心高 730 mm)负重车，试确定经济又合理的装载方案。

解：

方案一：两端均衡突出装载，货物重心投影落在车辆纵、横中心线的交叉点上，技术上合理，但每端突出长度为 $\frac{14000-13000}{2}=500\ \text{mm}>300\ \text{mm}$(货宽为 2.6 m，小于车宽 3.0 m)。须使用 2 辆游车，故不经济。

方案二：若一端对齐端梁，另一端突出装载，加挂 1 辆游车，则货物重心需偏离车辆横中心线，$a_{需}=\frac{1}{2}(14000-13000)=500\ \text{mm}$。

$\because\ P_{标}-Q=(60-40)>10\ \text{t}$；

故货物最大容许偏移量 $a_{容}=\dfrac{5}{Q}l=\dfrac{5}{40}\times9300=1162\ \text{mm}$。

$\therefore\ a_{需}<a_{容}$，货物重心横向无偏移，这样的装载方案符合技术条件，既经济又合理。

若使用 N_{16} 型平车作游车，横垫木的高度计算如下：

$$a=y_{突}+\frac{L_{车}-l-l_{轴}}{2}=(14000-13000)+\frac{13000-9300-1750}{2}=1975\ \text{mm}$$

因为负重车与游车均为 N_{16} 型平车，则 $h_{车差}=0$ mm；该货物突出端的挠度忽略不计，则 $f=0$。

$$H_{垫}=0.031a+h_{车差}+f+80=0.031\times1975+80=141\ \text{mm}$$

确定横垫木的高度取 150 mm：

$$H=\frac{Q_{车}\ h_{车}+Qh_{货}}{Q_{车}+Q}=\frac{19.7\times730+40\times(1210+150+75)}{19.7+40}=1655\ \text{mm}$$

通过上述分析，确定经济又合理的装载方案如下：一端对齐端梁，另一端突出装载，加挂 1 辆游车，横垫木的高度取 150 mm。

二、两车负重

跨装货物是指一件货物使用 2 辆平车负重装载。

跨装超长货物的装载应遵守下列规定。

(一)跨装货物的装载方法

跨装货物可以使用 2 辆货车，也可以用多辆货车，其具体装载方法如下。

1. 两车负重，不使用游车(见图 4-3-6)

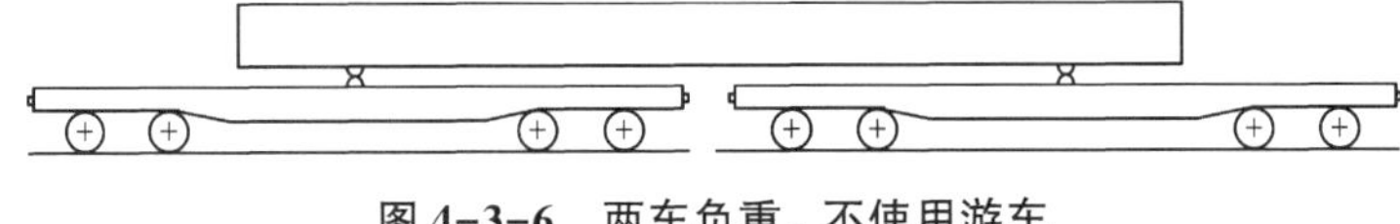

图 4-3-6 两车负重，不使用游车

2. 两车负重，中间使用游车(见图 4-3-7)

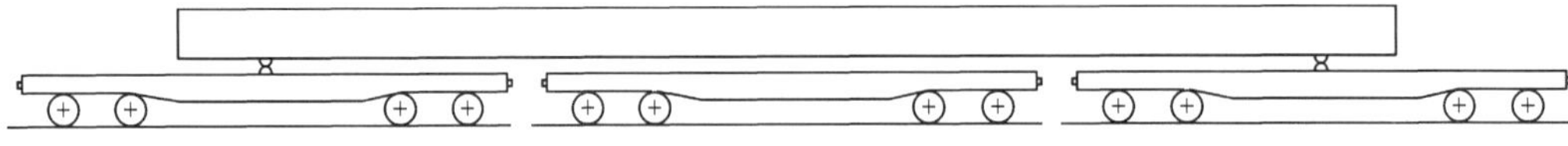

图 4-3-7 两车负重，中间使用游车

3. 两车负重，两端使用游车(见图 4-3-8)

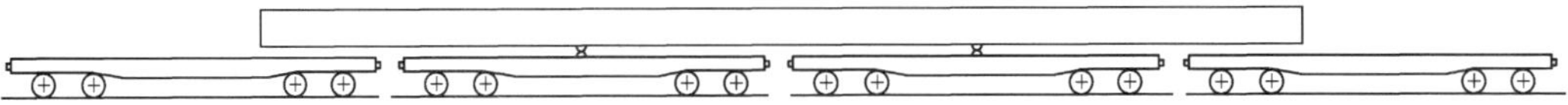

图 4-3-8 两车负重，两端使用游车

4. 两车负重，中间及两端均使用游车(见图 4-3-9)

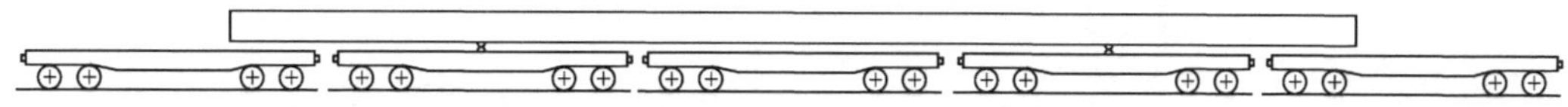

图 4-3-9　两车负重，中间及两端均使用游车

(二)跨装货物装载时应遵守的技术要求

(1)只准两车负重。负重车的车底板高度应相等，如高度不等时，需要垫平。对未达到容许载重量的货车，可以加装货物，但不得加装在货物的两侧，与跨装货物端部的间距不小于 400 mm。

(2)在 2 辆负重车的中间只准加挂 1 辆游车。

(3)跨装货物应使用货物转向架，同时货物转向架的支重面长度、下架体的重心投影应位于货车纵、横中心线的交叉点上，必须纵向偏离时应遵循《加规》的具体规定。

(4)货物转向架的上架体与跨装货物、下架体与车辆分别固定在一起。对货物及货物转向架的加固不得影响车辆通过曲线，并将提钩杆用镀锌铁线捆紧。

(5)中间加挂游车的跨装车组通过 9 号及以下道岔时不得推送调车。遇设备条件不容许或尽头线时，可以不超过 5 km/h 的速度匀速推进。

(6)跨装车组应使用车钩缓冲停止器，应在车钩自然状态下进行安装。

(7)跨装车组禁止溜放。

(三)车钩缓冲停止器

跨装车组两负重车之间的所有车钩必须安装车钩缓冲停止器，用以限制在货车运行、车组连挂过程中车辆间相互距离的急剧变化，以避免因车钩伸缩引起跨装支距的反复改变而导致货物窜动。

1. 主要性能指标

(1)车钩缓冲停止器(见图 4-3-10)由钢板和螺杆等部件组成，其钢板的厚度不得小于 20 mm。

(2)连接螺杆的直径不得小于 16 mm。

(3)置于冲击座和钩头背之间的钢板在冲击座一侧时，应制作成梯形或圆弧形(圆弧半径不大于 100 mm)，宽度(B)的最宽处应小于冲击座至钩头背间距离的 3 mm。

2. 使用方法

(1)在车钩自然状态下，将车钩缓冲停止器安装在货车冲击座和车钩钩头背之间。

(2)托运人可以自行制作和安装，但必须经车辆部门检查确认后方可挂运。

3. 注意事项

卸车后或回送前，应拆卸车钩缓冲停止器。

(四)货物转向架

货物转向架是为了使跨装车组行经曲线时便于转向，并防止由于各种外力的作用使超长

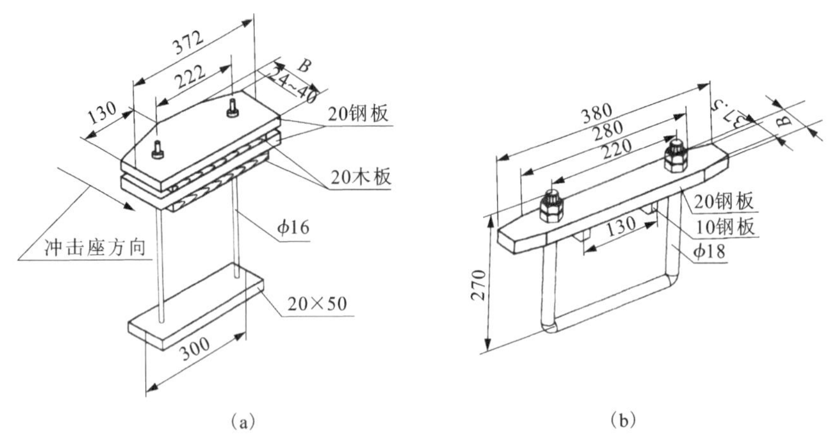

图 4-3-10　车钩缓冲停止器示意图(单位：mm)

货物发生位移而必须使用的一种装载加固装置。货物转向架由上架体和下架体组成，上架体可以相对于下架体转动。

1. 货物转向架的技术要求

货物转向架的质量、性能和技术状态应符合铁道行业标准《货物转向架》(GTCC—004—2020)的要求。

(1)货物转向架的强度和刚度必须与其所承受的负荷相适应。

(2)货物转向架的上架体必须备有能对货物实施加固的部件，下架体必须备有能与车体实施加固的部件。

(3)货物转向架组成后，上架体必须转动灵活，活心盘上架体还应能灵活地纵向滑动。

(4)货物转向架每副两个，一个具有死心盘，中心销孔为圆孔；另一个具有活心盘，中心销孔为长圆孔。活心盘中心销孔的长度指长孔的两半圆圆心距，是中心销从一端滑移至另一端的最大距离。一般情况下，活心盘中心销孔应开设在下架体上，其长度根据跨装车组是否使用车钩缓冲停止器和有无中间游车来确定，具体要求如下：

①跨装车组使用车钩缓冲停止器，不加挂中间游车时，不得小于 180 mm。

②跨装车组使用车钩缓冲停止器，加挂中间游车时，不得小于 300 mm。

③跨装车组不使用车钩缓冲停止器，也不加挂中间游车时，不得小于 300 mm。

④两车一组跨装货物时，活心盘中心销定位于活心盘孔的中央；三车一组跨装货物且中间加挂游车时，活心盘中心销置于活心盘孔内的位置，距中间游车一端(内侧)180 mm，距另一端(外侧)120 mm。

(5)货物转向架沿车底板的横向长度一般不大于 3000 mm；当超过 3000 mm 时，应保证不超限。

(6)货物转向架的下架体支重面长度应符合《加规》的有关要求，注意避免集重装载。

(7)当货物转向架使用旁承时，应保证其具有良好的滑动性能；在负载情况下，两侧旁承游间之和应不大于 10 mm，且不得压死任何一侧。

(8)货物转向架的高度应根据负重车的车型、跨装车组有无中间游车、货物超过转向架中心销外方的长度，以及货物底面是否有突出部分等因素，利用 $H_{转}$ 计算确定。

2. 货物转向架高度 $H_{转}$ 的确定

其计算公式如下：

$$H_{转}=a\times\tan\gamma\pm h_{车差}+f+80 \tag{4-3-3}$$

(1)一车负重，两端或一端加挂游车。

$$a=y_{端}+l_3 \tag{4-3-4}$$

$$\tan\gamma=0.031 \tag{4-3-5}$$

式中：$y_{端}$ 为货物突出负重车端梁较长一端的长度，mm；l_3 为负重车车端至其最近轮轴轴心所在垂直平面间的距离，mm。

(2)两车负重，中间无游车。

当 $y_{销}\leqslant1.29l_2$ 时，$a=l_2$：

$$\tan\gamma=\frac{0.04(l_1+l_3)}{l_{支}} \tag{4-3-6}$$

当 $y_{销}>1.29l_2$ 时，$a=y_{销}$：

$$\tan\gamma=\frac{0.031(l_1+l_3)}{l_{支}} \tag{4-3-7}$$

式中：$y_{销}$ 为货物超出货物转向架中心销外方的长度，mm；l_1 为货物转向架中心销至另一辆负重车相邻车端的距离，mm；l_2 为货物转向架中心销至其所在车辆内方车端的距离，mm；$l_{支}$ 为跨装支距，mm。

(3)两车负重，中间有游车。

$$a\times\tan\gamma=\left[0.04-\frac{0.04(l_1+l_3)-0.015(l_{支}-l_{台}-l_1-l_3)}{l_{支}}\right]l_1+0.04l_3 \tag{4-3-8}$$

$$a\times\tan\gamma=\frac{0.031(l_{支}-l_2+l_3)y_{销}}{l_{支}} \tag{4-3-9}$$

式中：$l_{台}$ 为驼峰平台长度(两竖曲线切点之间的距离)，可按 10000 mm 计算。

取二者较大者计算。普通型货物转向架的最小高度如表 4-3-2 所示。

表 4-3-2　普通型货物转向架的最小高度

装载方法	负重车型	货物超过转向架中心销外方的长度/m	货物转向架的最小高度/mm	附注
两车负重无中间游车	60 t 平车	≤8.45	249	(1) 本表所列货物转向架的高度，未包括货物的挠度和游车的车底板与负重车底板的高度差； (2) 如果货物底部有向下的突出部分，货物转向架的高度应再加上该突出部分的尺寸
		8.46~8.50	250	
		8.51~9.00	260	
		9.01~9.50	270	
		9.51~10.00	280	
两车负重，有中间游车		≤11.55	380	
		11.56~12.00	392	
		12.01~12.50	405	

3. 常用货物转向架的结构

货物转向架分为普通型和专用型两类，普通型是指通用的货物转向架，具体结构如图 4-3-11 所示。专用型是为某种超长货物专门制备的转向架，常见的有 8419 型混凝土桥梁转向架和 25 m 钢轨六支点和双支撑式钢轨转向架，单架承载能力在 61 t 以上。

4. 货物转向架的编号

货物转向架用三段代码方式编号，由所属局名简称、类型及单架承载能力代码段，车组中间能否加挂游车代码段和顺序代码段组成，并在其中用短横杠相连。除单架承载能力代码段作为类型代码的下标外，其余代码均用相同字形、字号表示。

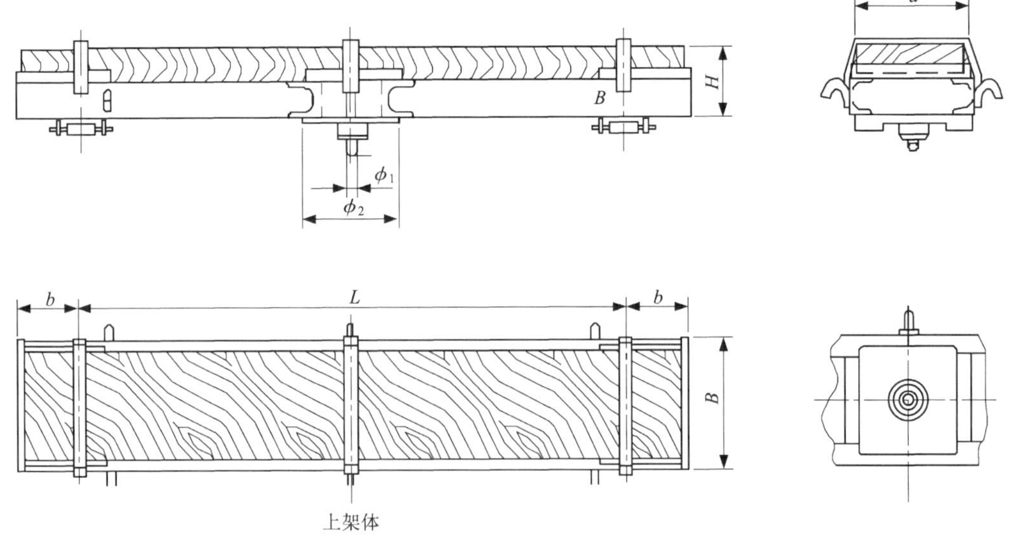

(a)

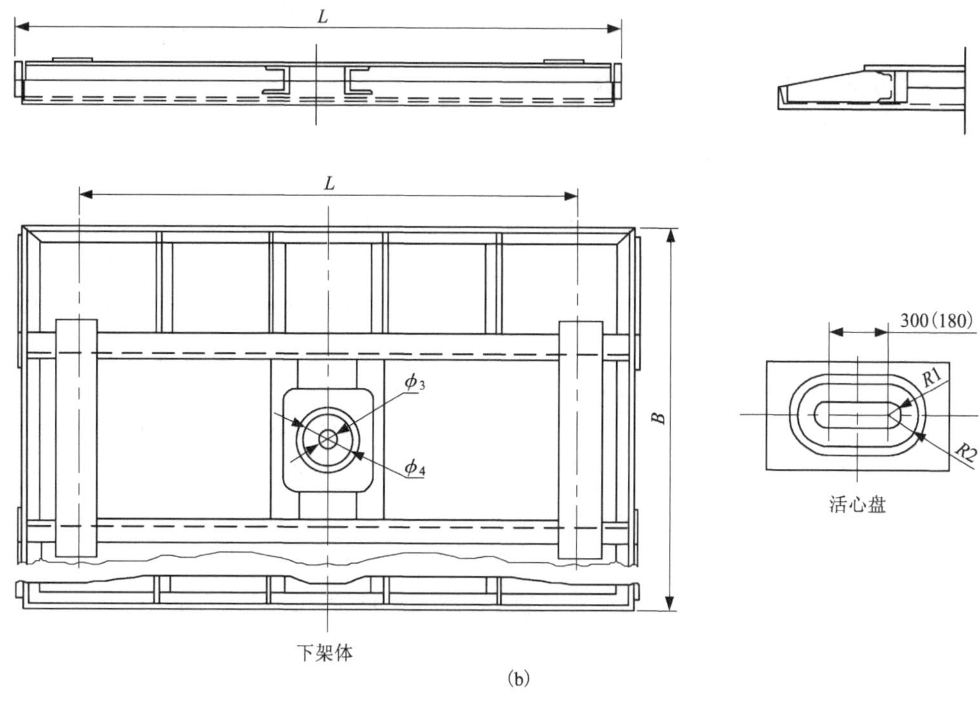

(b)

图 4-3-11 普通货物转向架结构

5. 货物转向架的使用

使用货物转向架时，应将货物与货物转向架的上架体加固在一起，将货物转向架的下架体与负重车加固在一起。装载时，货物转向架的中心销一般应对准负重车的横中心线，而且一个货物转向架负担的货物重量与货物转向架重量之和，不得超过负重车的标记载重量。有特殊情况需纵向偏移时，应符合 $a_{需}<a_{容}$ 的要求。货物转向架的支重面长度不得小于拟装平车需要的负重面长度，以避免形成集重装载。

第四节 避免集重装载的技术条件

一件货物的重量大于所装车辆负重面长度的最大容许载重量时，就称为集重货物。

铁路货物运输中，货车的承载状况基本可以分为两类：第一类，均布承载，在整个车底板上均匀承载货物重量。如散堆装、成件包装等货物，装载时可以使车辆整个车底板上均匀承载货物重量，完全做到均衡装载。第二类，局部承载。如箱装机器、钢材等货物，具有支重面小而重量较大的特征，装载时车底板局部承受货物重量。

车辆承受均布荷载，当载重量达到车辆标记载重量时，车体主要部件的工作应力不会超过许用应力；而车辆承受局部承载时，车体主要受力部件的工作应力有可能超过许用应力。货物装车后，重力对车体主要部件（中梁、侧梁、端梁、枕梁等）所产生的工作应力（或容许弯曲应力）超过车底架本身的许用应力（或最大的容许弯曲力矩）时，称为集重装载。

集重装载容易造成车辆损伤，缩短车辆的使用寿命，严重时有可能导致车辆断梁，酿成重大行车事故。所以，在确定装载方案时要避免集重装载，即使重力所产生的工作弯曲力矩 M 小于车底架本身的最大的容许弯曲力矩 $[M]$。

一、避免平车集重的装载方法

(一) 货车工作弯曲力矩的影响因素

货物装车后，货车车底架会因受压而产生工作弯曲力矩，影响因素有车种、车型、货物重量、货物支重面长度及装载方法等。当车种、车型、货物重量与装载方法一定时，货物装车后货车车底架因受压而产生的工作弯曲力矩取决于货车的负重面长度；当货物直接装在车底板上时，货车的负重面长度等于货物的支重面长度(货车车底板承受货物重量的长度称为车辆的负重面长度；支撑货物全部重量的货物底面长度称为货物支重面长度)。货车的负重面长度越长，货车所承受的弯曲力矩就越小；货车的负重面长度越小，车辆承受的弯曲力矩就越大。此时，为了不损坏车底架，当货物重量一定时，必须对车辆负重面长度有一定的要求；反之，当车辆负重面长度一定时，必须对货物重量有一定的限制，从而使车辆工作弯曲力矩 M 最大只能等于货车车底板的容许弯曲力矩 $[M]$，即 $M=[M]$。

在运输过程中，平车装运阔大货物时，货物的重量和外形可看作是不变的。已知货物重量、支重面长度、货物装载方法及所选车辆，从而判断 M 是否大于 $[M]$。

(二) 货物装载集重的理论依据

1. 将货物直接放置在车底板上

均重货物直接装在平车上，将平车车底架看作一个整体，并将其看作支承在两个转向架中心销上的简支梁。若此货物的重量不能均匀地分布在整个车底板上(见图 4-4-1)，对重心位于车辆中央的均重货物，平车车底架上产生的工作弯曲力矩最大值的计算过程如下：

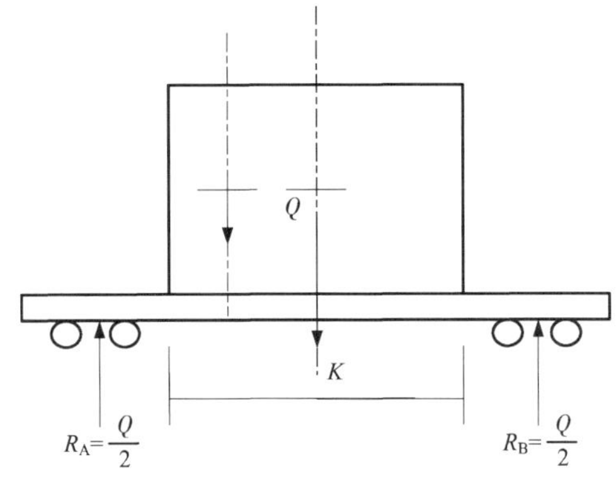

图 4-4-1　货物直接装在车底板上

装车后，货物重心投影落在车辆纵、横中心线的交叉点上，货物的支重面长度为 K，货物重量为 Q，货物单位长度的重量为 q。则两转向架所承受的货物重量分别为 $R_A=\frac{qK}{2}$、$R_B=\frac{qK}{2}$。

货车的负重面长度等于货物的支重面长度 K。

设Ⅰ-Ⅰ断面为距货物 C 端 x 处的断面，则车底架在Ⅰ-Ⅰ断面处形成弯曲力矩的力有两个，即 A 转向架的约束反力 $R_A\uparrow$ 及 x 段长度货物的重力 $qx\downarrow$，从 $R_A\uparrow$ 作用点到Ⅰ-Ⅰ断面的垂直距离为 $\frac{l-k}{2}+x$，从重力 $qx\downarrow$ 作用点到Ⅰ-Ⅰ断面的垂直距离为 $\frac{x}{2}$。

则 $R_A\uparrow$、$qx\downarrow$ 对在Ⅰ-Ⅰ断面处形成的力矩为 $R_A\left(\frac{l-k}{2}+x\right)$、$qx\ \frac{x}{2}$。

设车底架在Ⅰ－Ⅰ断面处形成的工作弯曲力矩为 M_{I}：

$$M_{\mathrm{I}}=R_{\mathrm{A}}\left(\frac{l-k}{2}+x\right)-qx\ \frac{x}{2}$$
$$=-\frac{qx^2}{2}+R_{\mathrm{A}}x+R_{\mathrm{A}}\ \frac{l-K}{2}$$
$$=-\frac{qx^2}{2}+\frac{qK}{2}x+\frac{qK}{2}\times\frac{l-K}{2} \tag{4-4-1}$$

对 M_{I} 求导，则 $\frac{d_{M_{\mathrm{I}}}}{d_x}=-qx+\frac{qK}{2}$。

令 $\frac{d_{M_{\mathrm{I}}}}{d_x}=0$，

则 $-qx+\frac{qK}{2}=0$。

当 $x=\frac{K}{2}$ 时，M_{I} 的值最大，即车辆的工作弯曲力矩以车辆横中线所在断面的值最大。

把 $x=\frac{K}{2}$ 代入式(4-4-1)得车辆横中线所在断面的弯曲力矩：

$$M_{横}=-\frac{q}{2}\left(\frac{K}{2}\right)^2+\frac{qK}{2}\times\frac{K}{2}+\frac{qK}{2}\times\frac{l-K}{2}$$
$$=-\frac{qK^2}{8}+\frac{qK^2}{4}+\frac{qKl}{4}-\frac{qK^2}{4}$$
$$=\frac{qKl}{4}-\frac{qKK}{8} \tag{4-4-2}$$

因为 $qK=0$，则：

$$M_{横}=\frac{Ql}{4}-\frac{QK}{8} \tag{4-4-3}$$

式中：Q 为货物重量，kg；l 为车辆销距，m；K 为货车负重面长度，m；$M_{横}$ 为车底架横中心线所在断面的工作弯曲力距，kg/m。

从上式可得：当 Q 一定时，K 值越大则 $M_{横}$ 越小；反之，K 值越小则 $M_{横}$ 越大。

车底架的最大工作弯曲力矩受其设计最大容许弯曲力矩[M]的限制，即车底架的最大工作弯曲力距不得超过其最大容许弯曲力矩[M]($M_{横}\leqslant[M]$)，当 $M_{横}>[M]$ 时，即集重。

$M_{横}$ 的最大值为[M]，当 $M_{横}=[M]$ 时，$[M]=\frac{Ql}{4}-\frac{QK}{8}$。

则：

$$K=2\left(l-\frac{4[M]}{9.8Q}\right) \tag{4-4-4}$$

或：

$$Q=\frac{8[M]}{9.8(2l-K)} \tag{4-4-5}$$

根据以上原理，可得出平车、凹底平车、长大平车局部承受货物重量，在车辆横中心线两侧等距离范围内承受均布载荷时，在一定负重面长度下的最大容许载重量表(见附件 17)。

【例 1】 钢结构货物一件，重 40 t、长 6.2 m、宽 2.8 m、高 2.4 m，货物重心在车底板上的投影位于货车纵、横中心线的交叉点上，货物重心距支重面高度为 1 m，货物两端中部距其支重面高度为 1 m 处有可供拉牵加固的拴结点，用一辆 N_{16} 型平车装载，其装载加固如图 4-4-2 所示。已知负重面长度为 6 m 或 7 m 时，N_{16} 型平车的最大载重为 37.5 t 或 40 t，确认货物是否为集重货物。

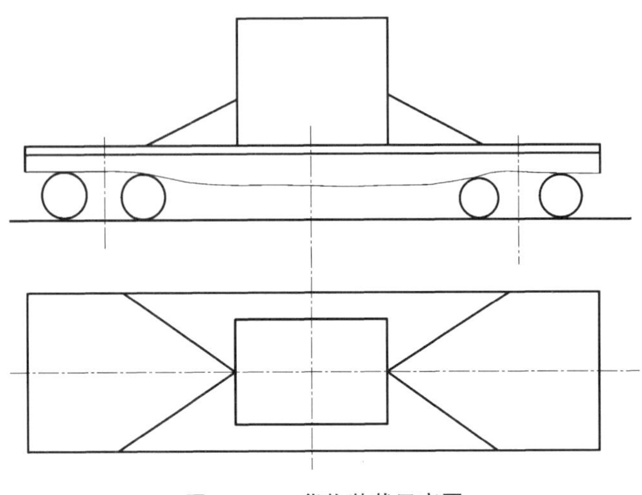

图 4-4-2　货物装载示意图

解：

$Q=40$ t，$L_{支}=6.2$ m。

因为货物直接装于车底板上，则 $L_{负}=L_{支}=6.2$ m。

N_{16} 型平车的 $L_{负}=6.2$ m，根据相关资料得：

$Q_{小}=37.5$ t，$Q_{大}=40$ t，$K_{小}=6$ m，$K_{大}=7$ m。

则运用插入法求得：

$$最大载重量\ Q_{载}^{大}=Q_{小}+\frac{Q_{大}-Q_{小}}{K_{大}-K_{小}}(L_{负}-K_{小})$$

$$=37.5+\frac{40.5-37.5}{7-6}(6.2-6)=37.5+1.6=39.1\text{ t}$$

所以，$Q>Q_{载}^{大}$为集重货物。

或 $K_{小}=K_{小}+\frac{K_{大}-K_{小}}{Q_{大}-Q_{小}}(Q-Q_{小})=6+\frac{7-6}{40.5-37.5}(40-37.5)=6.837$ m，即 $L_{负}<K_{小}$ 为集重货物。

2. 将货物直接放置在横垫木上

将货物直接放置在车底板上，货物重心落在车辆纵、横中心线的交叉点上，属于集重货物时，必须将货物放置在 2 根横垫木上，使其变成非集重货物，如图 4-4-3 所示。

当货物 Q 一定时，货物重力由 2 根横垫木分散，且 2 根横垫木中心线处所受重力分别为

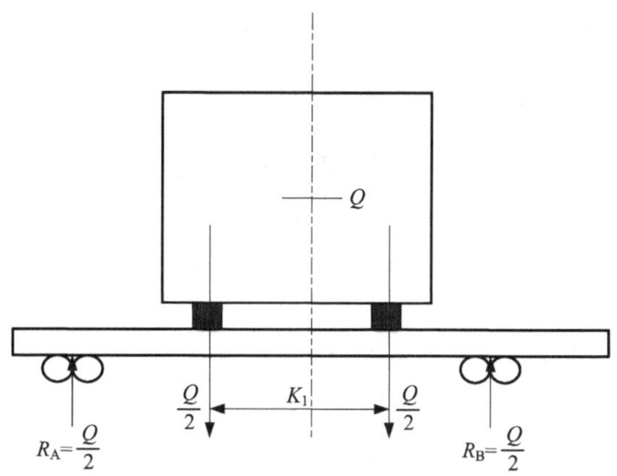

图 4-4-3 货底加垫横垫木装载

$\frac{Q}{2}$，车辆转向架的约束力为 R_A↑、R_B↑，设 2 根横垫木中心线间的最小距离为 K_1，则车辆横中心线断面处的最大弯曲力矩应为[M]，形成[M]的力为 R_A↑、$\frac{Q}{2}$↓。

R_A↑的力臂为$\frac{l}{2}$；$\frac{Q}{2}$↓的力臂为$\frac{K_1}{2}$，则：

$$[M]=R_A\times\frac{l}{2}-\frac{Q}{2}\times\frac{K_1}{2}=\frac{qK}{2}\times\frac{l}{2}-\frac{Q}{2}\times\frac{K_1}{2} \tag{4-4-6}$$

$$R_A=\frac{qK}{2} \tag{4-4-7}$$

因为 $qK=0$，则$[M]=\frac{Ql}{4}-\frac{QK_1}{4}=Q\,\frac{l-K}{4}$。

所以：

$$K_1=l-\frac{4[M]}{9.8Q} \tag{4-4-8}$$

或：

$$Q_{最大}=\frac{4[M]}{9.8(l-K_1)} \tag{4-4-9}$$

式中：[M]为车辆最大容许弯曲力矩，kg/m；Q 为货物重量，kg；l 为车辆销距，m；K_1 为 2 根横垫木中心线间的最小距离，m。

当车辆和货重 Q 一定：不加横垫木时，货车的负重面长度 K 等于货物支重面长，$K=2\left(l-\frac{4[M]}{9.8Q}\right)$；加横垫木时，货车的负重面长度等于 2 根横垫木中心线间的距离 K_1，$K_1=l-\frac{4[M]}{9.8Q}$，可见 $K=2K_1$。

由式(4-4-9)可求得，货物下对称放置横垫木，货物重心投影位于平车底板纵、横中心线的交叉点上时的最大容许载重量。

可见，同样重量的货物，2 根横垫木中心线间距 K_1 为不加垫木时所需平车负重面长度的一半，即 $K_1=\frac{K}{2}$。加横垫木起到了延长车辆负重面长度的作用。

因此，当所用车辆一定时，车辆的最大容许弯曲力矩 $[M]$ 为定值；货物重量 Q 一定时，货物的支重面长度小于货车负重面长度时为装载集重。此时，就要采取措施使货物的支重面长度大于或等于货车的负重面长度。此措施可有效避免平车装载集重。

3. 使货物重心产生纵向位移

当货物直接装在车底板上，货物重心落在车辆中央，属于装载集重时，采用使货物重心偏离车辆横中心线的装载方案，避免装载集重。设此时货物重心的纵向位移为 a，如图 4-4-4 所示。

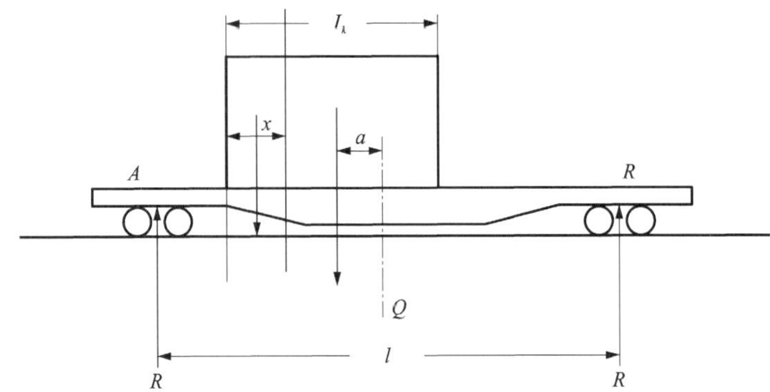

图 4-4-4　使货物重心偏移示意图

则对断面 Ⅰ－Ⅰ 来讲，形成其断面弯曲力矩的力为 $R_A\uparrow$、$qx\downarrow$。

$R_A\uparrow$ 的力臂为 $\frac{l}{2}-a-\frac{K}{2}+x$；$qx\downarrow$ 的力臂为 $\frac{x}{2}$。

则货物 Ⅰ－Ⅰ 断面处的工作弯曲力距如下：

$$M_{\mathrm{I}}=R_A\left(\frac{l}{2}-a-\frac{K}{2}+x\right)-qx\frac{x}{2}$$

$$=R_A\left(\frac{l}{2}-a-\frac{K}{2}+x\right)-\frac{qx^2}{2} \tag{4-4-10}$$

因为 $q=\frac{Q}{k}$，则：

$$M_{\mathrm{I}}=R_A\left(\frac{l}{2}-a-\frac{K}{2}+x\right)-\frac{Q}{2K}x^2$$

$$=-\frac{Q}{2K}\left[x^2-\frac{2K}{Q}R_A\left(\frac{l}{2}-a-\frac{K}{2}+x\right)\right]$$

$$=-\frac{Q}{2K}\left[x^2-\frac{2K}{Q}R_Ax-\frac{2K}{Q}R_A\left(\frac{l}{2}-a-\frac{K}{2}+x\right)\right]$$

$$=-\frac{Q}{2K}\left[x^2-2\frac{k}{Q}R_A x+\left(\frac{k}{Q}R_A\right)^2-\left(\frac{k}{Q}R_A\right)^2-\frac{2k}{Q}R_A\left(\frac{l}{2}-a-\frac{K}{2}+x\right)\right]$$

$$=-\frac{Q}{2K}\left[\left(x-\frac{k}{Q}R_A\right)^2-\frac{K}{Q}R_A\left(\frac{K}{Q}R_A+l-2a-K\right)\right] \tag{4-4-11}$$

当 $x=\frac{k}{Q}R_A$ 时，$\left(x-\frac{k}{Q}R_A\right)^2=0$，则此时 M_I 最大。

把 $x=\frac{k}{Q}R_A$、$q=\frac{Q}{k}$代入 $M_I=R_A\left(\frac{l}{2}-a-\frac{k}{2}+x\right)-\frac{qx^2}{2}$得

$$M_{max}=R_A\left(\frac{l}{2}-a-\frac{K}{2}+\frac{K}{Q}R_A\right)-\frac{Q}{2k}\left(\frac{K}{Q}R_A\right)^2$$

$$=\frac{R_A}{2}\left(l-2a-K+\frac{2KR_A}{Q}-\frac{KR_A}{Q}\right)$$

$$=\frac{R_A}{2}\left(\frac{KR_A}{Q}+l-2a-k\right) \tag{4-4-12}$$

由 $\sum M_A=0$ 得 $R_A l=Q\left(\frac{l}{2}+a\right)$，则 $R_A=Q\left(\frac{1}{2}+\frac{a}{l}\right)$。

所以：

$$M_{max}=\frac{Q}{2}\left(\frac{1}{2}+\frac{a}{l}\right)\left[\frac{KQ\left(\frac{1}{2}+\frac{a}{l}\right)}{Q}+l-2a-K\right]$$

$$=Q\left[\left(\frac{l}{4}-\frac{a^2}{l}\right)+K\left(\frac{a^2}{2l^2}-\frac{1}{8}\right)\right] \tag{4-4-13}$$

因为平车车底架的最大容许弯曲力矩为[M]，所以 $M_{max}=[M]$。

当 Q 一定时，所需平车车底板负重面长为 K'：

$$K'=2\left(l-\frac{4[M]}{Q}\times\frac{l^2}{l^2-4a^2}\right) \tag{4-4-14}$$

式中：[M]为车底架的最大容许弯曲力距，kg/m；Q 为货物重量，kg；K'为平车的车底板负重面长度，m；l 为平车销距，m；a 为货物重心纵向位移，m。

当 $a=0$ 时，$K'=2\left(l-\frac{4[M]}{Q}\right)=K$；当 $a>0$ 时，$K'=2\left(l-\frac{4[M]}{Q}\times\frac{l^2}{l^2-4a^2}\right)$。则：

$$K'-K=2\left(l-\frac{4[M]}{Q}\times\frac{l^2}{l^2-4a^2}\right)-2\left(l-\frac{4[M]}{Q}\right)$$

$$=\frac{8[M]}{Q}\left(\frac{l^2}{l^2-4a^2}-1\right) \tag{4-4-15}$$

所以，$l^2-4a^2<l^2$；$\frac{l^2}{l^2-4a^2}<1$；$\frac{l^2}{l^2-4a^2}-1<0$；$K'-K<0$。

$K'<K$，当货重 Q 一定、$a>0$ 时，则比 $a=0$ 时所需货车的车底板负重面长度小一些，可以避免货物装载集重。

由上述推理可见，判断货物装载后是否集重的理论依据是平车的车底板工作弯曲力矩 M

小于或等于平车的车底板容许弯曲力矩[M]。当 $M \leqslant [M]$ 时，车底板受力处于合理状态；当 $M>[M]$ 时，车底板受力处于不合理状态，即为装载集重。

(三)一车装载一件货物时，避免集重装载的方法

1. 换车

改换设计容许弯曲力矩[M]大的车辆，使[M]的值增大。当货物重量 Q 一定时，[M]值越大则所需车辆的负重面长度 K 值就越小，以满足 $K \leqslant 2\left(l-\frac{4[M]}{9.8Q}\right)$。

2. 加用横垫木

(1)只使用横垫木。

当没有强度更大的平车可供选择，货物支重面长度小于 K 值时或货物重量不能均衡地分布于车底板上时，则必须将货物放置在 2 根横垫木上，当货物直接装在车底板上且其支重面长度小于平车要求的负重面长度时，应加垫横垫木，以通过改变车底板受力状况来避免集重装载。这时，2 根横垫木中心线之间的最小距离 K_1 为不加垫木时需要的平车负重面长度 $K=2\left(l-\frac{4[M]}{9.8Q}\right)$ 的一半。

如果货物的支重面长度比较小，将货物直接置于 2 根横垫木之上不能保证安全时，应铺设纵横垫木。

(2)使用纵横垫木。

当货物的支重面长度 K 小于所需 2 根横垫木中心线间最小距离 K_1 时，应使用纵横垫木。可按需要先铺设 2 根横垫木，然后在横垫木上加纵垫木，将货物均衡地装在纵垫木上，如图 4-4-5 所示。

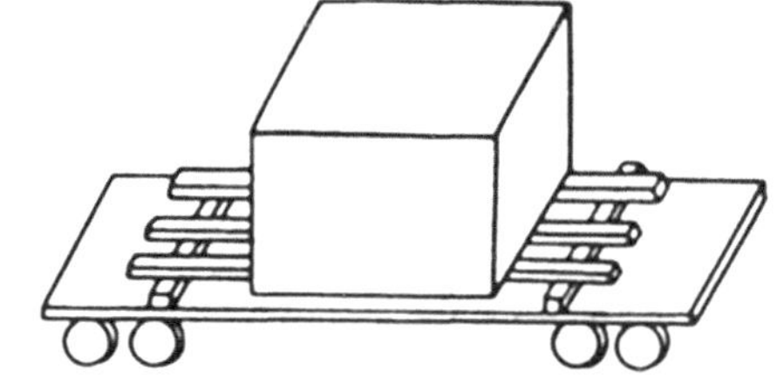

图 4-4-5　使用纵横垫木装载示意图

纵垫木的长度，除须满足 2 根横垫木中心线间的最小距离外，每端还须出端头 200 mm 以上，并予加固，以防纵向窜动倒塌。

图中 2 根横垫木中心线间的距离与只加横垫木时的要求一致。但货物装载于一定车辆上，需要使用纵、横垫木时将增加加固方面的难度，也增加了加固材料的消耗量。因此，应首先考虑调换底架强度比较大的车辆，尽可能避免使用纵横垫木的装载方法。

3. 使货物重心产生纵向位移

当货物直接装在车底板上，货物重心落在车辆中央，属于装载集重时，采用使货物重心偏离车辆横中心线的装载方案，避免装载集重。

当 Q 一定时，所需平车的车底板负重面长度为 K'：

$$K'=2\left(l-\frac{4[M]}{Q}\times\frac{l^2}{l^2-4a^2}\right) \tag{4-4-16}$$

式中：[M]为车底架的最大容许弯曲力距，kg/m；Q 为货物重量，kg；K'为平车的车底板负重面长度，m；l 为平车销距，m；a 为货物重心纵向位移，m。

当 $a=0$ 时，则 $K'=2\left(l-\frac{4[M]}{Q}\right)=K$。

当 $a>0$ 时，则 $K'=2\left(l-\frac{4[M]}{Q}\times\frac{l^2}{l^2-4a^2}\right)$。

$K'<K$，当货重(Q)一定、$a>0$ 时，则比 $a=0$ 时所需货车的车底板负重面长度小一些，可以避免货物装载集重。

综上所述，避免平车装载集重的方法如下：货物一定时，选择货车，使货车的负重面长度适合于货物重量，从而使货车的工作弯曲力矩小于或等于货车的容许弯曲力矩($M\leqslant[M]$)；在货物下边放置横垫木(或纵横垫木)，从而使货车所受最大工作弯曲力矩小于或等于货车的容许弯曲力矩($M\leqslant[M]$)；使货物重心产生纵向位移，从而使货车所受最大弯曲力矩小于或等于货车的容许弯曲力矩($M\leqslant[M]$)。

(四)一车装多件货物时，避免集重装载的方法

(1)对于长度较大的货物，如型钢、长钢坯、钢管等一般顺向并排或成摞装载。

(2)对于多件外型尺寸、重量相同的货物，如钢锭、钢坯、卷钢、电缆、钢丝绳、金属块锭等，可采取下列方法：

①一车装载偶数件货物时，将货物分成重量相等的两部分，对称车辆横中心线装载，一般装在两枕梁上或者枕梁附近。

②一车装载奇数($2n+1$)件货物时，在车辆横中心线处装 1 件，其余 $2n$ 件分成相等的两部分，对称车辆横中心线分别装载于两枕梁上或枕梁附近。

(3)多件货物装载时，是将较重货物放在平车中间有利，还是将较轻货物放在平车中间有利，需通过计算求得最优装载方法。一般来说，将较轻货物放在平车中间有利于避免集重装载。

【例 2】 钢结构货物一件，重 40 t、长 6.2 m、宽 2.8 m、高 2.4 m，货物重心在车底板上的投影位于货车纵、横中心线的交叉点上，货物重心距支重面高度为 1 m，货物两端中部距其支重面高度为 1 m 处有可供拉牵加固的拴结点各处，用一辆 N_{16} 型车装载，其装载加固如图 4-4-6 所示，确认货物是否为集重货物。

解：

$Q=40$ t，$L_{支}=6.2$ m。

因为货物直接装载于车底板上，则 $L_{负}=L_{支}=6.2$ m。

N_{16} 型车 $L_{负}=6.2$ m 时，由表 4-4-1 查得：

$Q_{小}=37.5$ t、$Q_{大}=40$ t、$K_{小}=6$ m、$K_{大}=7$ m。

则运用插入法求得最大载重量：

$$Q_{载}^{max}=Q_{小}+\frac{Q_{大}-Q_{小}}{K_{大}-K_{小}}(L_{负}-K_{小})$$

$$=37.5+\frac{40.5-37.5}{7-6}(6.2-6)=37.5+1.6=39.1\ \text{t}$$

即 $Q>Q_{载}$ 为集重货物。

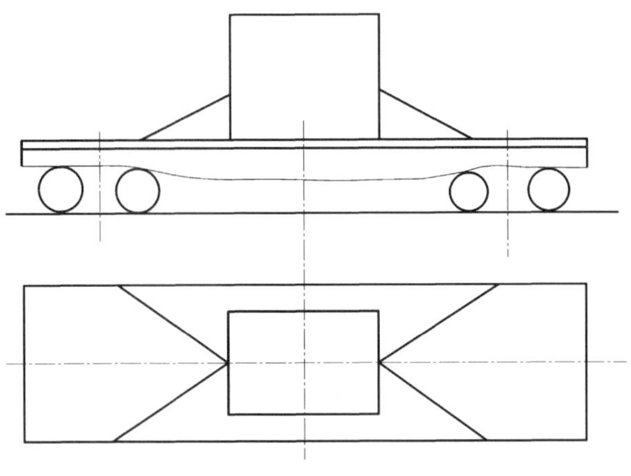

图 4-4-6　货物装载示意图

或 $K_{小}=K_{小}+\frac{K_{大}-K_{小}}{Q_{大}-Q_{小}}(Q-Q_{小})=6+\frac{7-6}{40.5-37.5}(40-37.5)=6.837\ \text{m}$，

即 $L_{负}<K_{小}$ 为集重货物。

(4)避免平车装载集重的方法。

根据现场实际情况采用以下三种方法之一，既可将集重货物变为非集重货物，又能保证货物装载方案的合理性，并改善或维持货物原有的运行条件。

①换车。

不论始发站还是中途站，对于货运检查时发现的集重货物，若现场有合适的车辆，换车是最好的办法。

续[例 2]：将 N_{16} 型车换成 N_{17} 型、N_9 型均可，但此时应注意新换车辆的自重、载重、空车重心高及车底板的高度，不能因换车而影响车辆的正常运行条件。

对于 N_{17} 型车，当 $L_{支}=6$ m 时，其 $Q_{载}^{大}$ 为 53 t。

该货物从集重变成了非集重货物，且 N_{17} 型车的空车重心高及车底板高度均比 N_{16} 型车小，所以换车后的货物装载将更合理。当现场无合适的车型可换时，则选用加横垫木的方法。

②加横垫木。

加横垫木后，将会使重车重心高(H)增高，但注意 $H>2000$ mm 时，需配重降低其重车重心。若因加横垫木而造成限速运行，则会影响铁路正常运输秩序，提高运输成本。

续[例 2]：直接加横垫木，则两横垫木中心线之间的最小距离为 $K_{小}=K_{小}+\frac{K_{大}-K_{小}}{Q_{大}-Q_{小}}(Q-Q_{小})=3+\frac{K_{大}-K_{小}}{Q_{大}-Q_{小}}(Q-Q_{小})=3+0.417=3.417\ \text{m}$。

若加横垫木后造成重车重心高 $H>2000$ mm 而又无合适的配重货物时，则用使货物重心产生位移的方法将集重货物变为非集重货物。

③使货物重心产生纵向位移。

续[例 2]：N_{16} 型车的 $K'=6.2$ m，$Q=40$ t，$[M]=589.385\ KN\times M$。

由 $K'=\left(l-\frac{4[M]}{Q}\times\frac{l^2}{l^2-4a^2}\right)$ 得 $a=0.801$ m。

将货物重心移至与车辆横中心线的所在平面的垂直距离为 0.801 m 时，货物由集重货物变为了非集重货物，但这样会使作用在货物上的横向力 $N=n_0Q(n_0=2.94+3.34)$ 增大。

当 $a=0$ 时，$N=2.94\times40=117.6$ kN；但当 $a=801$ mm 时，$N=(2.94+3.34)\times40=129.107$ kN，增加了 11.507 kN。

垂直惯性力增大，货物所受的横向力摩擦力 $F=(9.8Q-Q_{垂})$ 减小，致使货物的稳定系数降低，增大加固难度，运行中货物的稳定性变差，而且现场采用此方法计算货车的弯曲力矩 $[M]$ 无从查找，所以一般不采用此方案。

总之，在货车大提速的今天，货运及有关工作人员可根据此方法，快速而准确地判断货物是否集重。本小节以实例论证了这三种避免平车“装载集重”方法在现场工作中运用的可行性，具体分析了其运用时的优、缺点及安全注意事项。现场应根据货物自身的特点及现场运用车的情况，选择合理的方法将集重货物变为非集重货物，同时完善货物的装载方案，改进或维持原货物的运行条件。

三、敞车避免集重装载的基本方法

由于平车数量不足，近年来常用敞车装运钢锭、卷钢、卷板以及成捆的金属块、锭等小大件钢材类货物，但其车体结构很容易造成货物集重装载。

敞车避免集重装载的方法有二：一是最好均布承载，使重量均匀分布在车底板上，达到满载；二是在不能做到全车均布装载时，可充分利用枕梁，集中于枕梁附近局部装载。敞车局部底板面承受货物重量时，可采取以下装载方法避免集重装载。

（一）仅在敞车两枕梁之间、车辆横中心线两侧等距离范围内装载

1. 承受均布荷载时

在车底板中部一定长度上用砝码加载，如图 4-4-7 所示，加载宽度分别为 1.3 m 与 2.5 m。调整负重面长度反复试验，敞车两枕梁间承受均布载荷时容许载重量表见附件 18。

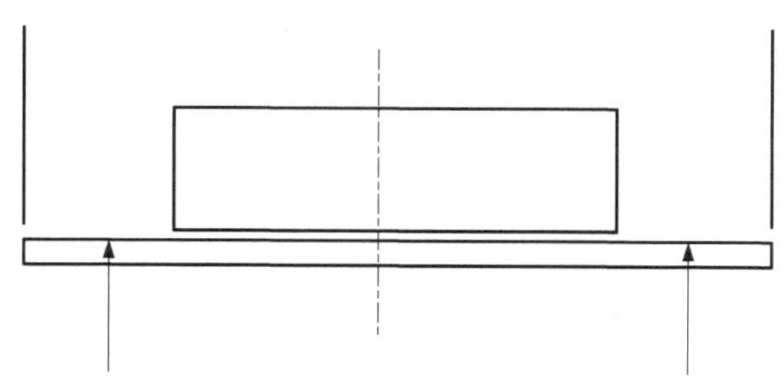

图 4-4-7　在枕梁间承受均布荷载示意图

这是敞车承受集中载荷能力最差的一种工况，仅在只有一件货物且其本身重量又较小，必须用一辆敞车装运时才可运用。每车容许载重量与负重面长度成正比。

2. 承受对称集中荷载时

在货物下对称加 2 根横垫木时（见图 4-4-8），每车容许载重量随横垫木中心线间距 K_1 与横垫木长度的不同而变化，当 2 根横垫木中心线的间距为 8.7 m 时，车辆枕梁直接承受货

物重量，车辆的工作弯曲力矩为零，允许车辆装载量达到标重。

车辆横中心线两侧等距离范围内承受对称集中载荷时最大容许载重量遵守附件 18 的相关规定。车辆限 C_{62A*}、C_{62A*K}、C_{62AK}、C_{62A*T}、C_{62AT}、C_{62BK}、C_{62BT}、C_{64K}、C_{64H} 及 C_{64T}10 种车型的敞车。

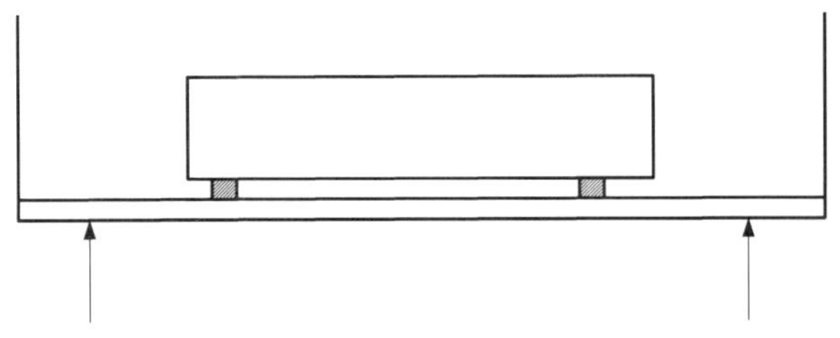

图 4-4-8　两枕梁间承受集中荷载示意图

(二) 两枕梁直接承受货物重量且所承受的货物重量相等时，全车装载重量可以达到车辆容许载重量

货物的支重面长度大于车辆销距(8.7 m)时，应在枕梁上铺设横垫木、草支垫或稻草绳把。此时，车辆枕梁直接承受货物重量，车辆的工作弯曲力矩为零，装载量可达容许载重量。货物自身刚度较大的，可以直接放在车底板上。

(三) 在车辆两枕梁内外等距离(装载长度不超过 3.8 m)、宽度不小于 1.3 m 范围内(小于 1.3 m 时加垫长度不小于 1.3 m 的横垫木)承受均布载荷(加垫横垫木为对称集中载荷)时，全车装载重量可以达到车辆标记载重量

如果需要在货物下加垫横垫木或条形草支垫(稻草绳把)时，应分别将其加垫在枕梁上及内外各 1 m 处。

目前，铁路通用敞车车长 12.5 m，销距为 8.7 m，枕梁中心至车端距离为 1.9 m，货物长度或车辆每端装载长度不超过 3.8 m 时，均可按如图 4-4-9 所示装载。试验表明，当车辆装载长度不超过 3.8 m、宽度不小于 1.3 m，每个枕梁上方装载的货物重量相等时，容许装载量可以达到标重。宽度小于 1.3 m 时可加垫长度不小于 1.3 m 的横垫木。

如果考虑装、卸时便于穿钢丝绳，需要在货物下加垫横垫木或条形草支垫(稻草绳把)时，应分别加垫在车辆枕梁上及枕梁内外各 1 m 处，如图 4-4-10 所示。

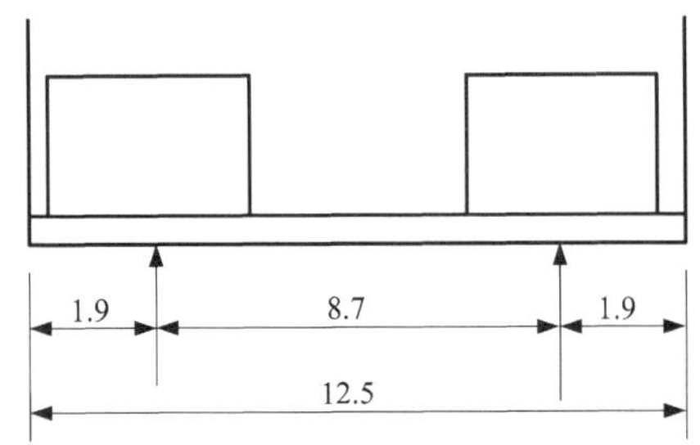

图 4-4-9　货物直接装在车底板上(单位：m)

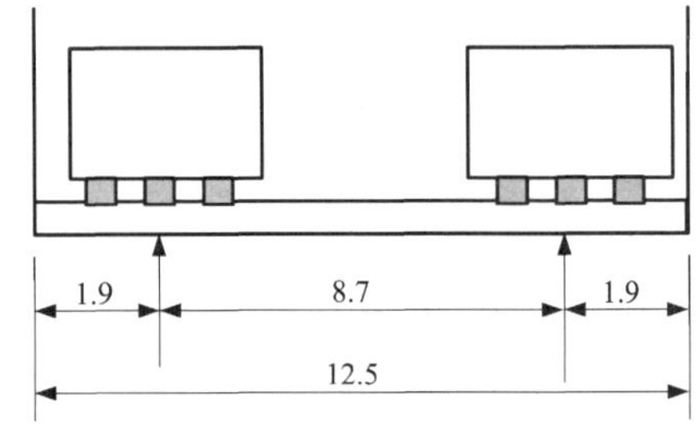

图 4-4-10　加垫横垫木或条形草支垫装载(单位：m)

(四)靠车辆两端墙向中部均匀连续装载货物

当货长小于车长的一半，又大于3.8 m时，可将货物分成重量、装载长度相当的两部分，靠车辆两端墙向中部连续装载(见图4-4-11)，此时应遵守下列规定：

(1)当车辆装载宽度不小于2.5 m时，全车装载量可以达到车辆标重。

(2)当车辆装载宽度不小于1.3 m且不足2.5 m时，全车装载量不得超过55 t。车辆负重面宽度不得小于1.3 m时，装载量最多可达55 t。

这种承载工况的允许装载量，随车辆每端的负重面长度增大而减小。

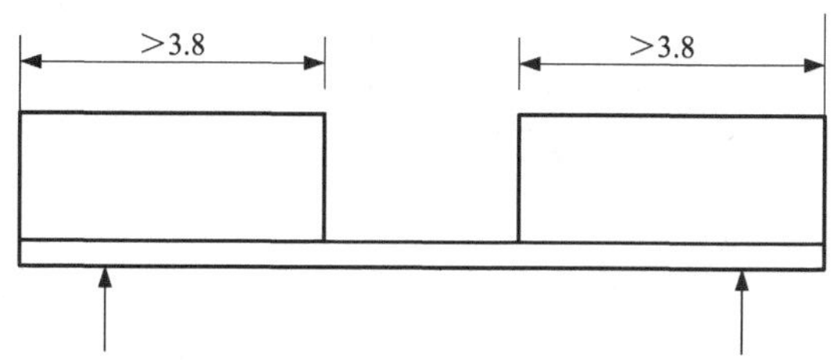

图4-4-11 靠车辆两端墙向中部装载图(单位：m)

靠车辆两端墙向中部连续装载货物，每端装载长度超过3.8 m时，应遵守下列规定：

(1)装载宽度不小于2.5 m时，全车装载重量可以达到车辆标记载重量。

(2)装载宽度不小于1.3 m且不足2.5 m时，全车装载重量不得超过55 t。

(五)在车辆两枕梁内外等距离、宽度不小于1.3 m的范围及车辆中部三处承载(见图4-4-12)

当货长≤3.8 m时，一车装奇数件货，无法分为重量及装载长度相等的两部分时，应采用车辆两枕梁内外等距离范围及车辆中部三处承载，中部货物的重量不大于13 t，全车重量不大于57 t。

在车辆两枕梁内外等距离、宽度不小于1.3 m范围内和车辆中部三处承载时，中部货物的重量不得大于13 t，全车装载重量不得超过57 t。

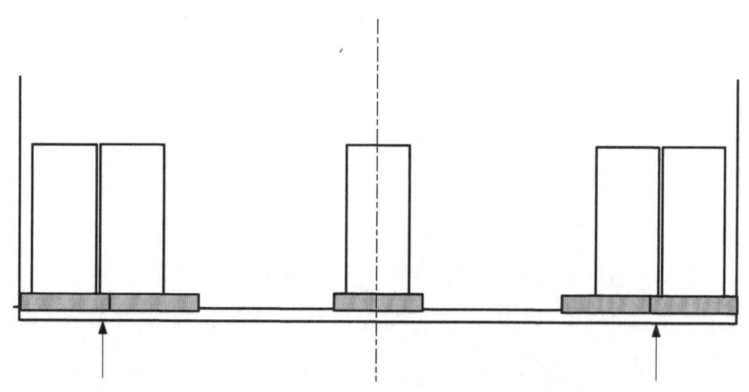

图4-4-12 枕梁内外等距离及车辆中部三处承载图

(六)靠车辆两端墙向中部连续装载，每端装载长度超过 3.8 m，且在车辆中部装载货物时(见图 4-4-13)应遵守的规定

(1)中部所装货物的重量不得超过 13 t。

(2)当两端货物的装载宽度不小于 2.5 m 时，全车装载重量不得超过 57 t。

(3)当两端货物的装载宽度不小于 1.3 m 且不足 2.5 m 时，全车装载重量不得超过 55 t。

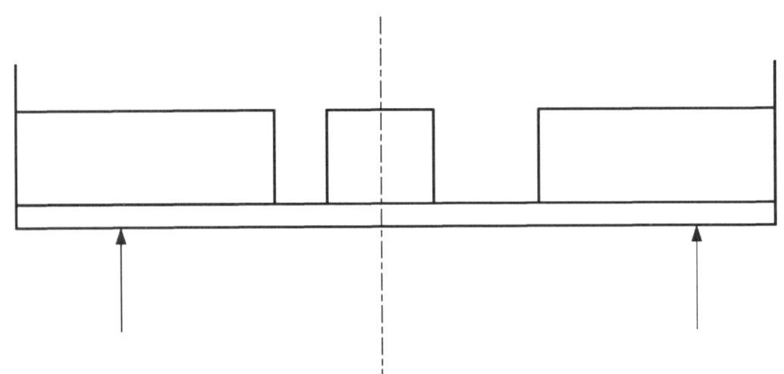

图 4-4-13　靠车辆两端墙及中部连续装载图

上述情况对车辆中部装载的货物有重量限制，但无负重面宽度的要求。

为了提高装载量，当货物宽度不足 1.3 m 时，可以通过两件或者多件并排装的方法使车辆的负重面宽度不小于 1.3 m。《加规》第 44 条规定：使用敞车装载钢板，钢板宽度小于 1.3 m 时，应双排顺装。

无法并排顺装时，根据《加规》第 16 条的规定，应使用长度不小于 1.3 m 的横垫木，使负重面宽度不小于 1.3 m。

(七)仅靠防滑衬垫防止货物移动时，全车装载重量不得超过 55 t

用敞车装小大件时，若仅靠防滑衬垫防止移动，全车载重量不得超过 55 t。多次试验表明，在货物下加稻草垫或稻草绳把后，货物几乎不发生横向移动，但不可避免地会发生纵向移动，一般会有 50 mm 左右的位移。所以，一般装载量会有适当的限制。

一些货物在采取可靠加固措施后，其技术装载量可以达到货车标记载重量或者货车容许载重量。

第五节　货物的加固计算

对货物进行加固的主要目的，是使货物能够经受正常调车作业以及货车运行中所产生各种力的作用，在运输全过程中保持其在车上的初始装载位置。

货物的加固方法及强度，应通过科学的加固计算来确定。加固计算的一般程序如下：

(1)计算作用于货物上的各种力。

(2)判定货物稳定性。

(3)确定合理的加固方法、加固材料、加固强度。

一、运行中作用在货物上的各种力

随着全路多次大面积提速的实施，运输条件和运输环境发生了相应的变化。货车运行速度的提高，运行中产生的负压和涡流影响增大，对货物的装载加固具有很大影响。因此，需要强化货物装载加固质量，确保提速运输的安全。

提高货车运行速度，装载加固所需力值会相应增大。现行的力值标准是针对货车运行速度$v \leqslant 120$ km/h、调车连挂速度 $v \leqslant 5$ km/h 而确定的。

(一)纵向惯性力(T)

纵向惯性力是运行中加减速及调车中的连挂冲撞等原因产生的车辆纵方向前后发生作用的力，其着力点在货物重心处，是造成货物移动、倾覆或滚动的主要原因。

纵向惯性力 T 按下式确定：

$$T=t_0 Q \tag{4-5-1}$$

式中：Q 为货物重量，t；t_0 为每吨货物的纵向惯性力，因加固种类(柔性或刚性)不同而不同，kN/t。

1. 采用刚性加固时，每吨货物的纵向惯性力

刚性加固指用长大铁底板货车装载时，将货物直接焊到铁底板上，或者在铁底板上加焊钢挡的加固。这样就把货物卡死在原来的位置。当车辆受到冲击时，货物和车几乎具有相同的加速度，车和货物的受力几乎没有“时间差”，纵向冲击力被货物全部吸收，货物所受的纵向惯性力最大。

用满载的 60 t 货车作冲击车，被冲击车用不同总重的重车(同一货车分别装载不同重量的货物)，根据冲击速度为 5 km/h 的冲击试验研究结果，可得每吨货物的纵向惯性力 t_0：

$$t_0=26.69-0.13Q_{总} \tag{4-5-2}$$

式中：$Q_{总}$ 为重车总重(当 $Q_{总}>130$ t 时，按 130 t 计算)，t。

2. 采用柔性加固时，每吨货物的纵向惯性力

柔性加固指采用抗拉刚度较小的加固材料，如多股镀锌铁线、钢丝绳、铁链等，对货物进行拉牵加固或者下压式捆绑加固。它主要是利用材料受力后的反弹力保持货物在车底板上的稳定性。当车辆受到冲击时，货物会因惯性向车辆冲击端作少许移动，但在加固材料收缩力的作用下，货物又几乎回到了原来的位置。柔性加固时，货物和车的受力有一个“时间差”和缓冲的过程，所以柔性加固惯性力值较小。

采用柔性加固后作为被冲击车，用满载的 60 t 货车以 5 km/h 的速度相撞，根据试验研究结果，可得每吨货物的纵向惯性力 t_0：

$$t_0=0.0012Q_{总}^2-0.32Q_{总}+29.85 \tag{4-5-3}$$

式中：$Q_{总}$ 为重车总重(跨装运输时，按跨装车组总重计算)，t。

当 130 t$<Q_{总} \leqslant 150$ t 时，$t_0=6.78$ kN/t；当 $Q_{总}>150$ t 时，$t_0=5.88$ kN/t。

(二)横向惯性力(N)

横向惯性力包括由于货车运行或者调车中经过曲线线路或者通过侧向道岔时产生的离心力和由于外轨超高时重力产生的水平分力，以及车辆的侧摆、侧滚、摇头等横向振动产生的

横向惯性力。横向惯性力作用于货物重心处，力的方向与线路方向垂直，或者背离圆心，是货物横向移动、滚动或者倾覆的主要原因。货物的横向惯性力与线路状态、运行速度、车辆销距以及货物在车辆上的装载位置有关，按下式计算：

$$N=n_0Q \tag{4-5-4}$$

式中：n_0 为每吨货物的横向惯性力，kN/t；Q 为货物重量，t。

货物货车的最高运行速度为 120 km/h 时：

$$n_0=2.82+2.2\frac{a}{l} \tag{4-5-5}$$

式中：a 为货物重心偏离车辆横中心线的距离(跨装时，a 为货物转向架中心销偏离车辆横中心线的距离)，mm；l 为负重车转向架中心距(具有多层转向架群的货车为底架心盘中心距)，mm。

(三)垂直惯性力($Q_垂$)

垂直惯性力是由于运行中的车辆的沉浮、点头、侧滚振动引起方向上下交替作用的力，作用于货物重心处，其大小基本上取决于车辆的性能、线路状态、运行速度、所装货物的质量及重心在车辆长度方面的位置。垂直惯性力可按下式计算：

$$Q_垂=q_垂 Q \tag{4-5-6}$$

式中：Q 为货物重量，t；$q_垂$ 为每吨货物的垂直惯性力，与所用车种有关，kN/t。

(1)使用敞车和普通平车装载时：

$$q_垂=3.54+3.78\frac{a}{l} \tag{4-5-7}$$

式中：a 为货物重心偏离车辆横中心线的距离，mm；跨装时，为货物转向架中心销偏离车辆横中心线的距离，mm；l 为负重车转向架中心距，mm。

(2)使用长大货物车装载时：

$$q_垂=4.53+7.84\frac{a}{l} \tag{4-5-8}$$

(四)风力(W)

侧向风力有可能导致货物在车辆上横移，特别是当风力与货物的横向惯性力方向一致，且货物重量较小，迎风面积又比较大时，风力对货物在车上的稳定性威胁较大。因而在加固计算时应考虑风力。

货物所受风力的着力点在货物迎风面积的几何中心处，其大小与货物形状、受风作用面积及风压大小直接相关。可按下式计算：

$$W=qF \tag{4-5-9}$$

式中：q 为侧向计算风压，受风面积为垂直平面时 $q=0.49\ \text{kN/m}^2$(十级大风时距地面 5 m 高处的风压)，受风面积为圆柱体或圆柱体侧面时为 $q=0.245\ \text{kN/m}^2$；F 为货物侧向迎风面的投影面积，m^2。

(五)摩擦力($F_摩$)

货物与车底板间的滑动摩擦力能阻止货物移动，是有助于货物保持初始装载状态的稳定的因素。摩擦力可按下式计算：

纵向摩擦力：

$$F_{摩}^{纵}=9.8\,IQ\ (\text{kN}) \tag{4-5-10}$$

横向摩擦力：

$$F_{摩}^{横}=I\left[9.8(Q-Q_{垂})\right](\text{kN}) \tag{4-5-11}$$

式中：Q 为货物重量，t；$Q_{垂}$ 为货物的垂直惯性力，kN；I 为摩擦系数，按表 4-5-1 取值。

表 4-5-1　铁路货物常用摩擦系数表

物体名称	摩擦系数
木与木	0.45
木与钢板	0.40
木与铸钢	0.60
钢板与钢板	0.30
履带走行机械与车辆木底板	0.70
橡胶轮胎与车辆木底板	0.63
橡胶垫与木	0.60
橡胶垫与钢板	0.50
稻草绳把与钢板	0.50
稻草绳把与铸钢	0.55
稻草垫与钢板	0.44
草支垫与钢板	0.42

当货物与车底板间加有垫木或衬垫时，应取货物与垫木或衬垫间及垫木或衬垫与车底板之间较小的摩擦系数。

作用于货物的上述诸力中，纵向惯性力、横向惯性力和垂直惯性力均作用在货物重心，风力合力的作用点在受风面积的几何中心，摩擦力作用在货物的支重面上。

在一般情况下，重车运行中往往是几种力同时作用在货物上，但是不可能同时达到最大值。在对货物进行加固时，为保证行车和货物的安全，加固材料的强度必须与各种力的最大值相适应，按最为不利的力的组合确定。

【例 1】　钢结构均重货物一件，重 50 t、长 8 m、宽 2.2 m、高 1.5 m，使用 N_{17AK} 型车装运。计算作用于货物上各种力的数值。

解：

使用普通平车装载，只可能采用柔性加固。用 N_{17AK} 木底板平车均衡装载，车辆自重按 19.7 t 计算，重车总重为 69.7 t。作用于货物上的各种力的数值如下：

（1）纵向惯性力：

$$\begin{aligned}T&=t_0Q=(0.0012Q_{总}^2-0.32Q_{总}+29.85)Q\\&=(0.0012\times69.7^2-0.32\times69.7+29.85)\times50\\&=668.8\ \text{kN}\end{aligned}$$

(2)横向惯性力：

$$N=n_0Q=\left(2.82+2.2\frac{a}{l}\right)Q=2.82\times50=141\ \text{kN}$$

(3)垂直惯性力：

$$Q_{垂}=\left(3.54+3.78\frac{a}{l}\right)Q=3.54\times50=177\ \text{kN}$$

(4)风力：

$$W=qF=0.49\times8\times1.5\approx5.9\ \text{kN}$$

(5)摩擦力：

$$F_{纵}=9.8\mu Q=9.8\times0.4\times40=156.8\ \text{kN}$$

$$F_{横}=\mu(9.8Q-Q_{垂})=0.4(9.8\times40-157.6)=93.8\ \text{kN}$$

二、货物稳定性的判定

作用在货物上的诸力中，纵、横向惯性力和风力属于不稳定因素，可能使货物发生纵、横向的倾覆、滚动和移动；垂直惯性力的方向向上时可减少货物对车底板的正压力，减少摩擦力，不利于货物的稳定，当其方向向下时则对货物的稳定有利；货物的重力和摩擦力则是使货物保持稳定的力，能阻止货物的倾覆、滚动、移动。但重力和摩擦力能否在不采取加固措施或仅进行简单加固的情况下保持货物的稳定，需要通过检算。

(一)货物在倾覆方面的稳定性

货物的倾覆稳定系数等于货物稳定力矩与倾覆力矩之比：

$$倾覆稳定系数\ \eta=\frac{稳定力矩}{倾覆力矩}=\frac{稳定力\times稳定力臂}{倾覆力\times倾覆力臂} \tag{4-5-12}$$

当稳定系数 $\eta\geqslant1.25$ 时，说明仅凭货物本身的重力和摩擦力就可保证货物在正常运行条件下的稳定，不需进行加固。

在不采用加固措施的情况下，货物免于倾覆的条件如下：

在纵向：

$$\eta=\frac{9.8Qa}{Th}\geqslant1.25 \tag{4-5-13}$$

在横向：

$$\eta=\frac{9.8Qb}{Nh+Wh_{风}}\geqslant1.25 \tag{4-5-14}$$

式中：Q 为货物重量，t；a 为货物重心所在横向垂直平面至货物倾覆点之间的距离，mm；b 为货物重心所在纵向垂直平面至货物倾覆点之间的距离，mm；T 为货物的纵向惯性力，kN；N 为货物的横向惯性力，kN；h 为货物重心自倾覆点所在水平面起算的高度，mm；W 为作用于货物上的风力，kN；$h_{风}$为风力合力作用点自倾覆点所在水平面起算的高度，mm。

当倾覆稳定系数小于 1.25 时，需要采取加固措施。

(二)货物在滚动方面的稳定性

圆柱体、球形、带轮货物在运行中特别容易滚动，因此装车后必须先用掩木、三角挡、凹木或者轮挡对其进行掩挡加固，如图 4-5-1 所示。

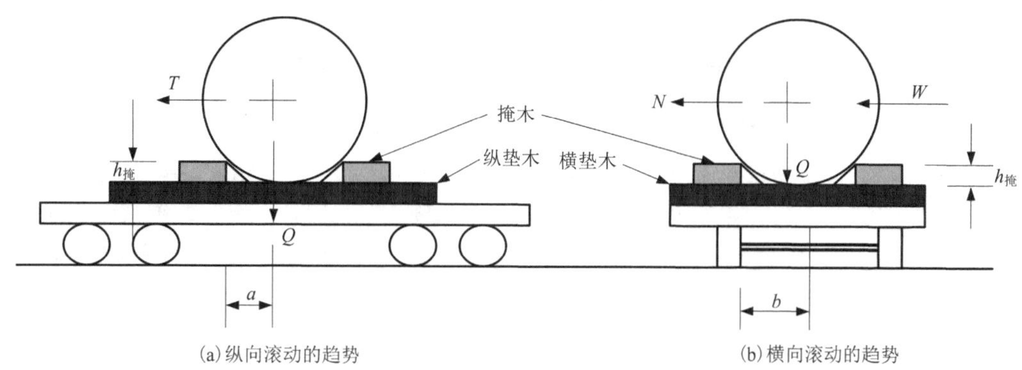

图 4-5-1　货物滚动的趋势

在进行掩挡加固后，货物免于滚动的条件如下：

在纵向：

$$\eta=\frac{9.8Qa}{T(R-h_{掩})}\geqslant 1.25 \tag{4-5-15}$$

在横向：

$$\eta=\frac{9.8Qb}{(N+W)(R-h_{掩})}\geqslant 1.25 \tag{4-5-16}$$

式中：a、b 分别为货物重心所在横向或纵向垂直平面至三角挡(或掩木)与货物接触点之间的距离，mm；R 为货物或轮子的半径，mm；$h_{掩}$ 为掩木或三角挡与货物接触点自货物或轮子最低点所在水平面起算的高度，mm。

如果稳定系数小于 1.25，表明所使用的掩木或三角挡的高度不够，应同时采用其他加固措施。

可见，货物免于滚动的条件主要取决于掩挡的高度。我们完全可以根据圆柱体、球形货物免于纵、横向滚动的条件推导出单独使用掩挡防止货物纵、横向滚动时所需要的掩挡高度。

(三)货物在水平移动方面的稳定性

如果货物的纵向惯性力大于纵向摩擦力，或横向惯性力与风力之和的 1.25 倍大于横向摩擦力，应采取加固措施防止货物移动。

加固材料应承受的纵向力或横向力可按下式计算：

在纵向：

$$\Delta T=T-F_{摩}^{纵}(\mathrm{kN}) \tag{4-5-17}$$

在横向：

$$\Delta N=1.25(N+W)-F_{摩}^{横}(\mathrm{kN}) \tag{4-5-18}$$

其中，横向力与风力之和乘以 1.25 是因为货物在运行过程中一旦发生横向位移，很容易导致重车脱轨，所以为确保货车运行安全，应适当提高加固强度。

如果 ΔT 或 ΔN 为负值或零，表明仅靠摩擦力就足以阻止货物水平移动。

三、常用的加固材料、加固方法及加固强度计算

(一) 常用的加固材料与装置

常见的加固材料与装置按材质分类如下：

加固材料：木质加固材料有支柱、垫木、三角木、凹木、挡木、掩木、方木、支撑方木、隔木等；钢制加固材料有镀锌铁线、盘条、钢丝绳、钢丝绳夹、紧线器、固定捆绑铁索、钉子、U 形钉、扒锔钉、腰箍、型钢(三角钢、槽钢、圆钢、工字钢)、绞棍等；其他加固材料有绳子(麻绳、棕绳、尼龙绳)、绳网等。

加固装置：货物转向架、货物支架、座架、车钩缓冲停止器和滑台等。

针对各类货物在运输过程中的不同受力特点，可使用不同的加固材料与装置，如表 4-5-2 所示。

表 4-5-2　加固材料与装置

货物种类	防止货物移动的种类	可使用的加固材料
平支重面的货物	纵向或横向移动	挡木、侧支柱、端支柱、拉牵铁线、钢丝绳、钉子或扒锔钉
	纵向或横向倾覆	拉牵铁线、钢丝绳、拉杆
圆柱体货物	顺装时纵向移动	拉牵铁线、钢丝绳、横腰箍
	横装时横向滚动	拉牵铁线、钢丝绳、挡木、钉子或扒锔钉
	纵向或横向滚动	凹型垫木、三角木、掩木、钉子或扒锔钉
带轮货物	纵向或横向滚动	三角木、掩木、拉牵铁线、钢丝绳、钉子或扒锔钉
	纵向或横向移动	挡木、拉牵铁线、钢丝绳、钉子或扒锔钉
轻浮货物	倒塌	侧支柱、端支柱、铁线、绳子、绳网

禁止使用菱苦土(菱镁砼)、水泥、砖、石等材料作为装载加固材料和制作装载加固装置。

篷布和篷布绳网不能作为装载加固材料。

(二) 常用的加固方法和加固强度计算

货物的加固根据原理不同分为垫、掩、阻、围、拉、压、捆、网等，常用的加固方法有拉牵加固、挡木或钢挡加固、围挡加固、掩挡加固、腰箍加固、整体捆绑加固、绳网加固、防滑衬垫加固等。

1. 围挡加固

围挡加固可使用的加固材料分为围挡和挡板(壁)两种。

(1)围挡包括竹笆围挡、竹板围挡、箭竹围挡、钢网围挡、木板围挡四种侧挡，多用于起脊装载焦碳时的侧向拦护。

(2)挡板(壁)包括板方材挡板(壁)、竹篱挡壁两种端挡，用于起脊装载锯木、竹材、成件包装货物等时的纵向拦护。

2. 绳网加固

绳网加固材料一般包括绳网和焦炭网两种。

(1)绳网：主要由网筋、围筋和系绳组成，根据使用特点可分为上封式绳网和下捆式绳网两种。上封式绳网通常用于加固起脊装运的成件包装货物或者袋装货物，下捆式绳网通常用于加固空铁桶。

(2)焦炭网：为运输焦炭时防坠落的下捆式苫盖网，一般采用尼龙等聚合料绳编制而成，分为 A 型和 B 型两种。

3. 衬垫法加固

将加固材料(或装置)置于货物与车底板间或货物层间，起支撑货物、传递载荷和增加摩擦力的作用，同时也便于完成装卸作业。其分为垫木类和防滑衬垫类。

(1)垫木类。

垫木类包括纵横垫木、支架、座架、货物转向架等，主要目的是改变受力，避免集重装载。稻草绳把、草支垫也可部分替代横垫木。

货物分层装载时，可在层间铺垫隔木，以便于完成装卸作业。同一层间铺垫的隔木高度一般应相等。

垫木和隔木必须使用坚实、纹理清晰、无腐烂、无削弱强度的木节和裂纹的整块木材制作。横垫木和隔木的长度应不小于货物的装载宽度，且不大于车辆的宽度；垫木的宽度不得小于高度。垫木和隔木的常用规格尺寸如表 4-5-3 所示。

表 4-5-3 垫木和隔木的常用规格尺寸

名称	规格尺寸/mm			要求
	长	宽	高(厚)	
横垫木	2700~3000	150	140	装载超长货物时，高度要根据突出端梁长度计算确定
纵垫木	—	150	140	
隔木	—	100	35	长度不得小于货物的宽度

注：表中规定的规格，如不能适应所装货物的需要，应在具体装载加固方案中明确。

(2)防滑衬垫类。

防滑衬垫类加固指仅在货物下加摩擦系数比较大的防滑材料，通过增大货物在车底板上的摩擦阻力，防止其产生移动。这种方法多用于加固铁底板敞车装运的货物。如，用铁底板敞车装运钢锭、卷板、钢坯、机械等货物时。

目前所用防滑衬垫的材料多为稻草制品，如稻草绳把、稻草垫、稻草支垫等；也可用其他材料，如橡胶垫等。应注意的是，稻草垫、条形草支垫、稻草绳把等限一次性使用。

①稻草垫的厚度不得小于 30 mm，压实后不得小于 10 mm。铺垫稻草垫时，其露出货物边缘的裕量不得小于 100 mm。

②橡胶垫的作用包括防滑、防磨、缓冲。橡胶垫用作衬垫、防滑材料时，一般置于货物与车底板间或货物层间；用作防磨材料时，置于拉牵加固材料与货物、车辆棱角的接触处；用作缓冲材料时，一般置于货物与阻挡加固材料间。对于有防震要求又不得不采用刚性加固的货物，可以在钢挡和货物之间加缓冲胶垫，使刚性加固柔性化。

③草支垫、稻草绳把等除作为一次性防滑衬垫使用起吸收(缓冲)弹性震动、增加摩擦力的作用外，也可以部分替代横垫(隔)木，起支承作用。其既可用于车底板之上，也可置于货物层间。避免集重装载时，条形草支垫在车底板上的铺垫位置应满足《加规》的有关要求。常用稻草绳把的规格：直径为 110~120 mm，长度为 1450 mm。单根稻草绳把允许承载 150 kN，且压实后的高度不得小于 40 mm，长度可根据实际需要确定，装车后每端露出货物的边缘不小于 100 mm。

4. 阻挡加固

阻挡加固包括挡木或钢挡加固、焊接加固两类，阻挡加固示意图如图 4-5-2 所示。

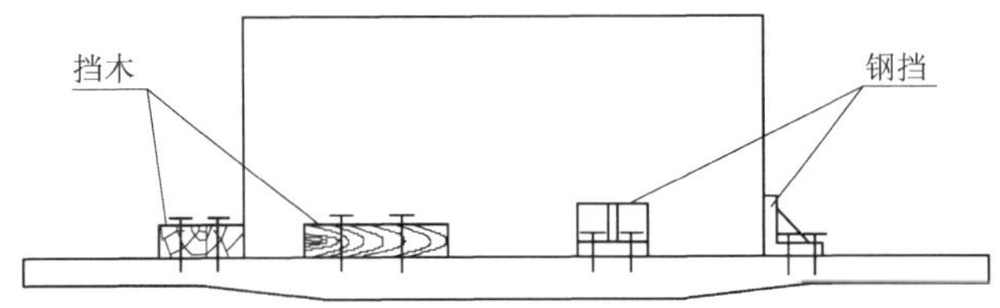

图 4-5-2 阻挡加固示意图

(1)挡木或钢挡加固。

平支承货物用木底板装载时，可在货物两端或者两侧加钉挡木或者钢挡加以阻挡，起到防止货物移动、倾覆的作用，如图 4-5-2 所示。带轮货物也可以用钉固挡木或者钢挡的方法防止其径向位移。

使用挡木或钢挡加固时，其高度不宜过大。挡木的高度与宽度相等，其规格为 400 mm×100 mm×100 mm；钢挡的结构、尺寸可根据实际需要确定。挡木或钢挡与车底板之间要有足够的联结强度。挡木和钢挡一般采用钉固或者螺栓连接的方式，固定挡木或挡铁的圆钉应垂直钉进，圆钉的长度应接近于将车底板钉穿的长度。

挡木或者钢挡加固强度取决于车底板对钉子或者扒锯钉的握裹力和每块挡木上钉子的数量。固定每个挡木或挡铁需要的钉子或扒锔钉的数量 K，可按下式计算：

防止货物纵向移动时：

$$K=\frac{\Delta T}{nS_{钉}}(个) \tag{4-5-19}$$

防止货物横向移动时：

$$K=\frac{\Delta N}{nS_{钉}}(个) \tag{4-5-20}$$

式中：n 为货物同一端(或侧)挡木的数量，个；$S_{钉}$ 为车底板对每个钉子或扒锔钉的握裹力，也叫容许载荷，如表 4-5-4 所示，kN。

表 4-5-4 钉子的容许载荷 单位：N

钉子规格/mm		部件的高度/mm						
直径	长度	50	55	60	70	80	90	100
4.0	100~110	627	627					
4.5	125	745	784	784				
5.0	150	852	900	960	1088			
5.5	175	940	1039	1088	1186	1186		
6.0	200	1029	1127	1235	1235	1411	1411	1411
7.0	225	1195	1323	1440	1440	1803	1920	1920
8.0	250	1372	1509	1646	1921	2185	2362	2509

(2)焊接加固。

用铁底板的 D 型车(长大货物车)装外形复杂的货物，并且选用其他方法比较困难时，可以用各种型钢如角钢、槽钢、工字钢做成挡铁或支撑等焊接在车底板上，靠焊缝的强度阻止货物移动、倾覆，把货物“卡死”在车底板上，这也属于刚性加固。

在货物两端或两侧焊接钢挡时，同一方向钢挡的焊缝长度 l 可按下式计算：

防止货物纵向移动时：

$$l_{纵}=\frac{10\Delta T}{0.7K[\tau]}(\mathrm{cm}) \tag{4-5-21}$$

防止货物横向移动时：

$$l_{横}=\frac{10\Delta N}{0.7K[\tau]}(\mathrm{cm}) \tag{4-5-22}$$

式中：K 为焊缝高度，cm；$[\tau]$为焊缝的许用剪切应力，一般取 60~70 MPa。

若在货物和挡铁或支撑之间加橡皮垫，会使刚性加固柔性化。

5. 掩挡加固

掩挡加固主要用来防止圆柱体、球形和带轮货物的滚动。可用材料包括三角挡(木制、铁制、铁塑制)、掩木(木制、钢制)、凹木、支撑方木、轮挡(木或铁制)、钢制座架等，其规格应根据货物的重量、直径(或轮径)等确定，掩挡与车底板或垫木的联结强度必须足以防止其自身移动或倾覆。

单独使用掩挡防止圆柱体、球形货物滚动的加固效果，主要取决于掩挡的高度。根据货物免于纵、横向滚动的条件，可推导出防止纵、横向滚动需要的掩挡高度。

(1)单独使用掩挡防止圆柱体、球形货物纵向滚动时，掩挡的需要高度(三角挡、掩木的有效高度和凹木的凹部深度)可按下式计算：

$$h_{横}^{纵}\geqslant(0.3744-0.0018Q_{总})D(\mathrm{mm}) \tag{4-5-23}$$

式中：$Q_{总}$ 为重车总重，t；D 为货物的直径，mm。

(2)防止货物横向滚动需要的掩挡高度：

货物重心位于车辆中央时：

$$h_{掩}^{横}\geqslant0.05D(\mathrm{mm}) \tag{4-5-24}$$

货物重心位于车辆枕梁上方时：

$$h_{掩}^{横} \geqslant 0.08D(\mathrm{mm}) \tag{4-5-25}$$

圆柱体货物自身带有鞍座时，其鞍座口深度相当于掩木高度。

掩挡加固既可以单独使用，也可以配合其他加固装置使用，如拉牵加固或者横腰箍加固。配合其他加固方法使用时，高度(深度)可适当降低。

①三角挡：三角挡的底宽不得小于高度的 1.5 倍，其高度经计算不足 100 mm 时，按 100 mm 取用。使用三角挡或掩木掩挡轮式货物时，其一侧斜面应与货物贴实，底面与车底板的接触处应平整。扒锔钉应钉成八字形，以增强其稳定性。

②铁泥塑轮挡：可代替三角挡来防止带轮货物滚动。

③支撑方木：主要用于履带式机械的加固，放置在履带前后位置。常用规格(长×宽×高)为 500 mm×200 mm×160 mm。

④掩木：掩挡面为圆弧面或者斜面，固定在车底板或者垫木上，与所掩货物的形状相吻合或者密贴。

⑤凹木：卧装圆柱休货物时使用的垫木，其承载面为圆弧形，与货物的形状吻合并密贴，即开有鞍型切口的横垫木。对于大型圆柱体货物，可用坚实的横垫木与掩木配合制作。凹木的宽度为凹木底面至凹部最低点高度的 1.2 倍。

掩挡仅可以阻止货物向掩垫的方向滚动和移动，为了保证运输安全应同时采用其他加固方法防止货物产生轴向移动。

掩挡加固时，货物受力后会沿坡面产生“冲动”，最终能沿坡面又回到“初始装载位置”，所以，其具有柔性加固的性质。

6. 拉牵加固

拉牵加固指用拉牵绳(如多股 8 号铁线、钢丝绳或拉杆、链条等)把货物拴固在车辆上，适用于大多数货物的加固，包括平底货物、轮式货物、圆柱体货物等。

拉牵加固可使用的材料有镀锌铁线、钢丝绳、盘条等。

拉牵形状有八字形、倒八字形、交叉、又字形、反又字形等几种。

拉牵铁线(钢丝绳)在三维空间都有分力，包括纵向水平分力、横向水平分力和垂直向下的分力。其利用拉牵绳拉力的纵向水平分力和横向水平分力来平衡货物的纵、横向惯性力，垂直向下的力与重力一样是保持货物稳定的力，防止货物倾覆，也可增加货物和车底板之间的摩擦力，防止货物移动。所以，拉牵绳拉、压并施，既可以防止货物的移动、滚动，又可以防止货物倾覆。

拉牵分为对称拉牵和非对称拉牵。

对称拉牵加固时，拉牵位置如图 4-5-3 所示。

图中 O——拉牵绳在货物上的拴结点；

B——O 点在车底板上的投影；

BC——O 点所在纵向垂直平面与车辆边线的距离；

A——拉牵绳在车辆上的拴结点。

(1)用拉牵法加固时，每根铁线硬承受的拉力 S 的计算过程如下。

当同一方向有 n 根拉牵绳时，每根绳应承受的拉力可按下式计算：

防止货物纵向移动时：

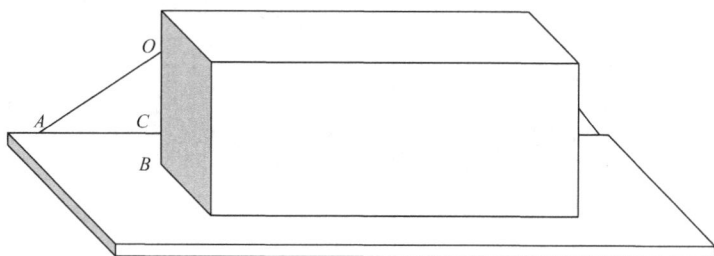

图 4-5-3 八字形拉牵加固示意图

$$S_{纵移}=\frac{\Delta T}{nAC}\sqrt{AC^2+BO^2+BC^2}\ (\mathrm{kN}) \tag{4-5-26}$$

防止货物横向移动时：

$$S_{横移}=\frac{\Delta N}{nBC}\sqrt{AC^2+BO^2+BC^2}\ (\mathrm{kN}) \tag{4-5-27}$$

防止货物纵向倾覆时：

$$S_{纵倾}=\frac{1.25Th-9.8Qa}{n(l_{纵}+AC)BO}\sqrt{AC^2+BO^2+BC^2}\ (\mathrm{kN}) \tag{4-5-28}$$

防止货物横向倾覆时：

$$S_{横倾}=\frac{1.25(Nh+Wh_{风})-9.8Qb}{n(l_{横}+AC)BO}\sqrt{AC^2+BO^2+BC^2}\ (\mathrm{kN}) \tag{4-5-29}$$

式中：$l_{纵}$ 为货物纵向倾覆点至拉牵绳在货物上拴结点所在横向垂直平面间的距离，mm；$l_{横}$ 为货物横向倾覆点至拉牵绳在货物上拴结点所在纵向垂直平面间的距离，mm；h 为货物重心自倾覆点所在水平面起算的高度，mm；$h_{风}$ 为风力合力着力点自倾覆点所在水平面起算的高度，mm；n 为同一方向拉牵绳的根数，根。

每根拉牵绳应承受的力：

$$S\geqslant \max\{S_{纵移},S_{横移},S_{纵倾},S_{横倾}\} \tag{4-5-30}$$

求得每根拉牵绳应承受的拉力 S 后，即可选择钢丝绳的规格或镀锌铁线的股数。选用钢丝绳时，其破断拉力不应小于 $2S$；选用镀锌铁线时，每根拉牵绳所需的股数为 $n_{股}$：

$$n_{股}=\frac{S}{0.9P_{许}}=\frac{2S}{0.9P_{破断}}(股) \tag{4-5-31}$$

式中：$P_{许}$ 为镀锌铁线的许用应力；$P_{破断}$ 为镀锌铁线的破断拉力，其中 8 号铁线为 4.3 kN；0.9 为数股铁线拧在一起使用，强度将为原来的 90%。

（2）采用拉牵加固时应注意以下几个问题：

①应合理选择货物上的拉牵位置（拴结点的高度）：一般在与货物的重心高度相等处。用于防止货物水平移动时，拉牵位置应尽量低些；用于防止货物倾覆时，拉牵位置可适当高些。加固线与底板夹角一般应接近 45°，如果主要防水平移动时，可以小一些；防倾覆时，夹角可以大一些。拉牵加固形状示意图如图 4-5-4 所示。

②加固线的形状：拉牵时加固线的形状有八字形、倒八字形、交叉、又字形或反又字形等。各种拉牵方式可单独使用，也可两种或两种以上组合使用。拉牵时尽可能对称。

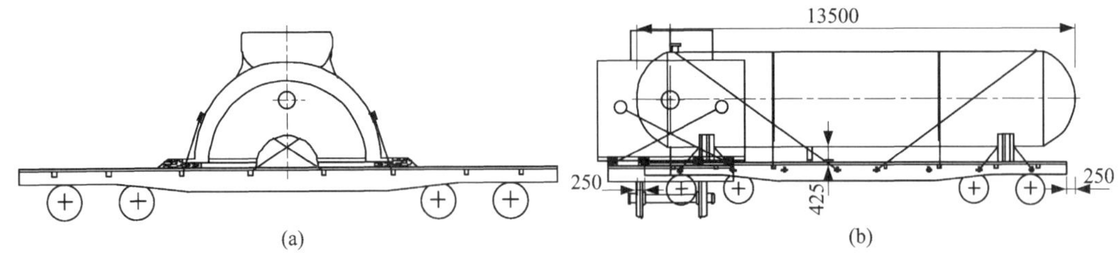

图 4-5-4 拉牵加固形状示意图(单位：mm)

③拉牵材料的选择和使用：拉牵加固可使用的材料有镀锌铁线、钢丝绳、盘条等。镀锌铁线的弹性变形较大、抗拉能力较小，不适于重量较大货物的捆绑加固，一般当计算所需的单道拉牵镀锌铁线在 14 股以上时，应改用钢丝绳加固。

a：镀锌铁线、盘条。

所采用的镀锌铁线的直径不得小于 4 mm，常用的有 8 号、9 号、10 号，最好是 8 号铁线，直径小于 2.6 mm 的禁止使用；同时禁止使用受损和使用过度的镀锌铁线。常用镀锌铁线的破断拉力和许用拉力如表 4-5-5 所示。

表 4-5-5 常用镀锌铁线的破断拉力和许用拉力

线号	6	7	8	9	10	11	12
直径/mm	5.0	4.5	4.0	3.5	3.2	2.9	2.6
破断拉力/kN	6.7	5.4	4.3	3.29	2.75	2.26	1.82
许用拉力/kN	3.35	2.7	2.15	1.64	1.37	1.13	0.91

常用盘条的公称直径为 5.5 mm、6.0 mm、6.5 mm，其技术参数如表 4-5-6 所示。

表 4-5-6 常用盘条的破断拉力和许用拉力

直径/mm	5.5	6	6.5
破断拉力/kN	7.96	9.47	11.12
许用拉力/kN	3.98	4.73	5.56

拉牵绳的缠绕：拉牵加固时，将单股或双股镀锌铁线、盘条在货物和车辆的两拴结点间往返缠绕，并应拽紧镀锌铁线、盘条使其松紧度尽量一致，剩余部分穿插缠绕于自身绳杆后，使用绞棍绞紧，余尾朝向车内。余尾长度不超过 300 mm，一般不短于 100 mm。

拉牵线的绞紧：使用多股镀锌铁线、盘条牵拉时，需用绞棍绞紧，绞紧程度以不损伤铁线为宜。绞棍应选用圆直坚实的硬杂木、钢管制作，直径一般为 50 mm，长度为 600 mm。绞棍留用时必须予以固定，且不得超限；绞棍不留用时可采取防松措施，如图 4-5-5、图 4-5-6 所示。

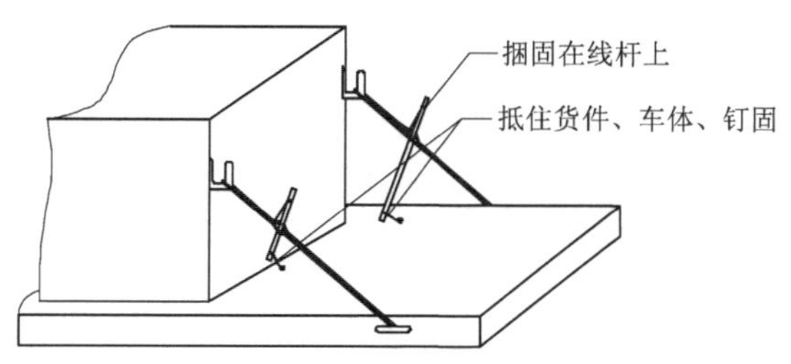

图 4-5-5　绞棍留用时固定示意图

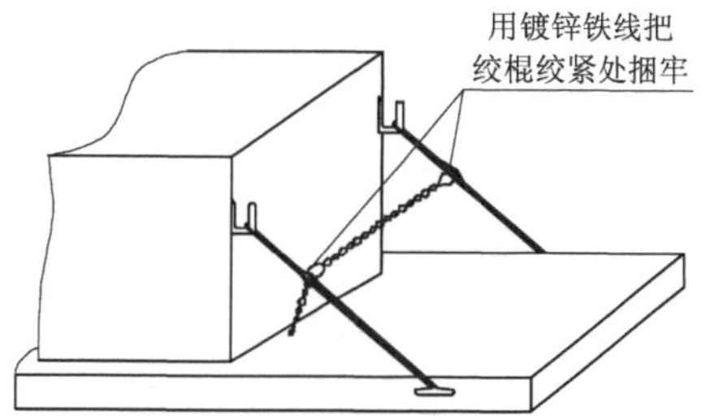

图 4-5-6　绞棍不留用时防松示意图

b：钢丝绳。

使用钢丝绳加固时，应采用配套的钢丝绳夹。一般在双股的情况下使用紧线器。

装载加固使用的钢丝绳和钢丝绳夹的质量按国家标准《钢丝绳通用技术条件》(GB/T 20118—2017)和《钢丝绳夹》(GB/T 5976—2006)的要求执行。公称抗拉强度 1670 N/mm^2 规格 6×19(b)钢丝绳的最小破断拉力和许用拉力如表 4-5-7 所示。实际使用时，钢丝绳的破断拉力应以产品标签上的数据为准，许用拉力取其破断拉力的 1/2。

钢丝绳夹的公称尺寸应等于或略大于钢丝绳的直径。钢丝绳夹结构如图 4-5-7 所示。

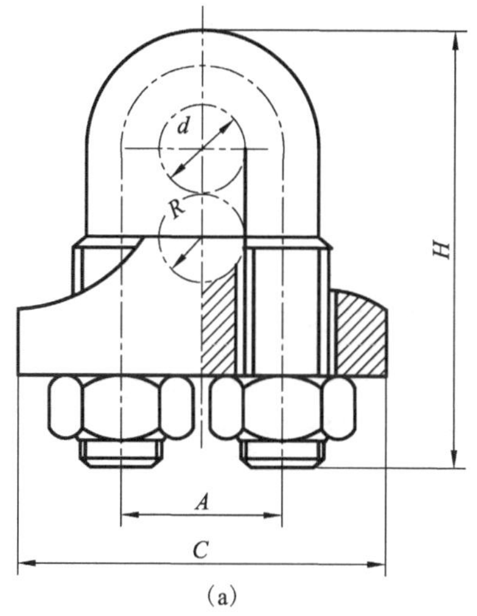

(a)

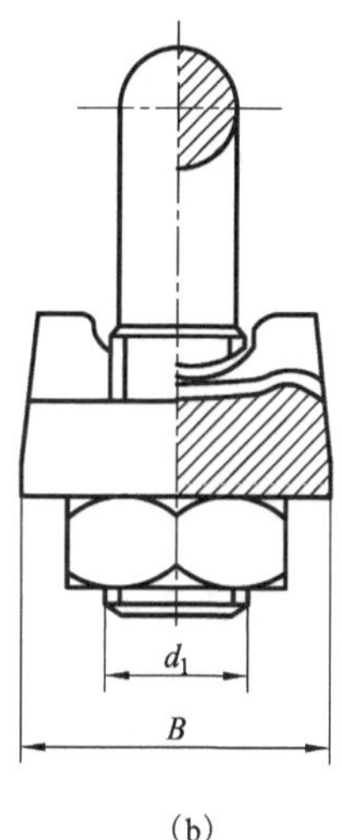

(b)

图 4-5-7　钢丝绳夹示意图

表 4-5-7　公称抗拉强度 1670 N/mm^2 规格 6×19(b)(注)钢丝绳的最小破断拉力和许用拉力

钢丝绳直径/mm	6	7	8	9	10	11	12	13
最小破断拉力/kN	18.5	25.1	32.8	41.6	51.3	62.0	73.8	86.6
许用拉力/kN	9.25	12.55	16.4	20.8	25.65	32.0	36.9	43.3
钢丝绳直径/mm	14	16	18	20	22	24	26	28
最小破断拉力/kN	100	131	166	205	248	295	346	402
许用拉力/kN	50	65.5	83	102.5	124	147.5	173	201

注：1670 N/mm^2 表示钢丝绳的抗拉强度；6 表示股数；19 表示每股钢丝数；(b)代表点接触。

钢丝绳结构如图 4-5-8 所示。

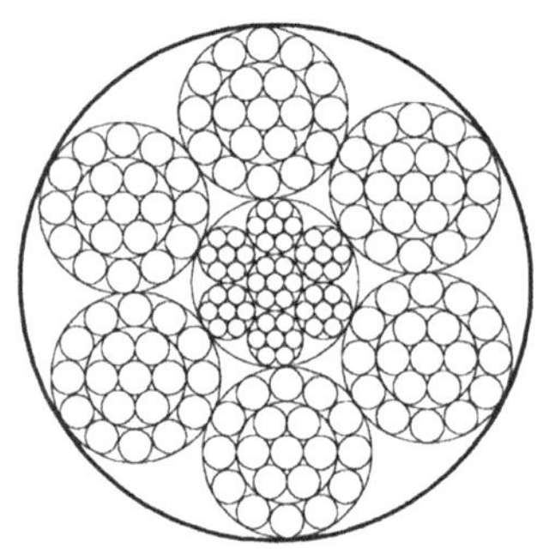

图 4-5-8 钢丝绳结构示意图

采用钢丝绳拉牵时，一般在双股的情况下使用紧线器将绳收紧。紧线器与钢丝绳串联使用时，其抗拉强度应与钢丝绳相匹配。

紧线器结构如图 4-5-9 所示。

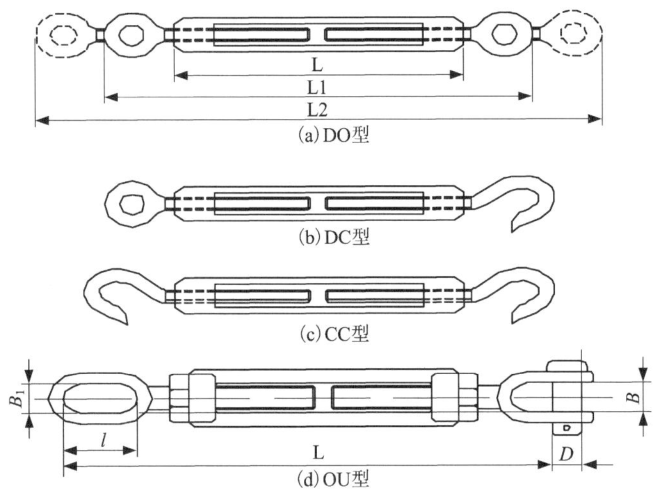

图 4-5-9 紧线器结构

钢丝绳夹的使用：拉牵加固时，将钢丝绳穿过紧线器或者绕过拴结点后，绳头折回与主绳并列，使用与之相匹配的钢丝绳夹固定。固定单股钢丝绳端头时，使用钢丝绳夹的数量不得少于 3 个，并按图 4-5-10 所示进行布置。

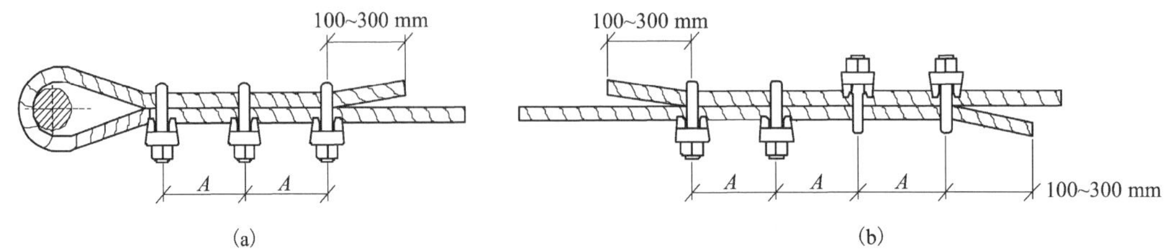

图 4-5-10 钢丝绳夹使用示意图

两根钢丝绳搭接时，并列绳头应拉紧，用不少于 4 个的钢丝绳夹正反扣装并紧固。钢丝绳间的距离 A 等于 6~7 倍钢丝绳的直径，绳头余尾的长度应控制在 100~300 mm，并且应先紧固离拴结点最近的钢丝绳夹。

7. 腰箍加固

腰箍加固指用加固材料把货物捆绑(箍)在车辆上的加固，也叫下压式捆绑加固，多用于加固顺装的圆柱体货物，以防止其移动和滚动；也可用于加固结构强度较大的箱形货物。其基本原理是利用腰箍的下压力，增大对车底板的压力，从而增大货物的摩擦力，防止圆柱体货物窜动与滚动。圆柱体货物在使用掩挡的条件下，同时使用腰箍加固，也可以防止货物滚动。

(1)顺装圆柱体货物，用 n 道腰箍加固时，每道应承受的力：

防止货物纵向或横向移动时：

$$P_{移}=\frac{\max\{\Delta T,\ \Delta N\}}{2n\eta\cos r}(\mathrm{kN}) \tag{4-5-32}$$

防止货物横向滚动时：

$$P_{滚}=\frac{1.25(N+W)(R-h_{掩}-h_{凹})-9.8Qb}{2nb\cos r}(\mathrm{kN}) \tag{4-5-33}$$

既防止货物移动，又防止货物滚动，每道腰箍应承受的拉力如下：

$$P\geqslant\max\{P_{移},\ P_{滚}\}(\mathrm{kN}) \tag{4-5-34}$$

式中：η 为货物与横垫木、横垫木与车底板或货物与车底板间的摩擦系数，取其较小者；n 为腰箍的道数；$h_{掩}$ 为掩木或三角挡与货物接触点的高度，mm；R 为货物的半径，mm；$h_{凹}$ 为横垫木或鞍座的凹部深度，mm；Q 为货物重量，t；b 为货物重心所在纵向垂直平面至货物与掩木或三角挡接触点之间的距离，mm；r 为腰箍两端拉直部分与车辆纵向垂直平面间的夹角。

圆柱体货物横腰箍加固示意图如图 4-5-11 所示。

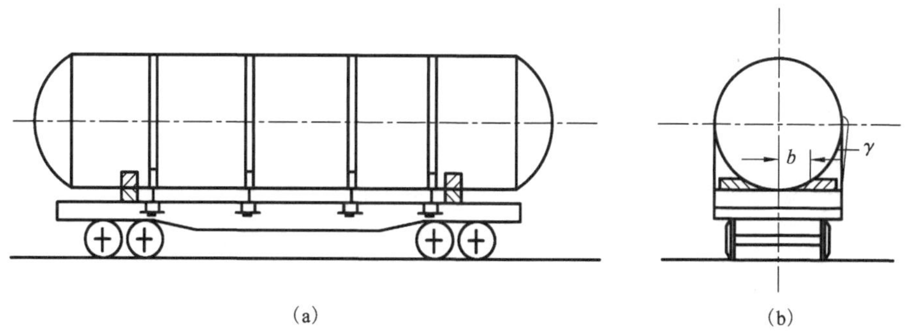

图 4-5-11　圆柱体货物横腰箍加固示意图

(2)箱形货物用 n 道腰箍加固时，每道应承受的力：

防止货物纵向或横向移动时：

$$P_{移}=\frac{\max\{\Delta T,\ \Delta N\}}{2n\mu\cos r}(\mathrm{kN}) \tag{4-5-35}$$

防止货物纵向倾覆时：

$$P_{纵倾}=\frac{1.25Th-9.8Qa}{2(l_1+l_2+\cdots+l_n)\cos r} \tag{4-5-36}$$

防止货物横向倾覆时：

$$P_{横倾}=\frac{1.25(Nh+Wh_{风})-9.8Qb}{nB\cos r} \tag{4-5-37}$$

式中：a、b 分别为货物重力的稳定力臂；mm；l_1，l_2，…，l_n 为每道腰箍所在横向垂直平面至货物纵向倾覆点之间的距离，mm；B 为货物的宽度，mm。

既防止货物移动又防止货物倾覆，每道腰箍应承受的力如下：

$$P \geqslant \max\{P_{移}, P_{纵倾}, P_{横倾}\}(\text{kN}) \tag{4-5-38}$$

(3)腰箍的制作。

腰箍用扁钢带、钢丝绳配以紧固件制作。

用钢丝绳作腰箍时，钢丝绳的破断拉力不得小于 $2P$。

用扁钢带作腰箍时，扁钢带的力学性能应符合国家标准《碳素结构钢》(GB/T 700—2006)、《优质碳素结构钢》(GB/T 699—2015)、《合金结构钢》(GB/T 3077—2015)的要求。扁钢带截面尺寸应根据腰箍强度的计算结果确定。扁钢带的截面积：

$$F \geqslant \frac{10P}{[\sigma]}(\text{cm}^2) \tag{4-5-39}$$

式中：$[\sigma]$ 为扁钢带的许用应力，MPa。

(4)腰箍加固的注意事项：

①货物必须能够承受腰箍的压力。木箱包装的货物、外壳较薄且易于损坏的物体，不宜采用腰箍加固；

②腰箍紧固部件(如张紧螺栓、正反扣螺栓、紧绳器等)的强度，必须与腰箍的强度匹配；

③加固时腰箍的拉力(张紧力)必须达到要求的程度，即不小于 P；

④怕磨损的货物使用腰箍加固时，应在腰箍和货物之间加防护衬垫；

⑤禁止使用盘条、镀锌铁线制作腰箍。

【例 2】 圆柱形货物一件，重 30 t，长 11.5 m，直径为 2800 mm，自带 2 个高度为 100 mm 的钢鞍座，鞍座的鞍口深度为 160 mm，货物与鞍座间垫有 10 mm 厚的胶垫，拟用 N_{17AK} 型木底板平车均衡装载，腰箍加固。试确定腰箍的拉力及规格。

解：

(1)作用于货物上的各种力：

$$\begin{aligned}T &= t_0Q=(0.0012Q_{总}^2-0.32Q_{总}+29.85)Q\\ &=(0.0012\times49.7^2-0.32\times49.7+29.85)\times30\\ &=507.3\ \text{kN}\end{aligned}$$

$$N=n_0Q=\left(2.82+2.2\frac{a}{l}\right)Q=2.82\times30=84.6\ \text{kN}$$

$$Q_{垂}=\left(3.54+3.78\frac{a}{l}\right)Q=3.54\times30=106.2\ \text{kN}$$

$$W=qF=0.245\times11.5\times2.8=7.9\ \text{kN}$$

$$F_{摩}^{纵}=9.8\mu Q=9.8\times0.4\times30=117.6\ \text{kN}$$

$$F_{摩}^{横}=\mu(9.8Q-Q_{垂})=0.4(9.8\times30-106.2)=75.1\ \text{kN}$$

(2)货物稳定性检算：

货物所用鞍座的鞍口深度为 160 mm，大于货物重心位于车辆中央时防止货物横向滚动要求的掩挡高度 $h_{掩}=0.05D=0.05\times2800=140$ mm。无须再采取防止货物横向滚动的加固措施。

(3)防止货物水平移动需要加固装置承受的水平力：

在纵向：

$$\Delta T=T-F_{摩}^{纵}=507.3-117.6=389.7\ \text{kN}>0$$

在横向：

$$\Delta N=1.25(N+W)-F_{摩}^{横}=1.25(84.6+7.9)-75.1=40.5\ \text{kN}>0$$

所以，需要采用腰箍加固，防止货物发生纵、横向的移动。

(4)采用 5 道腰箍，每道腰箍应承受的拉力：

$\gamma\approx3.6°$，车辆木底板与鞍座间的摩擦系数(木与钢板)$\mu=0.4$。

$$P_{移}=\frac{\max\{\Delta T,\ \Delta N\}}{2n\mu\cos r}=\frac{389.7}{2\times5\times\cos 3.6°}=97.6\ \text{kN}$$

用钢丝绳作腰箍，钢丝绳的破断抗拉力不得小于 $2P\approx195.2$ kN。

四、重要货物的装载与加固基本方法

(一)成件包装货物的装载与加固

装载成件包装货物时，应排列紧密、整齐。当装载高度或宽度超出货车端侧墙(板)时，应层层压缝、梯形码放，四周货物倾向中间，两侧超出侧墙(板)的宽度应一致。袋装货物的袋(扎)口应朝向车内。

对超出货车端侧墙(板)高度的成件包装货物，应用绳网或绳索牢固地串联捆绑，也可用挡板(壁)、支柱、镀锌铁线(盘条)等加固。袋装货物的起脊部分应使用上封式绳网等进行加固。使用上封式绳网时，需预埋在接近敞车端侧墙顶部的货物层底下，继续装载货物至规定的层数，向上翻起绳网，拉紧系绳，将起脊货物通过绳网上的系绳捆绑成一体。

(二)轮式、履带式货物的装载与加固

1. 装载方法

轮式、履带式货物应使用木底板平车装载(专用货车装运时除外)，其本身有制动装置的，装车后应制动，以增加稳定系数。门窗闭锁并将变速手柄放在初速位置(运输轿车时，其制动手柄应拉紧，并将挡位放在空挡或 P 挡上)，制动手柄或拉杆应处于制动位置。应用镀锌铁线固定是为了防止人为或自然原因改变变速手柄位置，增加保险系数。同时，考虑到货车运行至曲线、驼峰等特殊线路以及车钩本身的拉伸压缩量、轮胎本身的弹性形变时，使货物与货物间不至于发生碰撞，规定了各种间距。其装载方法如下：

(1)顺装时，相邻两辆货车的间距不小于 100 mm。

(2)横装时，相邻两辆货车应头尾颠倒，间距不小于 50 mm。

(3)跨装在两平车上的汽车，其头部与前辆汽车的尾部间的最小安全距离不小于 350 mm，确保货车行经曲线线路上时，跨装货物的内侧前部与其所加挂游车上货物的内侧后部不接触，也不相互发生碰撞，如图 4-5-12 所示。

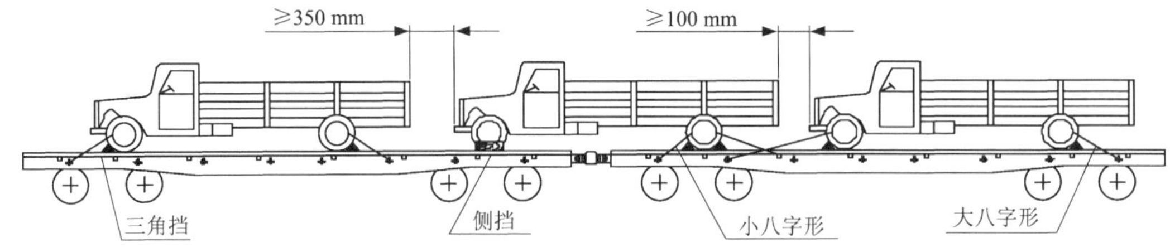

图 4-5-12　汽车跨装示意图

(4)有厢汽车爬装方法及货物间的最小安全距离如图 4-5-13 所示。

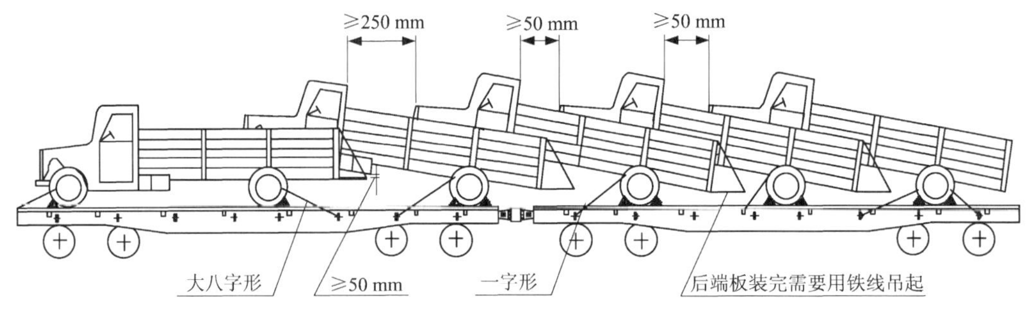

图 4-5-13　有箱汽车爬装示意图

(5)无厢汽车爬装时，应将第二辆及其后各辆的前轮依次放在前辆的后轮上对齐，如图 4-5-14 所示。

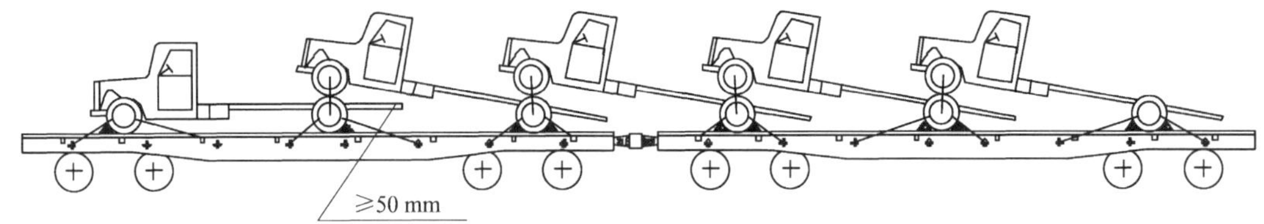

图 4-5-14　无箱汽车爬装示意图

2. 加固方法

(1)顺装时，轮径 1000 mm 以下的前轮(组)前端、后轮(组)后端与轮径 1000 mm 及以上的前后轮(组)前后端，均应安放相应规格的掩挡，掩紧钉固，并采用八字形拉牵加固。轮径超过 1000 mm 的货物，货物重心和重量相对高一些，力臂增加，稳定性差，同等冲撞条件下稳定性会降低，所以规定前后轮的前后端都要安放掩挡。

装载履带式货物时必须使用木底板平车，在履带前后放置方木或挡木掩紧钉固，但不得与履带齿接触，并在平衡铁处放置支架，以保证货物在倾覆方面的稳定性。

(2)横装时，考虑到货物的长短不同，每辆前后轮前(后)端安放三角挡并掩紧钉固，目的是增强横向的稳定性。

(3)跨及两平车的汽车应在其前轮外侧或内侧 50 mm 处钉固侧挡木(不用三角挡及捆绑)。因前轮在另一辆平车上，考虑货车运行至曲线时，前轮需要左右移动，所以不用三角挡和捆绑，以便转向，减轻后轮加固线的扭曲受力，故不需要再采取其他加固方式对前轮进行加固。后轮前后均用三角挡掩紧钉固，并采用小八字形拉牵加固，确保货物的稳定性，如图 4-5-12 所示。

(4)爬装时，爬装在前部车厢内的前轮不需加固，以形成每辆车对货物独立的加固体系，不受车辆相互间的影响。但后轮前后均用三角挡掩紧钉固，并用镀锌铁线斜拉(斜拉线与水平夹角不大于 60°)。爬装车组最后一辆的后轮，应采用小八字形拉牵加固，如图 4-5-13 所示。

无车厢汽车爬装时，重叠装载两轮轴应上下对齐，并捆在一起(不宜过紧)，上下对齐的目的是通过车轮将重力直接传递到车底板上。后轮前后均用三角挡掩紧钉固，并采用小八字形拉牵加固，如图 4-5-14 所示。

(5)装载回转式货物时应在平衡铁处放置支架并采取防止转动措施。放置支架的目的是承载平衡铁的重量，使货物各部均衡受力，同时增大回转阻力；为防止回转式货物在运输途中转动，必须采取防止转动的措施。

(三)圆柱体和球形货物的装载与加固

圆柱体货物可选用适当规格和材质的凹木、三角挡、座架等材料和装置，并采取腰箍下压、拉牵等方式对其进行加固。凹木、三角挡、座架的制作要根据圆柱体货物的直径确定，其材质要根据货物的重量确定，如重量小的可使用木质的，重量大的可使用钢质的。腰箍的制作应根据货物横、纵向的受力大小确定强度。

球形货物应选用适当规格、具有足够强度、能保证货物稳定的座架，货物底部不得与车底板相接触。对无拴结点、加固较为困难的球形货物，可在球体上部采用套圈四处拉牵牢固。使用座架的目的是在增加支重面长度的基础上，使其更具稳定性，同时其规格应根据平车(或凹型车)底板的负重面长度最大容许载重量表确定。

(四)金属材料及制品的装载与加固

1. 金属块、锭、坯的装载加固方法

装载单件重量 1 t 及以下的金属块、锭、坯时，须将其均匀分布在车底板上。为了防止货物的散落，靠端侧墙(板)处货物的装载高度须低于端侧墙(板)，因为在此情况下货物的稳定性主要靠端侧板的围挡。

装载单件重量超过 1 t 但不足 4 t 的金属块、锭、坯时，应大小头颠倒，均衡装载，可使用挡木或支撑方木加固，以防止货物位移。

成垛(捆)装载时，要求货物堆码整齐。为了对货物的稳定性有所控制，每垛货物的高度不得大于货物底宽的 80%，并用镀锌铁线或盘条捆牢。

使用全钢敞车时，应用稻草垫等防滑物增大摩擦力。为了防止货物从中、下门滑出，要将中、下门关闭后用 8 号或 10 号镀锌铁线捆固。

2. 钢板的装载加固方法

钢板可使用敞、平车装载。每垛货物的高度不得大于货物底宽的 80%，货物层间及与车底板间应衬垫防滑，重量分布应符合有关规定。

使用平车装载钢板时，可单排或双排顺装，而且装载高度超出端、侧板时，可使用支柱，主要是为了保证钢板稳定性、防止侧滑。每垛钢板使用盘条（钢丝绳）或钢带整体捆绑时，捆绑间距不大于 2.5 m。每垛钢板采用反又字下压加固，视钢板长度不少于 2 道，端部采用交叉斜拉加固。

使用敞车装载钢板时，考虑避免集重和装车可行性两方面的因素，以板宽 1300 mm 作为界限要求不同的装载形式。钢板的宽度小于 1.3 m 时，应双排顺装，每垛使用盘条（钢丝绳）或钢带整体捆绑，捆绑间距不大于 2.5 m。钢板的宽度不小于 1.3 m 时，可单排顺装。长度为 7~9 m 的钢板允许中部搭头，两端紧靠车端墙。

3. 成捆或盒装薄板、马口铁、硅钢片等货物的装载加固方法

成捆或盒装薄板、马口铁、硅钢片等货物可使用敞车、棚车装载。成垛装载时，要求分布均衡，每垛货物的高度不得大于货物底宽的 80%。货物层间及与车底板间须加防滑衬垫。

4. 卷钢的装载加固方法

卷钢应使用木底板平车和 C_{62A*}、C_{62A*K}、C_{62AK}、C_{62A*T}、C_{62AT}、C_{62BK}、C_{62BT}、C_{64K}、C_{64H}、C_{64T}、C_{70}、C_{70H}、C_{70E}、C_{70EH} 等敞车装载。

优先选用平车和专用车装运卷钢，优先采用立装方式装运卷钢，优先使用钢座架卧装卷钢。

卷钢可立装、卧装或集束立装。立装时，卷钢的直径宜大于本身的高度，不满足时应采取防止倾覆和位移的有效措施。卧装时，可使用钢座架（座架须与车体固定）；用木底板平车卧装时，可将相邻卷钢用夹具或镀锌铁线（盘条等）捆在一起，并用三角挡掩紧钉固。集束立装时，集束端的最短距离应大于集束的高度，卷钢中部用镀锌铁线（盘条等）捆绑在一起，并采取防止镀锌铁线（盘条等）下滑的措施。

卷钢无论立装、卧装还是集束立装，卷钢（组）本身都应用镀锌铁线、盘条或钢丝绳等与车体捆绑加固[装载在座架上，以及使用凹形草支垫（含凹形玉米秸秆支垫，下同）、稻草掩挡装运的可除外]。

卷钢使用敞车装运时，应采取有效的防滑措施。

禁止卷钢与其他货物混装。

5. 型钢及管材的装载加固方法

型钢及管材可使用敞、平车装载，根据需要可使用硬木支柱（钢管支柱）、隔木、掩木、稻草垫（条形草支垫或稻草绳把）、镀锌铁线、盘条、钢丝绳等材料对其进行加固。

（1）长短不一的各类型钢及管材混装一车时，应将重的装在下面，轻的装在上面，长的装在两侧，短的装在中间。

同一规格型钢及管材应成垛（捆）装载，堆码整齐，必要时允许搭头、压边、压缝或重叠装载。

（2）型钢及管材的装载高度超出侧墙（板）时，每垛货物至少安插两对支柱。超出高度在 1 m 及以下时，捆 1 道腰线；超过 1 m 时，捆 2 道腰线，且都必须封顶。

敞车起脊装载管材不使用支柱时，每垛（捆）管材需用钢带或钢丝绳捆绑，层间衬垫

防滑。

(3)使用有端侧板平车装载长大型钢时，应紧密排摆成梯形，层间加垫防滑衬垫，并采用整体捆绑及反又字下压式加固。

(4)使用敞车装载大型管材时，应成垛(捆)装载，底部须掩垫牢固。仅使用衬垫防滑加固时，装载在最上层的管材超过端侧墙的高度应小于管材直径的二分之一。

6. 25 m 钢轨的装载加固方法

25 m 钢轨采用专用货物转向架两平车跨装方式，两平车底板面高度差超过 20 mm 时，必须垫平，可不安装车钩缓冲停止器。遇有涂打“㊖”的平车，允许放下端侧板进行装运，提钩杆和放下的端侧板要捆紧锁牢。

7. 钢丝绳、电缆的装载加固方法

钢丝绳、电缆可使用敞、平车装载。使用平车卧装时，可使用钢、木座架，并采取加固措施。使用敞车立装时，在每个轮盘的下部垫横垫木(条形草支垫)或稻草垫。

(五)预应力梁的装载与加固

1. 预应力梁的装载方法

长度为 32.6 m(重量不大于 115 t)和 24.6 m 的预应力梁，使用木底板平车装运时，只准使用 N_{17AK}、N_{17AT}、N_{17GK}、N_{17GT}、N_{17K}、N_{17T}、NX 型共用车。

(1)长度为 32.6 m 的预应力梁，跨装支距一般为 27~28 m 并根据梁型确定，使用两辆平车负重跨装(中间加挂一辆游车)运送时，负重车及游车限用 13 m 长的木底板平车。

(2)长度为 24.6 m 的预应力梁，跨装支距一般为 17.6~18 m 并根据梁型确定，使用两辆平车跨装运送时，限用 NX_{17B}、NX_{17BH}、NX_{17BK}、NX_{17BT}、NX_{70}、NX_{70H} 型共用车。

2. 预应力梁的加固方法

(1)货物转向架下架体的每端用 8 号镀锌铁线、盘条或钢丝绳拉牵成八字形，捆绑在车侧丁字铁或支柱槽上。

货物转向架上架体与桥梁底部之间，需加防滑垫木。同时，防滑垫木上应加铺一层橡胶垫，桥梁底部两侧与货物转向架上架体挡铁之间，用木楔楔紧并卡牢。

(2)在货物转向架上架体预应力梁的两侧，分别使用斜支撑进行加固。斜支撑顶部与预应力梁体必须密贴顶牢，并用 8 号镀锌铁线或盘条将斜支撑与转向架上的架体捆牢。

(3)横向位移不超过 20 mm、长度为 32.6 m 梁的纵向窜动不超过 250 mm、长度为 24.6 m 及以下梁的纵向窜动不超过 150 mm 时，可以继续运行。

(4)斜支撑产生纵向倾斜时，必须对其进行整理。

使用防滑垫木是为了增大摩擦系数，减小桥梁的纵向位移；用木楔楔紧并卡牢是为了阻止桥梁的横向移动；使用斜支撑主要是为了防止桥梁的倾覆。

(六)木材、竹子的装载与加固

1. 木材的装载加固方法

(1)装载木材的基本方法。

使用敞车装载木材时，应大小头颠倒，紧密排摆，紧靠支柱，压缝挤紧；两端木材应倾向货车中部，不准形成向外溜坡。装车后中心高度不得大于 4600 mm。支柱底面必须与敞车的车底板接触。腐朽木材应采取防火措施。

“大小头颠倒”适用于装载原木等两端粗细不一致的木材，这样可使货物装载平整，同时可使两端木材倾向货车中部。“两端木材应倾向货车中部”中的“两端”指装车最外端和货垛的外端。“不准形成向外溜坡”，可有效控制货物的窜出。腐朽木材防火很重要，尤其中国北方春季、秋季、冬季多风、干燥，过去经常发生木材特别是朽木着火的问题，因此，装载腐朽木材时应采取防火措施。

(2)木材加固的基本方法及基本要求。

装载木材(包括原木、坑木、小径木、板方材)时，应对每垛起脊部分作整体捆绑，整体捆绑线则使用直径不小于7 mm的钢丝绳或破断拉力不小于21 kN的专用捆绑加固器材；腰线使用专用捆绑加固器材时，整体捆绑线可使用2股ϕ 6.5 mm盘条。每道整体捆绑线的铺设位置距车辆端、侧墙顶面向下不小于100 mm。木材长度大于4 m的，每垛整体捆绑5道，4 m及以下的每垛整体捆绑3道。整体捆绑线的余尾部分折向车内，并用U形钉钉固。车辆两端安装挡板时，应使用8号镀锌铁线对挡板进行拦护；不使用挡板时，靠近车辆两端起脊部分的顶层应使用2股8号镀锌铁线对原木端部向支柱方向兜头拦护，镀锌铁线与每根原木端部的接触处用U形钉钉固。

敞车装载板、方材时，货物高度超出车辆端侧墙的，应在车辆两端安装挡板(围装除外)，并使用8号镀锌铁线对挡板进行拦护。

(3)支柱使用要求。

支柱使用对数应符合表4-5-7的规定。支柱被折断时，必须更换。

表4-5-7　支柱使用对数表

每垛木材的长度L/mm	每垛木材使用支柱的对数
$2500 \leqslant L<5000$	3
$5000 \leqslant L<8000$	4
$L \geqslant 8000$	5

(4)腰线及封顶线的捆绑材料和捆绑加固要求。

每对支柱使用1道捆绑腰线。腰线不得卡侧墙，捆绑松紧适度，应使上层木材与下层木材密贴。每对支柱使用1道封顶线。

腰线及封顶线的捆绑周数应符合表4-5-8的规定。

表4-5-8　腰线及封顶线的捆绑周数表

捆绑材料	规格/mm	腰线周数	封顶线周数
镀锌铁线	ϕ 4.0	3	2

注：1.装载杉木时，腰线周数可按封顶线周数办理；

2.每道封顶线与每根原木的接触处使用U形钉钉固。

(5)紧靠支柱的木材装载方法。

紧靠支柱的木材的两端超出支柱的长度，不得小于200 mm(由支柱中心线算起)。紧靠支柱顶部的木材不得超出支柱。紧靠支柱的原木的树节、枝桠、弯曲部分或根部，允许其两侧超出支柱。树节等两侧可超出支柱，前提是必须紧靠支柱，不得超限。

(6)长度不足2500 mm的木材装载方法。

长度不足2500 mm的木材不能全部成捆时，需用长材或成捆材压顶。其装载方法可根据木材长度确定。

①围装：将木材沿车辆端侧墙内侧竖立一周，超出端侧墙的部分，不得大于端侧墙高度(立装木材的长度)的二分之一。围板的厚度不得小于40 mm，四周用2股8号镀锌铁线串连，并用U形钉钉固。

②顺装：每垛内插2对支柱，垛间的距离须小于木材本身长度的五分之一，顶部应压垛装载。同时还应遵守其他相关规定，如：顺装时，紧靠支柱的木材，两端超出支柱的长度，不得小于200 mm(由支柱中心线算起)。紧靠支柱顶部的原木不得超出支柱，如图4-5-15所示。

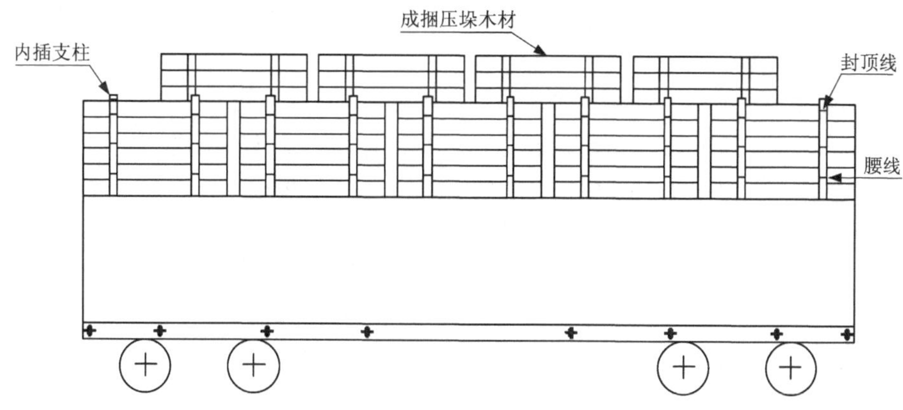

图4-5-15　木材顺装示意图

2. 竹子的装载加固方法

竹子应使用敞车装载。在敞车两端使用竹篱作挡壁，并在挡壁外内插木支柱5~7对；两侧内插木支柱不少于4对。装运小竹子时，应成捆装载；围装时，可不安装挡壁。腰线、封顶线与端支柱拉线，各使用8号镀锌铁线捆绑2周。

第六节　装载加固方案

货物装载加固工作与铁路运输安全、经济、便利地完成货运任务关系十分密切。为了保证运输安全与经济地利用铁路资源完成货运任务，作为装载加固工作依据的《加规》，全面系统地规定了货物装载加固技术条件，对经常运输的货物制订了装载加固定型方案，强调了按方案装车，没有装载加固方案的货物不得装车。对《加规》中未明确规定装载加固方案的货物，要求托运人在托运时，必须提供装载加固计划方案，经铁路主管部门审核批准后，会同发货人在确保运输安全的条件下组织试运。

货物的装载加固方案是实施货物装载与加固的基本依据。实践证明，装载不当、加固不良，往往会引发重车脱轨、货车颠覆的重大行车事故。装车之前制订科学的装载加固方案，装车时严格按方案进行装载和加固，是确保运输安全的重要条件。

货物装载加固方案设计是一项比较复杂的工作。在设计工作中必须严格遵守铁路有关规章，特别是《加规》《超规》的有关规定和车辆的相关技术要求，同时应充分考虑货物的特点及运输要求。只有在综合考虑各种因素的基础上，通过相应的技术、经济比较，才能优选出好的装载加固方案。具体来说，好的装载加固方案应该是各可行方案中最经济合理的方案。首先，它必须是合理的，符合《加规》要求，能够保证运输安全；其次，它应是最经济的，有比较好的技术经济指标，如对车辆载重能力的利用率最高，超限等级或程度最低，加固方法简便，易于实施，加固材料最节省；等等。一般来说，货物装载加固方案的设计工作可按如下程序进行。

一、了解货物的特点和运输要求

这一步应充分了解和掌握设计方案时依据的有关货物的所有技术数据，如重量、结构特点、外形尺寸、重心位置、支重面尺寸、加固作用点位置等。必要时，还应通过对现货的实际测量，精确掌握有关数据。

了解货物的技术数据时，应考虑到可能采取的装载加固方案，了解该方案计算所需要的相关数据。例如，对于有可能采取跨装运输的货物，应了解支点的位置、支重面形状和尺寸；对于尺寸过大、受沿途实际限界限制、通行困难较大、有可能拆解一些部件的货物，或者有可能通过旋转一定角度、降低超限等级或程度的圆柱体货物，应了解其被拆解或旋转后的相应尺寸；对自带横垫木(或支座、支架、鞍座)的货物，应掌握横垫木(或支座、支架、鞍座)的有关数据及支点的位置；对于有加固拴结点的货物，应掌握拴结点的位置，无加固拴结点时应考虑可能采用的加固方法和加固作用点的位置；对于重量较大、用木箱或薄壳金属包装箱包装的货物，应了解哪些位置可以承受加固作用力、适合采取何种加固方式。

对于运输有特殊要求的货物，如预应力混凝土桥梁的支点位置不得随意改变，应了解其确切位置；带有精密仪表的货物怕震动，应了解其防震要求。托运人在托运时一般就已经提出了这些要求，在设计装载加固方案时，必须加以注意。

二、确定装载方案

首先选择合适的车辆，确定货物在车辆上的合理位置。选车和确定装载位置时，应尽可能降低货物的超限等级和重车重心高度，同时注意避免集重装载。当需要使用横垫木(或支座、鞍座、支架)时，应明确横垫木在车辆上的安放位置。超长货物的垫木或转向架的高度，必须满足《加规》要求。

以上要求均满足后，进而确定货物的超限等级和重车重心高度。

如果一件货物可能采取的装载方案有两种以上，应比较各种可能采取方案的技术经济指标，优选出对车辆载重能力利用率最高、货物超限等级和重车重心高度最低、对运输干扰最小的方案。

三、确定加固方案

加固方案的设计工作主要包括以下内容：计算作用于货物上的力及需要加固装置承受的

力；选择加固方法；确定加固强度——加固材料或装置的需要数量及其规格或承受载荷的能力。

通常在确定货物的装载方案之后，加固方案也已基本确定。例如用木底板平车装载时，一般采用拉牵或腰箍加固；用铁底板长大货车装载时，多采用腰箍或钢挡加固。

如果根据货物的具体结构条件只能采用某一种加固方案时，例如对于圆柱体货物，货体上没有拉牵拴结点，只能采用腰箍加固时，在这一步主要是确定使用腰箍的道数、制作腰箍的材料及每道腰箍应有的抗拉强度；当一件货物可以采用两种以上不同的加固方案时，如既可用拉牵加固，又可用腰箍加固，必要时应通过对几种加固方案的主要技术经济指标的比较，优选出操作比较简便且节省材料的加固方案。

对于有防震要求的货物，应避免采用刚性加固。必须用钢挡加固时，应在钢挡和货物之间加缓冲胶垫。加缓冲胶垫时，货物的纵向惯性力可按柔性加固计算。

对同一件货物，一般不要同时采用两种不同的加固方案，特别应避免刚性加固和柔性加固同时并用。

【方案设计实例 1】 均重货物一件，重 52 t，长 15 m，宽 2.6 m，高 1.3 m。拟用 N_{16}(标重 60 t、自重 19.7 t、长 13000 mm、销距 9300 mm、固定轴距 1750 mm、车宽 3000 mm、车底板至轨面的高度为 1210 mm、空车重心高 730 mm)型平车负重装运。试确定经济合理的装载方案。

解：

方案一：用两辆 N_{16} 型平车，货物一端突出 300 mm，另一端突出 1700 mm，一车负重，一辆为游车。$h_{车差}=0$ 时，该货物突出端的挠度忽略不计，则 $f=0$。

$\because\ P_{标}-Q=(60-52)<10\ \text{t}$。

(1)重心位置：

$$a_{容}=\left(\frac{P_{标}}{2Q}-0.5\right)l=\left(\frac{60}{2\times52}-0.5\right)\times9300=715\ \text{mm}$$

由题意可知，$a_{实}=15000-300-\dfrac{13000}{2}-\dfrac{15000}{2}=700\ \text{mm}$。

$a_{容}>a_{实}$，货物重心位置合理。

(2)长度：

$y_{突}=15000-13000-300=1700\ \text{mm}$。

查表可知，货物突出端长度 $y_{实}<2.0\ \text{m}$ 时，$Q_{容}=57\ \text{t}$，所以 $Q_{容}>0$。

货物不超载，重量装载合理。

$$a=y_{突}+\frac{L_{车}-l-l_{轴}}{2}=(L_{货}-L_{车})-\frac{L_{车}-l-l_{轴}}{2}$$

$$=1700+\frac{13000-9300-1750}{2}=2675\ \text{mm}$$

$$H_{垫}=0.031a+h_{车差}+f+80=0.031\times2675+80=163\ \text{mm}$$

垫木最小高度为 163 mm，确定垫木高度取 200 mm。

(3)超限等级：

检定断面位于货物大头端部，$x=8.3\ \text{m}$。

$$K=75\left(\frac{2x}{l}-1.4\right)=75\left(\frac{2\times 8.5}{9.3}-1.4\right)=32\ \text{mm}$$

$$C_{外}=\frac{(2x)^2-l^2}{8R}\times 1000=\frac{(2\times 8.3)^2-9.3^2}{8\times 300}\times 1000\approx 79\ \text{mm}$$

确定计算宽度及超限等级。

货物实测半宽为1300 mm，高1210+200+1300=2710 mm处，$X=B+C_{外}+K-36=1300+79+32-36=1375$ mm，不超限。

(4)重车重心高：

$$H=\frac{Q_{车}h_{车}+Qh_{货}}{Q_{车}+Q}=\frac{19.7\times 730+52\times(1210+200+650)}{19.7+52}=1695\ \text{mm}$$

$H<2000$ mm。

方案二：两端均衡突出装载，货物重心投影落在车辆纵、横中心线的交叉点上，技术上合理，但每端的突出长度为$\frac{15000-13000}{2}=1000$ mm>300 mm(货宽为2.6 m，小于车宽3.0 m)，须使用两辆游车。

$$y_{突}=1000\ \text{mm}$$

查表可知，货物突出端长度$y_{突}<1.5$ m时，$Q_{容}=58$ t，所以$Q_{容}>0$。

货物不超载。

$$a=y_{突}+\frac{L_{车}-l-l_{轴}}{2}=(L_{货}-L_{车})-\frac{L_{车}-l-l_{轴}}{2}$$

$$=\left(\frac{15000-13000}{2}\right)+\frac{13000-9300-1750}{2}=1975\ \text{mm}$$

$$H_{垫}=0.031a+h_{车差}+f+80=0.031\times 1975+80\approx 142\ \text{mm}$$

垫木最小高度为142 mm，确定垫木高度取150 mm。

超限等级：

$$C_{外}=\frac{(2x)^2-l^2}{8R}\times 1000=\frac{(2\times 7.5)^2-9.3^2}{8\times 300}\times 1000\approx 58\ \text{mm}$$

检定断面位于货物的大头端部，$x=7.5$ m。

$$K=75\left(\frac{2x}{l}-1.4\right)=75\left(\frac{2\times 7.5}{9.3}-1.4\right)\approx 16\ \text{mm}$$

确定计算宽度及超限等级。

货物的实测半宽为1300 mm，高1210+150+1300=2660 mm处，$X=B+C_{外}+K-36=1300+58+16-36=1338$ mm，不超限。

方案一：一端对齐端梁，另一端突出装载，加挂一辆游车，垫木高度取200 mm。

方案二：两端均衡突出装载，加挂两辆游车，垫木高度取150 mm，稳定性好一些，但多用了一辆游车，不经济。

所以应选择方案一。

【方案设计实例 2】 圆柱体货物一件，重 34 t，如图 4-6-1 所示，确定装载加固方案（N_{17} 型车）。

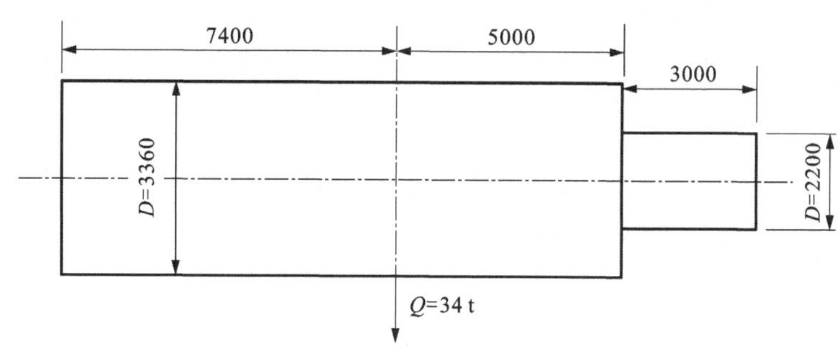

图 4-6-1 方案设计例图 1(单位：mm)

解：

方案一：货物重心落到车辆中央，大头突出车端 900 mm，小头突出车端 1500 mm，两端各加挂一辆游车(游车也用 N_{17} 型)。

(1)需要横垫木或鞍座高度：

N_{17} 型车端至最近车轮轮轴中心所在横向垂直平面的距离为 1125 mm。

$$H_{垫}=0.031a+h_{车差}+f+80=0.031(1125+900)+80+0=143\ \text{mm}$$

则垫木高度取 150 mm。

(2)重车重心高度：

$$H=\frac{Q_{车}\ h_{车}+Qh_{货}}{Q_{车}+Q}=\frac{19.1\times723+34\times3039}{19.1+34}=2206\ \text{mm}$$

(3)超限等级：

检定断面位于货物的大头端部，$x=7.4$ m。

$$C_{外}=\frac{(2x)^2-l^2}{8R}\times1000=\frac{(2\times7.4)^2-9^2}{8\times300}\times1000\approx58\ \text{mm}$$

$$K=75\left(\frac{2x}{l}-1.4\right)=75\left(\frac{2\times7.4}{9}-1.4\right)=18\ \text{mm}$$

确定计算宽度及超限等级。

中心高 1209+150+3360=4719 mm 处，$X=B+C_{外}+K-36=0+58+18-36=40$ mm，不超限。

侧高 1209+150+1680=3039 mm 处，$X=B+C_{外}+K-36=1680+58+19-36=1720$ mm，一级超限。

方案二：货物大头端与车端对齐，重心偏离车辆横中心线 900 mm(允许偏离 1323 mm)，小头突出车端 2400 mm，需加挂一辆游车，如图 4-6-2 所示。

(1)需要横垫木或鞍座的高度：

小头最低点比直径为 3360 mm 部分的最低点高出 1680−1100=580 mm。

$$\begin{aligned}H_{垫}&=0.031a+h_{车差}+f+80-(1680-1100)\\&=0.031(1125+900)+80+0-580=-391\ \text{mm}\end{aligned}$$

鞍座凹口底部的高度为 40 mm。

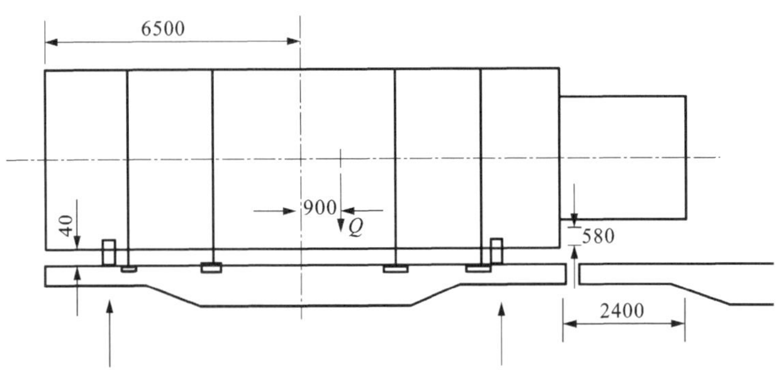

图 4-6-2　方案设计例图 2(单位：mm)

(2)重车重心高度：

$$H=\frac{Q_{车}\ h_{车}+Qh_{货}}{Q_{车}+Q}=\frac{19.1\times723+34\times29}{19.1+34}=2136\ \text{mm}$$

(3)超限等级：

直径为 3360 mm 部分按实测宽度确定超限等级。

中心高 1209+40+3360=4609 mm 处，$B=0$，不超限；

侧高 1209+40+1680=2929 mm 处，$B=1680$ mm，不超限。

两个方案相比较：车重心均超高，需按规定限速运行；方案二节省游车一辆，而且不超限。

按方案二运输。

【方案改进实例】：某站根据货主提供的产品尺寸进行实地测量，对货物质量在 15～19 t、长度为 5490 mm 以下、宽度不小于 1430 mm、高度不大于 2460 mm、支重面在 2890 mm×1200 mm、重心高 930 mm 的液压支架的装载加固方案进行重新设计。计划装载方案将传统的每车装运 2 台液压支架的方案(可参看《装载加固定型方案》)改为每车装运 3 台液压支架。经过测算，其能够经受正常运输过程中各种力的作用，保证运输安全，并且可以增加车辆静载重，节省车辆。该方案已批复为该站的暂行方案。

解：

第一步——计划装载方案。

(1)拟用车型：

61 t(车底板长度为 15400 mm)或 60 t 木底板平车(平、集两用平车、车底板长度为 13000 mm)。

(2)装载方法：

用长为 15400 mm 的木底板平车每车顺装 3 台，在每台支重面底部铺设一层厚度不小于 30 mm、面积大于货物支重面的稻草垫。第 1 件货物的前端与负重车端梁对齐并依次顺装，其重心距车底板横中心线一侧 4070 mm；第 2 件货物延续顺装，端部跨第 1 件货物后端上部保持 50～1001 mm 的距离，货物重心投影落在负重车纵、横中心线的交叉点上；第 3 件货物比照第 2 件货物装载，货物重心距车辆横中心线一侧 4070 mm，全车货物总重心投影落在车底板纵、横中心线的交叉点上(见图 4-6-3)。

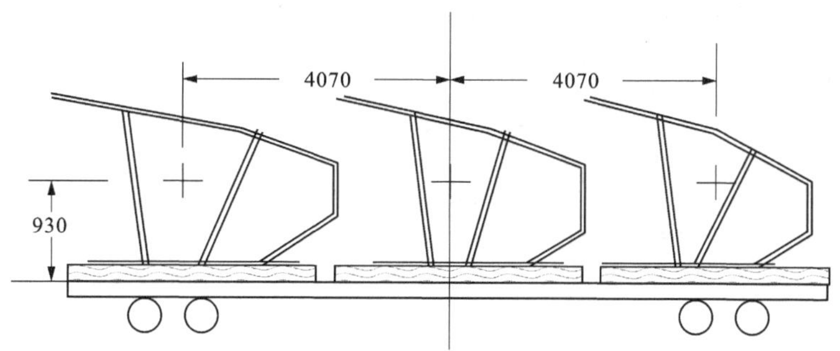

图 4-6-3　液压支架计划装载方案示意图(单位：mm)

(3)加固材料及方法：

①加固材料。ϕ15.5 mm 的钢丝绳(破断拉力不小于 126.6 kN)、钢丝绳夹头、10 号铁线、防磨衬垫、稻草垫。

②加固方法。a. 在每件支架两侧重心等高处附近(OB=0.8 m)，分别用 ϕ15.5 mm 的钢丝绳拉牵 2 个大八字形，固定在车侧丁字铁或支柱槽上，每根拉牵线拉紧“卡死”。b. 在拉牵线与货物或车辆间接触的棱角处，采取防磨措施。

第二步——方案检算。

以装载平车 NX_{17B} 为例，根据《加规》附件 2 对计划装载方案进行计算校核。NX_{17B} 技术参数：载重 61 t，自重 22.4 t，车底架长 15400 mm，宽 2960 mm，转向架中心距 10920 mm，底板面至轨面高 1211 mm，空车重心高 740 mm。

(1)重车重心高检查：

货物自重取 19 t；货物重心高 $h_1=h_2=h_3=1211+930=2141$ mm，则：

$$H=\frac{Q_{车}h_{车}+Q_1h_1+Q_2h_2+Q_3h_3}{Q_{车}+Q_1+Q_2+Q_3}=\frac{22.4\times740+3(19\times2141)}{22.4+3\times19}=1746 \text{ mm}$$

∴ 重车重心高不超过 2000 mm 时，无运输限制。

(2)受力计算：

只计算 1 台液压支架的受力。

$$\begin{aligned}T&=t_0\times Q=(0.0012Q_{总}^2-0.32Q_{总}+29.85)Q\\&=(0.0012\times79.4^2-0.32\times79.4+29.85)\times19=228 \text{ kN}\end{aligned}$$

$$N=n_0\times Q=\left(2.82+2.2\frac{a}{l}\right)Q=\left(2.82+2.2\times\frac{4070}{10920}\right)\times19=69.16 \text{ kN}$$

$$Q_{垂}=\left(3.54+3.78\frac{a}{l}\right)Q=\left(3.54+3.78\times\frac{4070}{10920}\right)\times19=94.05 \text{ kN}$$

因该支架迎风面积很小，风力可以忽略不计。

稻草垫与钢板之间摩擦系数 μ=0.44，则：

$$F_{摩}^{纵}=9.8\mu Q=9.8\times0.44\times19=81.93 \text{ kN}$$

$$F_{摩}^{横}=\mu(9.8Q-Q_{垂})=0.44(9.8\times19-94.05)=40.55 \text{ kN}$$

(3)稳定性检算：

①货物倾覆的稳定性。已知货物重心所在横向、纵向垂直平面至货物倾覆点间的距离分别为 $a=1360$ mm、$b=600$ mm；货物重心自倾覆点所在水平面起算的高度 $h=930$ mm，则倾覆稳定系数如下：

$$\eta_{纵}=\frac{9.8Qa}{Th}=\frac{9.8\times19\times1360}{228\times930}=1.19<1.25$$

$$\eta_{横}=\frac{9.8Qb}{Nh+Wh_{风}}=\frac{9.8\times19\times600}{69.19\times930+0}=1.74>1.25$$

∴ 应采取防止货物纵向倾覆的加固措施。

②货物水平移动的稳定性。

纵向：

$\Delta T=T-F^{纵}_{摩}=228-81.93=146.07$ kN>0

横向：

$\Delta N=1.25(N+0)-F^{横}_{纵}=1.25\times69.16-40.55=45.9$ kN>0

∴ 应采取防止货物纵横向移动的加固措施。

(4)加固强度验算：

由于液压支架用钢丝绳对称拉牵加固，当同一方向有 n 根拉牵绳时，每根拉牵绳承受的拉力计算如下。

①防止货物纵、横向位移。每件货物用双股拉牵两个大八字形，则 $n=4$，$BO=0.8$ m，$BC=0.9$ m，$AC=1.5$ m。

纵向：

$$S_{纵移}=\frac{\Delta T}{nAC}\sqrt{AC^2+BO^2+BC^2}=\frac{146.07}{4\times1.5}\sqrt{1.5^2+0.8^2+0.9^2}=46.83\text{ kN}$$

横向：

$$S_{横移}=\frac{\Delta N}{nBC}\sqrt{AC^2+BO^2+BC^2}=\frac{45.9}{4\times0.9}\sqrt{1.5^2+0.8^2+0.9^2}=24.52\text{ kN}$$

②防止纵向倾覆。货物纵向倾覆点至拉牵绳在货物上拴结点所在横向垂直平面间的距离 $l_{纵}=1.36$ mm。

$$S_{纵倾}=\frac{1.25Th-9.8Qa}{n(l_{纵}+AC)BO}\sqrt{AC^2+BO^2+BC^2}$$

$$=\frac{1.25\times228\times0.93}{4(1.36+1.5)\times0.8}\sqrt{1.5^2+0.8^2+0.9^2}=2.5\text{ kN}$$

③每根拉牵绳应承受的力应不小于 $S\geqslant\max\{S_{纵移},S_{横倾},S_{纵倾}\}=46.83$ kN。

可见，该计划装载方案用 $\phi15.5$ mm 的钢丝绳时，许用拉力为 63.3 kN，完全能够满足货物加固强度的需要。

第五章 铁路危险货物运输

基于危险货物的危险特性和发生事故后可能引起的严重不良后果，加强对危险货物的安全管理，保障人民生命、财产安全，保护环境，国家对危险货物制定了一系列条例、规范、标准、规定、制度，对危险货物的生产、储存、经营、运输、使用、废弃物处置等环节进行了规范。

第一节 危险货物的定义和类项划分

一、危险货物的定义

在铁路运输中，凡《铁路危险货物运输管理规则》所称危险货物，是指具有爆炸、易燃、毒害、感染、腐蚀、放射性等危险特性，在铁路运输、装卸和储存保管过程中，容易造成人身伤亡、财产毁损或者环境污染而需要特别防护的物质和物品。

具有危险特性、可能造成危害后果、可以采取特别的防护是危险货物的定义所包含的三方面具体内容。这是《铁路危险货物运输管理规则》依据《危险货物分类和品名编号》关于危险货物的基本定义，针对铁路运输的作业特点所制定的危险货物的定义，既具有权威性，同时又具有科学性。

二、危险货物的类项划分

目前，经由铁路运输的危险货物已多达数千种，而新品种更是层出不穷。因此，按其物理特性、化学特性及运输要求来分类、分项，并明确每一类项的实验方法和定量值，是危险货物安全运输的重要保证。

根据国家公布的《危险货物分类和品名编号》和“危险货物品名表”(以下简称“品名表”)，结合铁路运输实际情况，按危险货物具有的危险性或主要危险性划入 9 类中的一类，有些类别再分成项别，同时某项危险货物还根据其危险程度分为一级和二级，其中一级的危险程度高于二级。危险货物类项名称表见附件 19。

不属于 9 类危险货物，在铁路运输过程中易引起燃烧、需采取防火措施的货物，属易燃普通货物。

三、危险货物的品名与编号

(一)危险货物的品名

危险货物的品名包括正式名称、别名、概括名称和附加条件四个部分。

危险货物不仅品种多，而且许多危险货物不能够做到一物一名，有的甚至多达四五个或更多的名称。为了使我国的危险货物命名规范化，相关部门制定了国家标准《危险货物命名原则》，将一种危险货物规定了一个正式运输名称，其他名称皆列为别名。正式名称列于“品名表”第 2 栏(品名栏)中，别名列于“品名表”第 3 栏中，信息化品名列于“品名表”第 4 栏中。

所谓概括名称，指的是同一编号、若干物品名的总称。

附加条件是危险货物品名的重要组成部分，如含水量、浓度、稳定剂量及运输限定条件等，是决定危险货物运输条件的重要因素。

(二)危险货物的编号

为了避免一种物品按不同条件办理运输时给管理带来许多不便，国家对危险货物进行了统一编号。国家标准《危险货物分类和品名编号》和“品名表”对危险货物的编号统一采用了联合国编号(UN 编号)，即由联合国危险货物运输专家委员会编制的四位阿拉伯数编号，用以识别一种物质或物品或一类特定物质或物品。这种编号是根据危险货物出现的先后顺序进行的编号，在运输作业过程中不能直接表明货物的性质等信息，因此，根据铁路运输实际经验，危险货物仍沿用五位数的编号方法，并将此编号统一称为铁危编号。

铁危编号由五位阿拉伯数字和拉丁字母组成，第一位数字表示该危险货物的类别；第二位数字表示该危险货物的项别；第三~五位数字表示该危险货物的顺序号，同时还可表示该危险货物的级别(危险性大小)，顺序号 001~499 的为一级危险货物(或不分级)，顺序号为 501~999 的为二级危险货物(第三类易燃液体除外)。

基本上每一种危险货物都有唯一的编号，但对其性质基本相同、运输条件和灭火急救方法相同的若干危险货物，也可使用同一编号，品名编号后的字母表示同一品名编号具有不同运输条件的危险货物。

第二节　各类危险货物的主要特性

一、爆炸品

爆炸品是包括爆炸物质和以爆炸物质为原料制成的成品在内的物品的总称。它是指受到高热、摩擦、撞击、震动或其他外界作用后，能迅速发生剧烈化学反应，瞬间产生大量气体和热量，形成巨大的压力，导致发生爆炸，对周围环境造成破坏的物质和物品。本类货物除爆炸性物质和物品外，还包括为产生爆炸或烟火实际效果而制造的爆炸性物质和物品中未提及的物质和物品。

(一)爆炸的类型

按照爆炸的性质不同，爆炸可分为物理爆炸、核爆炸和化学爆炸三种。物理爆炸是指物质因物理变化(温度、体积、压力等)引起的爆炸，如气球、锅炉因内部压力过大而产生的爆炸。核爆炸是由于原子核的裂变(重核)和轻核聚变产生巨大的能量而引起的爆炸，如原子弹、氢弹的爆炸。化学爆炸是物质在瞬间完成化学变化(反应)的同时产生大量气体和热量而形成的爆炸。危险货物中的爆炸一般属于化学爆炸。

化学爆炸按其所发生的化学变化类型可分为简单分解爆炸、复杂分解爆炸和可燃性混合物爆炸三类。

1. 简单分解爆炸

简单分解爆炸的特点是没有燃烧现象，物质在爆炸时会分解成元素单质，该爆炸的危险性大。

2. 复杂分解爆炸

发生复杂分解爆炸的物质包括各种含氧炸药在爆炸时发生较复杂的分解，伴有燃烧。燃烧所需要的氧由本身分解时供给。复杂分解爆炸的危险性低于简单分解爆炸。

3. 可燃性混合物爆炸

可燃性混合物爆炸是指可燃物与空气（或氧气）组成的混合物的爆炸。它可以是可燃性气体混合物、可燃性蒸气混合物或可燃性粉尘混合物。可燃物不具备适当的条件是不会爆炸的。

（二）爆炸品的危险特性

爆炸品的危险特性实质是爆炸物质（炸药）的特性。爆炸品的危险特性可从以下几个方面来表述。

1. 易炸敏感性

爆炸品的敏感性，是指爆炸品在受到环境的加热、撞击、摩擦或电火花等外能作用时发生着火或爆炸的难易程度，这是爆炸品的一个重要特性。如果爆炸品对外界作用比较敏感，那么用火焰、撞击、摩擦、针刺或电能等较小的、简单的初始冲能就能引起爆炸。爆炸品的敏感性是由许多因素决定的，有内在因素，如炸药分子内的键能、分子结构、反应的活化能以及炸药的爆热、热容量与导热性等；外在因素如炸药结晶、密度、介质温度、杂质（砂、粒、石子、金属、酸、碱等杂质）等。

2. 自燃危险性

某些爆炸品在一定温度下不用火源的作用就会自行着火或爆炸，这种性质称为自燃危险性。这是爆炸品在储存、运输过程中需要特别注意的问题。储存中应注意及时通风和散热、散潮。

3. 遇热（火焰）易爆炸

炸药对热的作用非常敏感。实际工作中，爆炸品常常会因为遇到高温或火焰，甚至一点小火焰而发生爆炸。因此爆炸品在储存和运输作业过程中，一定要远离高温和热源。同时，要测定爆炸品的热感度或火焰感度，以便更科学地防范和管理。

4. 机械作用危险性

许多爆炸品受到撞击、震动、摩擦等机械作用时都有着火、爆炸的危险，而爆炸品在储存、运输和使用过程中均有可能受到意外的撞击、震动、摩擦等机械作用，产生该危险性的可能性很大。在这些机械力的作用下能否安全运输，需要测定爆炸品的撞击感度和摩擦感度。

5. 带静电危险性

爆炸品会经常与容器壁或其他介质摩擦产生静电荷，在没有采取有效接地导除静电的情况下，就会使静电荷聚集起来，表现出很高的静电电位，甚至高达几万伏，一旦放电条件形成，就会产生放电火花；当爆炸品的放电能量达到足以点燃爆炸品时，便会发生着火、爆炸事故。

6. 破坏危险性

爆炸品无论是储存或运输，一旦发生爆炸事故，危害会非常大，必须评估它的爆炸破坏性的情况。

爆炸的破坏作用包括以下四个方面。

(1) 火球对物体的直接作用。

爆炸可以烧穿钢甲、炸碎弹体、炸坏建筑或设备，也可以引起邻近炸药殉爆或引起火灾。火球作用在装药半径的 7~14 倍。

(2) 空气冲击波的作用。

爆炸可以使人体内脏器官受到损伤，使建筑物受到破坏，引起邻近炸药的殉爆，因爆炸而形成的空气冲击波传播的距离很远，破坏作用较大。

(3) 固体飞散物的作用。

由爆炸而抛起来的石块、破片、碎砖瓦等固体飞散物，可以击伤人员和破坏建筑物。

(4) 地震波作用。

爆炸以地震波的形式向周围传播，使邻近建筑物受到破坏，但对人不起什么直接作用。地震波一般衰减得快。大容量的地下炸药库和洞库爆炸时，地震波一般对附近建筑物的威胁较大。

此外，爆炸品还有着火危险性和毒害性。爆炸品基本上都是易燃的，而且着火时不需外界供氧，能自身分解出可燃性气态产物，并和周围的可燃物接触以引起燃烧，因此，必须做好爆炸时的火灾预防工作。有些爆炸品本身有毒，一般爆炸后会产生有毒气体。爆炸的瞬间产生的高温、高压还会引起一些反应，生成一些有毒气体而使人中毒窒息。

(三) 爆炸品装卸、储存等的注意事项

1. 包装

爆炸品的包装容器类型往往对其危险性有决定性影响。包装的材料应与所装爆炸品的性质不相抵触，严密不漏、耐压、防震、衬垫妥实，并有良好的隔热作用，单件包装应符合“品名表”和《铁路危险货物运输管理规则》中“铁路危险货物包装表”的规定。

2. 装卸与搬运

开关车门、车窗时不得使用铁撬棍、铁钩等铁质工具，必须使用时应采取防火花涂层等防护措施。装卸搬运时，不准穿铁钉鞋；使用铁轮、铁铲头推车和叉车时，应有防火花措施，禁止使用可能产生火花的机具设备。照明时应使用防爆灯具，作业时应轻拿轻放，不得摔碰、撞击、拖拉、翻滚。附件 19 中第 1. 1 项和 1. 2 项爆炸品的装载和堆码高度不得超过 1. 8 m。车、库内不得残留酸、碱、油脂等物质。跌落导致破损的货件不得装车，应另行放置，妥善处理。

3. 存放与保管

爆炸品必须存放于专库内，库房应有避雷装置、防爆灯及低压防爆开关。仓库应由专人负责保管。库内应保持清洁，并隔绝热源与火源，在温度 40℃ 以上时，要采取通风和降温措

施。爆炸品的堆垛间及堆垛与库墙间应有 0.5 m 以上的间隔，要避免日光直晒。

4. 撒漏处理与消防

对撒漏的爆炸品应及时用水润湿，撒以松软物后轻轻收集，并通知公安和消防人员处理。禁止将收集起来的撒漏物品装入原包件中。有火灾危险时，应尽可能将爆炸品转移或隔离；而不能转移或隔离时，要立即组织人员疏散。扑救时，可用水或其他灭火器灭火，禁用砂土。施救人员应配备防毒面具。

二、气体

危险货物中的气体是指在 50℃时蒸气压力大于 300 kPa 的物质，或 20℃时在 101.3 kPa 标准压力下完全是气态的物质。

气体包括压缩气体、液化气体、溶解气体、冷冻液化气体、一种或多种气体与一种或多种其他类别物质的蒸气混合物、充有气体的物品和气雾剂。

(一)气体的特性

1. 易燃易爆性

气体当中，约有 54.1%是可燃气体，有 61%的气体具有火灾危险。可燃气体的主要危险性是易燃易爆性，所有处于燃烧浓度范围之内的可燃气体，遇火源都可能发生着火或爆炸，有的可燃气体遇到极微小能量着火源的作用即可引爆。

2. 扩散性

处于气体状态的任何物质都没有固定的形状和体积，且能自发地充满任何容器。气体的分子间距大，相互作用力小，所以非常容易扩散。

3. 可缩性和膨胀性

任何物体都有热胀冷缩的性质，气体也不例外，其体积也会因温度的升降而胀缩，且胀缩的幅度比液体要大得多。

4. 带电性

从静电产生的原理可知，任何物体的摩擦都会产生静电，氢气、乙烯、天然气、液化石油气等压缩气体或液化气体从管口或破损处高速喷出时也同样能产生静电。其主要原因是气体本身剧烈运动造成分子间的互相摩擦，气体中含有的固体颗粒或液体杂质在压力下高速喷出时与喷嘴产生的摩擦等。气体中所含的液体或固体杂质越多，多数情况下产生的静电荷也越多；气体的流速越快，产生的静电荷也越多。

5. 腐蚀性、毒害性和窒息性

(1)腐蚀性，主要是一些含氢、硫元素的气体具有腐蚀性。

(2)毒害性，除氧气和压缩空气外，其他气体大都具有一定的毒害性。

(3)窒息性，除氧气和压缩空气之外，其他气体大多有窒息性。

6. 氧化性

除了极易自燃的物质，一般情况下可燃物质只有和氧化性物质作用，遇火源时才能燃烧。所以，具有氧化性的气体是燃烧得以发生的最重要的因素之一。

(二)气体装卸、储存等的注意事项

1. 包装

通常应以耐压的气瓶装运部分沸点高于常温的气体，可用安瓿瓶或质量良好的玻璃、塑料金属容器盛装，个别气体亦可采用特殊容器装运。具体包装方法按"品名表"和《铁路危险货物运输管理规则》中"铁路危险货物包装表"的规定办理。

2. 装卸与搬运

作业时，应使用抬架或搬运车，防止撞击、拖拉、摔落、滚动气瓶，防止气瓶安全帽脱落及损害瓶嘴。装卸机械工具应有防止产生火花的措施。

装车时，应平卧横放气瓶。装卸搬运时，气瓶阀不要对准人。装卸搬运工具、工作服及手套不得沾有油脂。装卸有毒气体时，应配备防护用品，必要时使用供氧式防毒面具。

3. 存放与保管

危险气体应存放于阴凉通风场所，防止日晒、油污，隔绝热源与火种，当库内温度超过40℃时，应采取通风降温措施，储存时必须与可燃物分开。

平卧放置气瓶时，堆垛不得超过5层，瓶头要朝向同一方，瓶身要填塞妥实，防止滚动；立放时要放置稳固，防止倒塌。

4. 泄漏处理和消防

泄漏时应立即拧紧阀门，如无法关闭时，可将气瓶浸入冷水或石灰水中(氨气瓶只能浸入水中)；液化气体容器破裂时，应将裂口部位朝上。

气瓶着火时，应向气瓶浇洒大量冷水，或将气瓶投入水中使之冷却，同时将周围的气瓶和可燃物搬离现场。

三、易燃液体

易燃液体是指易燃的液体或液体混合物，或是在溶液或悬浮液中被固化的液体，其闭杯试验闪点不高于60℃，或开杯试验闪点不高于65.6℃。

(一)易燃液体的特性

1. 高度易燃易爆性

易燃液体皆具有高度的易燃性。其易燃危险性通常是以闪点及爆炸极限等量值来确定的。

闪点是在闪点测定仪中，按规定的方法，测定的易燃液体的蒸气与空气的混合气体在接触火焰时，发生闪火的最低温度。闪点分为闭杯试验闪点和开杯试验闪点，对于同一易燃液体，其闭杯试验闪点比开杯试验闪点要低1~5℃，而且易燃液体的闪点值越低，这两种闪点的差值也越小。闪点值越低，易燃液体越易被明火或火花引燃。

爆炸极限是指一种可燃气体或可燃液体的蒸气，与空气的混合物遇水花或火焰能被引燃而爆炸的浓度范围，通常用该可燃气体或可燃液体的蒸气在混合物中的体积百分数(%)来表示；能被引爆的最低浓度称为爆炸下限，能被引爆的最高浓度称为爆炸上限。显然，爆炸极限范围越宽，且爆炸下限值越低，越易于被引爆。

2. 蒸气易燃性

液体在一定温度下都能蒸发，所以存放易燃液体的场所都存在大量的易燃蒸气，当蒸发的易燃蒸气与空气混合并达到爆炸浓度范围时，遇火就会发生爆炸，蒸气的挥发性越强，这种爆炸的危险性就越大。

3. 受热膨胀性

储存于密闭容器中的易燃液体受热后，在本身发生体积膨胀的同时，会使蒸气的压力加大；当超过容器所能承受的压力限度时，就会造成容器膨胀，常出现“鼓桶”，甚至爆裂，遇到火源而引发危险。因此，容器应留有不少于5%的空隙，夏天应采取移至阴凉处喷淋冷水的保护措施。

4. 流动性

流动性是液体的通性，易燃液体的流动性则增加了火灾危险性。为了防止液体泄漏、流散，在储存工作中应备置事故槽(罐)、构筑防火堤、设置水封井等；液体着火时，应设法堵截流散的液体，防止火势扩大蔓延。

5. 带电性

大部分易燃液体是极性物质，在运输、装卸过程中摇晃、搅拌或高速流动过程中，由于摩擦极易产生静电，当所带的静电荷聚积到一定程度时就会产生静电火花，有引起燃烧和爆炸的危险。

6. 毒害性

大部分易燃液体本身或其蒸气都具有毒害性，有的还有刺激性和腐蚀性。其毒害性主要表现在蒸气上，通过人体的呼吸道、消化道、皮肤三种途径进入体内，造成人中毒，须注意防护。

(二)易燃液体的包装类

易燃液体按其闪点分为三个包装类别，如表5-2-1所示。

表5-2-1 易燃液体的包装类别

包装类别	闪点(闭杯)/℃	初沸点/℃
Ⅰ	—	≤35
Ⅱ	<23	>35
Ⅲ	23≤闪点≤60.5	>35

包装容器应气密或液密封口，并留有不小于5%的膨胀余位，以防液体受热体积膨胀而致容器破裂。

(三)易燃液体装卸、储存等的注意事项

1. 装卸与搬运

易燃液体装卸前应先通风，开关车门、车窗时不要使用铁制工具猛力敲打，必须使用时应采取防止产生火花的防护措施。作业人员不准穿铁钉鞋。装卸搬运中，不能撞击、摩擦、拖拉、翻滚。装卸机具应有防止产生火花的措施。装载用钢桶包装的易燃液体时，要采取防

磨措施，不得倒立和卧放。

2. 存放和保管

易燃液体应存放于阴凉通风场所，避免日晒，隔绝热源和火种。堆放时要稳固，严禁倒置。库内温度超过40℃时，应采取通风降温措施。容器受热膨胀时，应浇洒冷水冷却，必要时应移至安全通风处进行放气处理。

3. 渗漏处理和消防

容器渗漏时，应及时移至安全通风处更换包装。渗出的液体可用干砂土等物覆盖后扫除干净。灭火时，一般不宜用水，对比重大于水或溶于水的易燃液体，可用雾状水或开花水灭火，但应防止液体被冲散而扩大着火范围。扑救有毒性液体的火灾时，应戴防毒面具或站在上风处。发现中毒人员时，应将其立即移至空气流通处，并送医诊治。

四、易燃固体、易于自燃的物质和遇水放出易燃气体的物质

(一) 易燃固体及其特性

易燃固体是指燃点低，对热、撞击、摩擦敏感，易被外部火源点燃，燃烧迅速，并可能散发出有毒烟雾或有毒气体的固体。

1. 易燃固体的主要特性

(1) 易燃性。

易燃固体容易被氧化，受热易分解或升华，遇火种、热源常会引起强烈、连续的燃烧。

(2) 可分散性与氧化性。

固体具有可分散性，一般来讲，物质的颗粒越细，其比表面积越大，分散性就越强。当固体的粒度小于0.01 mm时可悬浮于空气中，这样能使其充分与空气中的氧接触，发生氧化作用。

(3) 热分解性。

某些易燃固体受热后不熔融，而是会发生分解现象；有的受热后边熔融边分解。一般来说，热分解的温度高低直接影响易燃固体危险性的大小，受热分解温度越低的物质，其火灾爆炸危险性就越大。

(4) 对撞击、摩擦的敏感性。

易燃固体对摩擦、撞击、震动也很敏感。例如，赤磷、闪光粉等受摩擦、震动、撞击等也能起火燃烧甚至发生爆炸。

(5) 毒害性。

许多易燃固体具有毒害性，或燃烧产物具有毒害性，或有腐蚀性。

2. 易燃固体包括的范围

(1) 极易燃烧的固体和通过摩擦可能起火或促进起火的固体。

极易燃烧的固体和通过摩擦可能起火或促进起火的固体指在标准试验中，燃烧时间<45s或燃烧速度>22 mm/s的粉状颗粒或糊状的固体物质，或能够被点燃并在10 min以内可使燃烧蔓延到试样的全部的金属粉末或金属合金，以及经摩擦可能起火的物质和被水充分浸湿抑制了自燃性的易自燃的金属粉末等。

(2) 自反应物质。

自反应物质指即使没有氧气(空气)存在，也容易发生激烈放热分解的热不稳定物质。

(3)固态退敏爆炸品。

固态退敏爆炸品是为抑制爆炸性物质的爆炸性能，用水或酒精湿润爆炸性物质，或用其他物质稀释爆炸性物质后，而形成的均匀固态混合物。在储运状态下，退敏试剂应均匀地分布在所储运的物质之中。对于含有水或用水浸湿的固态退敏爆炸品，如果预计在低温(0℃以下)条件下储运，应当添加诸如乙醇等适当相溶的溶剂来降低液体的冰点，以防结冰后影响退敏效果。退敏爆炸品在干燥状态下属于爆炸品，所以在储运时必须明确说明其在被充分浸湿的条件下才能作为易燃固体储运。

(二)易于自燃的物质及其特性

易于自燃的物质是指自燃点低，在空气中易于发生氧化反应，发出热量而自行燃烧的物质。

1. 易于自燃的物质的主要特性

(1)极易氧化。

自燃的发生是由于物质的自行发热和散热速度处于不平衡状态而使热量积蓄的结果。自燃物品多具有空气氧化、分解的性质，且燃点较低。在未发生自燃前，该类物质一般都经过缓慢的氧化过程，同时产生一定热量，当产生的热量越来越多，积热使温度达到其自燃点时，便会自发着火燃烧。

凡能促进氧化的一切因素均能促进自燃。空气、受热、受潮、氧化剂、强酸、金属粉末等能与自燃物品发生化学反应或对氧化反应有促进作用，它们都是促使自燃物品自燃的因素。

(2)易分解。

某些自燃物质的化学性质很不稳定，在空气中会自行分解，积蓄的分解热也会引起自燃，如硝化纤维素、赛璐珞、硝化甘油等。

2. 易于自燃的物质包括的范围

(1)发火物质。

发火物质是指即使只与少量空气接触，不到5分钟时间便燃烧的物质(包括液体、固体和固、液混合物)。

(2)自热物质。

自热物质是指除发火物质以外的与空气接触，便能自己发热的物质。

(三)遇水放出易燃气体的物质及其危险特性

遇水放出易燃气体的物质是指遇水或受潮时可发生剧烈的化学反应，并放出大量的可燃气体和热量的物质。当被放出的气体和热量达到可燃气体的自燃点或接触外来火源时，会立即着火或爆炸，所产生的冲击波和火焰可能对人和环境造成危害。

1. 危险特性

遇湿易燃物品主要包括碱金属、碱土金属及硼烷类和石灰氮(氰化钙)、锌粉等金属粉末类，其危险特性如下：

(1)遇水易燃易爆，这是该类物质的通性，其特点如下：

①遇水后发生剧烈的化学反应使水分解，夺取水中的氧与之化合，放出可燃气体和热

量。当可燃气体在空气中达到燃烧范围时，或接触明火，或由于反应放出的热量达到引燃温度时就会着火或发生爆炸。

②遇水后反应较为缓慢，放出的可燃气体和热量少，可燃气体接触明火时才会引起燃烧。

③电石、碳化铝、甲基钠等遇湿易燃物品盛放在密闭容器内，遇湿后放出的乙炔和甲烷及热量因逸散不出来而积累，致使容器内的气体越积越多，压力越来越大，当超过了容器的强度时，就会胀裂容器以致发生化学爆炸。

(2)遇氧化剂和酸着火爆炸，遇湿易燃物品除遇水能反应外，遇到氧化剂、酸也能发生反应，而且比遇到水的反应更加剧烈，危险性更大。

(3)自燃危险性，有些物质不仅有遇水易燃危险，而且还有自燃危险性。在潮湿空气中能自燃，与水接触特别是在高温下的反应比较强烈，能放出氢气和热量。

(4)毒害性和腐蚀性，在遇水易燃物质中，有一些与水反应生成的气体是易燃有毒气体，碱金属及其氢化物类、碳化物类与水作用生成的强碱都具有很强的腐蚀性。

(四)本类物质装卸、储存等的注意事项

1. 包装

本类物质按其危险程度可分为Ⅰ、Ⅱ、Ⅲ类包装。

盛装遇空气或潮气能引起反应的物质时，其容器口须密封。对缓慢氧化能自燃的物质，包装应易于通风散热。对化学性质特别敏感的钠、钾等金属，须浸没在煤油或密封于石蜡中。

2. 装卸与搬运

作业时，不得摔碰、撞击、拖拉、翻滚，防止容器破损。特别注意勿使黄磷脱水，以免其引起自燃。装卸搬运机具应有防止产生火花的措施。雨雪天无防雨设备时，不能装卸遇湿易燃物品。

3. 存放与保管

本类物质应存放于阴凉、通风、干燥场所，防止日晒，隔绝热源和火种，必须与酸类、氧化剂隔离存放。严禁露天存放遇湿易燃物品。

4. 撒漏处理和消防

对撒漏的物质，应谨慎收集、妥善处理。撒漏的黄磷应立即浸入水中；硝化纤维要用水润湿；金属钠、钾应浸入煤油或液体石蜡中；电石、保险粉等遇湿易燃物品撒漏，收集后应进行安全处理，不得并入原货件中。本类物质中的一些金属粉末、金属有机化合物、氨基化合物和遇湿易燃物品着火时，禁用水和二氧化碳灭火剂。扑救浸油的棉、毛、麻类制品火灾时，要注意防止复燃。对本类物质的火灾扑救，应有防毒措施。

五、氧化性物质和有机过氧化物

氧化性物质和有机过氧化物具有强氧化性，在不同条件下，遇酸、碱，受热、受潮或接触有机物、还原剂即能分解放出氧，发生氧化还原反应，从而引起燃烧。其中，有机过氧化物更具有燃烧甚至爆炸的危险性。

(一)氧化性物质的危险特性

1. 有很强的氧化性

氧化剂中的无机过氧化物均含有过氧基，很不稳定，易分解放出原子氧，其余的氧化剂则分别含有高价态的氯、溴、氮、硫、锰、铬等元素，这些高价态的元素都有较强的获得电子的能力。因此，氧化剂最突出的性质是遇易燃物品、可燃物品、有机物、还原剂等会发生剧烈化学反应，从而引起燃烧和爆炸。

2. 遇热分解性

氧化剂遇高温易分解出氧和热量，极易引起燃烧和爆炸。特别是有机过氧化物分子组成中的过氧基很不稳定，易分解放出原子氧，而且有机过氧化物本身就是可燃物，易着火燃烧，受热易分解的生成物又均为气体，更易引起爆炸。所以，有机过氧化物比无机氧化剂有更大的火灾爆炸危险性。

3. 撞击、摩擦敏感性

许多氧化剂，如氯酸盐类、硝酸盐类、有机过氧化物等对摩擦、撞击、震动极为敏感，因此储运中要轻装轻卸，以免增强其爆炸性。

4. 与酸作用分解

大多数氧化剂，特别是碱性氧化剂，遇酸反应剧烈，甚至会发生爆炸。例如，过氧化钠(钾)、氯酸钾、高锰酸钾、过氧化二苯甲酰等遇硫酸立即发生爆炸。这些氧化剂不得与酸类接触，也不可用酸碱灭火剂灭火。

5. 与水作用分解

有些氧化剂，特别是活泼金属的过氧化物，如过氧化钠(钾)等，遇水分解出的氧气和热量有助燃作用，会使可燃物燃烧，甚至爆炸。因此，应防止这些氧化剂受潮，灭火时严禁用水、酸碱、泡沫、二氧化碳灭火扑救。

6. 毒性和腐蚀性

有些氧化剂具有不同程度的毒性和腐蚀性。例如，铬酸酐、重铬酸盐等既有毒性，又会烧伤皮肤；活性金属的过氧化物有较强的腐蚀性，操作时应做好个人防护。

7. 强氧化剂与弱氧化剂之间的反应

有些氧化剂与其他氧化剂接触后能发生复分解反应，放出大量热而引起燃烧、爆炸。如亚硝酸盐、次氯酸盐等，遇到比它强的氧化剂时还会显示还原性，发生剧烈反应而导致爆炸。因此氧化剂也不能混储、混运。

(二)有机过氧化物的危险特性

1. 分解爆炸性

由于有机过氧化物都含有过氧基，而过氧基是极不稳定的结构，对热、震动、冲击或摩擦都极为敏感，受到轻微的外力作用时就会分解。有机过氧化物对温度和外力作用是十分敏感的，其危险性和危害性比其他氧化剂更大。

2. 易燃性

有机过氧化物比一般有机物更容易燃烧。有机过氧化物受热或与杂质(如酸、重金属化合物、胺等)接触或摩擦、碰撞而发热分解产生的有害或易燃气体，当封闭受热时会迅速由燃烧转为爆炸。

3. 人身伤害性

有机过氧化物具有人身伤害性，如其腐蚀性特别容易伤害人的眼睛。

(三)氧化性物质和有机过氧化物装卸、储存等的注意事项

1. 包装

氧化性物质据其危险程度分为Ⅰ、Ⅱ、Ⅲ类包装。

包装和衬垫材料应与所装物的性质不相抵触。封口要严密，包装要防潮，内外包装不得沾有杂质。

2. 装卸与搬运

装车前，车内应打扫干净，保持干燥，不得残留酸类和粉状类可燃物。卸车前，应先通风再作业。装卸搬运中不能摔碰、拖拉、翻滚、摩擦和剧烈震动。搬运机具上不得残留或沾有杂质，托盘和手推车尽量专用，装卸机具应有防止产生火花的防护装置。

3. 存放与保管

氧化性物质和有机过氧化物应存放于阴凉通风场所，防止日晒、受潮，远离酸类和可燃物，特别要远离硫黄、硝化棉、金属粉等还原性物质。亚硝酸盐类与其他氧化性物质应分库或隔离存放。堆垛不宜过高、过大，注意通风散热。库内货位应保持清洁，应清扫干净搬出货物后的货位。

4. 撒漏处理和消防

氧化性物质撒漏时，应将其扫除干净，再用水冲洗。收集起来的撒漏物品，不得倒入原货件内。过氧化钠等着火时，不能用水扑救；其他氧化性物质用水灭火时，要防止水溶液流至易燃易爆物品处。

六、毒性物质和感染性物质

(一)毒性物质及其特性

毒性物质是指经吞食、吸入或与皮肤接触后可能造成死亡或严重受伤或损害人类健康的物质。

1. 毒害性

毒害性主要表现为对人体及其他动物的伤害，引起人体及动物中毒的主要途径是呼吸道、消化道及皮肤三个方面。

(1)呼吸中毒：在毒害品中，挥发性液体的蒸气和固体粉尘最容易通过呼吸道进入人体，尤其工作现场接触毒品的时间较长，很容易引起呼吸中毒。

(2)消化中毒：毒害品侵入人体消化道引起的中毒。主要是在进行毒品作业后，未经漱口、洗手、更换工作服等就喝水、饮食、吸烟，或操作中误将毒品服入消化器官，毒品进入胃肠被人体吸收后引起人身中毒。

(3)皮肤中毒：一些能溶解于水或脂肪的毒害品接触皮肤后侵入人体内引起中毒。

2. 易燃性

毒害品中，约89%都具有火灾的危险性。无机毒害品中的金属氰化物和硒化物大都本身

不燃，但都有遇水、遇湿易燃性，如氰化钠、氰化钾等，它们遇水、遇湿后放出的极毒的氰化氢气体是易燃气体。

3. 易爆性

毒害品中的叠氮化钠，芳香族含2、4位2个硝基的氯化物、萘酚，酚钠等化合物具有易爆炸性，遇热、撞击等都能引起爆炸，并分解出有毒气体。

（二）感染性物质

感染性物质是指已知或有理由认为有病原体的物质。其中，病原体是指已知或有理由认为会使人或动物感染疾病的微生物（包括细菌、病毒、立克次氏体、寄生虫、真菌）或重组合的微生物（杂交体或突变体）。

（三）毒性物质和感染性物质装卸、储存等的注意事项

1. 包装

毒性物质（包括农药）在确定包装类别时，必须考虑到人类意外中毒事故的经验，及个别物质具有的特殊性质，如液态、高挥发性、任何特殊的渗透可能性和特殊生物效应。在缺乏人类经验时，必须以动物试验所得的数据为根据划定其包装类别，如表5-2-2所示。

表5-2-2　毒性物质的包装类别

包装类别	经口毒性 LD50/（$mg \cdot kg^{-1}$）	皮肤接触毒性 LD50/（$mg \cdot kg^{-1}$）	吸入粉尘和烟雾毒性 LC50/（$mg \cdot L^{-1}$）
Ⅰ	≤5	≤40	≤0.5
Ⅱ	5～50	40～200	0.5～2
Ⅲ	固体：50～200 液体：50～500	200～1000	2～10

易挥发的液态毒性物质的容器应气密封口，其他毒性物质应液密封口，固态的应严密封口。

2. 装卸与搬运

装卸车前应先行通风。装卸搬运时严禁肩扛、背负，要轻拿轻放，不得撞击、摔碰、翻滚，防止包装破损。装卸易燃毒害品时，装卸机具应有防止产生火花的措施。作业时，工作人员必须穿戴防护用品，严防皮肤破损处接触毒害品，作业完毕及时清洁身体后方可进食和吸烟。

3. 存放与保管

货物应存放在阴凉、通风、干燥的库内，不得露天存放；应与酸类货物隔离存放，严禁与食品同库存放；必须加强管理，严防丢失和误交付。

4. 撒漏处理和消防

固态毒害品撒漏时，应谨慎收集处理，如氰化钠可用漂白粉或次氯酸钠处理；液态毒害品渗漏时，可先用砂土、锯末等物吸收，妥善处理。被毒性物质污染的机具、车辆及仓库地

面，应进行洗刷除污。

发生火灾时，对遇水能发生危险反应的毒性物质(如金属铊、锑粉、铍粉、磷化锌、磷化铝、氟化汞、氟化铅、四氰基乙烯等)，不得用水灭火。

处理撒漏毒性物质和扑救毒性物质火灾时，施救人员必须穿戴防护服、口罩、手套或防护面具，要站在上风处。发现人员有头晕、恶心、呕吐等现象时，要立即将其转移至空气新鲜处。

七、放射性物质

(一)放射性物质及其特性

放射性物质指在托运货物中任何含有放射性核素，并且其活度浓度和放射性总活度都超过《放射性物品安全运输规程》规定限值的物质。

放射性物质的主要特性是它会不断地发射出各种射线，而且这些射线不为人的感官所觉察。放射性核素放出的射线有α射线、β射线、γ射线和中子流四种，它们具有不同的穿透能力。γ射线和中子流能穿透很厚的物质，是外照射防护的重要对象；α射线虽然穿透力极弱，但一旦进入机体内，由于其具有极强的电离本领，因此是内照射防护的主要对象；至于β射线，则内、外射线均必须考虑。过量的射线照射可能引起机体损伤，但这种损伤往往不会立即表现出来(急性大剂量照射除外)，而有一定的“潜伏期”，有的射线引起的伤害甚至要到下一代才表现出来。因此，射线防护必须引起重视。

除了射线有危害效应，有些放射性物质本身就具有极强的化学毒性，例如超铀元素镅—241的化学毒性就很大，属极毒性物质，因此在出现可能有放射性内容物外逸时，必须特别注意其化学毒性的一面。还有些放射性物质具有易燃、易爆、腐蚀等危险性，在运输过程中也要注意。

(二)放射性物质的形式

放射性物质有下列六种形式：

(1)易裂变物质，如铀—233、铀—235、钚—238、钚—239、钚—241或这些放射性物质的任意组合物。

(2)低弥散放射性物质。

(3)低比活度放射性物质(LSA)，指在不考虑周围屏蔽的条件下，其放射性比活度等于或低于一定限值的放射性物质，分为Ⅰ类(LSA—Ⅰ)、Ⅱ类(LSA—Ⅱ)和Ⅲ类(LSA—Ⅲ)三种。

(4)表面污染体(SCO)，指本身不是放射性物质，但表面散布着放射性核素的固态物体，多数是由于原子能工业部门更新设备或进行生产改造产生的。按其可接近和不可接近表面的污染程度，分为Ⅰ类(SCO—Ⅰ)和Ⅱ类(SCO—Ⅱ)两种。

(5)特殊形式的放射性物质，指不会弥散的固体放射性物质或装有放射性物质的密封小容器。

(6)其他形式的放射性物质，指不包括在上述五种形式内的放射性物质。

(三)放射性物质装卸、储存等的注意事项

1. 包装

放射性物质包装分为工业型包装、A 型包装和 B 型包装、可按普通货物运输的包装。

放射性物质包装件按其外表面辐射水平和运输指数分为四个运输等级，如表 5-2-3 所示。

表 5-2-3　放射性物质包装件的运输等级

运输等级 (标志颜色)	包装件外表面任意一点的 最大辐射水平 $H/(mSv\cdot h^{-1})$	运输指数 TI
Ⅰ级(白色)	$H\leqslant 0.005$	$TI=0$(注 1)
Ⅱ级(黄色)	$0.005<H\leqslant 0.5$	$0<TI\leqslant 1$
Ⅲ级(黄色)	$0.5<H\leqslant 2$	$1<TI\leqslant 10$
Ⅲ级(黄色)	$2<H\leqslant 10$	$TI>10$(注 2)

注：1. 对于 $TI\leqslant 0.05$ 的包装件均认为 $TI=0$，其他情况下 TI 都应取一位小数；

2. 按特殊规定 1 办理。

放射性物质包装件的运输指数和表面辐射水平等级不一致时，按较高一级的确定运输等级。

运输指数按下列原则确定：

(1)包装件外包装或货物集装箱，或无包装的Ⅰ类低比放射性物质和Ⅰ类表面污染物体的运输指数(TI)是指包装件(或货物)外表面 1 m 处的最大辐射水平(单位为 mSv/h)。所确定的数值乘以 100 得出的数值就是运输指数。

(2)对于铀和钍的矿石及其精矿，在距包装件(或货物)外表面 1 m 处任意一点的最大辐射水平如下：铀和钍的矿石及其物理精矿，0.4 mSv/h；钍的化学精矿，0.3 mSv/h；铀的化学精矿(六氟化铀除外)，0.02 mSv/h。

(3)无包装的Ⅰ类低比放射性物质和Ⅰ类表面污染物体，按第(1)、(2)项确定运输指数后还需乘表 5-2-4 中的放大系数。

表 5-2-4　运输指数放大系数表

装载的最大 截面积 S/m^2	放大系数	装载的最大 截面积 S/m^2	放大系数
$S\leqslant 1$	1	$5<S\leqslant 20$	3
$1<S\leqslant 5$	2	$S>20$	10

2. 装卸与搬运

装卸车前应先通风，严禁肩扛、背负、撞击、翻滚。作业时间应按《铁路危险货物运输管理规则》中表 7 的要求控制。堆码时应将辐射水平低的放射性包装放在辐射水平高的包装件

周围。在搬运Ⅲ级放射性包装件时，应在搬运机械的适当位置上安放屏蔽物或穿护围裙，以减少人员受照剂量。

装卸、搬运放射性矿石、矿砂时，作业场所应喷水防止飞尘，作业人员应穿戴工作服、工作鞋、口罩和手套，作业完毕后应全身清洗。

3. 存放和保管

放射性物质的存放必须专库专用，仓库应通风良好、干燥、地面平坦，还要有专人管理，按规定码放。遇到燃烧、爆炸等可能危及放射性物质安全的事故时，应迅速将其转移至安全处，并派专人看管。

4. 撒漏处理方法

运输中包装件破裂，内容物撒漏时，应立即向有关部门报告。由安全防护人员测量并划出安全区域，悬挂明显标志。

当人体受到污染时，应在防护人员的指导下迅速除污。若有人员受到过量照射，应立即将其送医救治。放射性矿石、矿砂的包装件破损时不得运输。

八、腐蚀性物质

腐蚀性物质指使完好皮肤组织在暴露超过60 min但不超过4 h之后，开始的最多14 d观察期内全厚度损毁的物质，或被判定不引起完好皮肤组织全厚度毁损，但在55℃试验温度下，对钢或铝的表面腐蚀率超过6.25 mm/a的物质。

(一)腐蚀性物质的主要特性

1. 腐蚀性

所谓腐蚀，是指由于化学作用(或生物化学作用)，使接触面逐渐消损破坏的现象。如酸、碱性物质等都能与金属发生不同程度的反应，腐蚀金属容器、包装、车辆、仓库地面等；酸、碱性物质对棉、麻、纸张、木材等发生作用时，会使它们脱水碳化而失去使用价值。所以，腐蚀性物质的首要危险性在于它可通过化学作用使生物组织在接触时造成严重损伤，或在渗漏时严重损害甚至毁坏其他货物及运载工具。

2. 毒害性

有些腐蚀性物质挥发出的蒸气能刺激眼睛、黏膜，吸入人体后会引起中毒现象。有些腐蚀性物质受热或遇水会形成有毒烟雾，如发烟硝酸、氢氟酸等易挥发出有毒气体，能导致人体的局部或全身中毒。

3. 氧化性和易燃性

有些无机酸性腐蚀性物质具有较强的氧化性，接触可燃物时易引起燃烧；有的自身易分解、释放出氧气，如硝酸置于空气中就会分解放出氧气。部分有机腐蚀性物质本身具有易燃性，如甲酸、乙酸等接触火源时，会立即引起燃烧。

(二)腐蚀性物质装卸、储存等的注意事项

1. 包装

腐蚀性物质根据其危险程度分为Ⅰ、Ⅱ、Ⅲ类包装，这类货物的包装是根据人类经验同时考虑到另外一些因素确定的。如缺少人类经验，必须根据实验数据确定包装。

腐蚀性物质应选用耐腐蚀容器，按所装物质的性质、状态采用气密封口、液密封口或严密封口，防止泄露、潮解或撒漏。

2. 装卸与搬运

作业前应穿戴耐腐蚀的防护用品及防毒面具，对易散发有毒蒸气或烟雾的腐蚀性物质，必须通风作业。货物的堆码必须平稳牢固，严禁肩扛、背负、撞击、拖拉、翻滚。装车前及卸车后必须清扫车辆，不得留有稻草、木屑、煤炭、油蜡、纸屑、碎布等可燃物。

3. 存放与保管

腐蚀性物质应存放在清洁、通风、阴凉、干燥场所，防止日晒、雨淋。堆码应整齐稳固，不得与可燃物、氧化剂等混存。

4. 撒漏处理和消防

若发现酸性腐蚀性液体物质撒漏，应及时撒上干砂土，清除干净后，再用水冲洗污染。大量酸液溢漏时，可用石灰水中和。着火时，不可用柱状水，以防腐蚀性液体飞溅伤人。对遇水能剧烈反应及引起燃烧、爆炸或放出有毒气体的腐蚀性物质，禁用水灭火。

九、杂项危险物质和物品

杂项危险物质和物品是指存在危险但不能满足其他类别定义的物质和物品。

(一) 危害环境的物质

CO_2 是联合国环境规划署列为全球最有危害的化学品之一。CO_2 可溶于雨水、江河、湖泊、海洋，而植物能吸收 CO_2 进行光合作用；产生的 CO_2 和减少的 CO_2 之间维持着的平衡，使 CO_2 维持大气中的正常含量。研究表明，地球大气中的 CO_2 和水蒸气等允许太阳的部分短波辐射透过而直达地面，使地球的表面温度升高。另外，大气也能吸收太阳和地球表面发出的长波辐射，仅让少量的热量散失到宇宙中去，由于吸收的热量大于散发的热量，使地球保持着一定的温度，这种现象称为温室效应。

(二) 高温物质

高温物质是指运输或要求运输的物质液态温度达到或超过 100℃(固态温度达到或超过 240℃)的物质，如高温液体[未另列明的，100℃ ≤温度<其闪点(包括熔融金属、熔融盐类等)]、高温固体(未另列明的，温度≥240℃)。

(三) 经过基因修改的微生物和组织

经过基因修改的微生物和组织不属于感染性物质，但可以非正常的天然繁殖结果的方式改变动物、植物或微生物物质。这类物质会使生物体的遗传混乱甚至引起变异，破坏生态平衡。因为现代生物学已证明 DNA 是生物遗传的主要物质基础，而生物机体的遗传信息以密码的形式储存在 DNA 分子上，表现为特定的核苷酸排列顺序，并通过 DNA 的复制由亲代传递给子代。

第三节　危险货物的运输条件

一、危险货物托运人和承运人

根据《铁路安全管理条例》，运输危险货物时不依照法律法规和国家其他有关规定使用专用设施设备的，由铁路监督管理机构责令改正，处2万元以上10万元以下的罚款。未按照操作规程包装、装卸、运输危险货物的，由铁路监管部门责令改正，处2万元以上10万元以下的罚款。

为加强铁路危险货物运输安全管理，保障公众生命财产安全，保护环境，根据《安全生产法》《铁路法》《铁路安全管理条例》《危险化学品安全管理条例》等有关法律、行政法规，中华人民共和国交通运输部制定了《铁路危险货物运输安全监督管理规定》。按照新修订的《铁路安全管理条例》(国务院令第639号)，自2013年7月起取消了铁路危险货物承运、托运行政许可。承运人、托运人办理危险货物运输均不再进行行政审批。具体内容如下。

托运危险货物的，托运人应当向铁路运输企业如实说明所托运危险货物的品名、数量(重量)、危险特性以及发生危险情况时的应急处置措施等。对国家规定实行许可管理、需凭证运输或者采取特殊措施的危险货物，托运人或者收货人应当向铁路运输企业如实提交相关证明。不得将危险货物匿报或者谎报品名以进行托运；不得在托运的普通货物中夹带危险货物，或者在危险货物中夹带禁止配装的货物。

铁路运输企业应当对所承运的货物进行安全检查。不得在非危险货物办理站办理危险货物承运手续，不得承运未接受安全检查的货物，不得承运不符合安全规定、可能危害铁路运输安全的货物。

有下列情形的，铁路运输企业应当查验托运人、收货人提供的相关证明材料并留存备查：

(1)国家对生产、经营、储存、使用等实行许可管理的危险货物；

(2)国家规定需要凭证运输的危险货物；

(3)需要添加抑制剂、稳定剂和采取其他特殊措施方可运输的危险货物；

(4)运输包装、容器列入国家生产许可证制度工业产品目录的危险货物；

(5)法律、行政法规及国家规定的其他情形。

运输企业应当如实记录运输的危险货物品名及编号、装载数量(重量)、发到站、作业地点、装运方式、车(箱)号、托运人、收货人、押运人等信息，并采取必要的安全防范措施，防止货物丢失或者被盗；发现爆炸品、易制爆危险化学品、剧毒品丢失或者被盗、被抢的，应当立即向当地公安机关报告。

运输放射性物品时，托运人应当持有生产、销售、使用或者处置放射性物品的有效证明，配置防护设备和报警装置。运输的放射性物品及其运输容器、运输车辆、辐射监测、安全保卫、应急预案及演练、装卸作业、押运、职业卫生、人员培训、安全审查等应当符合《放射性物品运输安全管理条例》《放射性物品安全运输规程》等法律、行政法规和标准的要求。运输企业应当按照国家有关规定对放射性物品进行现场检测。

运输危险货物时，托运人应当配备必要的押运人员和应急处理器材、设备和防护用品，并使危险货物始终处于押运人员的监管之下。

二、危险货物办理站和专用线(专用铁路)

(一)办理站

1. 办理站的种类

危险货物办理站(以下简称办理站)是站内或接轨的专用线(含专用铁路，下同)办理危险货物发送(含换装，下同)、到达业务的车站，按类型分为以下三种。

(1)站内办理站：仅在站内办理危险货物业务的车站。

(2)专用线接轨站：仅在接轨的专用线办理危险货物业务的车站。

(3)兼办站：在站内和接轨的专用线均办理危险货物业务的车站。

2. 办理站的相关规定

受理危险货物时，应符合下列规定：

(1)托运人名称与危险货物托运人名称表中记录的相统一。

(2)国家对生产、经营、储存、使用等实行许可管理的危险货物，发站还应查验收货人提供的相关证明材料并留存备查；必要时，到站应进行复查。

(3)经办人身份证与货物运单记载的相统一。

(4)货物运单记载的品名、类项、编号等内容与"品名表"的规定相统一，并核查其"特殊规定"栏内有无铁路危险货物运输特殊规定(以下简称特殊规定)。

(5)发到站、办理品名、装运方式与办理限制相统一。

(6)货物品名、重量、件数与货物运单记载的相统一。

(7)经办人具有培训合格证明。

(8)托运人具有包装检验合格证明文件。

(9)货物运单右上角用红色戳记标明编组隔离、禁止溜放或限速连挂等警示标记。

(10)其他有关规定。

(二)专用线(专用铁路)

专用线(专用铁路)应与设计时办理的危险货物运输内容一致，装运和接卸危险货物运输品类时要有专门的附属设施和安全防护设备等。

在专用线(专用铁路)办理危险货物运输时，托运人、收货人须与接轨站签订《专用线(专用铁路)运输协议》和《危险货物运输安全协议》。

专用线(专用铁路)原则上不进行危险货物运输共用，危险货物到达确需共用时，年到达量须在3万t以上，并由产权单位、共用单位、车站三方签订《危险货物专用线共用协议》和《危险货物运输安全协议》，经运输安全综合分析达到安全要求。该协议每年签订一次，首次签订协议以《办理规定》公布为生效期。

三、危险货物的包装

危险货物的包装是指以保障运输、储存安全为主要目的，根据危险货物的性质、特点，按国家有关法规、标准，专门设计制造的包装物、容器和采取的防护技术。

(一)危险货物运输包装的作用

(1)抑制或钝化货物的危险性，将其危险性限制在最小的范围内，提供良好的运输作业环境。

(2)防止因接触雨雪、阳光、潮湿空气和杂质而使货物变质，或因发生剧烈的化学反应而造成事故。

(3)减少货物在运输中所受的碰撞、震动、摩擦和挤压，使其在包装的保护下处于完整和相对稳定的状态，从而保证运输安全。

(4)防止因货物撒漏、挥发而使性质相抵触的货物直接接触，避免发生事故或污染运输设备及其他货物。

(5)便于运输过程中的装卸、搬运和保管，保证及时运输和保管安全。

(二)危险货物包装的类别

危险货物运输包装(以下简称包装)应符合国家有关法律、法规、标准和本规则的要求，并与内装物的性质、特点相适应。根据其内装物的危险程度，包装可划分为以下三种类别：

Ⅰ类包装：盛装具有较大危险性的货物，包装强度要求高；

Ⅱ类包装：盛装具有中等危险性的货物，包装强度要求较高；

Ⅲ类包装：盛装具有较小危险性的货物，包装强度要求一般。

(三)危险货物包装的要求

危险货物的包装和内包装应按“品名表”及“包装表”的规定确定，同时还应符合下列要求：

(1)包装材料材质、规格和包装结构应与所装危险货物的性质和重量相适应。包装材料不得与所装物产生危险反应或削弱包装强度。

(2)充装液态货物的包装容器内至少留有5%的余量(罐车及罐式集装箱装运的液体危险货物应符合《铁路危险货物运输管理规则》第十二章的有关要求)。

(3)包装封口应根据内装物的性质采用严密封口、液密封口或气密封口。对于装有通气孔的容器，其设计和安装应能防止货物流出和杂质、水分进入。

(4)包装应坚固完好，能抵御运输、储存和装卸过程中正常的冲击、震动和挤压，并便于装卸和搬运。

(5)包装的衬垫物不得与所装货物发生反应并降低安全性，应能防止所装货物移动和起到减震及吸收的作用。

(6)包装表面应保持清洁干燥，不得粘附所装货物和其他有害物质。

采用集装化运输的危险货物，包装应符合以上要求，使用的集装器具应有足够的强度，能够经受堆码和多次搬运，并便于机械装卸。

货物包装上应牢固、清晰地标明《危险货物包装标志》(以下简称《包装标志》)和《包装储运图示标志》(以下简称《储运标志》)中相应的包装标志和储运标志。

进出口危险货物在国内段运输时应粘贴或拴挂、喷涂相应的中文及包装标志和储运标志。

(四)危险货物的试运包装

托运人要求采用新包装(含改变包装，下同)时，应委托包装检验机构进行包装性能试验，合格后方可办理危险货物新包装试运手续。托运人申请试运前，应填写《新运输包装申请表》(格式3)，一式四份。托运人办理新包装试运时，应向铁路局提交试运技术条件。

危险货物的新品名、新包装试运应符合“品名表”“特殊规定”栏的特殊规定，由铁路局批准，并报总公司运输局备案。经批准后，发站、铁路局、托运人各留存一份《技术说明书》和《新运输包装申请表》。危险货物应在指定的时间和区段内进行试运。跨铁路局试运时，由批准单位以电报的形式通知有关铁路局。试运前，办理站、托运人双方应签订《试运安全运输协议》。

新品名试运时，由托运人在货物运单“托运人记载事项”栏内注明“比照铁危编号×××新品名试运，批准号×××”字样。新包装试运时，由托运人在货物运单“托运人记载事项”栏内注明“新包装试运，批准号×××”字样。

试运时间为2年，试运结束时，托运人应会同办理站将试运结果报主管铁路局。铁路局对试运结果进行研究后，提出试运报告、新品名铁路运输条件或新包装技术条件建议报总公司运输局。新品名铁路运输条件建议应包括事故应急预案和环保应急处理预案。总公司运输局组织专家进行技术审查，通过技术审查后公布新品名铁路运输条件或新包装技术条件，将其纳入正式运输。

四、危险货物运输作业组织

(一)托运和承运

危险货物仅办理整车和集装箱运输，禁止运输法律、法规禁止生产和运输的危险物品、危险性质不明以及未采取安全措施的过度敏感或者能自发反应而产生危险的物品。

凡性质不稳定或由于聚合、分解在运输中能引起剧烈反应的危险货物，托运人应采用加入稳定剂或抑制剂等方法，保证运输安全，如乙烯基甲醚、乙酰乙烯酮、丙烯醛、丙烯酸、醋酸乙烯、甲基丙烯酸甲酯等，并在货物运单“托运人记载事项”内填写“已加入稳定剂或抑制剂”字样。

托运人托运危险货物时，应如实表明收货人名称及货物的品名、性质、重量、数量等，不得匿报、谎报货物的品名、性质、重量，不得在普通货物中夹带危险货物。

办理站应对承运的货物加强安全检查，发现托运人匿报、谎报危险货物品名或在普通货物中夹带危险货物时，除依法不予承运外，铁路局还应按《铁路危险货物运输安全监督管理规定》的要求，及时向所在地的铁路监督管理局报告。

(二)货物运单的填写

发货人托运危险货物时，应向车站提供填写正确的货物运单。

托运人托运危险货物时，应在货物运单“货物名称”栏内填写危险货物品名和铁危编号，在货物运单的右上角用红色戳记标明类项名称，并在货物运单“托运人记载事项”栏内填写经办人的身份证号码，对派有押运员的还需填写押运员的姓名、身份证号码。

托运爆炸品或烟花爆竹时，托运人须出具运达地县级人民政府公安部门核发的《民用爆炸物品运输许可证》或《烟花爆竹道路运输许可证》，且均应在货物运单“托运人记载事项”栏内注明许可证名称和号码，并在货物运单右上角用红色戳记标明“爆炸品”或“烟花爆竹”字样。

货物运单包装栏应按“包装表”的规定填写相应的外包装名称和内包装名称。

(三)装车作业

1. 车辆使用限制

危险货物限使用棚车装运(“品名表”“特殊规定”栏有特殊规定的除外)。装运时，同一车限同一品名、同一铁危编号。

爆炸品、硝酸铵、氯酸钠、氯酸钾、黄磷和钢桶包装的一级易燃液体应选用 P_{64}、P_{64A}、P_{64AK}、P_{64AT}、P_{64GK}、P_{64GT}、P_{70} 等竹底棚车或木底棚车装运，并应对门口处的金属磨耗板，端、侧墙的金属部分采用非破坏性措施进行衬垫隔离处理。如使用铁底棚车时，应经铁路局批准。

毒性物质限使用毒品专用车，如毒品专用车不足时，经铁路局批准可使用铁底棚车装运(剧毒品除外)。铁路局应指定毒品专用车保管(备用)站。

2. 装车前准备

危险货物装卸作业前，应对车辆和仓库进行必要的通风和检查，向装卸工组说明货物品名、性质、作业安全事项并准备好消防器材和安全防护用品。对车辆采取防溜、防护措施。作业时要轻拿、轻放，堆码整齐稳固，防止倒塌，严禁倒放、卧装(钢瓶等特殊容器除外)。

3. 装车作业

(1)检查车辆。检查车种、车型与规定装运货物是否相符，查看门窗状态，进行透光检查，确认车辆状况是否良好。

(2)检查货物。检查货物的品名、包装、件数与货物运单填写是否一致，以及货物包装是否符合规定。

(3)装车作业。传达安全注意事项及装载方案，检查消防器材和安全防护用品。装载货物(含国际联运换装)不得超过车辆(含集装箱，下同)标记载重量及罐车允许充装量，严禁增载和超装、超载。

4. 装车后作业

(1)检查堆码及装载状态，查验门窗是否关闭良好，做好施封加锁工作，等等。

(2)根据危险货物的特殊性质，在调车作业和运输编组隔离、车辆技术检查、整备、检修等技术作业中需采取特殊防护事项的，要有明确规定，并书面通知有关单位和人员。有关运输单据和货车上的表示方式见特殊防护事项表(见表 5-3-1)。

表 5-3-1　特殊防护事项表

特殊防护事项	货车上的表示	运输单据上的表示
《铁路车辆禁止溜放和限速连挂表》中规定禁止溜放和限速连挂的货车	在货车两侧插挂“禁止溜放”或“限速连挂”的货车表示牌	在货物运单右上角、票据封套上用红色记明“禁止溜放”或“限速连挂”的字样
《铁路技术管理规程(普速铁路部分)》中规定编组需要隔离的货车	①在货车表示牌上要记明三角标记； ②未限定“禁止溜放”或“限速连挂”的货车可用货车表示牌的背面记明三角标记，并插于货车两侧	在货物运单右上角、票据封套上用红色记明规定的三角标记
“品名表”的“特殊规定”栏中规定停止制动作用的货车	在货车表示牌上记明“停止制动作用”字样	在货物运单右上角、票据封套上用红色记明“停止制动作用”的字样

(四)危险货物的押运

1. 押运人数和押运方式

同一托运人、同一到站押运方式、车辆及人数应符合以下规定：

(1)气体类 6 辆重(空)罐车(含带押运间车辆)以内编为 1 组，每组押运员不得少于 2 人。每列编挂不得超过 3 组。每组间的隔离车不得少于 10 辆(原则上需要用普通货物车辆隔离)。

(2)剧毒品(“品名表”“特殊规定”栏第 67 条)4 辆(含带押运间车辆)以内编为 1 组，每组 2 人押运；2 组以上的押运人数由铁路局确定。

(3)硝酸铵 4 辆以内编为 1 组，每组 2 人押运；2 组以上的押运人数由铁路局确定。

(4)爆炸品(烟花爆竹除外)每车 2 人押运。

除此之外，还应符合《铁路技术管理规程(普速铁路部分)》关于铁路车辆编组隔离的规定。

派有押运员的车辆成组挂运时，途中不得拆解。

新造出厂的、洗罐站洗刷后送检修地点的及检修后首次返空的气体类危险货物罐车不需押运，但应在货物运单、货票上注明“新造车出厂”“洗刷后送检修”或“检修后返空”字样。

2. 押运管理

押运员应当掌握所押运危险货物的性质、危害特性、包装容器、载运工具的使用特性和发生意外的应急措施。押运员押运时应携带培训合格证明，并符合下列规定：

(1)押运员在押运过程中应遵守铁路运输的各项安全规定，并对自身安全和所押运货物的安全负责。

(2)押运员应了解所押运货物的特性，押运时应携带所需安全防护、消防、通信、检测、维护等工具以及生活必需品，应按规定穿着印有红色“押运”字样的黄色马甲，不符合规定的不得押运。押运员执行押运任务期间，严禁吸烟、饮酒及做其他与押运工作无关的事情。

(3)押运员在途中要严格执行全程押运制度，认真按要求进行签认，严禁擅自离岗、脱岗。严禁押运员在区间或站内向押运间外投掷杂物。对押运期间产生的垃圾要收集装袋，到沿途有关站后，可放置车站垃圾存放点集中处理。

(4)押运员应熟悉应急预案及施救措施，在运输途中发现异常现象时，应及时采取应急措施并向铁路部门报告。

气体类危险货物押运员应对押运间进行日常维护保养，破损严重的要及时向所在车站报告，由车站通知所在地货车车辆段按规定予以扣修。对门窗玻璃损坏等能自行修复的，应及时修复。押运员应按《气体类罐车押运员携带工具备品及证件资料目录》携带相关工具备品及证件。

押运间仅限押运员乘坐，不允许闲杂人员随乘。运行时，押运间的门不得开启。押运间内应保持清洁，严禁存放易燃易爆物品及其他与押运无关的物品。未乘坐押运员的押运间应锁闭，车辆在沿途作业站停留时，押运员应对不用的押运间进行巡检，发现问题应及时处理。

发站要对押运工具、备品、防护用品以及押运间清洁状态等进行严格检查，不符合要求的禁止运输。

车辆在检修时，要严格按有关规程加强对押运间的检查、修理。在接到押运员的故障报告后也要及时修理。气体类危险货物罐车检修完毕出厂前，罐车产权单位应主动到检修单位按规程标准对押运间的检修质量进行交接签认，并做好记录，确保气体类危险货物罐车押运间状态良好。

押运管理工作实行区段签认负责制。货检人员应与押运员在所押运的车辆前签认，签认内容见“全程押运签认登记表”。托运人再次办理运输时(含应押运的气体类罐车返空)应出具此登记表，并由车站保留3个月。对未做到全程押运的，再次办理货物托运时车站不予受理。

运输时发现押运备品不符合要求，押运员身份与携带证件不符或押运员缺乘、漏乘时应及时甩车，做好登记，并通知发站或到站联系托运人、收货人补齐押运员或押运备品，编制普通记录后方可继运。

(五)到达作业

1. 卸车作业

(1)检查车辆。检查车辆状态及是否施封，核对票据与现车，确定卸车及堆码方法。

(2)卸车作业。传达安全作业注意事项及卸车方案，检查消防器材和安全防护用品。

(3)卸车后作业。在收货人清理车辆残存废弃物后，应将受到污染的车辆及时回送洗刷所洗刷除污。车辆残存废弃物交由收货人负责处理。因污染、腐蚀而造成车辆损坏的，要按规定索赔。

2. 保管和交付作业

(1)保管作业。

危险货物应按其性质和要求存放在指定的仓库、雨棚等场地。遇潮或受阳光照射容易燃烧或产生易燃、易爆、有毒气体的危险货物不得存放于雨棚或露天存放。存放和保管危险货物时，应符合“铁路危险货物配放表”(以下简称“配放表”)的要求。编号不同的爆炸品不得同库存放。

堆放危险货物的仓库、雨棚等场地应干净、干燥、通风良好，配备充足有效的消防设施。货场应设置明显的安全警示标志，建立健全值班巡守制度。仓库作业完毕后应及时锁闭货物，剧毒品、爆炸品以及储存数量构成重大危险源的危险货物应加双锁，做到双人收发、双人保管。

(2)交付作业。

对到达的货物要及时通知收货人，做到及时交付货物，及时取送车辆。货位清空后，需及时清扫、洗刷干净。对撒漏的危险货物及废弃物，应及时通知收货人进行处理。对危险性大、撒漏严重的，要会同安监、卫生防疫、环保、消防等部门共同处理。

五、运输作业签认制度

爆炸品、硝酸铵、剧毒品(非罐装、"品名表"的"特殊规定"栏第 67 条)、气体类和其他另有规定的危险货物运输作业实行签认制度。运输作业应按规定程序和作业标准进行并签认，要对作业过程内容的完整性、真实性负责，严禁漏签、代签和补签。签认单保存期为半年。

运输作业签认制度的有关要求按《铁路危险货物运输作业签认单》《铁路剧毒品运输作业签认单》《危险货物罐车作业签认单》办理。

货检站未产生货检作业时，可不进行签认。

第四节 危险货物自备货车、集装箱运输

一、危险货物自备货车运输

采用自备货车运输危险货物的，要有危险货物专用线(或共用专用线)及专用储运附属设备设施，运输的品类和业务范围应与设计内容一致。

自备罐车装运危险货物的，品名范围及车种要求应符合"品名表"中"特殊规定"栏的特殊规定。危险货物罐车装卸作业应在专用线内办理。

(一)危险货物自备罐车的标记

装运酸、碱类危险货物的罐车罐体为全黄色，罐体两侧纵向中部应涂装有一条宽 300 mm 的黑色水平环形色带；装运煤焦油、焦油的罐车罐体为全黑色，罐体两侧纵向中部应涂装有一条宽 300 mm 的红色水平环形色带；装运黄磷的罐车罐体为银灰色，罐体中部无环形色带。

装运其他危险货物的罐车罐体本底色应为银灰色，罐体两侧纵向中部应涂装有一条宽 300 mm 表示货物主要特性的水平环形色带：红色表示易燃性，绿色表示氧化性，黄色表示毒性，黑色表示腐蚀性。

环带上层 200 mm 宽涂蓝色，下层 100 mm 宽涂红色或黄色分别表示易燃气体或毒性气体。环带 300 mm 且为全蓝色时表示非易燃无毒气体。

罐体两侧环形色带的中部(有扶梯时在扶梯右侧)以分子、分母形式涂装货物名称及其危险性，如苯：$\frac{\text{苯}}{\text{易燃、有毒}}$。对遇水会剧烈反应、事故处理严禁用水的危险货物，还应在分母内涂装"禁水"二字，如硫酸：$\frac{\text{硫酸}}{\text{腐蚀、禁水}}$。在罐体两端头两侧的环形色带下方标志涂装时应符

合本规则附录 1，规格为 400 mm×400 mm。

苯、粗苯、甲苯、乙苯、二甲苯可用罐体涂打“苯类”字样的自备罐车运输；汽油、煤油、航空煤油、柴油、石脑油、溶剂油、轻质燃料油可用罐体涂打“轻油类”字样的自备罐车运输。

(二) 自备罐车的充装要求

1. 气体类危险货物的充装

气体类危险货物在充装前必须对空车进行检衡。充装后，需用轨道衡再对重车进行计量，严禁超装。充装量应按计算公式计算，但不得大于标记载重量；计算的充装量大于标记载重量时，充装量以标记载重量为准。

（1）允许充装量的确定方法：

$$W_{计算}=\Phi \cdot V_{标} \tag{5-4-1}$$

当 $W_{计算} \geqslant P_{标}$ 时：

$$W_{许装}=P_{标} \tag{5-4-2}$$

当 $W_{计算}<P_{标}$ 时：

$$W_{许装}=W_{计算} \tag{5-4-3}$$

式中：$W_{计算}$ 为根据重量充装系数确定的计算充装量，t；$W_{许装}$ 为允许充装量，t；Φ 为重量充装系数，t/ m^3；$V_{标}$ 为罐车标记容积，m^3；$P_{标}$ 为罐车标记载重，t。

常见介质的重量充装系数如表 5-4-1 所示。

表 5-4-1　常见介质的重量充装系数表

充装介质种类	重量充装系数 $\varphi/(t \cdot m^{-3})$
液氨	0. 52
液氯	1. 20
液态二氧化硫	1. 20
丙烯	0. 43
丙烷	0. 42
混合液化石油气	0. 42
正丁烷	0. 51
异丁烷	0. 49
丁烯、异丁烯	0. 50
丁二烯	0. 55

注：液化气体的重量充装系数，按介质在 50℃时罐体内留有 6%～8%气相空间及该温度下的比重求得。

(2) 检衡复核充装量公式如下：

$W_{空检} \geqslant W_{自重}$ 时：

$$W_{实装}=W_{总重}-W_{自重} \tag{5-4-4}$$

$W_{空检}<W_{自重}$ 时：

$$W_{实装}=W_{总重}-W_{空检} \tag{5-4-5}$$

要求 $W_{实装}$ 不得大于 $W_{许装}$：

$$W_{实装} \leqslant W_{许装} \tag{5-4-6}$$

式中：$W_{实装}$为实际充装量，t；$W_{自重}$为罐车标记自重，t；$W_{总重}$为重罐车检衡重量，t；$W_{空检}$为罐车空车检衡重量，t。

2. 非气体类液体危险货物的充装

充装非气体类液体危险货物时，应根据液体货物的密度、罐车标记载重量、标记容积确定充装量。充装量不得大于罐车标记载重量；同时要留有膨胀余量，充装量的上限不得大于罐体标记容积的95%，下限不得小于罐体标记容积的83%。

允许充装量应同时符合以下重量和体积的要求：

允许充装体积：

$$0.83V_{标} \leqslant V_{许装} \leqslant 0.95V_{标} \tag{5-4-7}$$

允许充装重量：

$$W=\rho \cdot V_{许装} \leqslant P_{标} \tag{5-4-8}$$

式中：W为允许充装量，t；ρ为充装介质密度，t/m^3；$V_{标}$为罐车标记容积，m^3；$P_{标}$为罐车标记载重，t；$V_{许装}$为罐车允许充装体积，m^3。

充装量低于83%时，罐体内未加防波板的不得办理运输。

非气体类液体危险货物的充装量可参照表5-4-1确定。

(三)危险货物自备货车时应检查的内容

1. 气体类危险货物

(1)托运人或收货人的罐车产权单位名称应与《自备铁路车辆经国家铁路过轨运输证》(以下简称《过轨运输证》)的单位名称相统一；

(2)货物品名、托运人、收货人、发到站、专用线等应与办理限制相统一；

(3)货物品名应与罐体标记品名相统一；

(4)托运人提供的《铁路液化气体罐车充装记录》(以下简称《充装记录》，格式6)应一式两份，一份由发站留存，一份随货物运单至到站交收货人；

(5)罐车产权单位提供的移动式压力容器使用登记证；

(6)虽符合上述(1)~(5)项条件，但车辆检修时间过期、证件过期、车况不良、罐体密封不严、罐体标记文字不清等有碍安全运输的不予办理运输。

2. 非气体类液体危险货物

非气体类液体危险货物运输时比照本条第(一)款规定办理，不检查移动式压力容器使用登记证，应检查铁路罐车容积检定证书(格式11)和铁路罐车罐体检测报告。

3. 其他类危险货物

其他类危险货物运输比照本条第(一)(二)款相应规定办理。

自备货车返空时，车站不再查验《过轨运输证》，其返空到站按空车托运人要求办理。

二、危险货物集装箱运输

铁路危险货物集装箱(以下简称危货箱)除应执行铁路集装箱及其装卸场所、设施的一般规定外，还应符合《铁路危险货物运输管理规则》的规定。

危货箱仅办理“品名表”中的下列品类。

（一）铁路通用箱

1. 二级易燃固体
2. 二级氧化性物质
3. 腐蚀性物质
（1）二级酸性腐蚀性物质。
（2）二级碱性腐蚀性物质。
（3）二级其他腐蚀性物质。

（二）自备危货箱

1. 本条第（一）款规定的品类
2. 二级毒性物质

危货箱装运本条第（一）（二）款以外的危险货物，以及使用罐式集装箱装运危险货物的，由所属铁路局组织研究提出安全运输条件建议（罐式箱还应提出框架静强度及冲击试验合格报告），报总公司运输局。总公司运输局组织专家进行技术审查，通过技术审查后公布安全运输条件。

（三）危货箱的作业要求

危货箱同一车限装同一品名、同一铁危编号的危险货物；包装应与本规则要求一致。装箱应采取安全防护措施，防止货物在运输中倒塌、窜动和撒漏。运输时只允许办理一站直达并符合办理限制要求。

危货箱的堆码存放应符合“配放表”的有关规定。

托运人托运危货箱时，应在货物运单“托运人记载事项”栏内填写箱内所装危险货物品名和铁危编号。

车站办理危货箱时，应对货物品名、包装、标志、标记等进行核查，防止匿报、谎报危险货物或在危货箱中夹带违禁物品。严禁在站内办理危货箱的装箱、掏箱作业。

托运人应根据危险货物类别在箱体上拴挂相应包装标志。拴挂位置：箱门把手处（罐式箱在装卸料设施的适当位置）各 1 枚，箱角吊装孔各 1 枚，共计 6 枚，需拴挂牢固，不得脱落。标志采用塑料双面彩色印刷，规格为 100 mm×100 mm。

危货箱装卸车作业前，货运员应向装卸工组说明货物性质及作业安全事项，作业时应做到轻起、轻放，不得冲撞、拖拉、刮碰。

收货人应负责危货箱的洗刷除污，并负责撤除拴挂的危险货物标志。无洗刷能力时，可委托铁路部门洗刷，费用由收货人负担。洗刷除污相关要求比照本规则第十章有关条款办理。

办理罐式箱运输时，托运人、收货人、发到站、专用线、货物品名等应与办理限制相符，限使用集装箱专用平车（含两用平车）运输。

第五节　危险货物的运输安全

一、剧毒品运输安全

剧毒品指《危险化学品目录》中注明的剧毒化学品。“品名表”中“特殊规定”栏第67条特殊规定的，均实行铁路剧毒品运输跟踪管理，运输时采用剧毒品黄色专用运单，并在运单上印有骷髅图案。

未列入剧毒品跟踪管理范围的剧毒品不采用剧毒品黄色专用运单，但仍按剧毒品分类管理。

(一)车站技术作业过程管理

剧毒品运输安全要作为重点纳入车站日班计划、阶段计划。车站编制日班计划、阶段计划时要重点掌握，优先安排改编和挂运。车站要根据作业情况建立剧毒品车辆登记、检查、报告和交接制度，值班站长要按技术作业过程对剧毒品车辆进行跟踪监控。

1. 货车出发作业

车号员要认真编制货车编组顺序表(运统一)，并在“剧毒品车辆记事”栏内标记“D”符号。发车前认真核对现车，确保出发货车编组、货运票据与货车编组顺序表的内容一致。发车后，要及时发出货车确报。

车站调度员(车站值班员)于货车出发后，将剧毒品车辆的挂运车次、编挂位置等及时报告铁路局调度，并将这些信息录到剧毒品运输信息跟踪系统。

2. 货车改编作业

车站调度员(调车区长)要准确掌握剧毒品车辆信息，及时安排解编作业，正确编制调车作业计划，并在调车作业通知单上注明、标记。严格执行剧毒品车辆禁止溜放和限速连挂的规定。

调车指挥人员要按调车作业计划，将剧毒品车辆的作业方法、注意事项直接向司机和调车作业人员传达清楚，严格按要求进行调车作业。作业完毕，及时将剧毒品车辆有关信息向车站调度员(调车区长)报告。

3. 货车到达作业

车号员严格执行核对现车制度，若发现货车编组、货运票据和货车编组顺序表(运统一)的内容不一致，及时记录并向车站调度员(调车区长)汇报；要对剧毒品车辆进行标记。

货检人员要对剧毒品车辆重点进行检查，认真检查剧毒品车辆等的状态，没有押运员的应及时通知发站派人处理并采取监护措施，同时报告铁路公安部门。

完成上述工作后，应将有关情况及时报告车站调度员(调车区长)。

(二)调度跟踪管理

铁路局调度应将剧毒品运输纳入日(班)计划并负责全程跟踪。跨局运输时，各局间调度要互相进行预报，预报内容包括挂运车次、车种、车号、品名、发站、到站。各级调度部门要及时组织挂运，重点组织放行，成组运输的不得拆解，无特殊情况的不得保留；运有剧毒品的货车遇特殊情况必须停车或保留时，要通知车站采取监护措施，同时报告铁路公安部门。

各级调度部门要掌握每天6点和18点装车、接入、交出、到达的剧毒品运输情况。

(三)货检作业要求

车站货检人员应对剧毒品车辆进行重点检查，用数码相机或手持机两侧拍照(如车号、施封、门窗状况)，并存档保管至少3个月；运输过程中发现装有剧毒品的车辆或集装箱无封、封印无效以及有异状时，应立即甩车，并报告铁路公安部门共同清点，按规定进行处理。如发生丢失被盗等情况，立即报告铁路局和总公司调度、货运部门及铁路公安部门。

各级货运、运输等部门要把“剧毒品日常运输”纳入每日交班内容，严格掌握其发运、途中和交付的情况。

(四)剧毒品运输计算机跟踪管理

剧毒品运输实行三级计算机跟踪管理。

(1)铁路剧毒品运输计算机跟踪管理应以办理站为基础，总公司、铁路局和车站根据不同层次管理要求建立信息管理系统。

(2)计算机跟踪管理工作由总公司负责方案规划和监督指导，铁路局负责方案实施和日常管理，铁路信息技术部门负责软件维护、更新、完善等技术支持，以保证系统的正常运转。

(3)办理剧毒品运输的车站应与剧毒品计算机跟踪管理系统联网运行，需具备原始信息及时发送和接收能力，要求配备相应的传输、通信、打印等信息跟踪管理设备。

(4)装车站要将剧毒品货票所载信息及时生成“剧毒品运输管理信息登记表”，实时报告剧毒品运输跟踪管理系统。报告内容包括剧毒品车的车号(集装箱类型、箱号及所装车号)、发到站、品名及编号、件数、重量和承运、装车日期等。

(5)挂有剧毒品车辆的货车，应在“运统一”记事栏中注明“D”字样，并将剧毒品车辆的车种车号、发到站、货物品名、挂运日期、挂运车次等信息及时报告给铁路局行车确报系统和剧毒品运输跟踪管理系统。

(6)中途站发现装有剧毒品的车辆或集装箱无封、封印无效以及有异状时，应立即甩车，报告所属铁路局和铁路公安部门，并共同清点。同时按规定及时以电报的形式向发到站及所属铁路局和总公司报告有关情况。继续运送时，按本条第(4)款办理。

(7)剧毒品到站后和卸车交付完毕后，立即将车种车号(集装箱箱型、箱号及所装车号)、发到站、托运人、收货人、品名及编号、件数、重量、到达日期、到达车次、交付日期等信息上网报告剧毒品运输跟踪管理系统，并在2小时内通知发站。

二、放射性物品运输安全

在托运货物中，任何含有放射性核素并且其活度和比活度均高于国家规定的豁免值者属于放射性物品(物质)。

(一)放射性物品的运输包装

1. 放射性物品的包装除应符合《铁路危险货物运输管理规则》的有关规定外，还必须满足下列要求

(1)包装件应有足够的强度，保证内容物不泄漏和散失。内、外容器应封严、盖紧，能有

效地减弱放射线强度至允许水平并使放射性物品处于次临界状态。

(2)便于搬运、装卸和堆码，重量在 5 kg 以上的包装件应有提手；袋装矿石、矿砂的袋口两角应扎结抓手；30 kg 以上的包装件应有提环、挂钩；50 kg 以上的包装件应清晰耐久地标明总重。

(3)应在包装件的两侧分别粘贴、喷涂或拴挂放射性货物包装标志。

2. 放射性物品包装运输等级

放射性物品包装件根据其外表面辐射水平和运输指数分为三个运输等级，如表 5-5-1所示。

表 5-5-1　放射性物品包装件的运输等级

运输等级（标志颜色）	包装件外表面任意一点最大辐射水平 $H/(\mathrm{mSv \cdot h^{-1}})$	运输指数 TI
Ⅰ级(白色)	$H \leqslant 0.005$	$TI=0$(注 1)
Ⅱ级(黄色)	$0.005<H \leqslant 0.5$	$0<TI \leqslant 1$
Ⅲ级(黄色)	$0.5<H \leqslant 2$	$1<TI \leqslant 10$
Ⅳ级(黄色)	$2<H \leqslant 10$	$TI>10$(注 2)

注：1. 对于 $TI \leqslant 0.05$ 的包装件均认为 $TI=0$，其他情况下 TI 都应取一位小数，计算 TI 时只进位不舍位；

2. 按特殊规定 1 办理。

包装件的运输指数和表面辐射水平等级不一致时，按较高一级的确定运输等级。

(二)放射性物质的运输条件

(1)托运一类放射性物品的，托运人应当委托有资质的辐射监测机构对其表面污染和辐射水平实施监测，辐射监测机构应当出具辐射监测报告。托运二类、三类放射性物品的，托运人应当对其表面污染和辐射水平实施监测，并编制辐射监测报告。监测结果不符合国家放射性物品运输安全标准的，不得托运。

(2)托运一类放射性物品的，托运人应当编制放射性物品运输的核与辐射安全分析报告书，报国务院核安全监管部门审查批准。

(3)托运人应当向办理站提交运输说明书、辐射监测报告、核与辐射事故应急响应指南、装卸作业方法、安全防护指南，承运人应当对其进行查验、收存。托运人提交文件不齐全的，办理站不得承运。

(4)托运“短寿命”放射性物品时，应在货物运单“托运人记载事项”栏内注明货物容许运输期限。容许运输期限应大于铁路货物运到期限 3 天。

(三)放射性物品的运输安全防护

1. 包装件和运输工具的限值

(1)货物包装、外包装和运输工具外表面的放射性污染不得超过下列限值：

①β、γ 和低毒性 α 发射体为 4 $\mathrm{Bq/cm^2}$；

②所有其他 α 发射体为 0.4 $\mathrm{Bq/cm^2}$。

(2)货物包装、外包装的运输指数不大于10，车内各包装件的运输指数总和不大于50。Ⅰ类低比活度放射性物品的运输指数总和不受限制。易裂变物质的货物包装或外包装的临界安全指数不大于50，车内各包装件的临界安全指数总和不大于50。

(3)运输工具或包装件外表面的任一点辐射水平不大于2 mSv/h，距运输工具2 m处的任一点辐射水平不大于0.1 mSv/h。

2. 作业人员与放射性物品的最短安全距离

作业人员与放射性物品的最短安全距离应符合表5-5-2中的要求。

表5-5-2 作业人员与放射性物品的最短安全距离表

照射时间面最短安全距离 / 距包装件外表/m / 包装件的运输指数(*TI*)	照射时间 *h*/d					
	1	2	4	10	24(注[1])	48(注[2])
0.2	0.5	0.5	0.5	0.5	1.0	1.0
0.5	0.5	0.5	0.5	1.0	1.5	1.5
1.0	0.5	0.5	1.0	1.5	2.5	2.5
2.0	0.5	1.0	1.5	2.0	4.0	4.0
4.0	0.5	1.0	2.0	3.0	5.0	5.0
8.0	1.0	2.0	2.5	4.0	7.0	7.0
10.0	1.5	2.5	3.0	5.0	8.0	8.0

3. 每人每天装卸放射性物品的容许时间

每人每天装卸放射性物品的时间不得超过容许作业时间表5-5-3的限值。

表5-5-3 装卸放射性物品容许作业时间表

包装件运输等级	包装件表面辐射水平/($mSv \cdot h^{-1}$)	运输指数 *TI*	徒手作业	简单工具(距包装件表面约0.5 m)	半机械化操作(距包装件表面1 m)	机械化操作(距包装件表面1.5 m)
Ⅰ级	≤0.005	0(注1)	6h	—(注2)	—	—
Ⅱ级	0.01	0	4 h	6 h	—	—
	0.05	0	1.5 h	6 h	—	—
	0.1	0.1	40 min	3 h	—	—
	0.2	0.3	20 min	2 h	6 h	—
	0.3	0.6	15 min	1.5 h	6 h	—
	0.4	0.8	10 min	1 h	5 h	—
	0.5	1.0	7 min	40 min	5 h	—

续表5-5-3

包装件运输等级	包装件表面辐射水平/($mSv \cdot h^{-1}$)	运输指数 TI	徒手作业	简单工具(距包装件表面约0.5 m)	半机械化操作(距包装件表面1 m)	机械化操作(距包装件表面1.5 m)
Ⅲ级	0.6	1.5	×(注3)	40 min	5 h	—
	0.8	2.0	×	25 min	3.5 h	6 h
	1.0	3.0	×	20 min	2.5 h	4 h
	1.2	4.0	×	15 min	1.7 h	3 h
	1.4	5.0	×	12 min	1.5 h	2 h
	1.8	7.0	×	10 min	1 h	1.5 h
	2.0	10.0	×	8 min	30 min	1 h

注1：对于 $TI \leqslant 0.05$(即0.0005 mSv/h)的货包，其运输指数均认为是0；

2："—"表示不必限制；

3："×"表示不容许。

三、危险货物的防火防爆

危险货物在装卸、运送和保管的过程中，由于操作不慎或外界因素的影响容易发生火灾、爆炸、中毒、腐蚀、辐射等事故，其中火灾、爆炸是危险货物运输中较易发生的事故，并且破坏严重、损失极大。因此，做好危险货物运输中的防火、防爆意义尤为重大。

(一)引起火灾、爆炸的原因

实际证明，危险货物在运输中发生火灾、爆炸的主要原因如下：

(1)承运检查不严。承运时包装检查不认真，发现问题处理不及时(如发现破包、撒漏不及时处理等)，将违反配装限制的货物配装在同一包装内且承运时没有及时发现等情况。

(2)违章作业。如在装卸中没有轻拿、轻放；没有按包装标志码放；装卸、搬运中使用撬棍、拖拉、翻滚、摔掷等造成的包装破损，导致货物撒漏等情况。

(3)产品质量不符合规定，如产品有杂质。

(4)没有按危险货物的规定包装。如单件包装超重、包装质量低劣等。

(5)发生事故后，没有及时施救或错误采用施救方法，造成事故范围扩大、损失增大。

(6)谎报货物品名。

(7)车辆使用不当，或车辆清扫、洗刷不符合规定而造成事故。

(8)押运人违反规定抽烟，导致火灾、爆炸事故。

(二)危险货物仓库的防火与防爆

办理危险货物的车站应建造具备通风、报警、消防、防爆、避雷、消除静电、屏蔽射线等安全设施的专门仓库。库内不准设置移动式照明灯具，照明灯具的下方不准堆放物品，其垂直下方与储存物品水平间距不得小于0.5 m。仓库外应设置单独控制的电源开关箱，以便库外可以随时拉闸断电。仓库设计应符合《建筑设计防火规范》的规定。爆炸品的专门办理站应设置具有防爆性能的仓库和停放爆炸品车辆的专门线路。放射性物品的专门办理站应有屏蔽射线的仓库。

(三)防火、防爆的基本方法

可燃物、助燃物和温度(火源)是发生燃烧、爆炸的三个条件，消除其中之一，就可使火熄灭。由此，防火、防爆的基本方法有以下几种：

(1)隔离法。将已燃烧物质与未燃烧物质分隔开，防止火势蔓延。

(2)冷却法。冷却燃烧区的温度，使其降低到可燃物质的燃点以下，燃烧即可停止。

(3)窒息法。用不燃的物质冲淡空气或阻止空气流入燃烧区，使燃烧物得不到足够的助燃区，以及因得不到足够的助燃氧气而熄灭。

(4)抑制法。采用化学灭火剂，抑制燃烧物的化学连锁反应，使火熄灭。

(四)常用的灭火剂和灭火器材

在扑救危险货物火灾时，必须根据危险货物的性质正确选择灭火器材，以取得良好的灭火效果。

(1)水。水是一种应用广泛的灭火剂，具有吸收热量大、冷却效果好的特点。它可以水柱、雾状水和蒸气水的形式进行灭火。

水具有导电性能，因此电器着火时不能用水扑救。遇水燃烧物和比重小于 1 的易燃液体也不能用水扑救。

(2)化学泡沫。化学泡沫由碳酸氢钠、硫酸铝与发泡剂混合发生作用制成。由于泡沫有轻漂、流动、具有黏性的特点，主要用来扑救油类和其他易燃液体的火灾。另外，泡沫中含有大量的水，因此不宜用于扑救电器、遇水燃烧物品的火灾。

(3)CO_2。这是一种无色无味、不燃烧、不助燃、不导电，并且比空气重的气体。当空气中 CO_2 的含量达到 30%～35%时，可使空气中的氧气含量下降，因缺氧而灭火。CO_2 灭火剂可广泛用于扑救电器、精密仪器、仪表、小范围的油类和忌水物质等造成的火灾。

(4)化学干粉。干粉的主要成分是碳酸氢钠等盐类，还加入了少量的润滑剂和防潮剂。利用惰性气体的压力把干粉喷到燃烧区中，可中断连锁反应，并通过吸热、稀释空气、隔绝可燃蒸气使火熄灭。干粉适合扑救油类、可燃气体、电器设备和遇水燃烧物品的火灾。

(5)卤代烃。此类灭火剂有一溴一氯二氟甲烷(1211)、一溴三氟甲烷(1301)等，是一类高效低毒的灭火剂，可以扑救各种油类、可燃气体和电气设备等的火灾。

(6)干砂土。这是一种最方便、最经济的灭火材料，它可以覆盖在燃烧物上，使着火源隔绝空气而达到灭火目的。但是爆炸品火灾中禁止用砂土灭火。

第六章　铁路鲜活货物运输

作为重要的日常生活消费品，鲜活货物与满足人们生活的物质需要和提高健康水平密切相关。及时、优质地运输鲜活货物，能够丰富市场供应，巩固和扩大国家"菜篮子工程"成果，提高人们的生活质量。

随着我国改革开放和经济建设的深入发展，人们对易腐食品供应质量的要求不断提高，易腐货物生产加工技术不断进步，使冷冻冷藏产品、速冻加工食品类的消费市场容量不断扩大，即高附加值、必须使用冷藏运输工具的产品数量持续增长，冷藏运输需求量不断增加。另外，国际贸易的全球化发展和人们对食品安全关注度的提高，都会促进冷藏运输市场的发展。铁路在中、长途运输中的优势明显，具有节能性和环保性，必将在我国冷链物流中发挥更大的作用。铁路鲜活货物运输运用特殊的运输方法和适合的技术设施设备，通过铁路运输网快速、优质地将鲜活货物运送到目的地，以更好地满足人们不断提高生活水平的要求。

第一节　鲜活货物运输概述

鲜活货物是农、林、牧、副、渔业的重要产品。在目前的各种运输方式中，鲜活货物运量在货物总运量中虽然只占很小的一部分，但在国民经济中起着十分重要的作用。

一、鲜活货物的定义及分类

鲜活货物是指在铁路运输过程中需要采取制冷、加温、保温、通风、上水等特殊措施，以防止出现腐烂、变质、冻损、生理病害、病残死亡等问题的货物。

鲜活货物分为易腐货物和活动物两大类：

(1)易腐货物包括肉、蛋、乳制品、速冻食品、冻水产品、鲜蔬菜、鲜水果、花卉植物等，按其热状态分为冻结货物、冷却货物和未冷却货物。冻结货物是指经过冷冻加工成为冻结状态的易腐货物。冷却货物是指经过冷却处理，温度在冻结点以上的易腐货物。未冷却货物是指未经过任何冷处理，完全处于自然状态的易腐货物。

(2)活动物包括禽、畜、兽、水产品等。

二、鲜活货物运输的特点与要求

(一)鲜活货物运输的特点

根据我国鲜活货物的产销状况、市场格局及货流情况，我国铁路鲜活货物运输具有以下特点。

1. 季节性强，运量波动大

大部分鲜活货物的生产具有季节性，如水果集中在第三、四季度，水产品集中在春秋汛期，“南菜北运”集中在冬春两季，这就形成了鲜活货物运输的旺季和淡季，出现了运量波动大、不稳定的情况。旺季时，运量过于集中，运输负荷大，运输装备紧张；淡季时，运量不足，会出现冷藏运输车辆闲置的现象。

2. 货物品种繁多，特性及储运要求差异大

我国的鲜活产品生产资源丰富、品种繁多，如鱼产品种超过 2000 多种，果蔬产品种类多达数千种，家畜、家禽和蛋奶产品种类也极为丰富。各种货物品类、品种特征和性质的差异大，运输需求也各不相同。有的货物运输时需要采取制冷、保温措施，而有些货物可能要求采取加温、通风、供水、供(饲)料等保护措施。

3. 平均运距较长，运输时限要求紧

我国地域辽阔，鲜活货物生产分布范围较广，需要通过运输来调节，以满足各地市场的需求。我国鲜活货物产地相对较为集中，但销地十分分散，地区间的运输距离一般较长。因此，铁路在中、长途鲜活货物运输中占较大比重。鲜活货物运输的时效性要求很强，货物从生产到销售(及消费)所经历的时间越短越有利于保证货物质量。运送时间越长，剩余的货架期和商业价值就会越少，货物养分损失、腐烂变质的概率也越高。活动物的运输时间过长，可能会出现掉膘、病残，甚至死亡现象。因此，鲜活货物的运输要有严格的运到期限要求，铁路的运到期限必须在货物的容许运输时间之内。

4. 运输批量零散，去向分散

同一品种的货物批量化上市不利于保证销售利润。因此，要根据市场的承受能力适当控制各品种的上市量和运量，这也使得铁路鲜活货物货源组织工作更加复杂、要求更高。

5. 具有易腐性，运输质量易受环境条件的影响

鲜活货物与其他货物最大的不同是其具有易腐性，质量极易受到外界气温和所处环境的卫生条件等的影响。储运环境中冷、热、干、湿度控制不当，均易造成易腐货物腐烂、变质或干耗等现象，影响货物质量，而外界气候条件、车内外温度条件等随时会受各种因素影响而发生变化，需要实时进行监测和调整。运输活动物时，也要注意各地气候变化的影响，尤其要注意热天的防暑降温、供水以及寒冬季节的御寒、防冻准备工作。另外，鲜活货物也易受环境卫生条件的影响，较差的环境条件极易导致货物受有害物质污染或微生物感染，加速货物质量的下降。

6. 质量要求高，运输条件及组织工作复杂

人们生活水平的不断提高，对鲜活货物的质量要求也越来越高，不仅要求货物新鲜、美观、口感好、风味佳，而且要求货物营养、卫生、安全性好。对此，要更加注重从发运前、承运开始，到装卸堆码、途中服务及到货通知、交付等各环节的作业质量，应严格要求运输方式、车辆使用及运输温度控制等，以最大限度地保证易腐货物的新鲜程度、色泽等外观质量及卫生性、营养价值等内在品质，更好地满足市场的多样化要求，满足食品冷藏供应链的质量要求。为对应各种运输需求，要采取相应的运输条件、装卸方式，使用适宜的运输工具。鲜活货物的运输组织工作较为复杂，装车前，需要进行预冷冷藏车车体(或冷藏箱箱体)、整备设备、准备装卸机具和人员以及备货、上货等一系列作业过程。

(二)鲜活货物运输的要求

铁路鲜活货物运输工作的根本目的是最大限度地保证鲜活货物的质量，及时快速地将货物运达目的地。对此，要采取合适的运输方法，使用合适的运输工具，在适宜的运输条件下进行运输。具体的运输要求如下。

1. 承运货物要符合运输条件的规定

托运的鲜活货物必须质量良好，无病残，包装适合货物性质并能保证铁路运输安全。

2. 配备相应的运输车辆、运载工具和运输设备

按照货物性质、容许运输期限及运送全程的季节和气候条件选择合适的运载工具、装载方法和运送方法，并根据需要采取预冷、制冷、加温、保温、通风、上水、加冰或押运等措施，以最大限度地保证货物质量。

3. 要有良好的卫生和通风条件

承运人应调配技术状态良好、干净清洁的车辆，装车单位应在装车前认真检查。对状态不良、不能保证货物安全和运输质量的车辆，承运人应予以调换。对不清洁的车辆，车站要组织清扫、洗刷。按规定需要消毒的，由托运人委托有资质的单位对车辆和货位进行消毒。

4. 加强运输组织，实现快速、及时运输

为适应易腐货物运输去向分散、批量小的发展趋势，一方面需要开发更加符合市场发展要求的新型冷藏运输装备，如增加单节式冷藏车数量，研发冷藏集装箱等多式联运装备，开发多室、多温等多功能铁路冷藏专用运输工具；另一方面要加强组织工作，在加强各作业环节的有效衔接和提高作业效率的同时，采用灵活多样的运输组织方式。针对鲜活货物运输季节性强、运量波动大、时间要求快的特点，不断提高运输组织工作水平，做到快速运输；还要积极组织开行鲜活货物快运直达货车、鲜活货物“五定”(即定点、定线、定车次、定时、定价)班列，发展鲜活货物行包快运列车和开辟“绿色通道”等多种快运形式。

在装卸车作业及车辆取送、编组、挂运各环节，应本着快速、高效的原则，实现冷藏车辆的快装、快卸、快取、快送和及时编挂，积极落实优先受理、优先配空、优先进货装车、优先取送、优先编组、优先挂运原则。另外，为提高易腐货物的流通质量，铁路还应积极参与易腐货物从生产到储藏、运输以及销售的一体化冷藏链建设，实现冷藏运输网络与冷藏仓储、配送网络的有效对接，逐步形成易腐货物的冷链物流系统，为易腐货物提供优质的全程物流服务。

第二节　冷藏运输原理

一、易腐货物冷藏原理

(一)易腐货物的致腐原因

造成易腐货物腐败的原因主要有以下三个方面。

1. 微生物作用

微生物作用，即微生物在食品内滋生繁殖，使食物腐败。其对食品的破坏作用在于它分

泌出的有毒物质(主要是水解酶),会破坏细胞壁侵入细胞内部,将食物中复杂的有机物(主要是蛋白质和脂肪)水解,供其利用。动物性食品中蛋白质、脂肪的含量很高,所以微生物作用是造成其腐败的主要原因。

2. 呼吸作用

果蔬被采摘后虽已离开植株,不再继续生长,但仍是有生命的个体,其生命的象征就是呼吸。呼吸作用的本质是在酶的作用下进行的一种缓慢的氧化过程,在这个过程中复杂的有机物质(糖类)被分解成比较简单的物质并放出能量。

呼吸作用有两种:一种是有氧呼吸,即在氧气充足条件下的呼吸;另一种是缺氧呼吸,即呼吸环境中氧气不充足(6%以下)但二氧化碳的浓度高(达15%以上)。

这两种呼吸作用各有其不利之处。有氧呼吸产生的热能很大,但这些能量并不能全部被细胞利用,其中绝大部分在果蔬贮运期间以热的形式散发出来(称为呼吸热),成为贮运过程中一项不可忽视的热源因素。缺氧呼吸产生的呼吸热较少,但是果蔬要获得维持其生命活动所需要的能量,就必须分解更多有机质,从而消耗更多果蔬体内的养分,减弱其抗病能力,最终导致腐烂;另外,缺氧呼吸的产物(乙醛和乙醇)在果蔬组织中的过多积累,还能引起其细胞中毒,影响保管和运输期限。可见,呼吸作用是果蔬腐烂变质的主要原因。

但是,呼吸作用也有其积极的一面,如:呼吸过程中的氧化作用能将微生物分泌的水解酶氧化变成无害物质,使果蔬的细胞不受毒害,从而抵抗微生物的入侵;氧化作用还能使机械损伤和已被微生物入侵的组织形式形成木栓层,从而保护内层的健康组织。因此,针对果蔬的呼吸作用,只能设法降低其呼吸强度,而不宜简单地阻止其呼吸作用。

3. 化学作用

果蔬被碰伤后,内部组织暴露于空气中,会使其中的某些成分被氧化,如苹果、马铃薯切开后搁一会儿就变色了;另外,碰伤后,果蔬的呼吸作用会增强,从而加速了其腐烂。

以上三种致腐原因各有其特点又相互影响,且有时是同时进行的,必须都给予重视。

(二)易腐货物的冷藏原理

如前所述,易腐货物腐败的主要原因是微生物作用、呼吸作用和化学作用,而影响微生物活动的因素主要有温度、水分、酸碱度和光线;影响呼吸作用的因素主要有温度、空气中的氧和二氧化碳的浓度,果蔬的品种和成熟度,储运环境中的化学物质以及机械伤害,等等;影响化学作用的主要因素则是机械伤。所以,为降低运输成本,更好地保证食品原有的品质,同时适应大批量运输和保管的需要,铁路运输易腐货物时主要采取冷藏法,即通过控制运输温度来控制微生物活动和呼吸作用,防止货物腐败。

二、压缩式机械制冷技术

制冷是指采用一定的人工方法和手段,将某物体或流体中的热量移出,使之达到并保持低于环境温度的冷却过程。现代制冷方法是运用科技手段,利用具有特定性质的一些物质(制冷剂、制冷工质或冷却介质)的融化、溶解、汽化、膨胀、升华等物理现象,使被冷却对象温度降低的方法。机械制冷是利用机械设备和制冷循环原理,使制冷工质在制冷机中不断的循环流动过程中,通过一系列状态改变与外界发生能量交换,达到制冷降温的效果。常见的机械制冷方法有液体汽化制冷、气体膨胀制冷、涡流管制冷和热电制冷。其中,液体汽化制冷的应用最为广泛，所谓的蒸汽压缩式制冷、吸收式制冷、蒸汽喷射式制冷和吸附式制冷都属于液体汽化制冷。在冷藏运输中最常用到的是蒸汽压缩式机械制冷技术。

(一)制冷系统及工作原理

液体汽化制冷是利用液体汽化时的吸热效应来实现制冷的。液体汽化形成蒸气，当液体处在密闭容器内时，若此容器内除液体及液体本身的蒸气外不存在任何其他气体，那么液体和蒸气在某一压力下将达到平衡，此时的气体称为饱和蒸气。它所具有的压力称为饱和压力，温度称为饱和温度，饱和压力则随温度的升高而升高。如果将一部分饱和蒸气从容器中抽走，液体中就必然要再汽化出一部分蒸气来维持平衡。液体汽化时需要吸收热量，此热量来自被冷却对象，这就会使被冷却对象变冷，或者使它维持在低于环境温度的某一温度下。为使这一冷却过程连续进行，必须不断地从容器中抽走蒸气，再不断地将液体补充进去；而通过一定的方法把蒸气抽走，并使它凝结成液体状态再回到容器中，就能满足这一要求，可以循环使用这些制冷工质(制冷剂)来完成持续制冷过程。为了使蒸气在常温下凝结成液体，需要提高饱和压力。这样制冷工质将在低温、低压下蒸发，产生制冷效应，并在常温、高压下冷凝，向环境或冷却介质放出热量。因此，汽化制冷循环由制冷工质汽化、蒸气升压、高压蒸气的液化和高压液体的降压四个过程组成。

蒸气压缩式制冷是应用最为广泛的液体汽化制冷方式，它利用了压缩机来完成上述吸汽过程。蒸气压缩式制冷系统(见图 6-2-1)由压缩机、冷凝器、膨胀阀、蒸发器组成，用管道将其连成一个封闭的系统。其工作过程如下：制冷工质在蒸发器内在较低的压力 P_0 和温度 T_0 下，与被冷却对象发生热量的交换，吸收被冷却对象的热量并汽化成蒸气；压缩机不断地将产生的蒸气从蒸发器中抽走、压缩，在高压条件下通过蒸气压缩式制冷系统排出，这个过程需要消耗能量(压缩机的机械功)。经压缩后的高温(T_k)、高压(P_k)蒸气在冷凝器内被常温冷却介质(通常是水或空气)冷却，凝结成高压液体。利用膨胀阀使高压液体节流，节流后的低压、低温湿蒸气进入蒸发器，再次汽化，吸收被冷却对象的热量，如此周而复始。

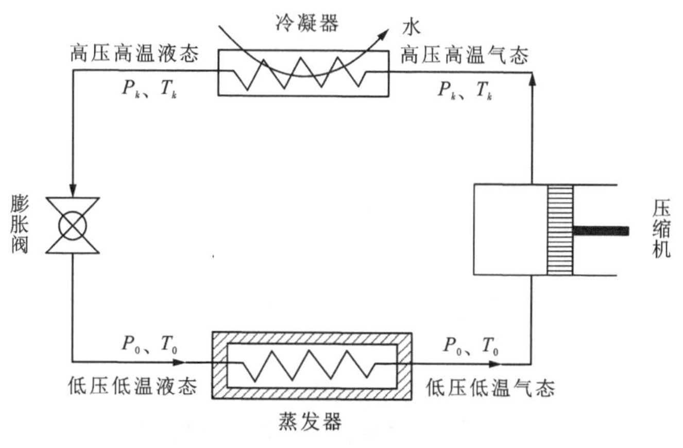

图 6-2-1 蒸气压缩式制冷系统

压缩式制冷机中蒸发器里的温度低，冷凝器里的温度高。为什么制冷剂在低温下会汽化，在高温下反而会凝结呢？其关键就在于压力。压力愈高，汽化(冷凝)的温度也愈高。例如，R12在压力为0.100 MPa时汽化温度为-30℃，在压力为0.196 MPa时汽化温度为-13℃，在压力为0.299 MPa时汽化温度为-1℃。压力提高接近1 MPa，则汽化温度就变为41℃了。汽化温度与冷凝温度是同一个数值，区别只是热流的方向相反，相态转变的方向相反。汽化时，制冷剂液体吸收热量(汽化热)变成蒸气；冷凝时，制冷剂蒸气放出热量(凝结热)变成液体。在制冷机中，蒸发器保持低压，被冷却的介质提供热源，而蒸发器又有良好的传热条件，所以制冷剂能在此汽化。冷凝器则保持高压，冷却水的温度比冷凝温度低，能不断带走热量，而冷凝器的传热条件又好，所以制冷剂能在此凝结。

蒸发器能保持低压，而冷凝器能保持高压是靠膨胀阀来维持的。制冷机不开动时，冷凝器和蒸发器内的压力是相同的，相当于周围环境下的汽化压力。制冷机开动后，压缩机把蒸发器内的蒸气转移到冷凝器中，使冷凝器内的压力升高到一定程度，另外由于冷却水的冷却，蒸气就变成了液体，压力也就保持在该水平了。冷凝器中被冷凝成的液体，通过膨胀阀的狭窄通道被节流后又进入蒸发器中，而单位时间内由蒸发器抽出的蒸气的重量与通过膨胀阀的液体的重量相等，因此就可以保持两边的压力差，把整个制冷机分成高压区和低压区。以压缩机和膨胀阀为界，靠冷凝器一边的所有部件和管道都是高压区，靠蒸发器一边的所有部件和管道都是低压区。

出入蒸发器和冷凝器的制冷剂数量经过调节可保持动态平衡，因此可以各自保持稳定的低压和高压，而压力一定，汽化温度和冷凝温度也就可以保持稳定了。在蒸发器内，制冷剂是在等压和等温下汽化吸热，产生冷效。在冷凝器内，制冷剂开始是在等压下冷却，然后又在等压和等温(冷凝温度)下冷凝。这里所说的平衡、稳定、等压、等温都是相对的，在实际条件下，这些因素都是波动和不平衡的。在实际的制冷机中，为了改善制冷效能和保证运转安全，除四个主要部件外，还加装了许多部件，主要包括储液器、液体分离器、过冷器、空气分离器、安全阀、压力表等。

(二)制冷剂及载冷剂

1. 制冷剂

在制冷系统中循环，不断变化相态以实现制冷的工作物质，被称为制冷剂，也称制冷工质。在液体蒸发式制冷系统中，制冷剂要在低温下蒸发汽化，从被冷却对象中吸取热量，再在较高的温度下液化凝结，向外界排放热量。所以，只有在工作温度范围内能够汽化和液化凝结的物质才有可能被作为制冷剂使用。因此，对被选作制冷剂的物质有如下要求：

(1)在标准大气压下，汽化温度或蒸发温度要低，这一性质决定着制冷剂所能达到的低温程度。

(2)单位容积制冷量和单位重量制冷量大，以缩小压缩机的尺寸，减少压缩机流量，降低系统流阻和节流损失。

(3)蒸发压力应稍高于大气压力，以在运用中防止空气和水分进入低压系统。

(4)在工作温度范围内，冷凝压力不宜太高，以简化压缩机的结构，提高压缩效率，减少高压系统的泄漏情况。

(5)凝固温度要低，以防止堵塞制冷管路；而临界温度要高，以提高制冷系数，减少消耗。

(6)导热系数和放热系数要高，以缩小蒸发器、冷凝器的尺寸。

(7)黏度要低，以改善换热性能，降低液流阻力。

(8)与金属和其他材料不起化学作用，不燃烧，不爆炸，化学稳定性好。

(9)毒性要小，对人体无害，不影响食品的质量和色、香、味。

制冷剂主要有以下几类。

(1)无机化合物类。

这类制冷剂应用较早，包括水、空气、氨、二氧化碳，其中有些因性能欠佳已被淘汰。如二氧化碳，因其工作压力高、临界温度低、单位容积产冷量较小、制冷效率低，已被淘汰。氨具有良好的热力学性能，单位容积产冷量比较高，是目前使用最为广泛的无机化合物制冷剂，特别是在大、中型冷库以及较大型制冷或制冰设备中。

氨在油内几乎不能被溶解，但吸水能力很强。氨不会腐蚀钢铁，但掺水后对铜及铜合金(磷青铜除外)有腐蚀作用。因此，在氨制冷装置中不能使用铜和铜合金。

氨的缺点：具有强烈的刺激性臭味，对人体具有一定的毒性，会刺激人的眼睛及呼吸器官；氨液飞溅到皮肤上时会引起肿胀甚至冻伤。

(2)氟利昂类。

氟利昂是饱和碳氢化合物(饱和烃)的卤族元素衍生物的总称，于20世纪30年代开始被用作制冷剂。不同的氟利昂制冷剂在热力性能上各不相同，能适应不同制冷温度和制冷容量的要求。因此，氟利昂的出现满足了人们对制冷剂的多种需求，其使用范围迅速扩大。此类物质在物理性质和化学性质上有许多共同的优点，如无毒、无燃爆危险、不腐蚀金属、热稳定性与化学稳定性好等。

氟利昂根据其化合物中的碳氢元素被氟、氯及溴元素置换的情况，又分为全氟代烃(PFC)、氯氟烃(CFC)、氢氟烃(HFC)、氢氯氟烃(HCFC)等，其中氯氟烃类物质受紫外线照射后会产生对臭氧层有严重破坏作用的氯离子，一个氯离子能产生连锁反应破坏上万个臭氧分子，因此这类物质已被禁用。《关于消耗臭氧层物质的蒙特利尔议定书》中，明确规定了限制和禁止生产与使用的氟利昂种类。目前，新型制冷剂的开发工作重点也是针对氟利昂类制冷剂，首先要替代的就是R11、R12，进一步还要考虑R22的替代。全氟代烃性质比较稳定、不燃不爆，进入大气层不易被分解；氢氟烃中无氯元素，因此这两类制冷剂属对大气层无破坏作用的物质。氢氯氟烃类物质相对不稳定，在到达平流层前已经被分解，因此对臭氧层的破坏作用较小，但也是有影响的。

(3)共沸溶液。

这类制冷剂是由两种或两种以上的制冷剂按一定比例混合而成的，它们的性质和单一化合物一样，在固定压力下蒸发时会保持恒定的蒸发温度。相比单一制冷剂，共沸溶液有一些明显的优点，如蒸发温度较低，相同工作条件下的制冷量较大，压缩机的排气温度较低等。采用共沸溶液可以改进制冷剂的热力性质。

(4)新型制冷剂。

新型制冷剂指正在不断研制的制冷剂，目前研制成功的主要是碳氢化合物类制冷剂，实际上其是从氟利昂类制冷剂发展而来的一类新型制冷剂。其分子中含有氢、氟、碳的无氯卤代烃(HFC)。这类制冷剂中具有代表性的是R134a和R152a等。

2. 载冷剂

在间接冷却的制冷装置中，被冷却物体或空间的热量会通过一种中间介质传给制冷剂，这种中间介质称为载冷剂，又称“冷媒”或第二制冷剂。

载冷剂的优点是可使制冷系统集中在较小的场所，因而可减少制冷机系统的容积及制冷剂的充灌量。载冷剂先在蒸发器中被冷却，然后送到冷却设备中吸收被冷却物体的热量，再返回蒸发器中重新被冷却，如此循环，以达到连续制冷的目的。这种间接冷却系统可减少制冷系统中制冷剂的用量，又能使有毒的制冷剂不进入冷藏库或其他不适宜的场所。

选择载冷剂时，应考虑下列因素：

(1)蒸气与空气混合后，不会燃烧或爆炸；无毒，化学稳定性好，在大气条件下不分解、不氧化，不改变其物理性质。

(2)在使用温度范围内呈液态，其凝固点应低于制冷剂的蒸发温度，沸点越高越好。

(3)密度小，黏度小，比热容和热导率大。密度小、黏度小可以减少载冷剂的流动阻力；热导率大则表示其传热性能好，对一定的载冷量所需载冷剂的流量小。

(4)不腐蚀设备和管道。

(5)价格低廉，便于获得。

载冷剂的种类很多，常用的有三类：水、盐水溶液和有机化合物。

水是常用的载冷剂。水在制冷装置中被冷却到一定温度后，送入冷却器或其他形式的热交换器中，与空气进行热交换后，变热的水再被送回制冷装置中进行冷却。由于水的冰点为0℃，若要求载冷剂的温度低于0℃，则应采用其他冰点较低的载冷剂，如盐水溶液。

无机盐水溶液有较低的凝固温度，适用于在中、低温制冷装置中制冷。其中，最广泛使用的是氯化钙($CaCl_2$)、氯化钠(NaCl)和氯化镁($MgCl_2$)水溶液。盐水溶液的性质与溶液中盐的浓度有关。盐水的浓度越大，其密度也越大，使得流动阻力增大；同时，盐水的浓度大，比热容小，输送一定冷量所需盐水的流量增加，会导致泵消耗的功增大。因此，配置盐水溶液时，使其所对应的凝固温度不低于系统可能出现的最低温度即可，一般使凝固温度比制冷剂的蒸发温度低5℃~8℃。盐水溶液对金属有腐蚀性，尤其是略带酸性并与空气相接触的盐水溶液，其腐蚀性更强。为了降低盐水溶液对金属的腐蚀作用，可在盐水溶液中加入一定量的防腐剂。

由于盐水溶液对金属有强烈的腐蚀作用，可选用有机化合物或其水溶液作为载冷剂。有机物载冷剂有甲醇(CH_3OH)水溶液、乙醇(C_2H_5OH)水溶液、高醇(乙二醇、丙二醇等)水溶液、纯有机液(二氯甲烷、三氯乙烯等)。其中，甲醇的冰点为-97.5℃，具有燃烧性，使用时应采取防火措施；乙二醇溶液无色、无味、不燃烧，略有腐蚀性，应加缓蚀剂以减弱对金属的腐蚀。

(三)制冷机的主要设备部件

1. 压缩机

压缩机是制冷机的主要部件，是决定系统能力大小的关键部件，在制冷机中称为主机。它的作用是抽吸蒸发器的制冷剂蒸气，将其从低压状态压缩至高压状态后，排向冷凝器，从而创造制冷剂在蒸发器中低温下汽化制冷、在冷凝器常温液化的条件，实现制冷剂在制冷系统中的不断循环流动。因此，它有制冷装置的“心脏”之称。

压缩机的形式主要有活塞式压缩机、螺杆式压缩机、涡旋式压缩机、离心式压缩机等。在运输中用得较多的是活塞式压缩机。

活塞式压缩机的主要构件有气缸、活塞、连杆、活塞销、曲轴销、曲轴、吸气阀弹簧、排气阀片等，结构如图 6-2-2 所示。压缩机机体由气缸体和曲轴箱组成，气缸体中装有活塞，曲轴箱中装有曲轴，通过连杆将曲轴和活塞连接起来。在气缸顶部装有吸气阀和排气阀，通过吸气腔和排气腔分别与吸气管和排气管相连。当曲轴被电动机带动而旋转时，通过连杆的传动，活塞在气缸内进行上、下往复运动，并在吸、排气阀的配合下，完成对制冷剂的吸入、压缩和排出工作。

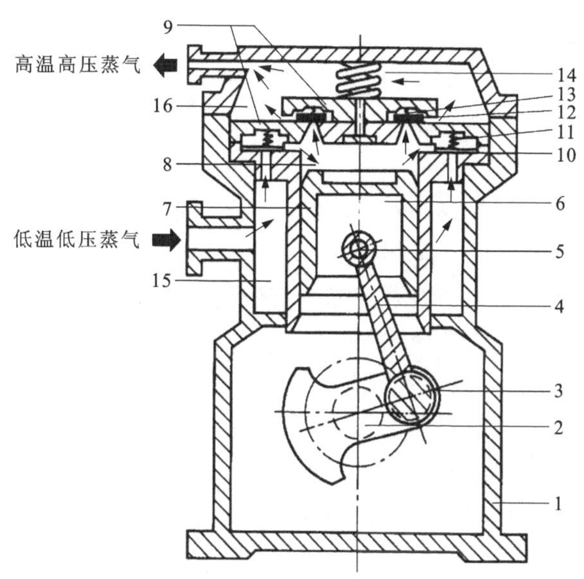

1—机体；2—曲轴；3—曲轴销；4—连杆；5—活塞销；6—活塞；7—活塞环；8—气缸；9—气阀；10—吸气阀片；11—吸气阀弹簧；12—排气阀片；13—排气阀弹簧；14—安全弹簧；15—吸气腔；16—排气腔。

图 6-2-2　活塞式压缩机原理图

活塞式压缩机的工作过程：当气缸活塞向下运动时，气缸工作区容积加大、压力降低，当低于吸气管压力时，吸气阀门被顶开，低压蒸气进入气缸。活塞继续下行至接近气缸下端时，吸入的蒸气量充满，使吸气阀前后的吸气压力降低，在气阀弹簧的作用下，吸气阀门关闭，吸气过程结束。活塞开始自下而上的运动时，气缸内容积不断减小，被压缩的气体压力和温度都逐步升高，当压力升高到高于排气管中的高压和弹簧阻力时，气体就顶开排汽阀门，由高压气出口排出气缸进入冷凝器，直至活塞运行到上止点时，排气阀在气阀弹簧力作用下关闭，完成压缩、排气过程。曲轴旋转一周，活塞上、下运动往返一次，压缩机就完成了膨胀、吸气、压缩、排气四个过程。如此循环，实现制冷过程。压缩机的四个工作过程（膨胀、吸气、压缩、排气）中活塞、曲轴与吸、排气阀动作的相互关系如图 6-2-3 所示。

2. 冷凝器

冷凝器是一种热交换设备，是制冷机中的重要部件。其功能是使压缩机排出的制冷剂过热蒸气冷却，并凝结为制冷剂液体。在冷凝器内，制冷剂的热量会排放给冷却介质。制冷剂从蒸发器中蒸发所吸收的热量和压缩机的压缩功所转变的热量，全部在冷凝器中传递给周围

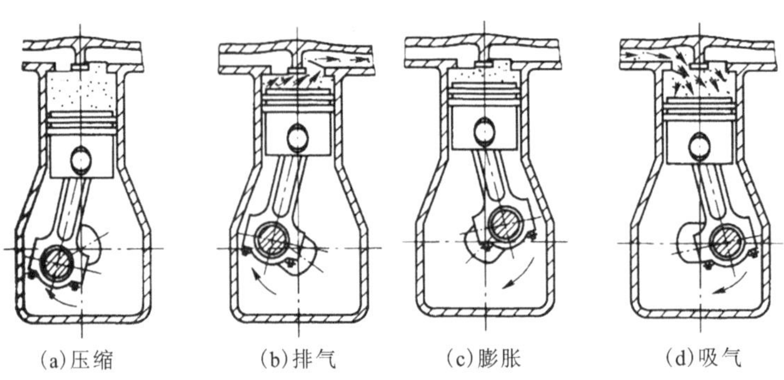

图 6-2-3 活塞式压缩机的工作过程

介质(空气)，而本身进行相态的改变，即由气态变为液态。

根据冷却方式的不同，冷凝器有壳管式(立式、卧式)、套管式、空气冷却式、蒸发式和喷淋式等。其中，立式壳管式冷凝器在地面大型氨制冷设施中最为常用，卧式壳管式冷凝器常用于船上，冷藏车上使用空气冷却式冷凝器。

空气冷却式冷凝器也称风冷式冷凝器，制冷剂在管内、空气在管外，通过管道进行换热，使制冷剂冷凝。由于空气对管壁的传热系数远小于水对管壁的传热系数，所以风冷式冷凝器换热效率较低，换热器面积大。按气体流动方式的不同，风冷式冷凝器又分为自然对流式和强迫对流式两种。自然对流式冷凝器是靠温差引起的空气自然流动起冷却作用的，其冷凝管布置在钢板上或焊在钢丝网上。这种冷凝器适用于小型制冷机，如电冰箱等。强迫对流式冷凝器的结构如图 6-2-4 所示，冷凝盘管分组并行排列，借两侧钢板固定。用于小型制冷机的风冷式冷凝器多与压缩机装在一起，冷凝风扇直接装在压缩机电动机的轴头上。风冷式冷凝器具有使用方便、结构简单、重量轻等优点，缺点是换热效果较差。

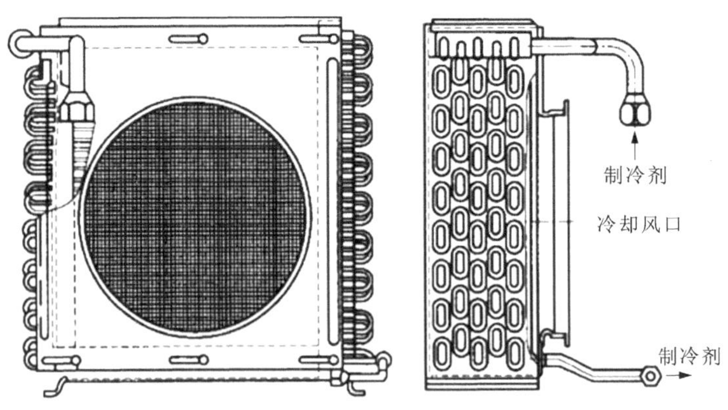

图 6-2-4 强迫对流式冷凝器结构图

3. 蒸发器

蒸发器是制冷机生产和输出冷量的设备。制冷剂液体在蒸发器中通过蒸发变为气体，吸收被冷却物体的热量使其温度降低。蒸发器的形式主要有立管式蒸发器、螺旋管式蒸发器、卧式蒸发器、管组式蒸发器等。下面主要介绍立管式蒸发器的工作原理。

立管式蒸发器的基本结构如图6-2-5所示。每一个蒸发器管组由上、下两根水平集管和许多两端微弯的立管组成。上集管的一端与气液分离器相连，分离后的蒸气进入集气管，然后进入压缩机。分离后的液体则流回下集管。上、下集管之间每隔一定的距离用比蒸发管直径大的直径管连接，这些直径管是液氮的下降管。下降管中的液氮与蒸发器中氨的气液混合物的密度不同，因此会引起氨在蒸发器中的自然循环。

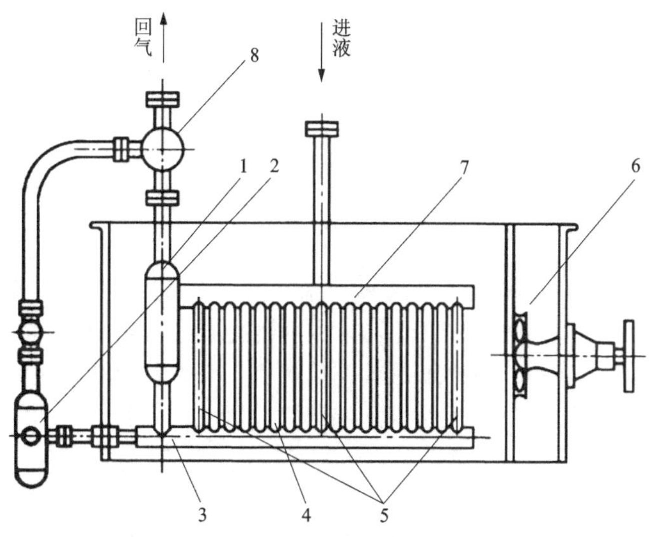

1—气液分离器；2—集油管；3—下集管；4—蒸发管；5—下降管；6—搅拌器；7—上集管；8—集气管。

图6-2-5　立管式蒸发器结构图

4. 膨胀阀

膨胀阀也称节流阀，其作用是将冷凝器或储液器中冷凝压力下的饱和液体(或过冷液体)节流后降至蒸发压力 P_0 和蒸发温度，同时根据负荷的变化调节进入蒸发器的制冷剂流量。膨胀阀的形式主要有手动膨胀阀、自动膨胀阀、热力膨胀阀、毛细管膨胀阀、浮球调节阀等。

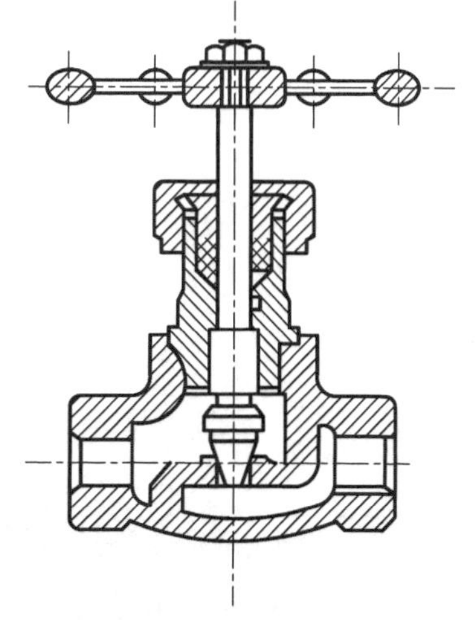

图6-2-6　手动膨胀阀结构图

手动膨胀阀的结构如图6-2-6所示。这种膨胀阀本身结构比较简单，是一个阀杆端头尖削的控制器，借此可以比较准确地控制制冷剂的流量。

自动膨胀阀是用来控制蒸发压力的。通过控制进入蒸发器的制冷剂流量，使它与压缩机的吸气量相匹配，以维持一定的蒸发压力。

自动恒压膨胀阀的结构如图6-2-7所示。其工作原理是作用在膜片上的蒸发压力与弹簧向下的压力方向相反。弹簧压力是预先调整好的，当冷负荷发生变化时，蒸发器内的压力改变，推动膜片运动，使得控制流量的阀针移动，进而调节进入蒸发器的制冷剂流量，保持蒸发器内的压力不变，增加预调的弹簧压力便可提高蒸发器内的压力。

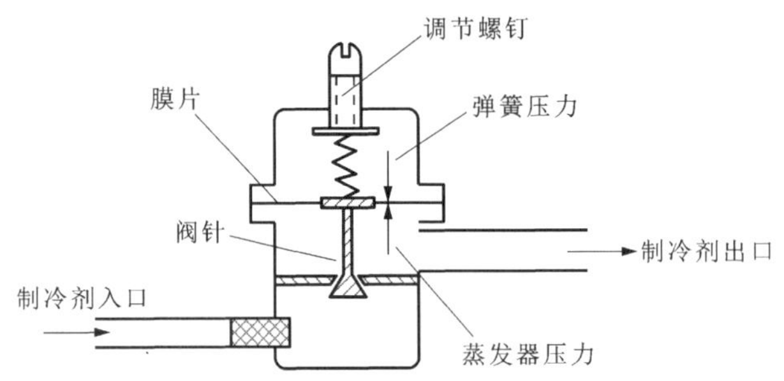

图 6-2-7　自动恒压膨胀阀结构图

当冷负荷增加时，蒸发器内液体的沸腾加剧，蒸发量增加，从而使蒸发器的压力升高，自动膨胀阀趋向关闭，蒸发器内的液体量减少，这会造成蒸发器表面润湿不足的情况。当冷负荷减少时，蒸发器压力下降，自动膨胀阀外启过大，使更多的液体进入蒸发器内，蒸发器表面不足以蒸发全部液体，压缩机就会吸入湿蒸气。因此，自动恒压膨胀阀适用于冷负荷变化不大的场合。

5. 其他辅助设备

制冷系统中还有一些辅助部件，如储液器、气液分离器、油分离器、空气分离器以及集油器、过滤器、压力表等。

储液器是用于储藏和补充制冷剂液体的容器，通常被安装在冷凝器的下面，用以适应制冷工况发生变动时，制冷剂循环量的变化或泄漏后的补充。储液器的结构多为图 6-2-8 所示的卧式筒状结构。

气液分离器的作用是分离制冷剂回气中的冷冻机油和液态制冷剂，以防止压缩机因吸入湿蒸气而产生“液击”，危及运转安全。氟利昂制冷装置所采用的两种气液分离器的基本结构如图 6-2-9 所示，其工作原理是利用液体重力作用，通过气液进入容器后速度和方向的改变，实现气液的分离。

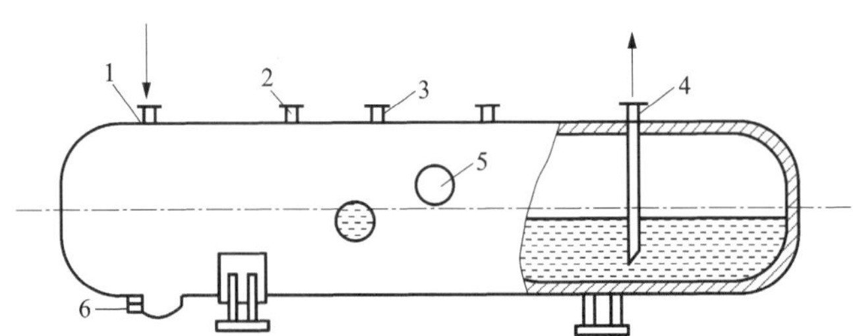

1、4—液体制冷剂进出口；2—平衡管；3—安全阀接头；5—液面显示镜；6—放油、排污口。

图 6-2-8　储液器结构图

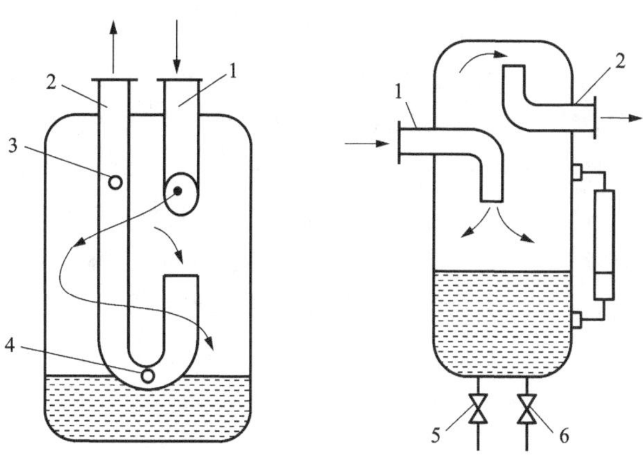

1—制冷剂进口；2—制冷剂出口；3—压力平衡孔；4—微量回油孔；5—放油阀；6—排污阀。

图 6-2-9　气液分离器结构图

油分离器安装在压缩机与冷凝器之间。其作用是将压缩机排出的制冷剂中的冷冻机油分离出来，同时把分离出来的油送回压缩机。油分离器按工作原理可分为过滤式、离心式及洗涤式等。制冷设备一般多采用过滤式油分离器，离心式分油器多用于螺杆式压缩机或大型压缩机，洗涤式分油器只用于氨压缩机。

三、冷藏运输技术条件

冷藏运输技术条件是为保障易腐货物运输质量和铁路运输安全，针对铁路运输各个作业环节提出的具体要求。其相关指标主要包括以下内容：承运货物质量指标（包括承运质量和承运温度）、货物包装要求、装载堆码方式、装卸时间要求、适宜的货物装载量、运输过程条件（运输温度、运输时限）、冷藏装备的运用及控温要求。其中，温度是最重要的指标，它包括承运温度、运输温度和储藏温度。

1. 承运质量

承运质量是对货物装车时的质量要求，承运货物质量指标的制订主要参考我国食品标准中产品质量指标的感官检测指标项。食品标准中的感官检验内容是通过眼观、手触、口尝、鼻嗅等方式，检测、观察和判断产品状况，包括产品的外观形状、规格大小、色泽、组织状态、质地或软硬度（弹性、黏度、手感）、气味、成熟度、新鲜度等内容。

铁路承运环节对货物质量的检验、检查中，主要是通过简单、直观的方法进行判断，以感官检查为主。食品标准中有些产品质量检验受铁路生产条件限制无法进行，例如冻货的质量检验中，有些需要解冻后观察或品尝，而这在铁路作业环节难以实施。因此，在承运质量指标确定过程中，需要综合考虑各方面的因素，选取可操作的内容。承运质量方面主要参考了有关易腐产品表象特征的内容，包括产品的色泽、新鲜度、完整性、完好程度、成熟度、冻结程度以及有关的卫生要求等；对食品标准中有关产品等级标准部分的指标，如果形端正、无畸形，肥肉和瘦肉色泽的区分及把握等内容进行了调整，取消了这些对铁路运输质量无影响的内容，补充增加了可能产生影响的内容，如有无雨湿或水渍、有无复冻现象、产品包装是否完整、有无破损等方面的内容。

2. 承运温度

承运温度指装车时的货物温度。承运温度的确定，是从有利于保证货物质量，保障铁路运输安全，综合经济、合理性等角度进行考虑。地面制冷条件无论是在制冷能力还是在成本上都优于运输过程中的制冷条件，因此，为保障运输质量，应严格要求提交运输时的货物温度，尽量使其保持或接近储藏温度标准。国际制冷学会推荐的冻结货物储运条件中明确规定："装货时产品的温度不应高于在运输中要求保持的温度，这样可为运输过程创造更好的条件，有利于产品质量的保持。因为运输中所提供的制冷装置的产冷能力，一般是不足以在适当时间内把货物中心温度降下来的。"在参照各类食品储运标准时，一般是参考其储藏或运输温度；若有明确的承运标准（如《俄罗斯联邦铁路鲜活货物运输规则》）可参考时，则参考其承运温度。

3. 运输温度

运输温度即运输途中冷藏车（或箱）内的控制温度，易腐货物运输条件中最重要的指标就是温度，它是决定运输质量、货物质量的重要因素。从最大可能保证货物质量的角度讲，能保证产品保质期最长的储藏条件为最佳储运条件。整个冷藏链的控制条件都保持最佳储藏标准，对货物质量是最有利的。要求较高的、较严格的食品质量标准体系，例如美国标准，对食品链各环节都按食品储藏条件进行统一要求，即储藏及运输的温、湿度要求基本一致，运输温度应尽量接近于最佳储藏温度。但由于运输环节的移动设施、设备受环境条件等限制，同等规格的控温设备难以达到地面固定设备的控制能力，而且从经济性方面来看，移动设备的运营成本也较高。因此，运输过程的技术条件会比储藏条件有所放宽。

运输温度的确定方法与承运温度类似，按照制订技术条件的基本原则，以我国食品标准为基准，参考国际相关储运标准。在我国国家标准中有运输温度值时就直接选用，若没有，则比较国外各标准中的运输温度及储藏温度，进行分析研究并确定。在我国标准与国际各标准差距较大、难以达到时，可适当放宽要求范围。

4. 运输包装

货物的包装质量对其运输质量有较大影响，是冷藏运输条件中的重要指标。易腐货物的运输包装要求，包括包装材料、包装规格、包装承重性能、耐低温性能等指标。对于新鲜果蔬运输的货物包装，还需要具有通风、透气、耐湿、耐冷等性能。另外，还有"绿色包装"等新要求，兼有保护环境和节约能源的要求。

易腐货物的运输包装应满足以下要求：

（1）包装件能承受一定次数的装卸、堆码作业，受运输过程中的外力作用时无损坏。

（2）运输包装应具有一定的防水、防腐蚀、防虫等防护功能，具有一定的耐湿、耐低温和透气性能，并符合卫生、环境等法规的要求。

（3）包装材质应与包装件相容，不致污染和损坏内货。避免其他货物或残留物气味的交叉污染。

（4）包装的重量、尺寸、形式应与国家标准或国际标准相符，并符合现代物流流通环节中设备、设施条件的要求，满足机械化、自动化作业的需要。

（5）运输包装应具有规定的包装储运图示标志。

（6）要考虑人力作业条件下的搬运能力。应在保证人员作业安全的同时，满足劳动保护法规的相关要求。

5. 装载堆码方案

货物装载方式对铁路易腐货物的冷藏运输质量有很大影响，首先，它决定着车辆装载空间的利用率，在一定程度上影响着运营成本和经济效益；其次，它对货物途中的制冷控温效果有较大影响，直接影响着货物运输质量；最后，它还影响运输过程中货物堆垛的稳定性，影响铁路运输安全。

制订易腐货物装载堆码方案时，应以保证货物运输质量为首要目标，其次是考虑如何提高运输工具装载利用率。要在符合《加规》《超规》的基础上，根据货物性质以及货物包装的规格、材料，结合冷藏运输工具内的空气循环形式和装载量利用率情况等来确定。

6. 通风装载稳固措施

通风式装载是常容易出现装运质量问题的环节。这一方面是由于货主装货时不按照规定留通风间隙，货物装载过密、过满，堵塞冷风通道，进而影响货物散热，引发货物质量的劣变。另一方面，通风间隙有利于货物的通风散热，也给货物堆垛的稳定性带来了一些问题。在没有相应的装载稳定、加固措施的情况下，运输过程中的冲撞力可能会引起货物的移位、挤碰或坠落现象，影响货物质量，危及运输安全。

对于新鲜果蔬的运输，包装及货堆中的通风透气及散热功能十分重要，对其运输质量、货物质量有直接影响。利用包装外形的特殊设计建立货堆间的通风道，可以解决部分紧密装载方式下的货物间通风循环问题。基本形状为长方体的包装箱外形可以有以下几种形式：八边形侧面箱(即侧面形状类似将方形的四个角切去)、梯形方箱、锥形塑料箱、凸凹型断面箱等。这种形状的包装箱紧密堆码时，可利用其角部或底部的空间建立起通风道。因此，利用包装外形的通风装载方式时，一定要注意码垛时将包装件有序码放，并将通风道部分串接连贯起来。

第三节　易腐货物运输组织

一、托运与承运

(一)托运

1. 托运要求

托运的易腐货物必须符合《铁路鲜活货物运输规则》规定的承运质量要求。货物质量、包装、装车时温度达不到规定要求，或者现有的运输工具不能保证托运人要求的运输温度或其他特殊运输条件时，托运人又不按协议运输的，承运人有权拒绝承运货物。

预冷对新鲜果蔬的质量有较大影响。预冷能快速去除大量的田间热，使果蔬产品尽快进入适宜的温度环境，减缓其成熟、老化速度，这对保持果蔬新鲜度、延长保质期非常有利，也为下一步的储运环节创造了较好的初始条件。受车上空间、制冷设备能力以及货物堆码条件的限制，车上的制冷效果远比地面冷库差得多。另据有关研究，车上制冷的成本约是地面的8倍。因此，无论是从保证货物质量还是从经济角度来说，装车前货物预冷工作都具有重要意义。

不同热状态的易腐货物不得按一批托运。

使用机械冷藏车时，按一批托运的易腐货物一般限同一品名。不同品名的易腐货物，如运输温度要求接近、货物性质允许混装的，可按一批托运，并在同一机械冷藏车内组织混装运输。此时，托运人应与发站和乘务组商定运输条件，签订运输协议，并将运输条件记录在货物运单“托运人记载事项”栏和“机械冷藏车作业单”内。

为提高机械冷藏车使用效率，机械冷藏车组可组织同一到站卸车的两站分装，或同一发站装车的两站分卸。但两站分装或分卸应为同一径路，距离不超过 500 km。第一装车站的装车数或第二卸车站的卸车数不得少于全组车的一半(铁路枢纽地区除外)。

2. 运单的填写

使用机械冷藏车运输易腐货物时，托运人应按《铁路鲜活货物运输规则》规定或与承运人商定的运输条件，在货物运单“托运人记载事项”栏内具体注明装载货物的运输温度要求和“途中控温”“途中不控温”“途中通风”“途中不通风”等字样。

3. 易腐货物的检疫证明

托运需要检疫的易腐货物时，托运人应按国家有关规定提出检疫证明，在货物运单“托运人记事”栏内注明检疫证明的名称和号码，车站凭此办理运输，并按规定在铁路货运电子商务系统中留存证明文件的影像资料。入境的国际铁路联运易腐货物，凭海关的放行通知办理。

应提供检疫证明的易腐货物如下：

(1)动物和动物产品。

(2)列入应施检疫的植物、植物产品名单的植物和植物产品，运出发生疫情的县级行政区域之前。

(3)种子、苗木和其他繁殖材料，不论是否列入应施检疫的植物、植物产品名单和运往何地。

(4)法律法规规定的其他情况。

(二)承运

承运作业是铁路发站货运工作的重要环节，这个环节工作质量的好坏，会直接影响运输过程的其他相关环节。因此，做好承运作业是货物运输工作的基础，是保证铁路运输质量的第一步。承运易腐货物是对托运人托运的货物是否符合铁路要求进行审查的过程，包括对所填货物运单各栏内容与货物情况的审核。承运时要认真检查货物运单填记的事项是否符合铁路运输条件和到站的营业办理范围，托运人、收货人的名称及地址是否清楚、准确，尤其要认真检查与易腐货物运输特点密切相关的事项是否填记齐全和明确。

1. 运到期限及容许运送期限

托运人必须在货物运单的“托运人记载事项”栏内注明所托易腐货物的“容许运送期限(日数)”。考虑到运输过程中的各种不可控因素有可能导致运送延误或到站后不能及时送车卸车，为使货物质量有更可靠的保证，易腐货物容许运输期限为铁路规定的运到期限 3 d 以上时，发站方可承运。

易腐货物的容许运输期限的长短，与货物的品种、性质、采收季节、初始质量、成熟度、加工处理方法、气候、运输工具、运输方式等一系列因素有关，要依据科学实验、实践经验和专门知识来确定。简单地讲，货物容许运输期限与货物的保质期直接相关，容许运输期限应小于货物保质期，即货物运到目的地后仍留有一定的货架期或加工期，这样运输才有实际意义。所以计算货物容许运送期限时，应用货物保质期扣除配送及销售（货架）期等时间。实际上，托运人比铁路有关人员更熟悉所托货物的性质和用途等情况，对于一些新型产品更是如此，因此，要求托运人来提报容许运输期限。

铁路的货物运到期限指在现有技术装备和现行运输组织方法下，一批货物从承运至到站交付所需要的最大时间。现行《货规》规定：一般整车货物运到期限，按每250运价公里或其未满为1 d；按快运办理的整车货物运到期限，按每500运价公里或其未满为1 d。发送时间均为1 d。

铁路应严格按照易腐货物的容许运输期限组织运输，按规定的货物运到期限将货物运至目的地，防止运输延误，以确保货物安全。

2. 运输方法的选择

在运输过程中，为了让货物在运输工具内保持一定的温度，需要根据具体情况采取不同的措施，如冷藏、保温、防寒、加温等运输方法，以最大限度地保证易腐货物的质量。

（1）冷藏运输。

冷藏运输是指在冷藏车、冷藏集中箱等运输工具内保持低于外界气温、适宜货物储运需求的低温冷藏环境。因此，冷藏运输工具必须具有隔热功能良好的车厢体，还需要有制冷设备，并在运输过程中不断制冷，使车或箱内能保持货物所要求的低于外界的温度范围。冷藏运输是易腐货物的主要运输方式。

（2）保温运输。

保温运输是指在运输过程中，借助于运输工具的隔热结构，使货物本身蓄积的冷量或热量以较为缓慢的速度散失，在一定时间内维持低于或高于外界气温的温度。保温运输可使用具有隔热结构的保温车，也可使用具有制冷装置的冷藏车或冷藏集装箱进行不开机制冷运输。在外温条件适宜时，也可利用棚车使用隔热材料进行保温运输。

（3）防寒运输。

防寒运输实质上是加强隔热性能的保温运输，指在寒季运送怕冻货物时，如果运输工具的隔热性能不足以防止货物冻结时，所采取的补充保温措施。例如在车内墙壁上加挂草帘、棉被，在车门处加挂棉帘，在车底板和四角处铺塞稻草、稻壳并堵塞排水管、排水孔等。

（4）加温运输。

加温运输是指在寒冷季节运输怕冷、怕冻的易腐货物时，为使货物不因外界气温过低而造成冷害、冻害所采取的技术措施。目前，铁路运输仅采用开启机械冷藏车的电热器使车内温度升至规定范围的加温方法。

当运输距离较长、沿途各地温差较大时，需要根据沿途不同的气温条件选择运输工具和运输条件。在秋、冬季由东北、华北往南方如广州地区运送水果时，存发站应使用制冷运输，但过郑州再往南走时，就需要考虑采用冷藏运输了。在这种情况下，考虑全程的运输需要就应按冷藏运输条件选用车辆，并采取相应的货物装载和途中服务方式。十二月份由四川往东北发运柑橘，发地温度在10℃以上，到站温度在-20℃以下，采用机械冷藏车运输时，运输前段需要制冷运输，中后段需要保温运输，必要时还应进行加温运输。

3. 混装运输条件

根据易腐货物运输市场“小批量、多品种”的需求，目前铁路冷藏车的一次运量显得偏大，为此可采取混装方式来适应这一运输需求。一定条件下的不同品名货物混装运输，可提高铁路冷藏车的使用灵活性。不同品名的易腐货物，如运输温度要求接近、货物性质允许混装的，可按一批托运，在同一机械冷藏车内组织混装运输。

货物的混装运输应满足以下基本条件：

一是混装货物要求的运输条件和运输方式相近或相同，比如在运输过程中货物要求的运输温度范围相同或相近，一般按温度的上限或下限差别不超过 3℃ 考虑。特别要注意，货物的低温敏感度以及冷害点是否一致。

二是货物性质允许混装运输，即货物的性质和质量不会相互影响。如较易吸收气味的货物不得与具有强烈气味的货物混装运输，否则会引起“串味”或“移臭”；较易产生乙烯气体的果蔬不得与对乙烯敏感的果蔬混装运输，因为乙烯会“催熟”对乙烯敏感的货物，加速该货物的成熟、老化过程，缩短该货物的保质保鲜期。

三是从食品卫生和安全角度考虑，不同品类或加工条件的货物不能混装运输，如熟制食品和生鲜食品不能混装运输，果蔬产品不能和肉类产品混装运输，蔬菜与乳制品不能混装运输。

混装运输条件需要兼顾多种因素，不同货物的最适宜的储藏条件有所差异，如运输温度范围可能会比最佳储运温度范围更广，这会对某些品种的货物质量有一定的影响，因此混装货物不宜长时间储运。

4. 运输条件的商定

运输条件的商定主要分为以下四种情况：

(1) 新品类货物的试运。由于易腐货物的品类繁多，新产品货物不断出现。对一些没有制订运输条件的新货物，由于不清楚其性质和运输条件，应按规定进行试运。

①试运前，托运人应与发站商定运输条件，提出“铁路易腐货物试运申请表”(一式三份，托运人、发站、发送铁路局集团公司各一份)。

②发站将“铁路易腐货物试运申请表”报铁路局集团公司，经批准后组织试运，铁路局集团公司将有关情况上报总公司备案并抄送相关铁路局集团公司。

③托运人应将试运批准号和运输条件记录在货物运单“托运人记载事项”栏和“机械冷藏车作业单”内。

④发站在确认首批试运货物安全抵达到站后，方可发出次批试运货物。同一发站、品名、运输条件的货物，首批试运不得超过 4 车，试运期不得超过 1 年。

⑤试运期间，如果货物在运输过程中出现腐烂、变质、冻损等问题，须立即停止试运。发站应组织有关人员分析损失原因，并将结果报铁路局集团公司。需要继续试运的必须制订改进措施，重新办理试运手续。

⑥试运结束后，发站应将试运总结报铁路局集团公司，铁路局集团公司将有关情况报总公司。

(2) 使用机械冷藏车运输经过基因修改、非正常天然繁殖、使用过生长激素和经过化学药物处理等降低了耐储运性的果蔬时，托运人应与发站和乘务组商定运输条件，签订运输协议，并将运输条件记录在货物运单“托运人记事”栏和“机械冷藏车作业单”内。

（3）使用机械冷藏车运输易腐货物，装车时的温度高于规定或商定的运输温度的上限时，经托运人确认不影响货物质量的，可以组织运输，但托运人应与发站和乘务组签订运输协议。

（4）使用机械冷藏车运输易腐货物，托运人要求不按规定条件办理时，应在确认货物不致出现腐烂、变质、冻损等问题的前提下，与发站和乘务员商定运输条件，签订运输协议，并将运输条件记录在货物运单“托运人记事”栏和“机械冷藏车作业单”内。

承运人按与托运人商定的运输条件或签订的运输协议组织运输时，除承运人责任外，货物质量由托运人负责。

二、装卸车作业管理

（一）车辆的选择和使用规定

1. 车辆的选择

冷藏车是装运易腐货物的专用车辆，只有当冷藏车确实存在不足时，方可根据托运人的要求使用棚、敞车。

应根据货物的种类、热状态、气候条件、运输距离和运输去向等因素选择合适的冷藏车，所选车辆须符合《铁路鲜活货物运输规则》“易腐货物运输条件表”的规定。

2. 冷藏车的使用规定

（1）机械冷藏车装载货物的重量，不得超过车辆的标记载重量。

（2）冷藏车严禁装运易污染、腐蚀和损坏车辆或箱体的非易腐货物。

（3）无包装的水果、蔬菜（西瓜、哈密瓜、南瓜、冬瓜除外）等易污染、损坏车内设备或箱体的易腐货物不得用冷藏车装运。

（二）装卸车作业要求

1. 车辆预冷

为了减少车辆在运输途中的热负荷，利于降温和保持适合的运输温度，使用冷藏车装运易腐货物时，应在装车前对车辆进行预冷。对于机械冷藏车，当车内温度降低到规定温度后方可装车。

2. 装载方法

易腐货物的装载方法分为两大类：冻结货物必须采用紧密装载法，使货物本身积蓄的冷量不易散失；易于散发热量的水果蔬菜（冷却或未冷却）则须采用留通风空隙的装载方法，以便降温和排出货物散发出的田间热、呼吸热及水蒸气。留通风空隙的装载方法主要有品字形法、“一二三三二一”法、井字形法和筐口对装法。

3. 装车要求

（1）易腐货物的装车作业最好安排在夜间进行，因为夜间没有太阳辐射，空气较为凉爽，同时夜间比较安静，尘土也比较少，对保持货物的热状态及卫生状态有利。如必须在白天作业时，为了减少日晒、雨淋、风吹等自然条件对货物质量的影响，装卸场地应尽可能安排在有防晒、防雨设施的地点，并尽可能组织快装、快卸。

（2）在装卸车作业中应使用不致损坏车内设备的工具，不得挤碰循环挡板和挤占车体压筋之间的空隙，上层货物距离循环挡板至少应留出 50 mm 的空隙，不得在货物分层间使用影响通风的隔板。

(3) 货物车内堆码时，应当保证两侧车门能够方便开启。开关车门时，严禁乱砸硬撬。在采取保温、防寒、防湿等措施时，严禁以钉、钻、铆等方式损坏冷藏车车体。

(4) 按规定时间完成作业。为防止车体及货温回升，或造成货物冷害或冻害，现行《铁路鲜活货物运输规则》规定：单节机械冷藏车每辆的装(卸)车作业时间(不包括洗车和预冷时间，下同)不得超过 3 h。货物车为 4 辆的机械冷藏车组，每组的装(卸)车作业时间不得超过 6 h，每车的装(卸)车作业时间不得超过 3 h。装(卸)车期间需要制冷的，要在"机械冷藏车作业单"中注明起止时间，超过上述规定时间的，车站按规定核收有关费用。

三、途中作业

易腐货物车辆的途中服务视货物性质及使用车辆类型的不同而有区别。机械冷藏车装运的易腐货物主要由值乘人员操作，正确控制运输温度，除运行一定时间后需要地面设备进行加油、上水之外，沿途各单位不提供其他服务。

1. 快运组织

确保易腐货物运输质量的有效途径主要有两个：一是提供状态良好的技术设施和适合货物性质的服务方法；二是在运输组织上尽量缩短运输时间。

为确保易腐货物的运输质量，在易腐货物运量集中的区段，应开行易腐货物或以易腐货物为主的班列、直达、快运等快速货物货车。在其他区段，应积极组织挂运快速货物货车。对于易腐货物的运输，铁路各部门应加强运输组织工作，坚持优先受理、优先配空、优先进货装车、优先取送、优先编组、优先挂运。

各级调度对装有易腐货物的货车、车辆应重点掌握，防止途中积压。对装有易腐货物的车辆，除由于在中间站装(卸)车必须编入摘挂、小运转货车外，途中均应编入快运货车或直通、直达、区段货车。车辆在编组站、区段站的中转停留时间，原则上不得超过车站有关去向的货车中转停留时间；中转停留超时的，车站要主动联系上级调度部门尽快安排挂运。

2. 运输变更

易腐货物需要变更到站时，可办理一次，但容许运输期限要为重新计算的运到期限 3 d 以上。

3. 机械冷藏车的运用

机械冷藏车因有各种机械设备、仪器仪表和管道，牢固性差。为避免车内设备的损坏，《铁路技术管理规程》规定了以下内容：

一是机械冷藏车不得溜放。

二是尽可能避免通过机械化(自动化、半自动化)驼峰，而经迂回线送至峰下；如因迂回线故障等，必须迂回时，应由机车推送至下峰，速度不超过 7 km/h。除推峰外，不得附挂机械冷藏车溜放其他车辆，主要是避免溜放作业中车列急起、急停造成车辆的损坏，以保证车内精密仪器、机械不受损伤和车辆连接管路的完好。

4. 通风和温度控制

冷藏车乘务组应按《铁路鲜活货物运输规则》规定或商定的温度要求保持车内温度，对未冷却的易腐货物应在最短时间内将车内温度降到规定的范围。同时定期对车内的温度状况进行监控，在装车后及运输途中，每隔 2 h 记录一次各车内的温度，每 6 h 填写一次“机械冷藏车作业单”。使用机械冷藏车装运水果、蔬菜和其他需要通风运输的货物时，应根据具体情况定期进行通风作业。

四、到达作业

(一)卸车与交付

到站接到预报后，应及时通知收货人准备卸车。

(1)在车站货场内卸车时要严防货物污染变质。车站要联系收货人采取随卸随搬的措施，同时应特别注意短途运输工具的衔接问题。对于不能落地的冻结货物，车站应保证有相当数量的劳动力卸车；收货单位应及时确认好仓库容量，准备好库内装卸劳动力，或联系好销售点进货安排；运输公司应供给足够数量且状态良好的汽车和搬运劳动力，保证对易腐货物随卸随运，不过分强调计划。

(2)在专用线卸车时，由于卸车作业由收货人自己进行，因此，车站主要是做好与冷库的联系，做好预确报，以便冷库做好劳动力、工具的计划安排。此外，冷库内部还应腾好库位，保证专用线的畅通，确保调车安全。

(二)易腐货物运输事故处理

对于易腐货物的质量，如果是在容许运输期限内运到的，又不属于铁路责任而发生的事故，铁路不负赔偿责任；如机械冷藏车操作不当或机器故障原因造成的事故，应实事求是地作好记录并调查处理。

(三)货车的清扫、洗刷除污和消毒工作

卸车单位应负责清扫干净卸后空车。装过鱼、贝、肉类以及被其他易腐货物污染的车辆，卸车单位必须按规定彻底洗刷除污，达到水清无异味，必要时可进行消毒，使车内没有残留的污水、秽物。洗刷除污、消毒后的空车应适当通风，晾干后再关车门。卸车单位没有货车洗刷除污条件的，车站应根据调度命令填写“特殊货车及运送用具回送清单”，向铁路局集团公司指定的洗刷除污站回送。

清扫、洗刷除污费用由收货人承担。机械冷藏车洗后须经车站和乘务组检查验收，棚车、敞车洗净后，由车站货运员检查验收。

第四节　活动物运输组织

一、托运与承运条件

为防止动物疫病传播，经由铁路运输的活动物应是健康无病和符合检疫要求的。托运人托运活动物时，应按国家有关规定提供检疫证凭文件，否则发站不得承运。

发站应在货物运单“承运人记事”栏标注“活动物”和“禁止溜放”，同时“活动物”和“禁止溜放”应转记在“货车编组顺序表”记事栏内。托运人提出需要途中上水的，发站应在货物

运单上注明，以引起各环节运输工作人员的注意，同时要做好沿途服务工作，及时办理运输作业，缩短在途时间。

托运猛禽、猛兽时，不仅存在活动物的安全问题，还涉及运输工作人员的安全问题，所以托运人应与发站商定运输条件和运输防护方法，报发送铁路局集团公司批准。跨局运输时，发送铁路局集团公司应将商定的事项通知相关铁路局集团公司，以便做好防护、接卸准备工作。托运人应在货物运单“托运人记事”栏内注明商定的运输条件和运输防护方法。

托运蜜蜂时，托运人要按车填写物品清单（一式两份，一份留站存查，另一份托运人自留）。物品清单要记明蜜蜂的空箱数、有蜂箱数、押运人所带的生活用品、饲养工具及蜜蜂饲料等。

蜜蜂在运输过程中，因其处于一种非正常的环境内，容易引发蜂群骚动、成群飞舞，若蜜蜂成片成团飞出时，会遮蔽车站信号，影响行车安全，也会蜇伤人畜。为保证运输安全，蜜蜂进站时，托运人必须在蜂箱巢门外安装好纱罩，防止蜜蜂飞出蜇人、遮蔽信号，影响车站作业和行车安全。蜂箱巢门未安装纱罩的，发站不得承运。

二、活动物的装车作业

1. 车辆选配

装运活动物的货车是否适合所运活动物的生理、生活特点，是能否为活动物在运输过程中创造必要生存环境的前提。所以装运活动物时，应选配合适的车种、车型及符合卫生要求的车辆。

装运活动物时应选用专用车辆、敞车或有窗的棚车。无车窗的棚车通风条件差，车内空气在活动物粪便的影响下会更加污浊，且车体散热困难，易使活动物受热，感染疾病，引起病残或死亡，因此不宜用来装运活动物。

装运过毒性物质和某些化肥的木底板货车，短时间内难以将残存的有害物质清扫、洗刷干净，难以消除车内残留的毒性和异味，不宜用来装运活动物，以免活动物中毒死亡。

装运牛、马、骡、驴、骆驼等大牲畜时，应使用木（竹）底板货车，并采取有效措施将活动物拴紧；确因木（竹）底板货车不足而需要使用其他货车时，应采取衬垫等防滑措施。以免因行车过程中的冲击、震动，引起大牲畜摔跌、坠落而致残死亡，甚至引起行车事故。

装运活鱼时不得使用全钢棚车及车窗不能开启的棚车（采用增氧机运输的除外）。托运人随车携带增氧机时，必须配带 1 至 2 只灭火器。随车携带的动力用柴油不得超过 100 kg，同时柴油应盛装于小口的塑料桶内，口盖必须拧紧，严禁泄漏。严禁使用汽油动力增氧机，严禁携带汽油上车。

2. 装车作业

活动物的装载数量和装载方法既要考虑活动物安全和运输安全，又要兼顾货车载重能力的有效利用，节约运输能力。

禽、畜可单层或多层装载，每层的装载数量由托运人根据季节、运输距离、活动物的体积及选用的车种、车型等情况确定。装运活动物的车辆可开启门窗，但应采取措施防止大牲畜将头部伸出。开启的车门应捆绑牢固，并用栅栏将活动物挡住。开启的门窗的最外突出部位不得超限。

蜜蜂的装载应稳固堆码，留有通风空隙以便散热；应采用纵向排列，这样对通风及装卸的稳固性都有利。预留给押运人乘坐的位置要适当，并将周围的蜂箱堆放妥当，支撑牢固以防倒塌。顶部蜂箱上不准乘坐人员，不准装载自行车和其他杂物，以免影响安全，特别是在电气化铁路线上运行时有触电死亡的危险。

三、活动物的途中作业和到达作业

1. 途中作业

活动物在养殖场或自然生存场所有较宽松、适宜的生活环境和充足的食物、饮用水或生态用水，而在运输过程中则处于拥挤、高密度的环境中，且食物和水的供给状况也大为恶化。运输过程中不能提供充分满足活动物生存、生长需要的环境，只能满足活动物低水平的生存需求，而且随着运输时间的延长，活动物有可能出现掉膘、抗病能力下降甚至病残、死亡等问题，时间越长出现这些问题的可能性越大。因此，活动物运输虽然没有像易腐货物那样严格的容许运输期限制约，但也应加强运输组织以及时运抵到站。

装载活动物的车辆原则上不得与乘坐旅客的车辆编挂在同一货车内。确需编挂在同一货车内时，应与乘坐旅客的车辆隔离 1 辆以上。

蜜蜂是一种昆虫，对杀虫剂、有毒气体等化学物质极其敏感，因此装运蜜蜂的车辆(以下简称蜜蜂车)原则上不得与装载农药的车辆(以下简称农药车)编挂在同一货车上。如因车流不足、分别挂运有困难，在本次货车运行全程内不发生货车折角转向运行的条件下，可编入同一货车内，但应将蜜蜂车挂在农药车的前部，并隔离 4 辆车以上。这样农药车的有毒有害气体始终不会影响到蜜蜂车，从而保证了蜜蜂的安全。大部分农药属于毒性物质，即使无包装破损现象，自然挥发出来的气味也是很浓烈的，如果不采取上述隔离措施，易引起蜜蜂中毒甚至死亡。

蜜蜂车和生石灰车编在同一货车内时至少应隔离 2 辆车以上，并将蜜蜂车挂在生石灰车的前部。生石灰一般用敞车装运，在运行中由于气流的影响，生石灰粉末可能会被吹到车辆上空，如果蜜蜂车紧靠生石灰车，会受到生石灰粉尘的伤害。

活动物的途中供水是一项不可忽视的工作。在运输途中如果活动物的饮用水不能得到及时补充和更换，将导致其生存环境和条件恶化，易造成活动物中暑、缺氧、掉膘、病残，甚至死亡。曾发生过运输途中全车活动物因得不到饮用水而死亡的严重事故。

装载活动物的车辆在中途上水时，由铁路指定的上水站免费供应。上水用具由托运人或押运人自备。车站对挂有活动物车辆的货车，应接入备有上水设备的股道。对需要途中上水的活动物，发站或上水站应用电报的形式依次向前方上水站进行预报。

为了保证铁路生产作业的安全，在车站和运输过程中不得放蜂。根据国家有关规定，运输蜂群外出采蜜需要征得当地专门机构签发的许可证，托运人根据许可证指定的到站办理运输，因此，蜜蜂运输是不允许办理变更到站的。

2. 到达作业

装载活动物的车辆到达后，由到站负责卸车的应及时组织卸车和货物交付，由收货人负责卸车的应及时办理送卸和交接。卸车时应采取必要的措施防止活动物发生病残、死亡等事故。未装容器的蜜蜂、鱼苗等活动物由托运人或收货人负责装卸车。蜜蜂到达到站后，要尽快办理卸车、交付手续，并及时搬出货场，不得在到站滞留放蜂。

第七章　铁路运输企业的货运管理

随着铁路货运业务的发展壮大，迫切需要深化货运基础管理工作，以顺利实现“货运基础管理升级”的发展目标，完善货运基础管理。

第一节　铁路货场管理

一、货运站

车站是设有配线的办理货车接发、会让、越行、编解以及客货运业务的地点。车站根据其在路网中的作用和所负担的任务量以及在国家政治经济工作中的地位，可分为特、一、二、三、四、五等站；根据技术作业的不同可分为中间站、区段站和编组站，其中区段站和编组站统称为技术站；根据业务性质的不同又分为客运站、货运站和客货运站。

货运站按办理作业的种类分为综合性货运站和专业性货运站。凡办理多种不同货物作业的车站称为综合性货运站；凡办理单一品类（如粮食、木材、煤、矿建材料、石油及其制品等）大宗货物以及危险货物作业的车站称为专业性货运站。

货运站按其与枢纽内铁路线衔接的不同，分为尽头式货运站和通过式货运站。

二、货场分类与配置

货场是铁路车站办理货物承运、保管、装卸、交付作业及与其他运输工具相衔接的场所。货运量较大的车站中均设有货场。货运量大、发到品类多的车站，为避免作业过于集中和便于管理，可分设几个货场，各货场间可按运输种类或办理货物的品类、方向进行合理分工。

（一）货场分类

1. 按办理货物的品类分

按办理货物的品类分为综合性货场和专业性货场。综合性货场是指办理整车运输、集装箱运输和货车洗刷加冰等两项以上作业的货场。专业性货场是指专门办理单项运输种类或单一货物品类的货场，有整车货场、危险品货场、粗杂品货场和集装箱货场等。

2. 根据年办理的货运量分

综合性货场根据年办理的货运量分为大、中、小型货场。

大型货场：年货运量在 100 万 t 以上；

中型货场：年货运量在 30 万 t 以上但不满 100 万 t；

小型货场：年货运量不满 30 万 t。

专业性货场应根据货物性质及业务繁简、设备条件等实际情况确定。

(二)货场的配置

1. 货场配置的形式

(1)尽头式货场：货物装卸线为尽头式。其优点是线路和货场道路短，占地面积少，工程投资小；易于适应城市发展规划的要求；货场道路与线路交叉少，短途搬运与取送车干扰少，比较安全，如运量增加，扩建比较方便。其缺点是所有车辆的取送作业均在货场的同一端进行，灵活性低；取送车作业与装卸作业会相互干扰。这种形式适用于大、中型综合性货场。

(2)通过式货场：货物装卸线为通过式。其优点是取送车作业可在货场的两端同时进行，比较方便，且与装卸作业干扰较少；可以办理整列车的装卸作业。其缺点是占地面积和铺轨面积都比尽头式货场大，工程投资相应增大；货场道路与装卸线的交叉较多，取送车作业与进出货搬运作业易相互干扰；当运量增加时，扩建和改建都比较困难。这种形式适用于一般中间站和货运量大、有条件组织整列车装卸作业的专业性货场。

(3)混合式货场：货物装卸线的一部分为尽头式，另一部分为通过式。它兼有尽头式货场与通过式货场的优点和缺点。这种形式适用于中间站货场。

2. 平面布置的原则

货场在站内位置的合理选择及货场内部各项技术设备的合理布置，对压缩货车的在站停留时间，保证作业安全和货物完整，充分发挥各项设备的作用，以及提高货场作业能力等方面，都有重要的影响。

货场作业能力是指一昼夜内货场能办理的最大装车数和卸车数(或货物发送吨数和到达吨数)。它通常决定了货场取送车能力、装卸作业能力、货位能力和进出货搬运能力。为此，货场的平面布置要满足下列基本要求：保证取送车作业及管理的便利；便于为发货人和收货人服务，便于与其他运输方式的联系，满足货物装卸作业机械化的需要；远近期结合，在合理布置近期各项设备的同时考虑远期发展的需要；与城市规划相配合，满足必要的消防要求和卫生要求；力求布置紧凑，减少用地，充分利用地形，减少工程投资；具有良好的排水条件。

3. 货场设计及其平面布置的基本趋势

(1)力求把货场区域移设在郊外，尽可能接近编组站(有的将货场与编组站配置在一起)，以减少与市区的相互干扰，从而加速货场与编组站之间货物的输送。

(2)在枢纽内修建统一的(或合并的)货运站，以代替原有的若干个货运站的货场。

(3)设置专门的货场，供集装箱和挂车式、半挂车式集装箱的作业之用。在货场内修建路面坚固而宽阔的汽车通路(宽 30~35 m)，保证挂车式、半挂车式集装箱的自由通行；汽车通路延伸到仓库房舍的内部。

(4)货场配线通常采用尽头式装卸线，很少采用通过式装卸线；大型货场均设有相当数量的留置线，且与装卸线纵列式配置。

(5)新建的货场多采用装卸线引入式的仓库，并修建便于这种仓库作业的横向渡桥。

(6)货运室和仓库设置在一幢房舍内，或者设置在与仓库邻近的地方，以便指挥货运和商务作业，加速货运票据的传递。

三、货场设备的确定

货运设备包括仓库、货棚、站台、货物线、堆货场及通道、房屋、装卸机具、衡器、军用加固材料、防湿篷布，上水、加冰、洗刷除污以及用于货运业务的电子计算机等各项设施。车站要设专职或兼职人员管理货运设备，建立货运设备台账，将其逐项登记入册。

(一)场库需要面积的确定

仓库、雨棚、货物站台、堆货场的面积包括有效面积和辅助面积两部分。有效面积是指直接用来堆放货物的部分，辅助面积是指用以搬运、装卸和检查货物的走行通道、货位间隔及设置等所需的面积。

场库设备需要面积(F)是根据货运量、货物保管期限，以及每 m^2 的堆货量(包括辅助面积在内)等因素确定的，其计算公式如下：

$$F=\frac{Qat}{365p} \tag{7-1-1}$$

式中：Q 为仓库、雨棚、货物站台、堆货场年度货运量，t；a 为货物发送或到达的月度不均衡系数(大、中型货场一般可采用 1.2～1.3；小型货场一般可采用 1.5～2.0；季节性强和有特殊性的货场按实际情况计算)；t 为货场保管期限，以昼夜计，一般可采用表 7-1-1 中的数值；p 为仓库、雨棚、货物站台、堆货场单位面积的堆货量，t/m^2，计算时采用表 7-1-2 中的数值。

表 7-1-1　车站发送或到达货运量的波动系数

年发到货运量/万 t	10～30	30～100	≥100
运量波动系数 α 值	1.25～1.60	1.20～1.50	1.10～1.40

注：1. 当货运量较小时取该值档次的高限，反之取底限；
2. 当工业运量较大时，取接近底限值；当农业、商业运量较大时，取接近高限值。

表 7-1-2　各类货物的货车平均净载重、单位面积堆货量、货位宽度和占用货位时间

序号	货物品类	货车平均净载重/t	单位面积堆货量/($t\cdot m^{-2}$)	货位宽度/m	占用货位时间/d	
					到达	发送
1	整车怕湿货物	39	0.50	5.5	3	2
2	整车危险货物	38	0.50	5.5	3	2
3	整车笨重货物	48	1.00	4.0	4	2
4	散堆装货物	54	1.00	4.0	3	2
5	集装箱货物	25	0.26	—	3	2

货物发送或到达的月度不均衡系数可按下式计算：

$$a=\frac{Q_{月}}{\frac{Q}{12}} \tag{7-1-2}$$

式中：$Q_{月}$为当年最大月到(发)运量，t。

(二)场库宽度和长度的确定

1. 普通货物站台

普通货物站台是站台面与普通货车底板高度基本相同的站台。普通货物站台按其与装卸线的配置形式可分为侧式站台、端式站台、综合式站台。

(1)侧式站台：与装卸线平行的普通货物站台，是最常见的货物站台。

侧式站台的宽度应根据货位的布置形式、货位排数、仓库宽度、装卸作业过程和装卸机械类型确定，设有的仓库或货棚应不小于 15 m；露天站台采用人力作业时，应不小于 12 m；采用机械作业时，应不小于 20 m；中转站台可采用 18 m、28 m、34 m 或 44 m 的宽度。

普通货物站台的长度不宜大于 210 m，中转站台的长度不宜大于 280 m。

为了便于装卸机械上、下站台，在货物站台的两端或一端应设置1∶12的斜坡，斜坡的宽度应不小于 3.5 m。

(2)端式站台：与装卸线垂直的普通货物站台，用来装卸能自行移动的带轮货物。端式站台的宽度可设计为 4.5 m，长度可设计为 6.0 m，端部设有与站台等宽的斜坡。

(3)综合式站台：由侧式站台和端式站台合并布置的普通货物站台。这种布置有利于充分提高站台的使用效率，减少投资。考虑到侧式站台与端式站台高度的不同，应设置 1.0~1.5 m 的过渡段。

仓库墙壁外侧距站台边缘的宽度决定了装卸搬运机械的类型、货物品类机作业的繁忙程度等因素。在铁路一侧不宜小于 3.5 m，中间站的货场不宜小于 3 m；在道路一侧，大、中货场不宜小于 3 m，中间站货场不宜小于 2 m。办理零担中转作业的跨线雨棚在铁路一侧时，其柱子外侧距站台边缘的宽度一般为 6~7 m。

仓库的宽度应根据货运量、货物种类、作业性质及采用的装卸机械类型等因素确定。

大、中型货场的机械化程度比小货场高，为了便于装卸机械作业，大、中型货场仓库的宽度应当大些，一般应不小于 24 m；小型货场仓库的宽度可采用 12~18 m。

2. 仓库的长度

仓库的总长度($L_{仓}$)根据仓库需要面积和所采用的宽度加以确定：

$$L_{仓}=\frac{F_{仓}}{B_{仓}} \tag{7-1-3}$$

为了便于仓库管理，组织成组装车作业时减少取送车作业与装卸作业的干扰，每节仓库的长度应按经常到达的最大车组长度来确定。大型仓库每节的长度一般不宜小于 210 m(容车 15 辆)；中型仓库的长度每节以 140 m 为宜(容车 10 辆)；阶梯形仓库的长度一般以 70~100 m 为宜(容车 5~7 辆)；跨线仓库的长度一般为 210~300 m。

3. 货物装卸线总有效长度的计算

货物装卸线总有效长度($L_{铁}$)，除应满足平均一次来车的长度外，还应保证货物装卸线两侧有足够的货位。因此，应计算出两者需要的长度，并选择其较大者作为货物线的装卸总有效长度。

平均一次来车需要的长度 $L_{铁}$ 可按下式计算：

$$L_{铁}=\frac{Qal}{365qc} \tag{7-1-4}$$

式中：$L_{铁}$ 为平均一次来车长度，m；l 为车辆平均长度，m；Q 为年货运量，t；a 为货物到发不均衡系数；q 为货车平均净载重，t；c 为每昼夜取送车次数，对小型货场 c 取 1，中型货场 c 取 2~3，大型货场 c 取 4，水陆联运年运量在 40 万 t 以下者 c 取 2，年运量在 100 万 t 以下者 c 取 4。

存放货物需要的场地长度（$L_{货}$）可用下列两种方法计算：

$$L_{货1}=\frac{F}{d}=\frac{Qat}{365pd} \tag{7-1-5}$$

式中：F 为存放货物需要的面积，m^2；d 为货物装卸线一侧或两侧货位的总宽度，m；t 为货物保管期限，d；p 为每平方米面积平均堆放货物的吨数。

$$L_{货2}=\frac{F}{d}=\frac{Qalt}{365pn} \tag{7-1-6}$$

式中：n 为货物装卸线一侧或两侧的货位排数（即一个车长范围内所容纳的货位个数）。人力装卸一般可按一侧一排的方式计算；机械装卸应根据起重机伸臂长度或跨距而定；散堆装货位、低货位、滑坡仓式和跨线漏斗式高站台等根据容纳车数而定。

如取送车周期大于货位周转期，即第一次来车卸下的货物所占货位在第二次来车之前已经腾空时，货物保管期限和货位排数就不起控制作用。此时，货物装卸总有效长度取决于平均一次送来的车组长度，因此，只要计算 $L_{铁}$ 即可。

（三）仓库的形式及其选择

仓库按层数可分为单层仓库、双层仓库和多层仓库。

仓库按与装卸线的配置可分为库外布置装卸线和跨线仓库两种形式。货场多采用库外布置装卸线的形式。

但是在雨雪天多、风沙大或气候严寒的地区，当作业量较大时，可以设计为库内布置装卸线，即跨线仓库。

（四）仓库的设置位置及设计要求

为方便装卸作业，仓库应设置在普通货物站台上，并与装卸线及货场道路综合布置。

仓库的两侧应设置雨棚，雨棚的宽度应与站台边缘对齐。在多雨地区且作业量较大时，雨棚宽度伸出站台边缘的距离：铁路一侧为 2.05 m，场地一侧为 3.5 m。

对于库外布置装卸线的仓库，一侧布置装卸线，另一侧布置道路。跨线仓库有双侧跨线式和单侧跨线式两种。双侧跨线式仓库的两侧均布置道路；单侧跨线式仓库的一侧为装卸线，另一侧为道路。

1. 仓库外墙轴线至站台边缘的距离

铁路一侧进行叉车作业时宜采用 4.0 m 的距离，但主要零担中转站的中转站台宜采用 7.0 m 的距离；人力作业时，可采用 3.5 m 的距离。场地一侧进行叉车作业时，宜采用 3.5 m 的距离，但作业量大的零担仓库宜采用 4.0 m 的距离；人力作业时，可采用 2.5 m 的距离。

2. 仓库宽度和长度的确定

仓库的宽度应根据货运量、货物种类、作业性质及采用的装卸机械类型等因素确定。仓库的宽度既要满足存放货物的需要，又要为装卸机械化作业创造方便条件，以提高装卸作业效率。

仓库的宽度可按下列规定选用：

(1)仓库总面积小于600 m^2 时，宜采用9 m、12 m的宽度；

(2)仓库总面积为600~1000 m^2 时，宜采用12 m、15 m的宽度；

(3)仓库总面积大于1000 m^2，宜采用15 m、18 m或18 m以上的宽度；

(4)采用叉车作业时，仓库的宽度应不小于15 m。

仓库的总长度可根据仓库的需要面积和采用的宽度加以确定。

(五)货场常用的装卸机械

1. 成件包装货物的装卸机械

成件包装货物多为工业器材、日用百货、食品、药品、五金等，这类货物的重量、大小、形状以及包装形式各不相同。每件货物的重量一般为50~100 kg，数百斤以上的货物为数不多，且一般采用叉车。

2. 长大笨重货物的装卸机械

凡一件货物的重量超过2 t，体积超过3 m，或长度超过9 m，均属长大笨重货物。这类货物的特点是尺寸、重量和形状差别大。其品名一般是机电设备、大型铸钢、铸铁件，各种钢材混凝土构件及大原木等。这类货物重量小的有2~3 t，大的有几十吨至上百吨。运送长大笨重货物时，一般是使用敞车、平车以及特种平车。长大笨重货物采用的装卸机械有门式起重机、桥式起重机、螺旋式起重机。

(六)货场配线

1. 大、中型货场货物线的装卸有效长度

(1)货物线的装卸有效长度应与仓库(站台)的布置形式及采用的仓库(站台)长度相配合。矩形站台(仓库)货物线的装卸有效长度，一般以容纳10~15车为宜，即140~210 m，当仓库分节布置时，应根据需要确定；阶梯形站台(仓库)货物线的装卸有效长度，一般以容5~7车为宜，即70~100 m；跨线仓库货物线的装卸有效长度，一般以210 m左右为宜。

(2)笨重货物线的装卸有效长度，应与装卸机械的能力及台数相配合。

(3)散堆装货物线的装卸有效长度，应适应组织大宗散堆装货物直达、成组运输的特点，结合装卸设备的能力确定。当运量很大时，根据需要可采用半货车或整货车。

中间站货场由于货物到发量小且不均衡，装卸线一般只有1~2条，其装卸有效长度可按向该线一次最大送车数的计算长度确定。

2. 装卸线的间距

装卸线的间距应根据装卸机械类型、装卸作业场地、货位和道路的布置及相邻线路的作业性质等确定。

(1)两装卸线间无仓库设备及其他建筑物时，其间距不得小于4.6 m。若两线间设有货棚支柱时，支柱外侧边缘至装卸线中心线的距离应不小于2.44 m。

(2)两装卸线间设有仓库或货物站台时，其间距应考虑两仓库、站台的宽度及货车停留及走行所需的宽度，并保证货车的停留、转向和行驶互不干扰。

3. 货场道路布置

(1) 货场道路布置的一般要求：

①货场道路要与城市规划密切配合，与市区、城镇道路要求有便捷的联系。

②货场道路的等级标准应根据使用需要和交通量的大小确定。

③道路的布置形式应方便搬运车辆行驶，并减少调车作业与搬运作业的相互干扰。

④货场道路的设计应与货场排水、场地硬面化等因素综合考虑。

(2) 货场道路的平面布置。

货场道路的路面宽度应按主要干道和货区道路分别考虑。主要干道的路面宽度取决于搬运车辆类型、交通量和运行方式等因素。一般大、中型货场的主要干道为2~4车道，每车道的宽度为3.5 m；货区道路的路面宽度不小于6 m。道路边缘距线路中心线应不小于3.75 m，距货位边缘应不小于0.5 m，路面内侧的曲线半径一般应为6~15 m。

①货场出入口的每个出入口有7 m宽，一般设2~3个；

②货区道路的宽度不小于6 m，转弯半径为9 m。

4. 存车线

货场存车线是暂时存放车辆或选分车组用的线路。存车线的设置应根据货场作业量、车辆取送调车作业的复杂程度、车场与货场的距离及货场设备的作业能力等因素来确定。

大型货场装卸作业量大，车辆选编调车比较复杂，利用咽喉区及空闲的装卸线调车干扰大时，可设置存车线。存车线的数量宜设计1~2条。中小型货场不宜设存车线。

存车线的地点应便于为各个作业区服务，一般以设置在货场头或咽喉区为宜，在个别情况下，亦可设在繁忙货区，为该货区存车及选分车组时使用。

存车线的长度应根据一次送车的车组长度和采用的调车作业方法，结合当地的地形条件加以确定。

(七) 货物站台、仓库、货棚与装卸线的配置要求及形式

货物站台、仓库、货棚与装卸线的配置，应有利于取送车、装卸作业及搬运车辆的停留与行驶，并尽量节省铺轨和用地面积。其相互间的有关尺寸如下：站台边缘至装卸线中心1.75 m；仓库端墙至站台端部坡顶不少于2 m；车挡距最近库门中心不少于17 m，至站台端部坡顶不少于10 m，至阶梯形的垂直站台墙边缘可按2 m考虑。

货物站台、仓库、货棚与装卸线的配置可选用矩形配置、阶梯形配置和栉形配置。矩形配置又包含一台一线的配列形式、两台同侧一线的配列形式、两台夹一线的配列形式、两线夹一台的配列形式、两线两台的配列形式、多台夹三线的配列形式。

(八) 牵出线的设置条件及其数量、长度的确定

大、中型货场的牵出线是为向各装卸地点挑选车辆、牵出转线等调车作业而设置的，小型货场的牵出线是为摘挂货车甩挂作业和货场取送车作业而设置的。货场牵出线的数量和长度，对货场作业能力有直接影响。

货场牵出线的设置可根据货场与车场的相互位置、货场与车场联络线的平纵断面条件、货场作业的繁忙程度、车站及线路的通过能力确定。货场应设置牵出线的情况如下。

(1) 货场与车站的车场纵列布置，且相距较远，联络线上有专用线接轨且运量较大，或

者联络线平纵断面的条件不允许调车。

(2)货场位于调车场的内侧，且货场调车作业比较繁忙，又无其他线路可供货场牵出调车。

(3)中间站货场的运量较大，利用正线调车时严重影响区间通过能力，不能保证正线正常运输。

大、中型货场牵出线的数量应根据货场内调机的数量及每昼夜牵出线被占用的总时间来确定。尽头式货场通常只有一台调机作业，所以一般只设一条牵出线。

为满足货场作业的要求，货场牵出线的有效长度原则上应不小于货车长度的一半，如受地形限制，牵出线可适当缩短，但也不宜小于 200 m。

牵出线的长度可按下式计算：

$$L=l_n+l_{机}+l_{安} \tag{7-1-7}$$

式中：L 为牵出线的长度，m；n 为牵出车列的车辆数，可取经常取送的最大车辆数，但应不小于平均每次取送的车辆数；l_n 为车辆平均长度，取 14 m；$l_{机}$ 为一台机车的长度，m；$l_{安}$ 为牵出停留地点至车挡的安全距离，取 10 m。

(九)装卸机械数量的确定

装卸机械的数量应根据作业量及装卸机械的作业能力确定。计算时，一般分别用两种方法进行，其一为满足作业量的要求，其二为满足规定的车辆停留时间的要求。

1. 根据作业量计算

$$Z=\frac{Q_{货}}{Q_{运}}(台) \tag{7-1-8}$$

式中：Z 为所需某种机械的台数；$Q_{货}$ 为每昼夜用该类型机械进行作业的最大作业量，t；$Q_{运}$ 为一台机械每昼夜的运营生产率，t/d。

2. 根据规定的车辆停留时间计算

$$Z=\frac{Q_{批}}{Q_{技}\ T_{车}}(台) \tag{7-1-9}$$

式中：$Q_{批}$ 为每次送车的最大装卸作业量，t；$Q_{技}$ 为机械的技术生产率，t/h；$T_{车}$ 为规定的车辆装卸停留时间，h。

以上两种方法计算的结果若相差不大，应取较大值；若相差很大，应根据车站或货场的具体情况，结合车站运输组织方式综合进行分析和确定。

四、货场设备的编号

凡办理货运营业的车站，都必须建立货运设备履历簿，其填制和保管办法按国铁集团的有关规定办理。货运设备均应按规定编号并记在履历簿内，其编号方法规定如下。

(一)货场

车站只有一个货场时，以站名命名；有两个以上的，以车站为中心，按方向命名，如东货场、南货场等。

（二）货物线

均按顺序编号，简称货 1、货 2，划分货区的货场可以按货区再具体分为散 1、散 2、散 3，零 1、零 2、零 3 等。

（三）货物站台

以邻近线路名称命名，例如货 1 站台、零 2 站台。当一条线路上有两座以上站台时，也应按顺序编号，如货 5 一号站台、二号站台、三号站台等。

（四）货物仓库及雨棚

按顺序以数字编号，如一号货棚、五号仓库等，也可按运输种类或用途顺序编号，如整车到达 1 库、2 库、3 库，危 1、危 2、危 3 等。

（五）货位

为便于掌握货位，应将货场划分为若干区，再按线别划分为若干货位，在醒目地点用标志牌注明，其编号方法如下：

（1）一般货位号应用三位数字表示，如 304 货位，3——线路编号，04——货位编号；

（2）货位号应以单、双号区别一侧；

（3）每个货位长度以 14 m 换算为一个单位，但仓库及货棚内的货位编号可根据各站的具体情况制订；

（4）防湿篷布：由铁路局统一编号，其前两位数字为购置年度。

车站的各项货运设备均应指定专人或兼职保管，经常监护、检查设备状态，发现异状或损坏时，除追查原因外，应及时报告领导和有关单位迅速修复，保证运输需要。

五、货区、货位管理

在货运量较大的货场内，根据办理种别、作业量和作业性质，将一条或若干条装卸作业线及相关货运设备合并，再划分为若干作业区进行管理，这样的作业区简称为货区。如按货物运输种类分为整车作业区、集装箱作业区，按办理种别分为发送作业区、中转作业区、到达作业区，按货物品类分为成件包装货物作业区、散堆装货物作业区、粗杂品作业区、笨重货物作业区、危险货物作业区、易腐货物作业区。

做好货区的组织和管理工作对提高货场作业能力和管理水平有十分重要的意义。车站应设专人负责货区的管理及货运组织工作。

（一）货区划分原则

车站应根据货运设备、装卸机具和办理货物种类等情况合理划分货区、确定货位分工，充分发挥货场的作业能力；应协调好货运、装卸、运转部门间的关系，明确分工，密切配合。

货区划分原则如下：

（1）按货物运输种类分为整车、零担、集装箱作业区；

（2）按办理种别分为发送、到达；

(3)按货物品类可分为包件包装货物、散堆装货物、笨重货物、危险货物、易腐货物作业区。

货物堆码区域可根据经常办理的大宗货物和生产作业实际情况按固定或移动的方式进行管理，并制作标牌进行明示。

同一作业区域需要存放两类以上货物时，要用黄色标线、隔离墩、围栏等方式隔开分区。作业时严格按照货物类别分区并进行堆码，不同类别的货物不准混码。

货物堆码必须发、到分开。集装箱堆码时，按箱型分别码放，且必须发、到分开，空、重分开。

(二)货位的使用

货位是装车前和卸车后暂时存放货物的地点。货位的管理质量直接影响货场的作业效率。

1. 货位的固定使用

整车货位的大小原则上以能容纳一车货物的面积为准。通常情况下，80～100 m^2 为一个整车货位。为了减少调车作业和便于组织双重作业，在使用固定装卸线路时，应同时考虑货位的用途(装或卸)。货位的划分通常有以下几种方式：

(1)一线分段固定货位。线路上只有一侧货位，一段固定为装车用，另一段固定为卸车用。

(2)一线两侧货位。装卸线的一侧固定为装车货位，另一侧固定为卸车货位。

(3)间隔货位。在装卸线上，装车和卸车的货位间隔固定。

(4)一线装卸平列货位。在线路同一侧的外面固定为装车货位，里面固定为卸车货位。

2. 货位的配列形式

货位的配列通常有平行式和垂直式两种配列形式。平行式货位即货位长的一边与线路平行，一个车长范围内有一个货位，适于散堆装粗杂品货物在露天堆货场划分货位。垂直式货位即货位长的一边与线路垂直、短的一边与线路平行，一个车长范围内有几个货位，适于在仓库雨棚、站台和堆放成件包装货物划分货位。

3. 货位的掌握与货位周转时间的计算

货位占用情况是编制货场进出货、装卸车和取送车作业计划的根据之一，因此必须正确掌握。货位一般由车站调度员或货运值班员掌握，可用货位示意板、挂牌等方法显示其占用情况。

货位周转时间是指货位从第一次被占用时起，到第二次被占用时止的一段时间。货位周转时间的计算方法有累计计算法和近似计算法。在车站日常统计工作中，只统计整车到达货位周转时间。整车到达货位平均占用时间可按下式计算：

$$\text{整车到达货物平均占用货位时间}=\frac{6:00\text{ 到达货物占用货位数}+18:00\text{ 到达货物占用货位数}}{2\times\text{当日货物搬出车数}} \tag{7-1-10}$$

4. 货位能力的计算

货位能力($N_{货位}$)是指货场的货位每昼夜可装卸的车数。可用下式计算：

$$N_{货位}=\frac{M_{货位}K}{T_{货位}}+N_{直} \qquad (7-1-11)$$

式中：$M_{货位}$为货场现有货位数；K为货位有效利用系数；$T_{货位}$为货位周转时间，天；$N_{直}$为每昼夜直装直卸不占货位的车数。

第二节　铁路专用线(专用铁路)管理

铁路专用线、专用铁路运输是铁路运输的重要组成部分(专用线、专用铁路一般统称为专用线)，是厂矿企业原料、燃料、材料运进以及产品运出的重要渠道。加强对专用线的管理，对提高管理水平和工作质量，确保行车和货物安全，加速车辆周转，提高经济效益，具有十分重要的意义。

一、专用线的修建与接轨许可

企业新建专用线的铁路运量，一般不低于30万t/年。专用线应集中设置，减少取送车次数，不能干扰正线行车。专用线应尽可能按货物品类专业化设置，并减少专用线条数。

专用线接轨应具备下列条件：

(1)符合铁路主要技术政策、路网规划，技术标准和技术设备符合国家、铁道行业有关标准和铁路技术管理规程等的规定，满足铁路运输安全的要求。

(2)办理危险货物运输的，应符合《危险化学品安全管理条例》《铁路安全管理条例》等国家有关法律法规和设计规范以及铁路危险货物运输的相关规定；办理集装箱运输的，设施设备条件应符合总公司集装箱运输管理的相关规定。

(3)新建专用线不应在区间与正线接轨，特殊情况必须在区间内接轨时，须经总公司批准，并在接轨地点开设车站(线路所)或设辅助所管理。

(4)在既有专用线接轨新建专用线，新建专用线接轨人应取得既有专用线产权单位的同意并签订协议，约定接轨地点和后期运营维修等内容。

二、专用线作业管理

(一)送车作业

车站应按企业使用车要求拨配状态良好的货车。车站在向专用线送车前，按协议规定时间向专用线发出送车预、确报，报告内容如下：空、重车数，车种，货物品名，收货人，去向，编组顺序，送车时间。专用线接到预报后，应立即确定装、卸车地点，并做好接车准备；专用线运输员接到确报后，应及时打开门栏，提前到线路旁准备接车；货车送进后，向调车人员指定停车位置，调车人员按其指定股道、货位停车。

货车送到后，企业应对货车设备进行检查，检查门、窗、底板、端侧板是否完好，门鼻、门搭扣是否齐全，车内是否干净，有无异味及回送洗刷、消毒标志等，确定是否适合所装货物。如不适用，应采取改善措施，必要时可向车站提出调换。

（二）装车作业

装车时，应充分利用货车的载重力和容积，但不得超过货车容许载重量。货物的装载必须防止超载、偏载、集重、亏吨、倒塌、超限和途中坠落。

企业运输员要负责监装，向装车人员说明注意事项，随时检查装载加固是否符合规定。

装车后，企业运输员负责检查车门、窗、盖、阀是否关闭妥当，需要施封的货车按规定施封，需苫盖篷布的货物按规定苫盖好篷布；填写装车登记簿，通知车站装车完成时间。

（三）卸车作业

卸车时，企业运输员要向卸车人员说明注意事项，提示卸车重点，检查安全防护设施，并负责监卸。

卸车后，运输企业应负责将车辆清扫干净，需要洗刷、消毒、除污的应按规定及时处理，如有困难可向车站提出协助处理，费用由委托方承担；关好车门、窗、盖、阀，拆除车辆上的支柱、挡板、三角木、铁线等，恢复车辆原来的状态；检查货物堆码状态及其与线路的安全距离；检查卸下的篷布是否完整良好，需晾晒的要晾晒，并按规定将铁路货车篷布送回车站指定地点。

企业运输员要正确填写卸车登记簿，通知车站卸车完成时间。

三、专用线安全管理

专用线运输必须坚持“安全生产”的方针，铁路和运输企业都要制定安全生产制度，严格执行操作规程，配备专职或兼职安全员，形成安全生产联防、联控机制，具体规定如下：

（1）线路两侧的建筑物、设备均不得侵入铁路建筑接近限界。专用线应具备良好的通信设备、照明设备和明显的货位标志及防溜设施，入口门栏上应装设安全防护信号，由专人负责，定期检查。

（2）专用线原则上不准手推调车作业，确需手推调车作业时，根据规定采取相应的安全措施。装有爆炸品、压缩气体、液化气体的车辆，禁止手推调车。

（3）专用线内须建立消防组织和消防制度，配齐、配够消防器材和设施，定期检查、更换，使其保持良好状态。

（4）专用线的货物装载、加固方法、加固材料必须符合《加规》的规定。专用线装运超长、超限货物必须按铁路规定办理。

（5）专用线使用的装卸机械和用具应保持良好的技术状态，制定操作规程和有关的安全措施。

（6）对于年运量超过 30 万 t 的专用线，企业应根据货物品类需要设置轨道衡和安全检测设备。专用线较多时，专用线产权单位应在适当场所集中设置轨道衡及安全检测设备。对未设轨道衡和安全检测设备的专用线，铁路部门可以设立并按规定收取费用。

（7）线路两侧及站台上堆放的货物要堆码牢固，便利作业。站台上堆放的货物距站台边缘不得少于 1 m，线路两侧堆放的货物距线路钢轨头部外侧不得少于 1.5 m。

（8）加强专用线及其设备的管理，严禁在专用线用地范围内的路基、桥梁、护坡、排水沟和绿化带上取土、放牧、建房、开荒、殡葬及进行其他有损路基和危及行车安全的行为。

(9)加强对专用线道口的安全管理。未经批准，不得擅自设置平交道口；经批准设置的道口，由产权单位负责派人监护和管理。

(10)专用线线路、机车、信号等技术设备的维修养护，可采取专用线运输企业养护和委托铁路部门养护两种形式。维修周期按有关规定办理，维修标准应达到铁路部门的要求，使之处于完好的技术状态。

第三节　铁路货车篷布运用管理

一、货车篷布的分类和使用限制

(一)货车篷布的分类

货车篷布是铁路货车辅助用具，按产权分为铁路货车篷布和自备篷布。

铁路货车篷布在全国营业铁路范围使用，实行集中统一运用，做到调整及时，保证运输需要。铁路货车篷布不得外借或者挪作他用；发现时应立即纠正，并按规定核收篷布延期使用费。自备篷布是托运人自购自用的篷布，托运人在铁路货车篷布不能满足运输需要时，可以购置自备篷布，但自备篷布必须符合篷布新标准，并且不得出租经营。

(二)货车篷布的使用限制

货车篷布仅用于苫盖敞车装运的怕湿、易燃货物或者其他需要苫盖篷布的货物。毒害品、腐蚀性物品及污染性物品不得使用货车篷布。货物装载高度超过端侧墙 1 m 以上或有押运人乘坐的敞车不得苫盖篷布。

篷布不得横苫、垫车、苫在车内，不得代替装载加固材料。铁路货车篷布不得与自备篷布混苫。苫盖易于损坏篷布的货物时，装车单位必须采取防护措施，防护材料由托运人提供。

使用货车篷布苫盖货车时，按使用张数向托运人核收货车篷布使用费。到达专用铁路、铁路专用线的货车篷布，自货车调到交接地点次日起，两日内由收货人将货车篷布送到车站指定地点。收货人未按规定日期将货车篷布送回时，应按规定核收货车篷布延期使用费。

二、货车篷布的技术要求

(一)货车篷布的技术要求

新标准货车篷布规格尺寸：15.0 m×5.3 m。其技术要求、制作和试验方法须分别符合《货车 X 型篷布技术条件》和《货车 D 型篷布技术条件》的规定，货车篷布用绳索须符合《篷布绳索技术条件》的规定。

(二)篷布的编号与标志

篷布编号由总公司运输局统一公布。铁路货车篷布采用 8 位编号，前 2 位是生产年份，后 6 位为顺序号。自备篷布采用 9 位编号，前 4 位为生产年份和月份，后 5 位为顺序号。

三、货车篷布苫盖和捆绑的基本技术要求

装车站必须使用质量良好的货车篷布。要求：布体完整无破损，眼圈完好，标记、号码完整清晰；篷布绳索齐全、完整、无接头、插接牢固，与篷布连接正确。

(一)篷布苫盖的基本技术要求

(1)货物装载高度超过端侧墙 1 m 以上或有押运人乘坐的敞车不得苫盖篷布。

(2)篷布、篷布绳网不得作为货物加固材料使用。

(3)需要加固的货物必须在苫盖篷布前捆绑加固完毕。

(4)货车绳栓上无残留的旧绳头、铁线等废弃物。

(5)货物装载高度低于车辆端侧墙时，可安置篷布支架，支架突出部位与篷布接触处应采取防磨措施。

(6)篷布苫盖时不得遮盖侧墙车梯。

(二)篷布捆绑的基本技术要求

(1)篷布绳应拴结在货车绳栓上，不得捆绑在其他部位。

(2)货车两端的篷布角绳沿货车端墙交叉后分别拴结在车辆端部的两绳栓上。角绳经货车人力制动机闸台时，应从其上方通过；经闸杆、提钩杆时，应从其内侧穿过。

(3)货车两端篷布中间的二根端绳分别垂直向下拉紧拴结在车辆端部的两绳栓上，经提钩杆时，也应从其内侧穿过。

(4)货车篷布每端的压绳应压住篷布包角并拉紧，使货车篷布紧贴在车辆端墙上，分别捆绑在车辆侧部的第一个绳栓上，不得拴结在牵引钩上。

(5)腰绳应直拉拴结在车侧绳栓上。弹力绳弹力部分的拉伸长度根据装载货物的情况具体确定，且不得小于 200 mm。车辆中间有绳栓的，篷布中间的腰绳捆绑在车辆中间的绳栓上；车辆中间无绳栓的，篷布中间的腰绳分别捆绑在靠近车辆中间的绳栓上。其他腰绳从车辆两端开始，朝向车辆中部，按顺序捆绑在相应绳栓上。弹力棒不紧靠眼圈时，应将弹力绳从中间收起，并将中间多余绳索折叠打两个死结后，余尾用绳卡或麻线绑 5 圈与自身绳杆捆紧。

(6)篷布绳栓接采用蝴蝶套结法或回头花结法，拴接后的绳头应绕在自身绳杆上，至少打 2 个死结。绳头余尾长度为 100~300 mm。

(7)除篷布自带绳索和篷布绳网外，不得使用其他绳索捆绑篷布。

(三)苫盖方法

(1)正面(腰绳向外)纵向苫盖。货车两侧篷布的下垂高度应一致。货车人力制动机一端篷布的下垂遮盖端墙部分高度为 300~500 mm，另一端的下垂遮盖端墙部分高度为 600 mm 左右。

(2)每车苫盖一张篷布。车辆较短时，篷布多余部分可折叠在中部相邻两腰绳处的篷布下方，折叠部分用两腰绳对角拉紧并拴固。

(3)将篷布角绳拉紧，使篷布角向内侧展开成三角形，布角两面压平后折向货车端墙，在车辆两端严密包角，使压绳压住包角。

(4)苫盖篷布绳网时，绳网要盖正，网眼完全张开，与篷布紧密贴合。先从车辆两侧拴结，使篷布绳网完全盖住篷布，最后拴结车辆两端的拴结点。篷布绳网与货车的捆绑按照篷布与货车的捆绑要求进行。

(5)篷布绳、篷布绳网系绳余尾均须使用绳卡进行加固。使用时，将拴结后的绳尾拉紧并贴在自身的绳杆上，绳卡头印有标记面及齿面朝向外侧，离绳尾部 50 mm 处，将锁绳绕过绳尾和绳杆后从锁绳插槽底部向上穿出，并沿锁绳插槽方向拉紧，将卡绳端锁紧齿与压块上的齿啮合，此时，绳卡就进入了锁紧工作状态。打开时，沿插槽反方向用力拉锁绳，绳头沿断裂槽处破坏，即可打开绳卡。

(四)苫盖后的检查

(1)篷布苫盖平坦，货物不外露，两端包角紧密贴合，两侧线条流畅，各部位不超限。

(2)绳索拴结、捆绑位置正确，绳结牢固，无松弛脱落，捆绑在绳栓上的绳索呈蝶翅形结，绳头余尾长度为 100~300 mm。

(3)货车人力制动机一端篷布的下垂遮盖端板部分长度为 300~500 mm，货车人力制动机闸盘外露，不影响人力制动机及提钩杆的正常使用；另一端的下垂高度为 600 mm 左右，篷布过长时可超过此长度，但不得影响压绳的正常使用。

(4)车辆两侧篷布的下垂高度一致。

(5)篷布(包括篷布绳网)苫盖完毕后，装车单位对车辆两侧(包括篷布号码)、两端篷布的苫盖状态各拍照一张，留存 3 个月。

四、货车篷布的运用管理

(一)运输票据的填写

(1)使用货车篷布时，将篷布号码填记在货物运单“铁路货车篷布号码”栏内；使用自备篷布时，应在货物运单“铁路货车篷布号码”栏内划“×”符号，并检查托运人是否在货物运单“托运人记载事项”栏内注明自备篷布号码。

专用铁路、铁路专用线使用货车篷布时，由托运人凭车站填制的“货车篷布交接单”到车站领取。“货车篷布交接单”保管期限为 1 年。

(2)制票时，应根据货物运单将货车篷布号码填制在“货票、货运票据封套篷布号码”栏内；自备篷布张数和号码填记在“记事”栏内。

(二)货车篷布的交接检查

(1)发站使用篷布前，应逐张检查质量。

(2)苫盖篷布的敞车必须在发站加盖篷布绳网，使用篷布绳卡。篷布绳网、篷布绳卡由托运人自备，限一次性使用。

(3)装车后，车站应按“货车篷布苫盖与折叠方法”检查篷布苫盖质量，发现问题及时处理，货物沉降、篷布松脱时须仔细整理。

(4)货车编组顺序表应根据货物运单或货运票据封套所记载的货车篷布张数编制。向铁路局调度报告货车编组时，应同时报告货车篷布张数。

(5)对到达和出发的货车，应根据货车编组顺序表所记载的货车篷布张数与现车核对。

编组站或区段站办理货车确报时，应将现车实际苫盖货车篷布张数记入确报内。

(6)货检站应严格检查篷布苫盖质量，对篷布苫盖有问题的车辆，整理符合要求后方可放行。

(7)对运输途中的货车，车站认为需要苫盖篷布时，须经铁路局调度批准；苫盖后，在货物运单、货票、货运票据封套、货车编组顺序表上作相应修改，同时编制普通记录并拍发电报通知到站及有关单位。

(8)运输途中发现未按规定使用篷布绳网时，发现站补苫后方可继续运输，相关费用与发站清算，并将漏苫和处理情况电告发站、发局并抄送所在局、总公司运输局。

(9)卸车时，应检查货车篷布质量；卸车后，将货车篷布送到车站指定地点，车站检查发现货车篷布破损、缺少篷布绳时，应填制“货车篷布交接单”，并按规定处理。

(10)自备篷布由于承运人责任造成损坏、丢失时，车站应编制货运记录，由承运人负责赔偿。

(11)使用货车篷布，货物运输票据记载的号码与实际不符时，发现单位应按实际更正，编制普通记录并向发到站和发到局调度拍发电报，责任铁路局应于当日调整。

(12)车站应及时催还未按时送回的货车篷布。定期清查站内外的货车篷布，发现账实不符时，及时查明原因并按规定处理。

(13)货车篷布应固定存放地点，妥善保管，进行日常整理和晾晒，运用中、待修、待报废的篷布应分别码放。搬运过程中，严禁在地面拖拉篷布。

(三)货车篷布的调度

货车篷布调度的原则是“保证重点和先回送、后使用”。各级调度要坚持调度纪律和篷布调度原则，积极组织，及时回送，提高篷布运用效率，按时完成篷布回送任务和各项运用指标，保证运输生产需要。

货车篷布跨局调整由国铁集团负责，局管内调整由集团公司调度负责。货车篷布的备用、解备须经国铁集团调度批准。

(四)货车篷布的回送

(1)货车篷布凭调度命令回送。车站应填制“特殊货车及运送用具回送清单”(以下简称“回送清单”)，一式两份，一份随车运送到站，另一份留站存查(合资铁路、地方铁路回送货车篷布时，应增加一份送交接站)。

(2)货车篷布回送时，“回送清单”填记回送货车篷布的总张数，并将货车篷布号码准确填制在“货车篷布交接单”上。运用中的篷布填制一式两份，一份留站存查，另一份随车运送至到站，待修或待报废的篷布增加一份交篷布修理所。

(3)运用中的篷布与待修、待报废的篷布混装回送时，应分垛码放、分别填制“货车篷布交接单”。

(4)铁路局管内可利用行李车(一批限10张以内)或采用零散货物快运方式免费回送货车篷布。经行李车回送时，按路用品运输有关规定办理；采用零散货物快运方式回送时，凭“回送清单”办理。

(5)跨局回货车路篷布限采用整车方式，每车一般不少于100张，少于100张时需经总公司调度批准。使用敞车回送时，苫盖的货车篷布按回送的篷布统计。

(6)货车篷布回送，途中变更到站时，原到站与变更后到站不属同一铁路局的须经总公司调度批准，其他情况由铁路局调度批准。

(7)货车篷布回送，到站货运员核对出的数量和号码与实际不符时，应于 24 小时内向发站和发到局调度拍发电报。发站无异议时，铁路局调度按到站实收数调整；发站有异议时，应于 5 日内派人赴到站复查，并将结果通知铁路局调度。

(五)货车篷布的损坏、丢失处理

(1)货车篷布损坏、丢失时，由责任者赔偿，不可抗力、运输途中治安原因造成的除外。铁路内部责任划分有分歧时，由有关局协商；不一致时，报国铁集团篷布调度裁决。

(2)货车篷布的损坏、丢失按下列规定核收赔偿费用。

①发生报废、丢失时，按市场重置价格赔偿。

②破损面积每 100 cm 赔偿 230 元；篷布破损面积达到 40%时，按市场重置价格赔偿。

③篷布绳损坏或丢失时，按以下标准赔偿：弹力腰绳 50 元/根，压绳 20 元/根，角绳、端绳 10 元/根。

(3)货车篷布因托收货人责任损坏、丢失时，自指定送回车站之日起，至赔偿当日止，按规定核收篷布延期使用费。

(4)车站收取赔款后，需向集团公司调度拍发电报，抄报国铁集团调度及集装箱公司。电报内容包括责任单位、篷布张数、篷布号码、赔偿金额、延期使用费金额、杂费收据号码。

(5)集装箱公司应及时核减集团公司的货车篷布保有量。

五、货车篷布的质量管理

货车篷布的质量由产权单位负责，必须符合铁道行业标准《铁路货车篷布》(TB/T 1941—2013)的要求。

(1)购置：托运人购置自备篷布时，集团公司应将托运人名称、货物品名、主要发站、购置数量等情况报总公司运输局申请编号。

(2)检验：新造篷布凭合格的产品质量检测报告，篷布绳卡、篷布绳网凭 2 年内的合格的产品质量检测报告，方可在铁路运输中使用；篷布修理所须提供 2 年内的合格的篷布维修产品质量检测报告。

(3)维修：货车篷布扣修由车站负责，一般在集团公司管内修理，跨局回送待修货车篷布时，须经总公司调度批准。集装箱公司应加强对篷布修理所的监督检查和货车篷布维修质量控制。篷布修理所应建立健全质量保证、统计分析、维修质量复核验收等管理制度，保证篷布维修质量。集团公司应加强对自备篷布维修的监督检查。自备篷布的修理由产权单位负责，应严格执行篷布维修技术条件，保证自备篷布维修质量。

(4)报废：篷布满足以下两个条件之一时，必须报废：

①修补面积达 40%或修补处达 200 处；②达到使用期限。

篷布的使用期限一般为 48 个月；超过 48 个月需继续使用的，产权单位须每 6 个月进行一次安全风险评估。经评估可继续使用的，自备篷布由产权单位向集团公司提出申请，集团公司同意后方可继续使用；货车篷布由集装箱公司通知集团公司继续使用，并抄送总公司运输局。

第四节 铁路货物损失处理

货物在铁路运输过程中(自铁路运输企业接收货物时起，至将货物交付收货人时止)发生的灭失、短少或者损坏都属于货物损失。

铁路货物损失处理工作应贯彻预防为主、及时处置、优质服务的方针，分层管理、逐级负责。货物发生损失时应本着对托运人和收货人高度负责的原则，积极采取保护措施，尽量减少损失。对货物损失发生的原因和责任认定，应调查研究，查清事实，根据国家法律、行政法规及国铁集团的有关规定进行处理。

一、货物损失的种类及等级

(一)货物损失的种类

(1)火灾。

(2)被盗(有被盗痕迹)。

(3)丢失(全批未到或部分短少、漏失，没有被盗痕迹)。

(4)损坏(破裂、变形、磨伤、摔损、部件破损、湿损冻损、腐烂、植物枯死、活动物死亡、变质、污染、染毒等)。

(5)其他(办理差错及其他原因造成的货物损失)。

(二)货物损失的等级

(1)一级损失。货物损失款额(以下简称损失款额)10 万元以上的。

(2)二级损失。损失款额 1 万元以上但未满 10 万元的。

(3)三级损失。损失款额 1000 元以上但未满 1 万元的。

(4)轻微损失。损失款额未满 1000 元的。

二、货运记录

(一)货运记录的编制情况

货运记录(包括商务记录)为货物发生损失时的证明。凡是在铁路运输过程中发生货物损失的，车站均应在发现损失次日内按批(车)编制货运记录。遇有下列情况时也应编制货运记录：

(1)发生《货规》《管规》及其引申规则办法中所规定需要编制的情况时。

(2)自备篷布、自备集装箱运输发生损失时。

(3)一批货物中的部分货物补送或损失货物及误运送、误办理及其他情况需要回送货物时。

(4)发现无票据、无标记、无法交付货物，公安机关查获铁路运输中被盗、被诈骗的货物以及公安机关缴回的赃款移交车站，沿途拾得的铁路运输货物交给车站处理时。

(5)托运人组织装车，收货人组织卸车，货车施封良好，篷布苫盖和敞车、平车、砂石车货物装载外观无异状，收货人提出货物有损失且经承运人确认时。

(6)集装箱运输的货物箱体完整、施封良好，交付完毕次日内，收货人提出货物有损失且经承运人确认时。

(二)货运记录的编制依据

货运记录根据货物损失报告编制。货物损失报告应由货运员或负责接取送达的物流企业相关人员根据现场勘查情况，在发现当日编制。

货物损失报告应如实记载损失货物及有关方面的现状，填写字体要工整清晰，项目各栏填写齐全，并应由编制人签字。

货物损失报告由货运值班员审核签字后，连同收集的施封锁、现场影像等相关资料，一并交给货物损失处理人员。

货物损失处理人员接到货物损失报告后，应核实货物损失报告各栏填写是否齐全正确，相关资料是否齐全，并在保价系统中加载货物损失报告照片。必要时，要到现场核实损失货物的情况。

(三)货运记录的编制

货运记录由车站的货物损失处理人员编制。编制记录要如实记载货物损失及有关方面的现状，不得在记录中作损失责任的结论，记录各栏应逐项填记。货运记录应记明车(箱)体、门窗、施封或篷布的情况和货物包装及装载加固状态、损失货物装载位置、损失程度等。货物损失涉及重量的，应将发生损失的货物和完整货物分别检斤，中途站只对成件货物中的损失货物进行检斤，并填入记录的“按照实际”栏内。

货物损失在二级以上或难以描述现场状况和判明责任时，须用影像设备留存货损现场关键证据的影像资料，为货物损失处理提供依据。

三、普通记录

(一)普通记录的编制情况

普通记录为现状交接证明。遇有下列情况之一时，须在当日按批(车)编制普通记录：

(1)发生《货规》《管规》及其引申规则办法中所规定需要编制的情况时。

(2)货物损失涉及车辆技术状态时。

(3)货车发生换装整理时。

(4)集装箱封印失效、丢失或封印站名、号码与票据信息不一致或未按规定使用施封锁时。

(5)卸车(换装)发现货物件数或重量较票据记载信息多出时。

(6)依据其他有关规定，需要证明时。

(二)普通记录的编制

普通记录应记明交接时货车车体、门窗、施封或篷布、绳网的现状和货物包装及装载加固状态。

（1）货车封印失效、丢失、封印站名或号码无法辨认时，应记明失效、丢失和无法辨认的具体情况。

（2）封印的站名或号码与货运票据信息或补封记录记载不符时，应记明封印实际站名或号码。

（3）施封的货车未在货运票据信息上记明施封号码时，应记明现车施封状况。

（4）车辆技术状态不良时，应记明车种、车型、车号和车辆不良的具体情况，检修单位名称及年月。

（5）发现货车两侧或一侧的上部施封时，应记明下部的门扣是否损坏。

（6）棚车车体及集装箱专用车、平车装运的集装箱箱体发生损坏时，应记明损坏位置、尺寸、新痕旧痕和箱号。

在办理货运检查交接作业时发现问题，按规定拍发的交接电报应视为普通记录。其内容除包括普通记录反映的情况外，还应记明货车的车次及到达时间，货车的车种、车号，发现问题时的简要处理情况。

四、货物损失的调查和处理

（一）货物损失的调查

车站发现货物损失时，除按规定编制货运记录外，还应在货运记录编制当日以查复书的形式，通过保价系统对货物损失的原因和责任进行调查，必要时可派人外出调查。

保价系统发生软、硬件故障，车站暂无法正常使用时，应由其主管直属站段负责处理。

（二）货物损失的处理

1. 发站编制的货运记录，货物损失的处理

发站编制的货运记录由发站负责处理。确实无法联系托运人时，应在货运记录编制当日将货运记录（货主页）随同货物运输票据传输到站处理。

2. 中途站编制的货运记录，货物损失的处理

中途站编制的货运记录，应在货运记录编制当日将案卷传输到站处理，并向有关站调查，同时告知发站。

一批货物中部分货物发生损失时，应拴挂“损失货物标签”（见图 7-4-1）继运到站。继运到站前对发生损失的货物应采取防护措施，避免扩大损失。

发生火灾、货物变质、活动物死亡、气体类危险货物泄漏剧毒品、爆炸品、放射性物品被盗丢失时，货物损失能在发现站处理的，发现站应积极处理；不能在发现站处理的，应在货运记录编制当日将案卷传输到站处理，由发现站负责查明原因。

3. 到站编制的货运记录，货物损失的处理

到站编制的货运记录（货主页）应及时交给收货人，收货人领取货运记录时应在存查页上签收。

到站卸车时，遇有发站或中途站编制的货运记录，应按照货运记录记载的情况，认真核对现货。情况相符时，不再编制记录，记录交收货人；情况不符时，应重新编制记录交收货人，原记录留存。到站编制的货运记录，应在货运记录编制当日将案卷传输发站及有关站

(a)正面

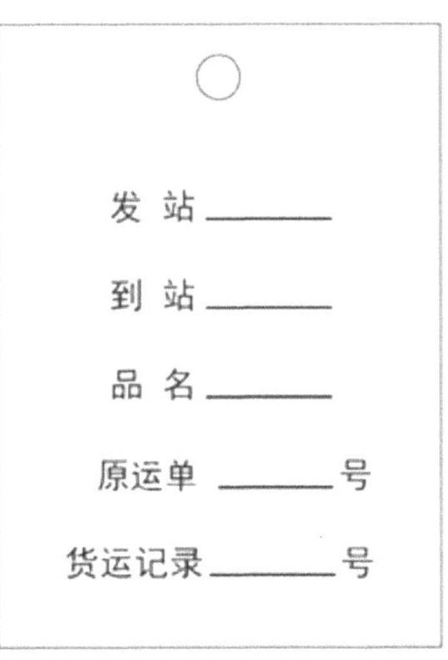

(b)背面

图 7-4-1 损失货物标签

调查。

调查案卷传输后，件数不足的货物补送齐全，在向收货人补交时应收回原货运记录(货主页)，并及时通知有关站结案。补交时发生损失的，应重新编制货运记录并调查。

整车货物变更到站的，新到站检查发现货车封印或货物装载状态有异状、货物发生损失时(包括附有变更站或中途站记录的)，将案卷传输变更站及有关站调查。

(三)调查所需材料文档

调查所需材料文档应一次性使用相应设备录制电子文档在保价系统内加载，主要包括以下内容：

(1)货物运单、站车交接电报、普通记录。

(2)货物发生被盗、丢失，货物运单未附物品清单时，车站检查的现有货物数量和包装特征的清单。

(3)分析责任所需的装载清单、封印照片、货物损失现场照片等。

(4)车辆技术状态检查记录、货物损失鉴定书及其他有关材料(可按需要后附)。

一辆货车内多批货物发生损失时，上述材料应分别录制并加载。

五、货物损失责任

(一)货物损失责任的划分

划分货物损失责任时应以事实为根据，以规章为准绳。在查明货物损失情况和原因的基础上，应先按国家法律、行政法规及国铁集团的有关规定划清承运人与托运人、收货人之间的责任。

划分铁路内部各单位及物流企业的责任时，货运安全检测监控设备(以下简称监控设备，包括轨道衡、超偏载检测装置、视频监控等设备)影像资料、检测数据(货物重量短少 2 t 以上),电子施封锁的监控数据,应作为判定货物损失责任的依据。

货物损失调查定责工作由到站(中途终止运输的,为货物终止运输站)、到达铁路局集团公司负责,但发站承运后装车前、货物承运前在车站仓储或货物仅在车站仓储的定责工作由发站或仓储办理站负责。发生货物损失后,记录编制站应初步判定是否为承运人责任,难以判定的再由到站进一步调查确定。

属于承运人责任的,铁路内部责任确定后,由定责单位填写查复书并下达"货物损失定责通知书",送主管铁路局集团公司、责任铁路局集团公司、责任单位和发站、到站及有关单位。查复书的内容应包含定责意见及定责依据。

对货物损失定责意见有争议,经一次往返查复不能取得一致时,争议单位应在收到对方查复书 3 日内向到站提供要求裁定的查复书,并按下列规定办理:

(1)轻微损失责任,到站应在收到要求裁定的查复书之日起 3 日内裁定。

(2)三级损失责任,到站应在收到要求裁定的查复书之日起 3 日内将定责意见上报主管铁路局集团公司,由到达铁路局集团公司裁定。

(3)二级损失责任,到站应在收到要求裁定的查复书之日起 3 日内将定责意见上报主管铁路局集团公司,由到达铁路局集团公司与相关铁路局集团公司协商,到达铁路局集团公司裁定。

(4)一级损失责任,到达铁路局集团公司应将定责意见连同会议纪要等材料上报国铁集团裁定。

一级损失责任,国铁集团的裁定为最终裁定。二级、三级损失责任,到达铁路局集团公司的裁定为最终裁定。轻微损失责任,到站的裁定为最终裁定。

(二)货物损失非过失责任

货物发生的损失,凡属下列情形之一者,属非过失责任:

(1)货物在运输过程中被哄抢。

(2)在车站范围之外发生的货物被盗、丢失、损坏。

(3)非承运人过失引起的货场或货车火灾、爆炸、染毒。

(4)非承运人过失造成的货物湿损、污染。

(5)铁路行车原因造成的货物损失。

(6)因自然灾害,易腐货物超过容许运输期限到达而造成的腐烂。

(7)托运人派人押运的货物,既不是押运人责任又非承运人过失发生的火灾、染毒,导致货物损失。

(8)由收货人组织卸车的货物在货车交接时,集装箱门到门运输的货物在卸车时,到站发现封印失效、丢失,造成货物丢失或损坏。

(9)托运人以自备篷布苫盖货物,在运输途中自备篷布丢失、损坏及其造成货物损失时。

(10)其他非承运人过失造成的但属于承运人负责赔偿的货物损失。

六、货物损失赔偿

车站对收货人或托运人的赔偿要求,按《货规》规定受理。但在运输途中发生的火灾、货物变质、活动物死亡等情况就地处理时，经与托运人、收货人协商同意，可由发现站受理，并通知发站、到站。

对承运人责任明确的货物损失，收货人或托运人向到站或发站提出赔偿要求时，到站或发站均应受理。涉及物流总包业务的，由签约单位按合同约定指定车站受理。委托他人办理时，应由收货人或托运人出具委托书、委托人和被委托人的身份证明复印件和联系方式。

(一) 受理赔偿要求

受理赔偿要求时，应审核赔偿要求人的权利、有效期限、“赔偿要求书”内容，以及规定的证明文件[货运记录(货主页)原件、有效身份证明以及与货物损失有关的其他材料]。审核无误后，在“赔偿要求书收据”上加盖货物损失处理专用章，交给赔偿要求人。

通过铁路货运电子商务系统网上受理客户提出的赔偿要求时，受理站审核客户上传的电子赔偿材料后，需将受理情况以“客户通知书”的形式通过铁路货运电子商务系统告知客户。

(二) 赔偿额

赔偿款额按照《铁路法》《货规》和铁路货物保价运输的有关规定计算。赔偿额尾数不足 1 元时，进整处理至元。对非承运人责任的保价货物损失，收货人或托运人向到站或发站提出补偿要求时，比照赔偿程序受理。

办理赔偿单位应填发“赔通”，并加盖货物损失处理专用章。“赔通”分为正本、副本，正本为领、付款凭证，副本为赔款通知。通过铁路货运电子商务系统网上办理赔偿的，应将“赔通”加载至铁路货运电子商务系统上告知客户。

(三) 赔偿的期限

办理赔偿的期限为 2 个工作日，自受理赔偿要求的次日起至填发“赔通”之日止。特殊情况下办理赔偿的最长期限：直属站段不超过 5 个工作日，铁路局集团公司不超过 10 个工作日。

“赔通”下达后，经办人员应于 2 个工作日内与财务人员办理交接手续并签认。财务部门接到“赔通”后，应在 5 个工作日内支付赔款。

七、两无货物

无法交付货物和无标记货物简称“两无货物”。

(一) 无法交付货物

(1) 从承运人发出领货通知次日起(不能实行领货通知的，从卸车完了的次日起)，经过查找，满 30 日(搬家货物满 60 日)仍无人领取的货物。

(2) 收货人拒领，托运人又未按规定期限提出处理意见的货物。

(3) 赔偿后又找回但收货人拒领的货物。

(二) 无标记货物

(1) 清仓(库、区)、清扫车底检查发现的无标记货物。

(2) 在铁路沿线拣拾以及公安部门交给车站的无标记货物。

(3) 车站内散落的零件、货底以及其他无票据信息、无标记的货物。

(三) 无法交付货物和无标记货物的处理

车站发现“两无货物”后，应于当日编制货运记录，核对现货、登记立卷，妥善保管；能判明收货人或托运人的，应联系收货人或托运人处理；不能判明的，上报主管铁路局集团公司。

经核查凡能判明发站、到站或托运人、收货人的，或其他单位认领的无标记货物应拴挂“损失货物标签”，凭货运记录向正当发站、到站回送。

对不能判明发站、到站或托运人、收货人的无标记货物，应在车站货运负责人、货物损失处理人员等不少于 3 人在场的情况下打开包装检查，寻找能正确交付的线索，编制物品清单，注明货物名称、包装特征、重量、发现日期和卸下车次等有关事项，在保价系统内详细记载货物的件数、具体货物名称、包装及特征，内装物品数量、规格、尺寸、颜色、生产厂家及每件货物的重量，同时应加载货物照片，以便各单位查找核对和认领，尽可能将货物交于收货人或托运人，减少损失。

第五节　铁路货运票据电子化管理

为满足中国铁路“强基达标、提质增效”的需要，逐步提升运营效率，释放生产力，降低铁路运营成本，提高企业效益，自 2018 年 3 月 28 日起在全路范围内实施了货运票据电子化，中国铁路货运正式进入“电子货票”时代。货运票据电子化实施后，利用电子票据信息串联整个运输物流全过程，对货运资源和生产要素进行深度整合、对办理流程和服务模式进行全面优化、对信息应用与效率需求进行无缝对接。

一、货运票据电子化实施范围

货运票据电子化实施范围包括整车、集装箱、批量、零散货物运输，以及不良货车、检修车、机车车辆、用具、货物回送等业务。铁路货运、车务、车辆和机务等相关作业环节依据货运票据电子信息进行管理，组织作业。

二、货运票据电子化的相关票据

货运票据电子化的相关票据：货物运单(含国际联运国内段运单)、货车装载清单、特殊货车及运送用具回送清单、货运记录、普通记录、商务记录、物品清单、不良货车通知单、装卸作业单、货车篷布交接单、货车调送单、垫款通知书、车辆检修通知单、检修车回送单、检修车辆竣工验收移交记录、检修车辆竣工移交记录、新造车辆竣工移交记录、货物运输变更要求书、超限超重货物运输记录、调卸作业单、货车编组顺序表等。

三、货运票据电子化的相关信息系统

货运票据电子化的相关信息系统：电子货运票据管理系统(简称货票系统)、铁路货运电子商务系统(简称电商系统)、铁路货运站安全监控与管理系统(简称货运站系统)、铁路集装

箱运输管理信息系统(简称集装箱系统)、铁路零散货物快运系统(简称零散系统)、铁路集装化用具管理系统(简称集装化系统)、铁路保价运输管理系统(简称保价系统)、接取送达系统、铁路危险货物运输安全管理与监控系统、铁路货运计量安全检测监控系统、铁路货检安全监控与管理系统(简称货检系统)、铁路车站综合管理信息系统(简称现车系统)、铁路确报管理信息系统(简称确报系统)、铁路运输信息集成平台(简称集成平台)、货车技术管理信息系统(简称 HMIS 系统)、车站十八点统计分析系统(简称十八点系统)、国境站管理信息系统(简称国境系统)、运输调度管理系统等。

四、信息系统管理和维护采用的办法

信息系统管理和维护采用集中管理、分级负责、分层落实的办法。

(1)统一性原则。信息系统数据字典、接口格式及内容全路统一。

(2)规范性原则。信息系统的站名字典、品名字典、车辆字典、专用线字典等内容不得随意改动，其修改和维护必须依据总公司业务主管部门发布的文电和有关规定，严格按权限进行。

(3)及时性原则。信息系统的修改和维护与规章、文电同步进行，严格按规章、文电执行时间准确发布。

五、信息系统日常运行维护

(1)信息系统软件维护工作以维持软件正常运行、满足运输生产需求为原则，在响应时间上的优先级由高到低依次是改错性维护、适应性维护、日常咨询、完善性维护。

(2)各级维护单位根据信息系统应用情况和出现的问题提供日常技术咨询，定期检查应用软件运行状态，查阅应用软件运行日志，查看有无报警、故障信息，并跟踪处理。

(3)各级维护单位定期进行数据备份，定期进行备份数据恢复性试验，确保故障发生后能尽快恢复最新数据。

(4)各级维护单位负责网络与网络设备管理，对系统运行期间出现的网络故障、网络安全及性能等存在的问题进行实时监控，及时解决，消除网络及安全隐患。

(5)各级维护单位负责机房等基础设施及硬件的运行维护，定期对各个信息系统硬件设备进行全面检查维护，包括应用服务器、接口服务器、数据库服务器、UPS 电源、计算机等。

六、货运票据电子化作业

(一)需求受理

铁路通过网络、电话、营业场所及上门服务等渠道敞开受理客户需求。其中，运输需求统一通过铁路货运电子商务系统提报(零散快运除外)。

车站对客户提报的需求进行实货核实，在电商系统确认后，进行运单受理。

(1)检查需求信息是否完整、准确。

(2)审核发、到站办理限制、起重能力、专用线办理范围、危险货物办理限制、临时停限装、特定运输条件、接取送达等信息。

(3)审核证明文件、技术资料等原件，采集影像资料，并在证明文件的背面注明托运货物数量，加盖车站日期戳，退还托运人或按规定存查。

(4)货物运单受理通过前对成组或整列运输的运单需求联进行标识。

(5)选择添加承运人标准记事和运输戳记；填记装载加固方案号码、费用浮动项目号及相关记事。

(6)国际联运出口(含过境)运输，还需审核客户是否在电商系统中填制国际联运运单，即客户提供的纸质国联运单是否有电商系统生成的8位国联运单号，纸质国联运单托运人填记部分的各栏内容是否与电商系统中填记的一致。

(二)进货

(1)整车货物进货。车站凭进货通知、纸质货物运单需求联或需求号接收货物。在铁路货运站安全监控与管理系统(以下简称货运站系统)分配货区、货位，确认货物进齐。

(2)集装箱进、出站。车站在铁路集装箱运输管理信息系统(以下简称集装箱系统)安排铁路空箱，填制铁路箱出站单出站。铁路箱凭铁路箱出站单和纸质货物运单需求联进站，自备集装箱或站内装箱的货物凭纸质货物运单需求联进站。集装箱进站或站内装箱时车站应检斤验货，核对物品清单，并在集装箱系统补录箱货总重、货物重量和施封号。

(3)零散快运货物进货。车站上门受理的货物，在零散货物快运系统打印货物运单需求联，与作业站办理货物交接。办理站、无轨站受理的货物，在零散货物快运系统打印货物运单发站存查联，与作业站办理货物交接。

(三)装车

1. 整车装车

(1)铁路货场装车。车站在货运站系统中录入装车作业信息及货物运单承运人填记信息。

(2)铁路专用线、专用铁路(简称专用线)装车。运输企业通过系统(货运站系统、电商系统或手机APP)补充装车作业信息。车站在货运站系统确认货物运单需求联信息和装车开始、结束时间，填记货车调到、调回时间，办理货车进、出线交接。

(3)区间装车。发站行车人员在铁路车站综合管理信息系统其他记事栏标注“区间装车”，将信息推送货运站系统；货运人员接到行车人员通知后，在货运站系统对标注“区间装车”的车辆进行装车作业，并在电子货运票据管理系统计费制单，行车人员则在现车系统取票、删除现车其他记事栏标注“区间装车”。

装车完毕后，货物运单状态变为“已装车”。

2. 集装箱装车

车站在集装箱系统中录入装车作业信息，生成货车装载清单，装车完毕后，运单状态变为“已装车”。装车前，发现货车损坏不能使用的，填制“不良货车通知单”，递送车站签收并在现车系统标记“不良货车”标识；发现系统显示车号与实际现车不一致的通知行车部门处理；发现空车带有电子票据的由车站按票车不符流程处理。

专用线装车的，车站通过集装箱系统或电商系统补充装车信息，生成货车装载清单，在货运站系统填记货车调到、调回时间，办理货车进、出线交接。

3. 国际联运出口(含过境)整车货物装车

国际联运出口(含过境)整车货物在货运站系统直接调取国际联运货物运单号完成装车信息录入，国际联运出口(含过境)集装箱货物在集装箱系统完成装车信息录入。同时，还需将车号、施封号等承运人需要填记的信息填写在纸质国际联运货物运单上。

4. 国际联运进口(含过境)国境站装车

运用国境站管理信息系统填制作业清单，作业清单包含车号、国联运单号、发站、到站、收货人、发货人等进口国际联运货物运单信息和车辆调入时间、开始时间、结束时间、调出时间等换装作业信息。整车货物在联运制单前，车站对物品清单信息进行审核并将该信息上报到电商系统，制单后由电商系统将运单和装卸信息自动转发货运站系统。集装箱货物在联运制单前，车站人员核对国境站系统发送的作业清单信息，制单后在集装箱系统进行换装作业，并将装卸信息上报电商系统。

5. 站到站(含中心站间)零散货物快运承运装车

(1)车站在零散货物快运系统填记货物运单需求联后计费制单，打印货物运单发站存查联、托运人存查联、收款人报告联，加盖车站日期戳。托运人在发站存查联正面的托运人签章处及背面的货物托运安全承诺书处签章。车站留存发站存查联，托运人存查联交托运人，收款人报告联上报铁路局集团公司。

(2)装车计划编制。零散货物快运根据集货入库后的货物运单信息编制装车计划，使用1.5 t小型集装箱装运时，应在编制装车计划前完成箱货匹配。点对点、中心站跨局运输的零散货物快运，日需求下达后在零散快运系统编制并执行装车计划，生成货车装载清单。

(3)装车。车站在货运站系统根据货车装载清单组织装车，补充装车信息。

(四)计费承运

车站在货票系统中核对“已装车”的整车货物运单、“已检斤验货”的集装箱货物运单信息，录入承运人记事，计算运输费用，打印货物运单发站存查联、托运人存查联、收款人报告联、领货凭证联(客户需纸质领货凭证时)，作为运输合同正本和副本。发站存查联、托运人存查联、纸质领货凭证的背面应有托、收货人须知及货物托运安全承诺书。实行运输跟踪管理的剧毒品使用黄色纸张打印运单。此时，货物运单状态变为“已制票”。

成组或整列装车的，货票系统打印货物运单各联次时应附车辆附表。货物运单“车种车号”栏记载“成组运输×车”或“整列运输×车”，“件数”“货物价格”“托运人确定重量”“承运人确定重量”合计栏记载成组或整列货物的合计数，运输费用按费目记载成组或整列费用的合计数。

在国际联运中，国际联运货物运单是缔结运输合同的凭证，国内段货物运单作为国内段的计费凭证，仅打印发站存查联、收款人报告联、托运人存查联。

(五)始发及途中作业

1. 取、送车作业

现车系统接到货运站、集装箱等系统推送到的“可取车”信息后，车站组织取车作业。根据货运、车辆等部门送车需求，编制作业计划，车站组织送车作业。

2. 货车出发

车站应严格贯彻“发站从严”的原则，根据作业计划，编制、核对出发货车编组顺序表并补充车辆“其他记事”栏信息，按规定核对货车编组顺序表、现车，核对信息相符后，与机车乘务员办理货车编组顺序表交接签认，按规定发车。

现车系统中“其他记事”栏由车站根据实际作业或车辆状态等情况录入需记载的事项，“货运记事”栏信息由系统自动生成。成组运输的机械冷藏车、BX1k 型车等无论空、重，均由现车系统进行成组连挂标记。

3. 货车到达

车站接收货车确报后，与机车乘务员办理货车编组顺序表交接签认，依据确报或货车编组顺序表按规定核对现车。

4. 货车解编作业

车站通过现车系统掌握车辆相关运输信息，编制作业计划，组织解体、集结、编组等作业。

途中站、到达站遇货车编组顺序表中车辆信息与电子票据信息内容不一致时，应现场确认现车车号，以现车车号的电子票据信息为准；发现空车有票、重车无票，或票、货信息不符时，按票车不符等流程处理。

5. 货检作业

车站检查现车发现问题时，须在铁路货检安全监控与管理系统（以下简称货检系统）编制普通记录。按规定对超限超重货物、剧毒品（非罐装，实行运输跟踪管理的）、爆炸品、气体类、硝酸铵等进行签认。

6. 列检作业

列检技术作业前，货车技术管理信息系统（以下简称 HMIS 系统）从运输信息集成平台接收货车到达、编成报告。

（六）卸车

1. 整车卸车

卸车前，发现系统显示的车号与实际现车不一致的通知行车部门处理；发现系统显示重车带票实际为空车的不得卸车，由车站按票车不符流程处理；发现现车系统推送的票据号码同票据库货车绑定的票据号码不一致的，通知行车及相关部门处理；发现系统显示货物名称同实际货物不符的，联系票记发站处理。

（1）货运场站卸车。车站接收到达重车票据信息后，在货运站系统编制卸车计划，接车对位组织卸车，卸车完毕后票据状态变为“已卸车”。卸车时发现货物损失或货物与运单信息不一致的，按规定在货运站系统编制货物损失报告。

（2）专用线卸车。车站接收到达重车票据信息后，在货运站系统制订卸车计划，确定专用线股道，进行路企进线交接，运输企业组织卸车，车站在货运站系统录入卸车信息和货车调到、卸车开始、结束、调回的时间，办理货车出线交接。

凭货物运单回送的空自备车送入专用线后，在货运站系统进行路企交接后解绑票车。

（3）区间卸车。到站行车人员在现车系统“其他记事”栏标注“区间卸车”，货运人员接到行车人员通知后，在货运站系统进行卸车作业操作。区间卸车作业完毕后，空车到达站行车人员在现车系统取票、删除现车其他记事栏标注的“区间卸车”。

2. 集装箱卸车

卸车前，发现系统显示的车号与实际现车不一致的，通知行车部门处理；发现系统显示重车带票实际为空车的，不得卸车，由车站按票车不符流程处理；发现现车系统推送的票据号码同票据库货车绑定票据号码不一致的，通知行车及相关部门处理；发现系统显示集装箱箱号同实际箱号不符的，联系票记发站处理。

货运场站卸车的，在集装箱系统调取票据信息，核实后组织卸车。卸车完毕，货物运单状态变为“已卸车”。

专用线卸车的，车站通过集装箱系统或电商系统录入卸车信息，在货运站系统确认卸车开始、结束时间，填记货车调到、调回时间，办理货车进、出线交接。

3. 站到站(含中心站)零散快运货物卸车

车站在货运站系统组织卸车，货车装载清单和货物运单状态变为“已卸车”。在零散快运货物系统对“已卸车”的货物运单信息进行卸车入库确认。

4. 国际联运出口(含过境)国境站卸车

除完成既有作业外，国境站交接所内勤在国境站系统中提取电商系统推送的出口电子货物运单，与实际到达的纸质国联运单核对，依据出口货车编组生成出口货物交接单。

国境站出口车辆生成出发编组并执行货车出发后，国境站依据出口货车编组信息和出口货物运单信息，生成出口货物交付信息上报货运站系统。

车站在货运站系统、集装箱系统对卸车完毕的车辆，发送“可取车”的通知，现车系统自动获取票据信息。

(七)交付

1. 内交付

(1)收货人凭纸质领货凭证领货。

收货人为个人时，还需提供收货人的身份证；收货人为单位时，还需提供委托书和经办人身份证。车站在货票系统中调取货物运单信息，核实领货凭证、领货人身份等，采集收货人(经办人)的身份证及头像影像资料，办理内交付手续。委托他人领取货物时应同时核实领货凭证、收货人的身份证复印件、被委托人的身份证原件和委托书。纸质领货凭证未到或丢失时，可凭有经济担保能力的企业出具的担保书办理内交付手续。

(2)收货人凭领货密码领货。

车站在货票系统中验证领货验证码，核实收货人的身份信息，采集经办人的身份证及头像影像资料，办理内交付手续。委托他人领取货物时，查验收货人在电商系统录入的被委托人的姓名、身份证号码、手机号码等委托信息及领货密码办理内交付手续。

(3)专用线可凭企业出具的委托领货手续领货。

车站在货票系统中补充确认到达及卸车相关信息，核收相关费用后，打印货物运单到站存查联、收货人存查联并加盖车站日期戳。货物运单收货人存查联交收货人，货物运单到站存查联由收货人签章后留存。此时，运单状态变为“已内交付”。

2. 外交付

货运场站卸车，车站在货运站系统或集装箱系统对“已内交付”的运单进行外交付操作，凭加盖车站日期戳的货物运单收货人存查联点交货物，并加盖“货物交讫”戳记。分批领取货物时，应在货物运单收货人存查联上逐批记载领取货物的品名、件数、重量、时间等信息，全批点交完毕后，加盖“货物交讫”戳记。货物及自备箱凭货物运单收货人存查联出站，铁路箱凭铁路箱出站单出站。

专用线卸车的，货车办理交接后即为外交付完毕。

3. 国际联运进口货物国境站本地交付

国境站完成进口交付运单编制后，由车站依据电子货物运单信息和落地卸车作业信息，生成进口货物交付信息上报货运站系统。

附 录

附件1 货物运单正本样式及填制说明

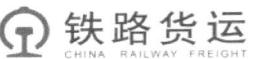

铁路货运 CHINA RAILWAY FREIGHT 安卓手机客户端

需求号：201708HY6666660001

附表1-1 中国铁路×××局集团有限公司
货物运单
（整车、集装箱、批量、零散）

托运人	发站(公司)		专用线						货区			
	名称						经办人		货位			
							手机号码		车种车号			
	□上门取货	取货地址					联系电话		取货里程/km			
收货人	到站(公司)		专用线						运到期限		标重	
	名称						经办人		施封号			
							手机号码		篷布号			
	□上门送货	送货地址					联系电话		送货里程/km			
付费方式	□现金 □支票 □银行卡 □预付款 □汇总支付				领货方式		□电子领货□纸质领货		装车方		施封方	
货物名称		件数	包装	货物价格/元	重量/kg	箱型箱类	箱号	集装箱施封号	承运人确定重量/kg	体积/m^3	运价号	计费重量/kg
合计												

续附表1-1

<table>
<tr><td rowspan="4">选择
服务</td><td>□上门装车</td><td></td><td>费目</td><td>金额/元</td><td>税额/元</td><td>费目</td><td>金额/元</td><td>税额/元</td></tr>
<tr><td>□上门卸车</td><td></td><td rowspan="3"></td><td rowspan="3"></td><td rowspan="3"></td><td rowspan="3"></td><td rowspan="3"></td><td rowspan="3"></td></tr>
<tr><td colspan="2">□保价运输　□装载加固材料
□仓储　　　□冷藏(保温)</td></tr>
<tr><td>其他服务</td><td></td></tr>
<tr><td>增值税
发票类型
□普通票
□专用票</td><td colspan="2">受票方名称：
纳税人识别号：
地址、电话：
开户行及账号：</td><td>费用合计</td><td colspan="5">大写:</td></tr>
</table>

背书

托运人须知

1. 托运人在铁路托运货物，在本单签字或盖章，即证明愿意遵守《中华人民共和国合同法》《中华人民共和国铁路法》《铁路安全管理条例》等法律法规，以及《铁路货物运输规程》等铁路规章的有关规定。

2. 托运人应签署《货物托运安全承诺书》，不得匿报、谎报货物品名，不得托运或在所托运货物中夹带国家禁止运输的物品，不得在普通货物中夹带危险货物，不得在危险货物中夹带禁止配装的货物。

3. 托运人在本单所记载的货物名称、件数、包装、价格、重量等事项应与货物的实际完全相符，并对其真实性负责。

4. 货物的内容、品质和价格是托运人提供的，承运人在接收和承运货物时并未全部核对。

5. 托运人应妥善保管电子领货密码或领货凭证，并及时将电子领货密码告知或将领货凭证寄交收货人，收货人凭电子领货密码或领货凭证经到站验证后，在到站领取货物。

6. 托运人选择电子领货方式时，应在电子运单中正确填记收货人的经办人姓名、身份证号码、手机号码和电子领货密码。

7. 托运人选择保价运输时，应填写货物的实际价格，作为计算“保价金额”的依据。当货物在运输过程中发生损失时，承运人对保价货物按照货物的保价金额和损失比例赔偿，对非保价货物，按规定的限额赔偿。

8. 托运人应凭本单于次月底前开具增值税发票。

9. 本单于托运人和承运人双方签字或盖章之时起生效。

收货人须知

1. 收货人应妥善保管电子领货密码或领货凭证，接到货物到达通知后，及时领取货物。

2. 收货人凭电子领货密码领取货物时，应同时出示身份证原件；委托他人领取货物时，收货人应登录铁路货运网上营业厅，正确填记被委托人姓名、身份证号码、手机号码等信息，被委托人凭电子领货密码和本人身份证原件领取货物。

收货人凭领货凭证领取货物时，应同时出示身份证原件；委托他人领取货物时应同时提供领货凭证、收货人身份证复印件、被委托人身份证原件和委托书。收货人为法人单位时，除提供经办人身份证原件外，还需提供加盖单位公章的委托书。

3. 收货人应按规定支付相关费用。

4. 收货人接收货物时，发现货物损失应立即向承运人提出。

5. 货物交付完毕，合同即为履行完毕；此后发生问题，承运人不承担责任。

货物托运安全承诺书

根据《中华人民共和国铁路法》《铁路安全管理条例》，托运货物必须遵守国家关于禁止或者限制运输物品的规定；托运人托运货物，不得匿报、谎报货物品名、性质、重量，不得在普通货物中夹带危险货物，不得在危险货物中夹带禁止配装的货物。

依据《铁路安全管理条例》第九十六条规定，托运人托运货物时，将危险货物谎报或者匿报为普通货物托运的，或在普通货物中夹带危险货物，由铁路监督管理机构依法处置。依据《中华人民共和国铁路法》第六十条规定，以非危险品品名托运危险品，导致发生重大事故的，依照刑法有关规定追究刑事责任。

本公司(本人)已阅知上述法律法规规定，承诺申报的货物运单和物品清单所填记事项真实，与实际货物相符，没有匿报、错报货物品名；托运的货物没有国家法律法规及铁路部门禁止托运或混装的货物。违反此承诺造成的一切法律责任及后果由本公司(本人)承担。

托运人(盖章/签字)：　　　　　　　　　　　　　　　　年　　月　　日

货物运单填制说明

1. 货物运单右上角打印运单号码和对应的条形码。运单号码由5位字母(3位车站电报码, 1位票种代码, 1位窗口代码)和7位数字(7位循环顺序号)组成。运单上的条形码, 供自动识别。

2. 根据托运人选择的运输方式, 在货物运单上分别自动打印整车、集装箱、批量、零散等字样。

3. 货物运单左上角打印铁路货运统一标识、APP下载应用的二维码等相关内容。货物运单底部打印收货人签章、车站接(交)货人签章、制单人、制单日期等栏目。货物运单框内左半部分为托运人填写部分, 右半部分为承运人填写部分, 以黑色加粗折线分隔。

4. 托运人填写部分说明, 带“ * ”的栏目为必填项。

附表1-2　货物运单

栏号	栏目名称		内容填写说明
1	托运人	发站(公司) *	发站按《铁路货物运价里程表》规定的站名完整填记, 不得简称。(公司)名, 为系统自动生成
2		专用线	在专用线或专用铁路装车时, 填写该专用线的全称
3		名称 *	填写托运单位的完整名称, 如托运人为个人时, 则应填记托运人的姓名和身份证号码
4		经办人	填写经办人的姓名。姓名超过5个汉字时, 根据经办人要求填记姓名简称, 并在“托运人记事”栏内填记姓名全称
5		手机号码	填写经办人的手机号码
6		取货地址	选择上门取货服务时, 应详细填写取货地点所在的省、市、自治区城镇街道和门牌号码或乡、村名称及取货联系人的姓名
7		联系电话	选择上门取货服务时, 应填写取货联系人的电话号码
8	收货人	到站(公司) *	到站按《铁路货物运价里程表》规定的站名完整填记, 不得简称。(公司)名, 为系统自动生成
9		专用线	在专用线或专用铁路卸车时, 填写该专用线的全称
10		名称 *	填写收货单位的完整名称, 如收货人为个人时, 则应填记收货人的姓名
11		经办人	填写经办人的姓名。姓名超过5个汉字时, 根据经办人要求填记姓名简称, 并在“托运人记事”栏内填记姓名全称
12		手机号码	填写经办人的手机号码
13		送货地址	选择上门送货服务时, 应详细填写送货地点所在的省、市、自治区城镇街道和门牌号码或乡、村名称及收货联系人的姓名
14		联系电话	选择上门送货服务时, 应填写收货联系人的电话号码
15	付费方式 *		客户可选择现金、支票、银行卡、预付款、汇总支付等方式, 选择汇总支付或预付款的, 应填写汇总支付或预付款的凭证号码

续附表1-2

栏号	栏目名称		内容填写说明
16	领货方式 *		客户可选择纸质领货或电子领货，选择电子领货时，须设置领货经办人的身份证号码、领货密码等信息
17	货物名称 *		普通货物应按《铁路货物运价规则》附件三“铁路货物运输品名检查表”（危险货物则按“铁路危险货物品名表”）所列的货物名称完整、正确填写。危险货物应在品名之后用括号注明危险货物编号。“铁路货物运输品名检查表”或“铁路危险货物品名表”内未经列载的货物，应填写生产或贸易上通用的具体名称，但须用《铁路货物运价规则》附件一“铁路货物运输品名分类与代码表”相应类项的品名加括号注明。 按一批托运的货物，不能逐一将品名填记在货物运单内时，须另填物品清单，承运后由车站打印，一式两份，托运人签章，一份由发站存查，一份交托运人。 需要说明货物规格、用途、性质的，在“货物描述”中加以注明
18	件数 *		应按货物名称及包装种类分别记明件数，“合计件数”栏填写货物的总件数。 承运人只按重量承运的货物，则在本栏填记“堆”“散”“罐”字样
19	包装		记明包装种类，如“木箱”“纸箱”“麻袋”“条筐”“铁桶”“绳捆”等。按件承运的货物无包装时，填记“无”字。使用集装箱运输的货物或只按重量承运的货物，本栏可以省略不填
20	货物价格（元）		应填写该项货物的实际价格，全批货物的实际价格为确定货物保价金额的依据（托运人选择保价运输时，此为必填项）
21	重量（kg）*		应按货物名称及包装种类分别将货物实际重量（包括包装重量）用千克记明，“合计重量”栏填记该批货物的总重量
22	箱型箱类		箱型填集装箱对应箱型，如“20”“25”“40”“45”“50”。箱类填集装箱对应箱类，如“通用标准箱”“35 t 敞顶箱”等
23	箱号		填写包括箱主代码在内的 11 位集装箱箱号
24	集装箱施封号		填写集装箱的铁路施封锁号码
25	选择服务	上门装车	选择上门装车的，需详细填记货物单件规格、重量等特约事项
26		上门卸车	选择上门卸车的，需详细填记货物单件规格、重量等特约事项
27		保价运输、装载加固材料、仓储、冷藏（保温）	托运人根据需要选择相应的服务
28		其他服务	托运人、承运人双方认可的其他服务事项
29	增值税发票类型		需要开具增值税发票的，选择填记“普通票”“专用票”，并填记受票方名称、纳税人识别号、地址、电话、开户行及账号等信息

续附表1-2

<table>
<tr><th>栏号</th><th>栏目名称</th><th>内容填写说明</th></tr>
<tr><td rowspan="2">30</td><td>托运人记事</td><td>填写需要由托运人声明的事项，例如：
1. 货物状态有缺陷，但不致影响货物安全运输，应将其缺陷具体注明；
2. 需要凭证明文件运输的货物，应将证明文件的名称、号码及填发日期注明；
3. 托运人派人押运的货物，注明押运人的姓名和证件名称及号码；
4. 托运易腐货物或“短寿命”放射性货物时，应记明容许运输期限。选择冷链(保温)运输时，应记明具体运输条件、要求；
5. 使用自备货车或租用铁路货车在营业线上运输货物时，应记明“××单位自备车”或×××单位租用车”。使用自备篷布时，应记明自备篷布号码；
6. 国外进口危险货物，按原包装托运时，应注明“进口原包装”；
7. 托运零散快运货物时，应注明单件最大重量和单件最大长、宽、高；
8. 托运人要求办理铁路货物运输保险时，应注明“已投保运输险”；
9. 其他按规定需要由托运人在运单内记明的事项；
10. 经办人的姓名超过 5 个汉字时，应填记姓名的全称</td></tr>
<tr><td>签章 *</td><td>托运人于货物运单打印完毕，并确认无误后，在此栏盖章或签字</td></tr>
</table>

5. 承运人填写部分说明。

附表 1-3　承运人填写部分说明

栏号	栏目名称	内容填写说明
31	货区	填写货物堆存货区
32	货位	填写货物堆存货位
33	车种车号	填写货物装载的铁路货车车种、车型和车号
34	取货里程(km)	根据托运人填写的取货地址确定的取货里程
35	运到期限	填写按规定计算的货物运到期限日数
36	标重	填写铁路货车对应的标记载重
37	施封号	填写货车的施封号码
38	篷布号	填写所苫盖的铁路货车篷布号码
39	送货里程(km)	根据托运人填写的送货地址确定的送货里程
40	装车方	根据装车组织人，填写“托运人”或“承运人”
41	施封方	根据施封负责人，填写“托运人”或“承运人”

续附表1-3

栏号	栏目名称	内容填写说明
42	承运人确定重量(kg)	除一件重量超过车站衡器最大称量的货物外，其他货物由承运人确定货物重量，按货物名称及包装种类分别填记。“合计重量”栏填记该批货物的总重量
43	体积(m^3)	按货物名称及包装种类分别填记。“合计体积”栏填记该批货物的总体积
44	运价号	填记货物名称对应的运价号
45	计费重量(kg)	整车货物填记货车标记载重量或规定的计费重量；零散货物填记按规定处理尾数后的重量或起码重量
46	费目、金额(元)、税额(元)	按规定的计费科目及费用填写
47	费用合计	填写所有费用合计的小写金额
48	大写	填写所有费用合计的大写金额
49	承运人记事	填记需要由承运人记明的事项，例如： 1. 货车代用记明批准的代用命令； 2. 途中装卸的货物，记明计算运输费用的起讫站名； 3. 需要限速运行的货物和自有动力行驶的机车，记明铁路局集团公司承认命令； 4. 对危险货物或易腐货物，应按货物性质，在记事栏中选择“爆炸品”“氧化性物质”“毒性物质”“腐蚀性物质”“易腐货物”等记事，以及经铁路局集团公司批准按普通货物运输的危险货物记载事项； 5. 机械冷藏等有工作车的成组货车装车时，记载工作车车号； 6. 托运人要求办理铁路货物运输保险时，应记载保险单号码； 7. “卸货时间”由到站按卸车完毕的时间填写； 8. “通知时间”按发出领货(送货)通知的时间填写； 9. 填写“到站收费票据号码”和“领货人身份证号码”； 10. 需要由承运人记明的其他事项
50	签章	收货人签章：收货人领货时签字或盖章。 车站接(交)货人签章：发站上门取货人员名章、到站上门送货人员名章

附件 2 特定运输条件

附表 2-1 特定运输条件

编号	名称	特定运输条件
1	各国驻华使领馆公用或个人用物品运输	1. 托运人：中国对外贸易运输公司所属各机构。中国外轮代理公司。 2. 收货人：各国驻华大使馆、领事馆或商务代办处，或受各机构、个人委托收货的国内其他单位。 3. 发站：广州南、黄埔、吉山、深圳北、湛江、北郊、连云港、青岛、烟台、北京东、天津、天津南、新港、塘沽、塘沽南、秦皇岛、大连东。 4. 到站：哈尔滨、长春、沈阳、大连东、北京东、呼和浩特、连云港、北郊、上海南、南宁、广州南、深圳北。 5. 货物名称：凡是托运人提不出具体品名的货物，在货物运单内货物名称栏，可以填写“使领馆用品”字样，不必填写物品清单。但能提出具体品名的货物，仍须填写具体品名，按一般规定办理。 6. 承运人负责范围：由承运人确定重量时，承运人对货物的重量和包装完整状态负责；由托运人确定重量时，承运人只对货物的包装完整状态负责
2	外交用品运输	1. 托运人：中国对外贸易运输公司所属各分支机构或国际旅行社，如深圳支社。中国外轮代理公司。 2. 收货人：外交部驻外机构供应处、外贸部、新华社、对外经济联络部和总参谋部。 3. 发站：深圳北、广州南、北郊、连云港、青岛、烟台、大连东、塘沽南、秦皇岛、湛江。 4. 到站：北京东、北郊、广州南、深圳北、沈阳。 5. 办理种别：限按零担办理，免附物品清单。 6. 承运人负责范围：发站承运外交用品时，必须认真过秤，不适用托运人确定重量的规定。每件货物包装上应由托运人施以铅封，承运人对托运人所施的铅封负责
3	罐车装运油料卸净标准	1. 原油、燃料油（裂化残油）、重油和常渣油在罐体底部，中心线深度不超过 20 mm。 2. 其他油料必须卸净
4	灵柩运输	1. 在 4 月 1 日至 10 月 31 日的期间内，木棺外部用铁皮包好，各接缝处焊严。 2. 在 11 月 1 日至次年 3 月 31 日的期间内，木棺内外用黄蜡或油漆密封，使其气味不致散发。 3. 由于南方天气较暖，发送和到达京广线小李庄站、津浦线高家营站、宝成线任家湾站以南各站不适用第 2 项不包铁皮的规定

附件3 物品清单表

附表3-1 物品清单

发站____________________ 货票第__________号

货件编号	包装	详细内容			件数或尺寸	重量	价格
		物品名称	材质	新旧程度			

托运人盖章或签字____________________ 年 月 日

注意事项：

(1)个人托运的物品(如搬家货物、行李)，分为保价运输和不保价运输两种，由托运人选定。发生货损、货差时，保价运输的，按保价运输有关规定赔偿；不保价运输的，每重10公斤(不满10公斤的按10公斤计算)，最多赔偿人民币30元，实际损失低于这个标准的，按货物实际损失的价格赔偿。

(2)本表由托运人填写，一式三份，记载必须真实、正确。

(3)“物品名称”栏要详细填写，如衣服应记明外衣、衬衫、男式、女式、童装等。“材质”栏应写明棉、毛、呢、绒、化纤等。“件数”栏如是衣料，应记明尺寸。“价格”栏只供按保价运输托运时填写。

(4)个人物品内不得夹带下列物品：金、银、钻石、珠宝、首饰、古玩、文物字画、手表、照相机；有价证券、货币、各种票证；危险货物。

(5)规格：270 mm×185 mm。

附件 4　包装储运图示标志

附图4-1 小心轻放标志（白纸印黑色）

附图4-2 禁用手钩标志（白纸印黑色）

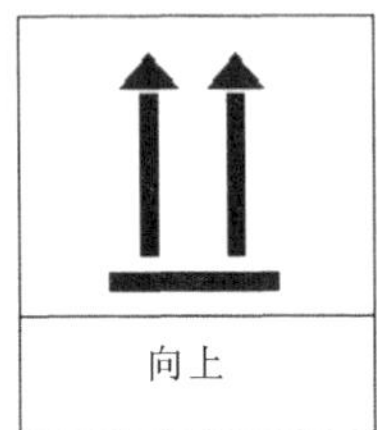

附图4-3 向上标志（白纸印黑色）

附图4-4 怕热标志（白纸印黑色）

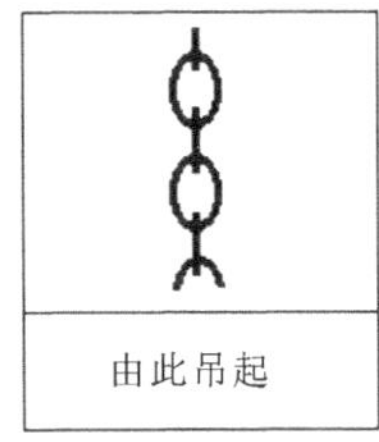

附图4-5 由此吊起标志（白纸印黑色）

附图4-6 怕湿标志（白纸印黑色）

附图4-7 重心点标志（白纸印黑色）

附图4-8 禁止滚翻标志（白纸印黑色）

附图4-9 允许堆码极限标志（白纸印黑色）

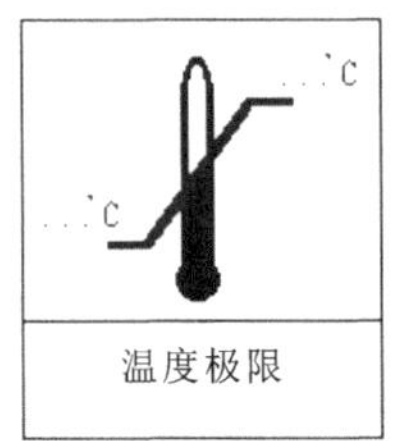

附图4-10 温度极限标志（白纸印黑色）

附件5 货车使用限制表

附表5-1 货车使用限制表

顺号	车种 / 限制条件 / 货物名称	棚车	敞车	底开门车	有端侧板平车	无端侧板平车	有端板无侧板平车	铁底板平车	共用车	备注
1	散装的煤、灰、焦炭、砂、石、土、矿石、砖	×				×	×	×	×	无端侧板平车或有端板(渡板)无侧板平车(共用车除外)，在使用围挡并安有支柱时，可装运煤、灰、砂、石、土、砖
2	金属块			×		×	×	×	×	无端侧板平车或有端板(渡板)无侧板平车(共用车除外)，在使用围挡并安有支柱时，可装运散装的金属块
3	空铁桶				×	×	×	×	×	应加固并外罩绳网
4	木材				×	×	×	×	×	
5	超长货物	×	×	×				×		
6	超限货物	×		×				×		
7	钢轨	×		×				×		
8	组成的机动车辆	×	×	×				×		组成的摩托车、手扶拖拉机及小型车辆可使用棚车，在到站有起重能力时，可使用敞车

注：×——不准使用的车种。

附件 6　铁路货车增载规定

一、货车增载规定

1. 允许增载货车车型、适装货物品类及允许增载重量见附表(6–1)。

对符合《铁路货物运输规程》第 26 条特定情况的货物，还可以多装，但多装部分不得超过货车标记载重量的 2%。

2. 使用 60 t 平车装运军运特殊货物的，允许增载 10%。

3. 国际联运的中、朝、越铁路货车(C_{70} 型系列、C_{76} 型系列、C_{80} 型系列货车除外)，以标记载重量加 5% 为货车容许载重量。

二、以下车种车型不允许增载

1. 企业自备车中标记载重 60 t 级敞车外的其他车种车型。

2. P_{62K}、P_{62T}、P_{70} 等型棚车。

3. N_{17K}、N_{17AK}、N_{17AT}、N_{17GK}、N_{17GT}、N_{17T} 等型平车。

4. 罐车(G)、矿石车(K)、家畜车(J)、水泥车(U)、粮食车(L)、保温车(B)、集装箱车(X)、共用车(NX)、毒品车(W)、长大货物车(D)以及长钢轨运输车(T)。

5. 涂打有禁增标记的货车。

6. C_{70}(含 C_{70H}、C_{70A}、C_{70C}、C_{70E}、C_{70EH}、C_{70EF}、C_{70B}、C_{70BH})、C_{76}(含 C_{76H}、C_{76A}、C_{76B}、C_{76C})、C_{80}(含 C_{80H}、C_{80A}、C_{80AH}、C_{80B}、C_{80BH}、C_{80BF}、C_{80C}、C_{80CA})型货车。

附表 6-1 增载货车车型、适装货物品类及允许增载重量表

序号	增载货车车型	适于增载货物品类	最大允许增载/t
1	C_{62BK}、C_{62BT}、C_{64A}、C_{64H}、C_{64K}、C_{64T} 型敞车	《铁路货物运价规则》附件一中的 01 类煤，03 类焦炭，04 类金属矿石中的 0410 铁矿石、0490 其他金属矿石，05 类 0510 生铁，06 类非金属矿石中的 0610 硫铁矿、0620 石灰石、0630 铝矾土、0640 石膏，07 类磷矿石，08 类矿物性建筑材料中 0811 中泥土、0812 砂、0813 石料、0898 灰渣等的散堆装货物	3
2	C_{62BK}、C_{62BT}、C_{64A}、C_{64H}、C_{64K}、C_{64T} 型敞车	除序号 1 所述品类外的其他适合敞车装运的货物	2
3	C_{62AK}、C_{62AT} 型敞车	适合敞车装运的货物	2
4	企业自备车中标记载重 60 t 级敞车	《铁路货物运价规则》附件一中的 01 类煤	2
5	P_{62NK}、P_{62NT}、P_{63}（含 P_{63K}）、P_{64}（含 P_{64A}、P_{64AK}、P_{64AT}、P_{64GH}、P_{64GK}、P_{64GT}、P_{64K}、P_{64T}）、P_{65}（含 P_{65S}）型棚车	适合棚车装运的货物	1（快速货物班列中 P_{65} 的装载重量按有关规定执行）

附件 7　铁路货物运价率表

附表 7-1　政府指导价铁路货物运价率表

办理类别	运价号	基价 1		基价 2	
		单位	标准	单位	标准
整车	1	—	—	元/轴公里	0.525
	2	元/吨	9.50	元/吨公里	0.086
	3	元/吨	12.80	元/吨公里	0.091
	4	元/吨	16.30	元/吨公里	0.098
	5	元/吨	18.60	元/吨公里	0.103
	6	元/吨	26.00	元/吨公里	0.138
	机械冷藏车	元/吨	20.00	元/吨公里	0.140

运输费用计算办法：

整车货物每吨运价=基价 1+基价 2×运价公里；

零担货物每 10 千克运价=基价 1+基价 2×运价公里；

集装箱货物每箱运价=基价 1+基价 2×运价公里。

附表 7-2 市场调节价铁路货物运价率表

办理类别	运价号	基价 1		基价 2	
		单位	标准	单位	标准
整车	1	—	—	元/轴公里	0. 525
	2	元/吨	9. 50	元/吨公里	0. 086
	3	元/吨	12. 80	元/吨公里	0. 091
	4	元/吨	16. 30	元/吨公里	0. 098
	5	元/吨	18. 60	元/吨公里	0. 103
	6	元/吨	26. 00	元/吨公里	0. 138
零担	21	元/10 千克	0. 22	元/10 千克公里	0. 00111
	22	元/10 千克	0. 28	元/10 千克公里	0. 00155
集装箱	20 ft 箱	元/箱	440	元/箱公里	3. 185
	40 ft 箱	元/箱	532	元/箱公里	3. 357

运输费用计算办法：

整车货物每吨运价=基价 1+基价 2×运价公里；

零担货物每 10 千克运价=基价 1+基价 2×运价公里；

集装箱货物每箱运价=基价 1+基价 2×运价公里。

附表 7-3　实行市场调节价的铁路整车运输货物品类表

序号	品类名称	主要货物种类
1	矿物性建筑材料(08)	土、砂、石、石灰；砖、瓦、砌块；水泥制品；玻璃；玻璃纤维及其制品；其他矿物性建筑材料
2	水泥(09)	水泥；水泥熟料
3	木材(10)	原木；锯材；木片；人造板材
4	盐(14)	食用盐；非食用盐
5	金属制品(16)	金属结构及其构件；金属工具、模具；铝制器皿、搪瓷制品；其他金属制品
6	工业机械(17)	普通机械设备；运输工具(不含挂运与自行的铁路机车、车辆及轨道机械)；仪器、仪表、量具
7	电子、电气机械(18)	电力、通信、广播电视设备；日用电器；电子计算机及其外部设备；其他电子、电器机械及器材
8	饮食品及烟草制品(22)	食糖；食品；饮料；烟草制品；其他烟草制品
9	纺织品，皮革、毛皮及其制品(23)	丝、毛、化学纤维、纱、线；纺织品、针织品；鞋、帽、服装及其他编织、缝纫品；皮革、毛皮及其制品
10	纸及文教用品(24)	纸浆；纸及纸制品；印制品；其他文教用品
11	医药品(25)	中药材；中成药、西药及其他医药品
12	其他货物(不含饲料、有机肥、特定货物)(99)	家具、搬家货物、行李、日用杂品；动植物油脂、冰、水；动植物残余物；浆粕、废碎物品；工艺品、展览品；特定集装化用具

附件 8 国际标准集装箱主要参数

附表 8-1 国际 I 系列集装箱外部尺寸和额定质量(总重)表

集装箱箱型	长度		宽度		高度		总重	
	mm	ft	mm	ft	mm	ft	kg	lb
1AAA	12192	40	2438	8	2896	9	30480	67200
1AA	12192	40	2438	8	2591	8	30480	67200
1A	12192	40	2438	8	2438	8	30480	67200
1AX	12192	40	2438	8	<2438	<8	30480	67200
1BBB	9125	30	2438	8	2896	9	25400	56000
1BB	9125	30	2438	8	2591	8	25400	56000
1B	9125	30	2438	8	2438	8	25400	56000
1BX	9125	30	2438	8	<2438	<8	25400	56000
1CC	6058	20	2438	8	2591	8	24000	52920
1C	6058	20	2438	8	2438	8	24000	52920
1CX	6058	20	2438	8	<2438	<8	24000	52920
1D	2991	10	2438	8	2438	8	10160	22400
1DX	2991	10	2438	8	<2438	<8	10160	22400

注：1 英尺(ft)= 0.3048 m。

附表 8-2 系列 I 通用集装箱最小内部尺寸和门框开口尺寸

<table>
<tr><th rowspan="2">集装箱型号</th><th colspan="3">最小内部尺寸/mm</th><th colspan="2">最小门框尺寸/mm</th></tr>
<tr><th>高度</th><th>宽度</th><th>长度</th><th>高度</th><th>宽度</th></tr>
<tr><td>1AAA</td><td rowspan="9">集装箱外部高度尺寸减 241 mm</td><td rowspan="9">2330</td><td>11998</td><td>2566</td><td rowspan="9">2286</td></tr>
<tr><td>1AA</td><td>11998</td><td>2261</td></tr>
<tr><td>1A</td><td>11998</td><td>2134</td></tr>
<tr><td>1BBB</td><td>8931</td><td>2566</td></tr>
<tr><td>1BB</td><td>8931</td><td>2261</td></tr>
<tr><td>1B</td><td>8931</td><td>2134</td></tr>
<tr><td>1CC</td><td>5867</td><td>2261</td></tr>
<tr><td>1C</td><td>5867</td><td>2134</td></tr>
<tr><td>1D</td><td>2802</td><td>2134</td></tr>
</table>

附件 9　国家标准集装箱的外部尺寸和额定重量

附表 9-1　国家标准集装箱的外部尺寸和额定重量

箱型	高度/mm	宽度/mm	长度/mm	额定重量/kg
1AA	2591	2438	12192	30480
1A	2438	2438	12192	30480
1AX	<2438	2438	12192	30480
1CC	2591	2438	6058	24000
1C	2438	2438	6058	24000
1CX	<2438	2438	6058	24000
10D	2438	2438	4012	10000
5D	2438	2438	1968	5000

附件 10 铁路集装箱的主要技术参数

附表 10-1 我国铁路集装箱的箱型及主要技术参数

箱型	外部尺寸/mm			容积/m^3	自重/kg	载重/kg	总重/kg
	长度	宽度	高度				
TJ_1	900	1300	1300	1.2	175	825	1000
TBJUIo	3070	2500	2650	16.81	1618	8382	10000
20 ft	6058	2438	2591	31.5	1600	18720	20320
40 ft	12192	2438	2591	67.6	3950	26530	30480

附表 10-2 我国铁路常见专用箱和特种箱的技术参数

箱型	代号	外部尺寸(长×宽×高)/mm	总重/kg	自重/kg	载重/kg	适合装运货物
20 英尺水煤浆罐式集装箱	TBGU	6058×2438×2591 (罐体最大容积：22 m^3)	30000	4000	26000	水煤浆
20 英尺散装水泥罐式集装箱	TBGU	6058×2438×2896	30480	4950	25050	散装水泥
20 英尺弧型罐式集装箱	TBGU	6058×2438×2896 (内部容积：33.5 m^3)	30480	6300	24180	润滑油、植物油
20 英尺干散货集装箱	TBBU	6058×2438×2591 (顶孔开口：1400 mm×1765 mm)	30480	3100	27380	散货
20 英尺双层汽车箱	TBQU	6058×2438×3200	15000	3300	11700	轿车
50 英尺双层汽车箱	TBQU	15400×2500×3200	30480	9680	20800	轿车、中型客车
25 英尺板架式集装箱	TBPU	7675×3180×348	28300	4300	24000	小汽车
木材专用折叠式台架箱	TBPU	5610×3155×3400 (内宽：2868 mm)	30000	2500	27500	木材

附件 11 超重货物分级表

附表 11-1 超重货物分级表

等级	长大货车型号	重车总重 P/t	长大货车型号	重车总重 P/t
一级	D_2	$P>314$	D_{28}	$369<P\leqslant 388$
	D_{2A}	$P>329$	DK_{29}	$370.8<P\leqslant 389.5$
	D_{2G}	$326<P\leqslant 342$	D_{30G}	$437<P\leqslant 459$
	D_{18A}	$P>310$	D_{32}	$491<P\leqslant 515$
	DK_{23}	$P>296$	350 t 落下孔车	$490<P\leqslant 514$
	D_{23G}	$310<P\leqslant 326$	DQ_{35}	$P>508$
	D_{25A}	$P>374$	DK_{36}	$P>545.7$
	DA_{25}	$P>361$	DK_{36A}	$P>521.3$
	D_{32A}	$P>545$	D_{38}	$543<P\leqslant 571$
	D_{26}	$371<P\leqslant 390$	D_{45}	$580<P\leqslant 609$
	D_{26AK}	$P>332$	DA_{37}	$P>542.2$
	D_{26B}	$371<P\leqslant 390$	DQ_{45}	$585<P\leqslant 615$
二级	D_{2G}	$342<P\leqslant 355$	350 t 落下孔车	$P>514$
	D_{23G}	$P>326$	D_{32}	$515<P\leqslant 535$
	D_{26}	$P>390$	D_{38}	$571<P\leqslant 592$
	D_{26B}	$P>390$	D_{45}	$609<P\leqslant 632$
	D_{28}	$P>388$	DQ_{45}	$615<P\leqslant 638$
	D_{30G}	$P>459$	DK_{29}	$P>389.5$
超级	D_{2G}	$P>355$	D_{45}	$P>632$
	D_{32}	$P>535$	DQ_{45}	$P>638$
	D_{38}	$P>592$		

注：以上均为货物装载重心无偏移情况下的数据，如有重心偏移，则应按实际装载重心偏移情况另行计算等级。

附件12 机车车辆限界基本轮廓、各级超限限界与建筑限界

附表12-1 距离线路中心线所在垂直平面的距离表

自轨面起算的高度/mm	限界距线路中心线所在垂直平面的距离/mm			
	机车车辆限界基本轮廓	一级超限限界	二级超限限界	建筑限界 *
150	1320		1400	1471
160	1330		1400	1477
170	1340		1400	1482
180	1350		1400	1488
190	1360		1400	1494
200	1370		1400	1500
210	1380		1400	1725
220	1390		1400	1725
230	1400			1725
240	1410			1725
250	1420			1725
260	1430			1725
270	1440			1725
280	1450			1725
290	1460			1725
300	1470			1725
310	1480			1725
320	1490			1725
330	1500			1725
340	1510			1725
350	1520			1725
360~1100	1675			1875
1110	1675			2376
1120	1675			2382
1130	1675			2389
1140	1675			2395
1150	1675			2401

续附表12-1

自轨面起算的高度/mm	限界距线路中心线所在垂直平面的距离/mm			
	机车车辆限界基本轮廓	一级超限限界	二级超限限界	建筑限界＊
1160	1675			2408
1170	1675			2414
1180	1675			2420
1190	1675			2427
1200	1675			2433
1210～1250	1675			2440
1260～3000	1700	1900	1940	2440
3010	1700	1900	1940	2437
3020	1700	1900	1940	2434
3030	1700	1900	1940	2431
3040	1700	1900	1940	2428
3050	1700	1900	1940	2425
3060	1700	1900	1940	2422
3070	1700	1900	1940	2419
3080	1700	1900	1940	2416
3090	1700	1900	1940	2413
3100	1700	1900	1940	2410
3110	1700	1898	1938	2407
3120	1700	1896	1936	2404
3130	1700	1894	1935	2401
3140	1700	1892	1933	2398
3150	1700	1890	1931	2396
3160	1700	1888	1929	2393
3170	1700	1886	1927	2390
3180	1700	1884	1926	2387
3190	1700	1882	1924	2384
3200	1700	1880	1922	2381
3210	1700	1878	1920	2378
3220	1700	1876	1918	2375
3230	1700	1874	1917	2372

续附表12-1

自轨面起算的高度/mm	限界距线路中心线所在垂直平面的距离/mm			
	机车车辆限界基本轮廓	一级超限限界	二级超限限界	建筑限界 *
3240	1700	1872	1915	2369
3250	1700	1870	1913	2366
3260	1700	1868	1911	2363
3270	1700	1866	1909	2360
3280	1700	1864	1908	2357
3290	1700	1862	1906	2354
3300	1700	1860	1904	2352
3310	1700	1858	1902	2349
3320	1700	1856	1900	2346
3330	1700	1854	1899	2343
3340	1700	1852	1897	2340
3350	1700	1850	1895	2337
3360	1700	1848	1893	2334
3370	1700	1846	1891	2331
3380	1700	1844	1890	2328
3390	1700	1842	1888	2325
3400	1700	1840	1886	2322
3410	1700	1838	1884	2319
3420	1700	1836	1882	2316
3430	1700	1834	1881	2313
3440	1700	1832	1879	2310
3450	1700	1830	1877	2308
3460	1700	1828	1875	2305
3470	1700	1826	1873	2302
3480	1700	1824	1872	2299
3490	1700	1822	1870	2296
3500	1700	1820	1868	2293
3510	1700	1818	1866	2290
3520	1700	1816	1864	2287
3530	1700	1814	1863	2284

续附表12-1

自轨面起算的高度/mm	限界距线路中心线所在垂直平面的距离/mm			
	机车车辆限界基本轮廓	一级超限限界	二级超限限界	建筑限界 *
3540	1700	1812	1861	2281
3550	1700	1810	1859	2278
3560	1700	1808	1857	2275
3570	1700	1806	1855	2272
3580	1700	1804	1854	2269
3590	1700	1802	1852	2266
3600	1700	1800	1850	2264
3610	1695	1796	1846	2261
3620	1690	1792	1842	2258
3630	1685	1789	1839	2255
3640	1680	1785	1835	2252
3650	1675	1781	1831	2249
3660	1670	1778	1828	2246
3670	1665	1774	1824	2243
3680	1660	1770	1820	2240
3690	1655	1766	1816	2237
3700	1650	1762	1812	2234
3710	1645	1759	1809	2231
3720	1640	1755	1805	2228
3730	1635	1751	1801	2225
3740	1630	1748	1798	2222
3750	1625	1744	1794	2220
3760	1620	1740	1790	2217
3770	1615	1736	1786	2214
3780	1610	1732	1782	2211
3790	1605	1729	1779	2208
3800	1600	1725	1775	2205
3810	1595	1721	1771	2202
3820	1590	1718	1768	2199
3830	1585	1714	1764	2196

续附表12-1

自轨面起算的高度/mm	限界距线路中心线所在垂直平面的距离/mm			
	机车车辆限界基本轮廓	一级超限限界	二级超限限界	建筑限界 *
3840	1580	1710	1760	2193
3850	1575	1706	1756	2190
3860	1570	1702	1752	2187
3870	1565	1699	1749	2184
3880	1560	1695	1745	2181
3890	1555	1691	1741	2178
3900	1550	1688	1738	2176
3910	1545	1684	1734	2173
3920	1540	1680	1730	2170
3930	1535	1676	1726	2167
3940	1530	1672	1722	2164
3950	1525	1669	1719	2161
3960	1520	1665	1715	2158
3970	1515	1661	1711	2155
3980	1510	1658	1708	2152
3990	1505	1654	1704	2149
4000	1500	1650	1700	2146
4010	1495	1643	1693	2143
4020	1490	1637	1687	2140
4030	1485	1630	1680	2137
4040	1480	1623	1673	2134
4050	1475	1617	1667	2132
4060	1470	1610	1660	2129
4070	1465	1603	1653	2126
4080	1460	1597	1647	2123
4090	1455	1590	1640	2120
4100	1450	1583	1633	2117
4110	1445	1577	1627	2114
4120	1440	1570	1620	2111
4130	1435	1563	1613	2108

续附表12-1

自轨面起算的高度/mm	限界距线路中心线所在垂直平面的距离/mm			
	机车车辆限界基本轮廓	一级超限限界	二级超限限界	建筑限界 *
4140	1430	1557	1607	2105
4150	1425	1550	1600	2102
4160	1420	1543	1593	2099
4170	1415	1537	1587	2096
4180	1410	1530	1580	2093
4190	1405	1523	1573	2090
4200	1400	1517	1568	2088
4210	1395	1510	1560	2085
4220	1390	1503	1553	2082
4230	1385	1497	1547	2079
4240	1380	1490	1540	2076
4250	1375	1483	1533	2073
4260	1370	1477	1527	2070
4270	1365	1470	1520	2067
4280	1360	1463	1513	2064
4290	1355	1457	1507	2061
4300	1350	1450	1500	2058
4310	1332	1438	1490	2055
4320	1314	1427	1480	2052
4330	1296	1415	1470	2049
4340	1278	1403	1460	2046
4350	1260	1392	1450	2044
4360	1242	1380	1440	2041
4370	1224	1368	1430	2038
4380	1206	1357	1420	2035
4390	1188	1345	1410	2032
4400	1170	1333	1400	2029
4410	1152	1322	1390	2026
4420	1134	1310	1380	2023
4430	1116	1298	1370	2020

续附表12-1

自轨面起算的高度/mm	限界距线路中心线所在垂直平面的距离/mm			
	机车车辆限界基本轮廓	一级超限限界	二级超限限界	建筑限界 *
4440	1098	1287	1360	2017
4450	1080	1275	1350	2014
4460	1062	1263	1340	2011
4470	1044	1252	1330	2008
4480	1026	1240	1320	2005
4490	1008	1228	1310	2002
4500	990	1217	1300	2000
4510	972	1205	1290	1994
4520	954	1193	1280	1988
4530	936	1182	1270	1982
4540	918	1170	1260	1976
4550	900	1158	1250	1970
4560	882	1147	1240	1964
4570	864	1135	1230	1958
4580	846	1123	1220	1952
4590	828	1112	1210	1946
4600	810	1100	1200	1940
4610	792	1085	1188	1934
4620	774	1070	1175	1928
4630	756	1055	1162	1922
4640	738	1040	1150	1916
4650	720	1025	1138	1910
4660	702	1010	1125	1904
4670	684	995	1112	1898
4680	666	980	1100	1892
4690	648	965	1088	1886
4700	630	950	1075	1880
4710	612	935	1062	1874
4720	594	920	1050	1868
4730	576	905	1038	1862

续附表12-1

自轨面起算的高度/mm	限界距线路中心线所在垂直平面的距离/mm			
	机车车辆限界基本轮廓	一级超限限界	二级超限限界	建筑限界 *
4740	558	890	1025	1856
4750	540	875	1012	1850
4760	522	860	1000	1844
4770	504	845	988	1838
4780	486	830	975	1832
4790	468	815	962	1826
4800	450	800	950	1820
4810		777	925	1814
4820		753	900	1808
4830		730	875	1802
4840		707	850	1796
4850		683	825	1790
4860		660	800	1784
4870		637	775	1778
4880		614	750	1772
4890		590	725	1766
4900		567	700	1760
4910		543	675	1754
4920		520	650	1748
4930		497	625	1742
4940		473	600	1736
4950		450	575	1730
4960			550	1724
4970			525	1718
4980			500	1712
4990			475	1706
5000			450	1700
5010				1694
5020				1688
5030				1682

续附表12-1

自轨面起算的高度/mm	限界距线路中心线所在垂直平面的距离/mm			
	机车车辆限界基本轮廓	一级超限限界	二级超限限界	建筑限界＊
5040				1676
5050				1670
5060				1664
5070				1658
5080				1652
5090				1646
5100				1640
5110				1634
5120				1628
5130				1622
5140				1616
5150				1610
5160				1604
5170				1598
5180				1592
5190				1586
5200				1580
5210				1574
5220				1568
5230				1562
5240				1556
5250				1550
5260				1544
5270				1538
5280				1532
5290				1526
5300				1520
5310				1514
5320				1508
5330				1502

续附表12-1

自轨面起算的高度/mm	限界距线路中心线所在垂直平面的距离/mm			
	机车车辆限界基本轮廓	一级超限限界	二级超限限界	建筑限界 *
5340				1496
5350				1490
5360				1484
5370				1478
5380				1472
5390				1466
5400				1460
5410				1454
5420				1448
5430				1442
5440				1436
5450				1430
5460				1424
5470				1418
5480				1412
5490				1406
5500				1400

注：建筑限界系引用《标准轨距铁路建筑限界》(GB 146.2—1983)的基本建筑限界。

附件 13 超限超重货物托运说明书

附表 13-1 超限超重货物托运说明书

发局			到局			预计装后尺寸/mm			
发站			到站			由轨面起高度		由车辆纵中心线起	
装车地点			卸车地点					左宽	右宽
品名			件数						
每件重量		总重量		重心位置		中心高			
货物长度			支重面长度			侧高			
高度 中心高		宽度	左	右		侧高			
侧高			左	右		侧高			
侧高			左	右		侧高			
侧高			左	右		侧高			
要求使用车种			标记载重			侧高			
卸车时的要求									
其他要求						车底板高度			
						垫木、支架(座架)或转向架高度			
						预计装在车上货物重心位置距轨面的高度			
						重车重心高度			
注：	粗线栏内由铁路填记								
发货单位	戳记					年 月 日提出			

附件 14 超限超重货物运输记录表及检查结果记录表

附表 14-1 超限超重货物运输记录表

甲页　　　　　　　　　　×级超限　　×级超重　　　　　　　　单位：mm

<table>
<tr><td>装车局</td><td colspan="2"></td><td>发站</td><td></td><td>经由线名</td><td colspan="2"></td></tr>
<tr><td>到达局</td><td colspan="2"></td><td>到站</td><td></td><td>经由站名</td><td colspan="2"></td></tr>
<tr><td>品名</td><td colspan="2"></td><td>件数</td><td></td><td>每件重　吨</td><td>配重　吨</td><td>总重　吨</td></tr>
<tr><td>货物长度</td><td></td><td>支重面长度</td><td></td><td>转向架中心销间距离</td><td></td><td>重车重心高</td><td></td></tr>
<tr><td rowspan="10">装车后尺寸</td><td rowspan="2">中心高</td><td rowspan="2"></td><td rowspan="2">中心高的宽</td><td>左</td><td rowspan="10">记事</td><td rowspan="10" colspan="2"></td></tr>
<tr><td>右</td></tr>
<tr><td rowspan="2">第一侧高</td><td rowspan="2"></td><td rowspan="2">侧高的宽</td><td>左</td></tr>
<tr><td>右</td></tr>
<tr><td rowspan="2">第二侧高</td><td rowspan="2"></td><td rowspan="2">侧高的宽</td><td>左</td></tr>
<tr><td>右</td></tr>
<tr><td rowspan="2">第三侧高</td><td rowspan="2"></td><td rowspan="2">侧高的宽</td><td>左</td></tr>
<tr><td>右</td></tr>
<tr><td rowspan="2">第四侧高</td><td rowspan="2"></td><td rowspan="2">侧高的宽</td><td>左</td></tr>
<tr><td>右</td></tr>
<tr><td>车种</td><td></td><td>车号</td><td></td><td>标记载重</td><td>吨</td><td>轴数</td><td></td></tr>
<tr><td rowspan="3">文电内有关指示</td><td colspan="7">总公司　　年　　月　　日　　铁总超限超重　　号　批准使用　　车</td></tr>
<tr><td colspan="7">铁路局　　年　　月　　日　　超限超重　　号　批准使用　　车</td></tr>
<tr><td colspan="4"></td><td colspan="3">本记录在　　　站作成，经检查符合确认的条件。
发　　站　签字
段　签字
段　签字
段　签字
段　签字
年　　月　　日</td></tr>
</table>

附表 14-2　检查结果记录表

乙页

检查站名		检查站名	
检查站名		检查站名	
检查站名		检查站名	
检查站名		检查站名	
检查站名		检查站名	

注：(1)不用的各栏应划去；

(2)按确认电报尺寸填记，小于确认电报尺寸时，将实际尺寸填于记事栏内，大于确认电报尺寸时，必须重新申请；

(3)“重车重心高”栏在不超出 2000 mm 时须以〔/〕号标示之；

(4)一式两份，第一份仅为甲页留站存查；第二份为甲、乙页，随货运票据送到达站。规格为 270 mm×185 mm。

附件 15　普通平车主要技术参数

附表 15-1　普通平车主要技术参数

序号	车型	车底架		转向架		车钩	缓冲器	底板面长(m)/集中载重(t)										特点
		中梁	侧梁	型号	轴距/mm													
1	N_{17AK}	I56Q H512 I56a I56b	I56Q H512 I56a I56b	转 K2	1750	13 号	MX—1 型橡胶缓冲器	1/25	2/30	3/40	4/45	5/50	6/53	7/55	8/57	9/60		有活动的端板，均为木底板，无网纹底板
2	N_{17AT}	I56Q H512 I56a I56b	I56Q H512 I56a I56b	转 8AB	1750	13 号	MX—1 型橡胶缓冲器	1/25	2/30	3/40	4/45	5/50	6/53	7/55	8/57	9/60		有活动的端板，均为木底板，无网纹底板
3	N_{17GK}	I56Q H512 I56a I56b	I56Q H512 I56a I56b	转 K2	1750	13 号	MX—1 型橡胶缓冲器	1/25	2/30	3/40	4/45	5/50	6/53	7/55	8/57	9/60		有活动的端板，均为木底板，无网纹底板
4	N_{17GT}	I56Q H512 I56a I56b	I56Q H512 I56a I56b	转 8AB	1750	13 号	MX—1 型橡胶缓冲器	1/25	2/30	3/40	4/45	5/50	6/53	7/55	8/57	9/60		有活动的端板，均为木底板，无网纹底板
5	N_{17K}	I56Q H512 I56a I56b	I56Q H512 I56a I56b	转 K2	1750	13 号	MX—1 型橡胶缓冲器	1/25	2/30	3/40	4/45	5/50	6/53	7/55	8/57	9/60		有活动的端板，均为木底板，无网纹底板
6	N_{17T}	I56Q H512 I56a I56b	I56Q H512 I56a I56b	转 8AB	1750	13 号	MX—1 型橡胶缓冲器	1/25	2/30	3/40	4/45	5/50	6/53	7/55	8/57	9/60		有活动的端板，均为木底板，无网纹底板

续附表15-1

序号	车型	车底架		转向架		车钩	缓冲器	底板面长(m)/集中载重(t)										特点
		中梁	侧梁	型号	轴距/mm													
7	NX_{17AK}	H512 I56a I56b	H512 I56a I56b	转 K2	1750	13 号	ST 缓冲器	1/25	2/30	3/40	4/45	5/50	6/53	7/55	8/57	9/60		有活动的端板，均为木底板，有活动锁头，无网纹底板
8	NX_{17AT}	H512 I56a I56b	H512 I56a I56b	转 8AB	1750	13 号	ST 缓冲器	1/25	2/30	3/40	4/45	5/50	6/53	7/55	8/57	9/60		有活动的端板，均为木底板，有活动锁头，无网纹底板
9	NX_{17BK}	H600	H600	转 K2	1750	13 号	MT—3	1/25	2/30	3/40	4/45	5/50	6/53	7/55	8/57	9/61		有活动的端板，均为木底板，有活动锁头，无网纹底板
10	NX_{17BT}	H600	H600	转 8B (转 8AB)	1750	13 号	MT—3	1/25	2/30	3/40	4/45	5/50	6/53	7/55	8/57	9/61		有活动的端板，均为木底板，有活动锁头，无网纹底板
11	NX_{17BH}	H600	H600	转 K4	1750	13 号	MT—3	1/25	2/30	3/40	4/45	5/50	6/53	7/55	8/57	9/61		有活动的端板，均为木底板，有活动锁头，无网纹底板

续附表15-1

序号	车型	车底架		转向架		车钩	缓冲器	底板面长(m)/集中载重(t)										特点
		中梁	侧梁	型号	轴距/mm													
12	NX_{17K}	H512	H512	转 K2	1750	13 号	ST 缓冲器或 MT—3	1/25	2/30	3/40	4/45	5/50	6/53	7/55	8/57	9/60		有活动的端板，均为木底板，有活动锁头，无网纹底板
13	NX_{17T}	H512 或 I56b	H512 或 I56b	转 8B (转 8AB)	1750	13 号	ST 缓冲器	1/25	2/30	3/40	4/45	5/50	6/53	7/55	8/57	9/60		有活动的端板，均为木底板，有活动锁头，两侧无网纹底板
14	NX_{70}	H630	H600	转 K6	1830	17 型	MT—2	1/30	2/35	3/45	4/50	5/55	6/57	7/60	8/63	9/65	10/70	有活动的端板，均为木底板，有活动锁头，无网纹底板
15	NX_{70A}	H630	H600	转 K6	1830	17 型	MT—2 或 HM—1	1/40	2/50	3/62	4/66	5/70						有活动的端板，均为木底板，有活动锁头，无网纹底板
16	NX_{70H}	H630	H600	转 K5	1800	17 型	MT—2	1/30	2/35	3/45	4/50	5/55	6/57	7/60	8/63	9/65	10/70	有活动的端板，均为木底板，有活动锁头，无网纹底板

附件 16 长大货物车的主要技术参数

附表 16-1 长大货物车的主要技术参数

序号	车型	自重/t	载重/t	面积/m^2	车体长×宽/mm	最大宽×高/mm	车辆长度/mm	轴数	车体材质	承载面钢号	构造速度/($km \cdot h^{-1}$)	通过最小曲线半径/m	转向架中心距/mm	底架心盘中心距/mm	底板面至轨面高/mm	空车重心高度/mm	车底架	
																	中梁	侧梁
1	D_2	166.8	160		23300×2780	2780×2187	35429	16	全钢	Q345A	80	180	5800	22200	950（承载面）	1032	钢板焊接	钢板焊接
2	D_{2A}	136	210		24150×2760	2760×2533	36880	16	全钢	Q345Q	80	180	6300	23050	930（承载面）	1072	钢板焊接	钢板焊接
3	D_{2G}	148.5	210		23800×2780	2780×2359	36330	16	全钢	Q345Q	80	180	6200	22700	950（承载面）	1047	钢板焊接	钢板焊接
4	D_{9A}	35.8	90		16100×3100	3100×1659	21130	6	全钢		120	145	15500	15500	730（承载面）	641	钢板焊接	钢板焊接
5	D_{10}	36	90		19400×3000	3140×2196	20338	6	全钢	Q345A	80	145	14800	14800	777（承载面）	652	钢板焊接	钢板焊接
6	D_{10A}	36	90		20020×3000	3000×1450	20958	6	全钢		120	145	15420	15420	690	610		
7	D_{12K}	47.8	120		17020×3000	3000×1852	24230	8	全钢	Q345A	100	145	3100	16200	850（承载面）	700.5	钢板焊接	钢板焊接
8	D_{15}	48.9	150		17480×2700	2773×2031	24830	8	全钢	Q345Q	90	150	3250	16700	900（承载面）	748	钢板焊接	钢板焊接
9	D_{15A}	49.6	150		18050×2846	2846×1935	26330	8	全钢		120	145	3350	17350	850	680	钢板焊接	钢板焊接
10	D_{15B}	50	150		17450×2900	2900×2150	25606	8	全钢		120	145	3300	16750	2150（中部）；800	680		
11	D_{17A}	44.5	155		19500×2950	2950×2000	27780	8	全钢		80	145	3350	18800	2000	920	钢板焊接	钢板焊接
12	D_{18A}	135.4	180		23540×2800	2800×2259	35470	16	全钢	Q345A	80	180	5700	22440	930（承载面）	970	焊接结构	焊接结构

续附表16-1

序号	车型	自重/t	载重/t	面积/m^2	车体长×宽/mm	最大宽×高/mm	车辆长度/mm	轴数	车体材质	承载面钢号	构造速度/($km\cdot h^{-1}$)	通过最小曲线半径/m	转向架中心距/mm	底架心盘中心距/mm	底板面至轨面高/mm	空车重心高度/mm	车底架	
																	中梁	侧梁
13	D_{22A}	44	120	75	25000×3000	3180×1080	25930	8	全钢		120	180	17800	17800	1080	552	钢板焊接	钢板焊接
14	D_{22B}	48	120	75	25000×3000	3180×1350	25966	8	木地板		100	180	17800	17800	1350	745	钢板焊接	钢板焊接
15	D_{23G}	70.7	265		19170×3128	3128×2050	30950	16	全钢	Q345Q	80	180	5700	18000	1500	794	鱼腹	鱼腹
16	D_{25}	86	250		18900×2940	2940×3860	34146	16			90	145	3000	18000	1650	950		钢板焊接
17	D_{25A}	142	250		26670×2630	2630×2563	40910	16	全钢	Q345Q	80	180	7810	25570	1080（承载面）	1115	钢板焊接	钢板焊接
18	D_{26}	140	260		26000×2680	2680×2850	41396	16	全钢		80(空)；70(重)	145	3000	25200	1150			钢板焊接
19	D_{26A}	73.6	260		17500×3170	3170×2000	32138	16	全钢		90(空)；60(重)	145	3000	6900（小底架）；16500（大底架）	1600	720	焊接	焊接
20	D_{26AK}	75.6	260		17500×3280	3280×2000	32130	16	全钢		100(空)；50(重)	145	3000	6900（小底架）；16500（大底架）	1620	720	焊接	焊接
21	D_{26B}	107	290		26800×4100(重)；28000×2900(空)	4100×3400(重)；2900×3400(空)	40096	16	全钢		90(空)；50(重)	145	3000	23900	3400	1377		钢板焊接
22	D_{28}	120	280		26300×2680	2714×2730	41696	16	全钢		100(空)；50(重)	145	3000	25500	2730(中部)；1160	1000		

续附表16-1

序号	车型	自重 /t	载重 /t	面积 /m²	车体 长×宽 /mm	最大 宽×高 /mm	车辆 长度 /mm	轴数	车体 材质	承载面 钢号	构造速度 /(km·h⁻¹)	通过最小 曲线半径 /m	转向架 中心距 /mm	底架心盘 中心距 /mm	底板面至 轨面高 /mm	空车重 心高度 /mm	车底架	
																	中梁	侧梁
23	D_{30G}	101	370		11800×3380	3380×4735	42668	20	全钢		80(空); 50(重)	180	11000	22380	1735	700	钢板焊接	钢板焊接
24	D_{32}	226	320		34700×2900	2920×4366	58860	24	全钢		100(空); 50(重)	180	3250	12050(大底架); 6600(中底架); 33800(凹底架)	1150(中部)	1570		
25	D_{32}	175	350		35100×2900	3000×4191	59560	24	全钢		80(空); 50(重)	180	3250	12050(大底架); 6600(中底架); 34500(侧承梁)	3790	1650		
26	D_{32A}	240	320		37700×2760	3000×4280	61910	24	全钢		100(空); 50(重)	150(外导向); 180(中导向); 260(内导向)	5800	36900	1225(承载面)	1430		
27	D_{38}	227	380		26950×3000	3000×5075	52718(空)	32	全钢		90(空); 50(重)	空车: 150(中导向); 重车: 150(外导向); 180(中导向); 250(内导向)	5800	12900(大底架); 26150[钳形梁(空)]		1750	钢板焊接	钢板焊接
28	D_{45}	202	450		41600×2110	3000×4390	69580	28	全钢		100(空); 50(重)	180	3250	大底架 14250 中部中底架 6600 端部中底架 4825 侧承梁 40900	4130(承载面)	1810	钢板焊接	钢板焊接

续附表16-1

序号	车型	自重/t	载重/t	面积/m²	车体长×宽/mm	最大宽×高/mm	车辆长度/mm	轴数	车体材质	承载面钢号	构造速度/(km·h⁻¹)	通过最小曲线半径/m	转向架中心距/mm	底架心盘中心距/mm	底板面至轨面高/mm	空车重心高度/mm	车底架	
																	中梁	侧梁
29	D_{70}	26.6	70		19462×2950	3142×1975	20400	4	全钢	Q345Q	90	180	15500	15500	1169	798	鱼腹	鱼腹
30	DA_{21}	122.8	210		25030×2700	2700×2965	37996	16	全钢	Q345E	120	180	6500	24130	940(承载面)	1035	钢板焊接	钢板焊接
31	DA_{25}	127.4	250		26160×2700	2700×3050	40026	16	全钢	Q345E	120	180	7400	25260	1050(承载面)	1087	钢板焊接	钢板焊接
32	DA_{37}	200	370		38100×3000	3000×4340	61416	24	全钢		100(空);60(重)	145(外导向);180(中导向);300(内导向)	4750	大底架 13200 凹底架 37300	承载面(圆弧底部)1380(空);1100(重)	1380	钢板焊接	钢板焊接
33	DK_{17A}	45	155		19500×2950	2950×2000	27780(13B钩);27816(17型钩)	8	全钢		120	145	3350	18800	2000	920	钢板焊接	钢板焊接
34	DK_{23}	70(心盘梁采用一字形梁);73(心盘梁采用十字形梁)	230(一字形梁);227(十字形梁)		25340×2880(一字梁空车位);27440×2880(十字梁短臂空车位);26320×4000(十字梁长臂重车位)	2880×3060(一字梁或十字梁短臂位);4000×3060(十字梁长臂位)	35290	12	全钢		120(空);80(重)	145	5800	23440	3060(承载面)	1220		钢板焊接
35	DK_{29}	110	290		30700×2700(空);29300×4100(重)	2700×3400(空)4100×3400(重)	42796	16	全钢		100(空);60(重)	145	3000	26600	3400(承载面)	1381		

续附表16-1

序号	车型	自重/t	载重/t	面积/m^2	车体长×宽/mm	最大宽×高/mm	车辆长度/mm	轴数	车体材质	承载面钢号	构造速度/($km \cdot h^{-1}$)	通过最小曲线半径/m	转向架中心距/mm	底架心盘中心距/mm	底板面至轨面高/mm	空车重心高度/mm	车底架	
																	中梁	侧梁
36	DK_{36}	200	360		38040×3000(空);38040×4000(重)	3000×4340(空);4000×4340(重)	61010	24	全钢		100(空);60(重)	150(外导向);180(中导向);260(内导向)	5800	36000	3720(承载面)	1974		
37	DK_{36A}	182	360		56980×3000(空);56980×4030(重)	3000×4225(空);4030×4225(重)	56980(13B型车钩);57016(17型车钩)	24	全钢		100(空);60(重)	145(外导向);180(中导向);250(内导向)	4500	12450(大底架);34000(侧承梁)	3760(承载面)	1750	钢板焊接	钢板焊接
38	DL_1	26	74		13000×2980	3146×1645	13966	4	全钢		120(空)	145	9000	9000	1500(桥梁承载面)	772	H630型钢	H630型钢
39	DQ_{35}	185	350		23590×3000	3000×4662	45520(短连挂);56660(重车)	24	全钢		100(空);60(重)	空车:145;重车:145(外导向);180(内导向)	4500	12050(大底架);22890[钳形梁(空)]		1780	钢板焊接	钢板焊接
40	DQ_{45}	208	450		27360×3000	3000×4703	53456(空);65186(重)	28	全钢		100(空);60(重)	空车:145;重车:145(外导向);180(中导向);250(内导向)	5500	14500(大底架);26640[钳形梁(空)]		1700	钢板焊接	钢板焊接
41	DNX_{17K}	20.8;22	60	38.7	13000×2980	3176×1486	13930	4	木地板		120	145	9000	9000	1212	740	H512型钢	H512型钢

附件 17　平车、凹底平车、长大平车局部承受货物重量时最大容许载重量表

附表 17-1　平车局部底板面承受均布载荷或对称集中载荷时容许载重量表

底板负重面长度/mm	两横垫木中心线间最小距离/mm（容许载重量/t；车型）	N_{17AK}、N_{17AT}、N_{17GK}、N_{17GT}、N_{17K}、N_{17T}	NX_{17AK}、NX_{17AT}、NX_{17K}、NX_{17T}	NX_{17BK}、NX_{17BT}、NX_{17BH}	NX_{70}、NX_{70H}	NX_{70A}
1000	500	25	25	25	30	40
2000	1000	30	30	30	35	50
3000	1500	40	40	40	45	62
4000	2000	45	45	45	50	66
5000	2500	50	50	50	55	70
6000	3000	53	53	53	57	
7000	3500	55	55	55	60	
8000	4000	57	57	57	63	
9000	4500	60	60	61	65	
10000	5000				70	

注：当负重面长度介于上表两数之间时，可采用线性插入法确定容许载重量。

附表17-2　凹底平车局部底板面承受均布载荷或对称集中载荷时容许载重量表

底板负重面长度/mm	两横垫木中心线间最小距离/mm（容许载重量/t；车型）	D_{2}	D_{10}	D_{2G}	D_{2A}	D_{9A}	D_{15}	D_{25A}	D_{12K}	D_{18A}	D_{10A}	D_{15A}	D_{32}	D_{28}	Q_{D3}	D_{15B}	D_{32A}	DA_{21}	DA_{25}
1000	500	160													22				
1500	750		71	172	172		129		95	165	72	130				130			
2000	1000														23				
3000	1500		72	178	178	76	131	215	100	166	76	132		250	24	132		180	220
3500	1750																		
4000	2000														25				
4500	2250		74	183	183	80	134	216	105	168		135		260				185	225
5000	2500														27				
5500	2750																		
6000	3000		77	189	189	84	137	224	109	171	83	138		270	28	140		190	230
7000	3500							229					300		30		300		
7500	3750		81	197	197	87	142		113	175	88	142		275		145		200	240
8000	4000							236						280			310		
9000	4500		87	210	210	90	150	243	120	180	90	150	315			150	315	210	250
9300	4650																		
9800	4900							250											
10000	5000		90								90		320				320		

注：当负重面长度介于上表两数之间时，可采用线性插入法确定容许载重量。

附表 17-3 长大平车局部承受均布载荷或对称集中载荷时容许载重量表

底板负重面长度/mm	两横垫木中心线间最小距离/mm（容许载重量/t \ 车型）	D_{22A}	D_{26A}/D_{26AK}	D_{70}	D_{22B}
2000	1000	62		32	55
3000	1500				
4000	2000	64		36	58
4500	2250				
5000	2500				
6000	3000	68		40	62
7500	3750				
8000	4000	74	260	44	66
9000	4500				
10000	5000	77		46	71
12000	6000	81		48	76
14000	7000	86		50	82
15000	7500			60	
16000	8000	98		70	88
16500	8250		260		
17800	8900				100
18000	9000	120			
20000	10000				108
20400	10200				
22000	11000				116
24000	12000				120
25000	12000				120

注：当负重面长度介于上表两数之间时，可采用线性插入法确定容许载重量。

附件 18 敞车两枕梁间承受均布载荷和对称集中载荷时容许载重量表

C_{62A*}、C_{62A*K}、C_{62AK}、C_{62A*T}、C_{62AT}、C_{62BK}、C_{62BT}、C_{64K}、C_{64H} 及 C_{64T} 型敞车局部底板面承受货物重量时：

附表 18-1 60 t、61 t 敞车两枕梁间承受均布载荷时容许载重量表

车辆负重面长度/mm	车辆负重面宽度 *B*/mm	容许载重量/t
2000	1300≤*B*<2500	15
	B≥2500	20
3000	1300≤*B*<2500	16
	B≥2500	23
4000	1300≤*B*<2500	17
	B≥2500	26
5000	1300≤*B*<2500	18. 5
	B≥2500	29
6000	1300≤*B*<2500	20
	B≥2500	32
7000	1300≤*B*<2500	23. 5
	B≥2500	35. 5
8000	1300≤*B*<2500	27
	B≥2500	39
9000	1300≤*B*<2500	30
	B≥2500	43

注：当负重面长度介于上表两数之间时，可采用线性插入法确定容许载重量。

附表 18-2　60 t、61 t 敞车两枕梁间承受对称集中载荷时容许载重量表

横垫木中心间距/mm	横垫木长度 L/mm	容许载重量/t
1000	$1300 \leqslant L < 2500$	13
	$L \geqslant 2500$	17
2000	$1300 \leqslant L < 2500$	14
	$L \geqslant 2500$	20
3000	$1300 \leqslant L < 2500$	17
	$L \geqslant 2500$	21
4000	$1300 \leqslant L < 2500$	24
	$L \geqslant 2500$	30
5000	$1300 \leqslant L < 2500$	32
	$L \geqslant 2500$	42
6000	$1300 \leqslant L < 2500$	43
	$L \geqslant 2500$	49
7000	$1300 \leqslant L < 2500$	46
	$L \geqslant 2500$	55
8000	$1300 \leqslant L < 2500$	50
	$L \geqslant 2500$	60(61)
8700		60(61)

注：1. 当负重面长度介于上表两数之间时，可采用线性插入法确定容许载重量；

2. 表中括号内数据表示当使用 61 t 敞车时，两枕梁间承受对称集中载荷的容许载重量。

附件 19　危险货物类项名称表

附表 19-1　危险货物类项名称表

类别	名称	项别	项的名称		品名编号	举例
一	爆炸品	1.1	有整体爆炸危险的物质和物品		11001～11148	TNT 炸药、硝化甘油炸药
		1.2	有迸射危险，但无整体爆炸危险的物质和物品		12001～12057	运动弹、民用火箭
		1.3	有燃烧危险并有局部爆炸危险或局部迸射危险，或两种危险都有，但无整体爆炸危险的物质和物品		13001～13061	礼花弹
		1.4	不呈现重大危险的物质和物品		14001～14066	烟花、爆竹
		1.5	有整体爆炸危险的非常不敏感物质		15001～15005	铵油炸药
		1.6	无整体爆炸危险的极端不敏感物品		16001	极端不敏感爆炸性物品
二	气体	2.1	易燃气体		21001～21072	氢气、乙烯
		2.2	非易燃无毒气体		22001～22069	压缩空气、液氮
		2.3	毒性气体		23001～23077	液氯、磷化氢
三	易燃液体	3.1	一级易燃液体		31001～31318	汽油、乙醇、苯
		3.2	二级易燃液体		32001～32158	柴油、樟脑油、影印油墨
四	易燃固体、易于自燃的物质、遇水放出易燃气体的物质	4.1	易燃固体	一级	41001～41074	红磷、硝化沥青
				二级	41501～41559	硫磺、萘
		4.2	易于自燃的物质	一级	42001～42052	黄磷、钙粉、锂电池
				二级	42501～42537	油布、潮湿棉花、活性碳
		4.3	遇水放出易燃气体的物质	一级	43001～43057	锂、钾、钠
				二级	43501～43510	锌灰、硅钙
五	氧化性物质和有机过氧化物	5.1	氧化性物质	一级	51001～51080	高氯酸钾、硝酸钾
				二级	51501～51530	双氧水
		5.2	有机过氧化物		52001～52123	过氧化氢异丙基
六	毒性物质和感染性物质	6.1	毒性物质	一级(剧毒品)	61001～61205	二氧化(二)砷(砒霜)
				二级(有毒品)	61501～61940	硒粉、铅汞齐
		6.2	感染性物质(物品)		62001～62004	诊断样品
七	放射性物质				71001～71030	金属铀、金属钍

续附表19-1

类别	名称	项别	项的名称		品名编号	举例
八	腐蚀性物质	8.1	酸性腐蚀性物质	一级	81001~81135	硝酸、硫酸
				二级	81501~81647	丙酸、丁酸
		8.2	碱性腐蚀性物质	一级	82001~82041	氢氧化钠、硫化钡
				二级	82501~82526	氧化钙
		8.3	其他腐蚀性物质	一级	83001~83029	甲醛溶液、苯酚钠
				二级	83501~83515	漂白水、汞
九	杂项危险物质和物品	9.1	危害环境的物质		91001~91021	石棉、锂电池组
		9.2	高温物质		92001~92002	高温液体、高温固体
		9.3	经过基因修改的微生物或组织，不属感染性物质，但可以非正常地天然繁殖结果的方式改变动物、植物或微生物物质		93001	

参考文献

[1] 中华人民共和国铁道部. 铁路货物运输规程[M]. 北京：人民铁道出版社，1991.

[2] 中华人民共和国铁道部. 铁路货物运输管理规则[M]. 北京：人民铁道出版社，2000.

[3] 中华人民共和国铁道部，中华人民共和国国家经济贸易委员会. 铁路专用线专用铁路管理办法[M]. 1995.

[4] 中华人民共和国铁道部. 铁路货物运价规则[M]. 2005.

[5] 中国铁路总公司. 铁路危险货物运输管理规则[M]. 2017.

[6] 中国铁路总公司. 铁路易腐货物运输规则[M]. 2018.

[7] 中国铁路总公司. 铁路集装箱运输规则[M]. 2018.

[8] 中国铁路总公司. 货车篷布管理规则[M]. 2017.

[9] 中国铁路总公司. 铁路货物装载加固规则[M]. 2015.

[10] 中国铁路总公司. 铁路超限超重货物运输规则[M]. 2016.

[11] 中国铁路总公司. 货车篷布管理规则[M]. 2017.

[12] 中国铁路总公司. 铁路货运票据电子化管理暂行办法[M]. 2018.

[13] 中国铁路总公司. 铁路货运票据电子化作业办法[M]. 2018.

[14] 中国铁路总公司. 铁路货物损失处理规则[M]. 2018.

图书在版编目(CIP)数据

铁路货物运输／冯芬玲等主编．—长沙：中南大学出版社，2022.9

ISBN 978-7-5487-4770-3

Ⅰ．①铁… Ⅱ．①冯… Ⅲ．①铁路运输—货物运输 Ⅳ．①U294

中国版本图书馆 CIP 数据核字(2022)第 280251 号

铁路货物运输

TIELU HUOWU YUNSHU

冯芬玲　崔捷睛　刘承光　许冰　主编

□出 版 人　吴湘华
□责任编辑　刘　辉
□责任印制　唐　曦
□封面设计　殷　健
□出版发行　中南大学出版社
　　　　　　社址：长沙市麓山南路　　邮编：410083
　　　　　　发行科电话：0731-88876770　　传真：0731-88710482
□印　　装　长沙创峰印务有限公司

□开　　本　787 mm×1092 mm　1/16　□印张 18.75　□字数 474 千字
□版　　次　2022 年 9 月第 1 版　□印次 2022 年 9 月第 1 次印刷
□书　　号　ISBN 978-7-5487-4770-3
□定　　价　65.00 元